惟 道 惟 德　和 合 生 生

## 作者信息 ....................................................

　　丹尼尔·博丹斯基（Daniel Bodansky）是美国亚利桑那州立大学法学院讲席教授，国际环境法领域的权威学者。除为联合国提供气候变化及烟草控制领域的咨询服务外，其曾任美国国务院气候变化协调员及法律顾问，并担任《南极条约环境保护议定书》美方仲裁员。学术服务方面，他先后在《美国国际法杂志》编委会、美国国务院国际公法咨询委员会任职，同时是美国对外关系委员会和美国国际法学会资深成员。


## 译者信息 ....................................................

　　李艳芳　中国人民大学法学院教授，博士研究生导师。主要从事环境法基础理论、能源与气候变化法、国际环境法的教学与研究。

　　吴倩　法学博士，现为山东大学法学院博士后研究人员。

**惟 睦 译 丛**

主编　侯佳儒

# 国际环境法的
# 艺术与技巧

The Art and Craft of International
Environmental Law

［美］丹尼尔·博丹斯基（Daniel Bodansky）／著

李艳芳　吴　倩／译

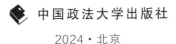

中国政法大学出版社

2024·北京

作为对代际间公平的一个小小的贡献

谨以此送给我挚爱的可爱女儿，Sarah和Maria

# 总 序

谈判是人类社会生活的重要组成部分。"谈"即沟通,"判"即决策,为开展合作、解决争端和化解冲突,人们需要谈判。在个人、组织、团体之间,谈判一直在发生,无时不有、无处不在。

尽管谈判如此平常又如此重要,目前我们对谈判的理性认知却仍有限。人们对谈判的理解多是感性和片面的,或认为谈判事属庙堂、事不关己,或认为谈判不过种种套路、勾心斗角。即便在学术界,专业的研究和学术共同体的形成也只有近四十年的历史。但受益于现代管理学、经济学、心理学、语言学、传媒学、伦理学乃至大数据等学科领域的前沿理论影响,西方学界对谈判采取了跨学科、多领域、多维度的研究，业已建构起多元的理论体系，出版了丰富的学术成果，可谓成就斐然。与之相比，国内的谈判教学和研究则滞后一些，不过前景同样广阔。本丛书聚焦谈判、法律与争端解决，目的就是推动我国在相关领域的研究和专业建设。他山之石，可以攻玉。这项工作虽然不易，却是非常必要、非常有益的。

在传统学科框架下，谈判主要是工商管理和国际关系的研究领域。但就其本质特征而言，谈判与法学的联系其实更为紧密。所有合同都是谈判的产物，合同法中的"要约""反要约"与"承诺"，其实就是谈判中的讨价还价。在一定意义上，法律是集体谈判的产物。所有国际谈判都是在国际法的框架下进行，国际谈判的最终成果往往会形成新的国际法律文件。立法过程，就是不断地磋商、辩论和协调利益关系的过程，是通过协商进行集体决策的过程，其本质就是谈判。另外，所谓的调解、仲裁、调停等手段，在谈判学视野下，不外乎第三方介入下的特殊谈判形式。可见，法律文本、立法过程和法律事务都与谈判息息相关。在法学领域推动谈判研究，不但关乎学科体系的完整性，也具有非常重大的现实意义。

本丛书名"惟睦"："惟"者，惟精惟一；"睦"者，主敬主和。谈判之大义无他，惟睦而已。人贵和睦，事贵合力，和合系争端解决之要旨。本丛书秉承天地交感、万物泰安的儒家传统，探求和合之道，践行和合之德，追求不同文化、种族和人群的和合共生，是所谓"惟道惟德，和合生生"。愿本丛书的出版能融汇东西方文明的智慧，推动个人、组织乃至国家之间的沟通、对话与合作，为当今社会的和平、和谐与繁荣贡献绵薄之力。

是为序。

侯佳儒

2019 年 12 月

于北京一杯书斋

我为广大读者写作这本书时，希望它能有广泛的受众，但我所预设的读者限于英语群体，所以中国政法大学出版社出版本书中译本的决定对我来说是一个巨大的惊喜。

自我写就本书以来已过去近十年。在这些年间，世界发生了显著变化。中国在全球经济中的占比从9%上升至15%，人均收入几乎翻了一番。因而中国对全球环境也变得至关重要，这体现在正反两个方面。中国的温室气体排放量约占全球排放总量的30%，超过了美国和欧盟的总和。与此同时，中国已成为世界太阳能生产的领军者，也采取了重要举措来削减塑料污染。

中国作为崛起中的大国也改变了其在国际环境法中的角色。2015年巴黎协议谈判的最终成功，在很大程度上取决于同年早些时候中国与美国就人们所称的P2之间达成的一项协议。

虽然如今的世界与2010年相比已有很大差异，但国际环境法创设和实施的过程仍大致相同。当然，国际环境法有了很多重要发展，如《巴黎协定》采用的混合结构和非国家主体在解决国际环境问题中发挥的作用日趋重要。所以如果我是在今天写作本书，那最终呈现的成果必然不会是一模一样的。然而，我相信本书对理解国际环境法如何发挥作用（以及在某些情况下不发挥作用）仍能起到指导作用。

感谢李艳芳教授和吴倩翻译本书的热情和努力，也感谢中国政法大学出版社决定出版本书的中译本。

丹尼尔·博丹斯基
2019 年 1 月
于亚利桑那州斯科茨代尔

# 前言

虽然国际环境法是一个相对较新的领域，但其规则和标准体量已然非常庞大。一本关于国际环境法原理的著作写了密密麻麻的一千多页，几乎对每个主题的每种类型的规则都进行了详细说明。[1] 我曾经与人合作编辑过一个专题系列中的若干卷，这些书如今能占满近六英尺的书架。[2] 国际环境文件汇编的第一辑内含三十卷，后来又增加了六卷。[3] 不久之前，国际环境法还被认为是一般国际法领域内的一个范围狭窄的专业方向。但在今天，国际环境法已成为一个独立的领域，包括野生动植物法、海洋污染、淡水资源、气候变化、可持续发展、化学品等次级专业领域。

--------

〔1〕 Philippe Sands, *Principles of International Environmental Law* (Cambridge University Press, 2d ed. 2003).

〔2〕 Kluwer's series, *International Environmental Law and Policy*, began in the late 1980s under the editorship of Stanley Johnson.

〔3〕 Bernd Rüster and Bruno Simma, eds., *International Protection of the Environment*: *Treaties and Related Documents* (Dobbs Ferry, NY: Oceana Publications, 1st ser. 1975 – 1982; 2d ser. 1990–1995).

大多数人不熟悉这一领域，或许，他们听说过《京都议定书》，但也仅此而已。然而，国际环境规范往往比人们想象得更接近人们的生活：

· 几年前，我家的空调系统发生故障，技术人员报告说冷却液泄露了。之后，他添加了一种名为 HCFC-22 的合成化学品作为替代品。如果同样的问题发生在 20 年前，那么他添加的替代品会是一种对臭氧危害更大的化学品，即 CFC-12。在未来，它可能会是一种更环保的不含氯的化学品。尽管技术和国内法起到了部分作用，但驱动这些变化的并非技术或国内法的变化，而是保护臭氧层的国际条约的发展。

· 在我家附近的沃尔玛超市里，鱼类商品的包装上都贴有标签，显示这些鱼是以可持续的方式捕获的，也就是说，这是以遵守海洋管理委员会制定的标准的方式捕获的。根据其网站说法，该委员会是一家"促进可持续的渔业实践"的独立的非营利组织。同样，家得宝作为行业领先的家居建材用品零售商，宣布它购买的木材将尽可能来自用可持续方式管理的森林。

· 在家里，我九岁的女儿拒绝吃金枪鱼，因为她认为这样做会伤害海豚。最近，她非常担心地问我们家里是否有象牙。我为了逗她，问她："可以有犀牛角吗？"，她义正词严地回答，"不，不可以！"

国际环境规范对我们的影响是多方面的，一些是社会方面的，一些是法律方面的；一些是比较一般的影响，一些则是非常具体的影响。限制空调制冷剂使用的规范在国际上以法律形式达成一致，并经联邦政府授权和执行。沃尔玛和家得宝采用的可持续性渔业和林业标准则是由环保组织和企业制定的更为非正式的标准，并通过供应链合同影响生产商，而无须政府参与。不吃金枪鱼或拥有象牙制品反映了更普遍的社会规范，这是通过教育和文化传播的。

这些规范是如何出现的？为什么会出现？它们通过何种方式影响行为？它们改变了国家和个人的实际行为吗？如果是的话，为什么？它们在解决国际环境问题上的有效性如何？这些都是本书将探讨的基本问题。

如这些问题所示，本书聚焦于国际环境法产生、实施和执行的过程，而并非国际环境法的内容，已经有数本优秀著作对后者进行了阐述。[1] 近几年，过程问题已经受到了越来越多的关注，但仍没有人以学术专著的体量来对其进行论述。本书旨在填补该项空白。本书没有将关注点集中于国际环境过程的某些方面，而是将过程视作一个整体，从开始到最后，将谈判、条约设计、社会规范、政策实施和有效性融于一体。

对国际环境过程的理解涵盖不同学科——不仅仅是法律，还有政治学、经济学，以及有限的哲学、社会学和人类学。所以本

---

〔1〕 *E. g.*, Patricia Birnie, Alan Boyle, and Catherine Redgwell, *International Law and the Environment* (Oxford University Press, 3d ed. 2009); Sands, *Principles.*

书是跨学科的。本书旨在为读者提供必要的分析工具，以理解国际环境法是什么、如何运作以及在解决环境问题中能发挥何种作用。

乔恩·埃尔斯特（Jon Elster）在其名为《社会科学的基本原理》（*Nuts and Bolts for the Social Sciences*）的杰作中写道，他的这本书的副标题可能是"从超前立场看初级社会科学"，或者是"从初级立场看超前的社会科学"。[1] 同埃尔斯特一样，我尝试着从超前立场写一本初级著作，与典型的介绍性著作相比，本书有更强的方法论和哲学倾向。同埃尔斯特一样，"我尽力避免白费功夫，或者对显而易见的问题做长篇累牍的论述；对不可避免的简化保持诚实；行文简洁而直白；像尊重读者的无知一样尊重读者的智慧。"[2]

除对国际环境法进行学术研究之外，我还作为美国政府谈判代表、非政府组织顾问和联合国顾问从事国际环境工作多年。这些经历对本书的研究至少有三个方面的影响：

首先，这本书是以美国为素材的。虽然我努力从广阔的视角去关注各种问题，但话题和例子的选择仍不可避免地依仗于我在美国工作的背景。

其次，在分析人士所说的"道德义愤"与"冷静分析"之

---

[1] Jon Elster, *Nuts and Bolts for the Social Sciences* (Cambridge University Press, 1989), p. vii.

[2] Ibid.

间，本书倾向于后者。[1] 当然，对现代工业化社会造成的环境破坏，"道德义愤"是一种可以理解的回应。实际上，要解决像气候变化这样的环境问题，对"道德义愤"的依赖可能不亚于对"冷静分析"的依赖。然而，作为国际环境法律工作者的经历强化了我从不同灰度效果看待世界的本能，即理解问题时考虑复杂的利益权衡。

最后，本书的目标是实用主义的。虽然这本书是理论性的，但它尝试提供一个从真实世界的视角来看国际环境法是如何发挥作用的——以及有时是如何无法发挥作用的。国际法的学者和学生都能被归入一个序列，序列的一端是虔诚的信徒，而另一端是完完全全的愤世嫉俗者。本书试图寻找一个中间点。虽然一定程度上反映了对国际环境法作用的空想主张的怀疑——希望是有益的怀疑！但本书也不会把婴儿和洗澡水一起倒掉。相反，本书寻求的是对国际环境法的作用和局限、过程和前景的切实的理解。

---

〔1〕 Robert V. Percival et al., *Environmental Regulation: Law, Science, and Policy* (Boston: Little, Brown, 1992), p. 67（对两者进行了比较）。

AOSIS（Alliance of Small Island States）：小岛屿国家联盟

ATCM（Antarctic Treaty Consultative Meeting）:《南极条约》协商会议

BAT（best available technology）：最佳可得技术

CBD（Convention on Biological Diversity, 1992）:《生物多样性公约》

CCD（Convention to Combat Desertification, 1994）:《防治荒漠化公约》

CEC（Commission on Environmental Cooperation U. S. ‐Canada‐Mexico）：环境合作委员会（美国—加拿大—墨西哥）

CFC（chlorofluorocarbon）：氯氟烃

CITES（Convention on International Trade in Endangered Species, 1973）:《濒危物种国际贸易公约》

COP（conference of the parties）：缔约方大会

CSD（UN Commission on Sustainable Development）：联合国可持续发展委员会

EIA（environmental impact assessment）：环境影响评价

EMEP（European Monitoring and Evaluation Programme，short for Co-operative Programme for Monitoring and Evaluation of the Long-Range Transmissions of Air Pollutants in Europe）：欧洲远程越界空气污染物传播的监测和评估合作项目，简称"欧洲监测和评估项目"

ENMOD（Convention on the Prohibition of Military or Any Other Hostile Use of Environmental Modification Techniques，1976）：《禁止为军事或任何其他敌对目的使用改变环境的技术的公约》，简称《禁止改变环境技术公约》

EPA（U. S. Environmental Protection Agency）：美国国家环境保护局，简称"美国环保署"

ESA（U. S. Endangered Species Act）：《美国濒危物种法》

FAO（Food and Agriculture Organization）：粮食及农业组织，简称"粮农组织"

FIELD（Foundation for International Environmental Law and Development）：国际环境法与发展基金会

FSC（Forest Stewardship Council）：森林管理委员会

G-8（Group of Eight）：八大工业国组织，简称"八国集团"

GATT（General Agreement on Tariffs and Trade）：《关税及贸易总协定》，简称《关贸总协定》

GEF（Global Environment Facility）：全球环境基金

IAEA（International Atomic Energy Agency）：国际原子能机构

IBRD（International Bank for Reconstruction and Development, World Bank）：国际复兴开发银行，即世界银行

ICJ（International Court of Justice）：国际法院

ICRW（International Convention for the Regulation of Whaling, 1946）：《国际捕鲸管制公约》

IFAD（International Fund for Agricultural Development）：国际农业发展基金

IJC（International Joint Commission, U. S. –Canada）：国际联合委员会（美国—加拿大）

ILC（International Law Commission）：国际法委员会

ILM（International Legal Materials）：国际法资料

ILO（International Labor Organization）：国际劳工组织

IMO（International Maritime Organization）：国际海事组织

IO（international organization）：国际组织

IPCC（Intergovernmental Panel on Climate Change）：政府间气候变化专门委员会

ISO（International Organization for Standardization）：国际标准化组织

ITLOS（International Tribunal on the Law of the Sea）：国际海洋法法庭

ITTO（International Tropical Timber Organization）：国际热带木

材组织

IUCN（International Union for the Conservation of Nature, also known as the World Conservation Union）：国际自然保护联盟，也被称为"世界自然保护联盟"

IWC（International Whaling Commission）：国际捕鲸委员会

LRTAP（Long‐Range Transboundary Air Pollution Convention, 1979）：《远程越界空气污染公约》

MARPOL（International Convention for the Prevention of Pollution from Ships, 1973/1978）：《国际防止船舶造成污染公约》，简称《防污公约》

MEA（multilateral environmental agreement）：多边环境协定

MOU（memorandum of understanding）：谅解备忘录

NAAEC（North American Agreement on Environmental Coopera-tion, 1993）：《北美环境合作协定》

NAFTA（North American Free Trade Agreement, 1993）：《北美自由贸易协定》

NAMMCO（North Atlantic Marine Mammal Commission）：北大西洋海洋哺乳动物委员会

NCP（non‐compliance procedure）：不遵守程序

NEPA（National Environmental Policy Act）：《国家环境政策法》

NGO（non‐governmental organization）：非政府组织

$NO_x$（nitrous oxides）：氮氧化物

NPP（net primary productivity）：净初级生产力

ODS（ozone-depleting substances）：消耗臭氧层物质

OECD（Organization for Economic Cooperation and Development）：经济合作与发展组织，简称"经合组织"

OILPOL（International Convention for the Prevention of the Pollution of the Sea by Oil，1954）：《防止海上油污染国际公约》

OSPAR（Convention for the Protection of the Marine Environment Convention of the North-East Atlantic，1992）：《奥斯陆巴黎保护东北大西洋海洋环境公约》

PIC（prior informed consent）：事先知情同意

POP（persistent organic pollutant）：持久性有机污染物

R&D（research and development）：研究开发

SIRS（systems of implementation review）：实施评审体系

$SO_2$（sulfur dioxide）：二氧化硫

SPREP（South Pacific Regional Environment Programme）：太平洋区域环境规划组织

TED（turtle excluder device）：海龟逃脱装置

TOVALOP（Tanker Owner Voluntary Agreement Concerning Liability for Oil Pollution）：《油轮船东自愿承担油污染责任协议》

TRAFFIC（Trade Records Analysis of Flora and Fauna in Commerce，wildlife trade monitoring network established in 1976 by IUCN and WWF）：国际野生物贸易研究组织（1976 年由国际自然保护联盟和世界自然基金会成立的野生物种贸易监测网络）

UNCED（United Nations Conference on Environment and Development，1992，also known as Rio Summit or Earth Summit）：联合国环境与发展大会，也被称为"里约峰会"或"地球峰会"

UNCLOS（United Nations Convention on the Law of the Sea，1982）：《联合国海洋法公约》

UNDP（United Nations Development Programme）：联合国开发计划署

UNECE（United Nations Economic Commission for Europe）：联合国欧洲经济委员会

UNEP（United Nations Environment Programme）：联合国环境规划署

UNESCO（United Nations Educational，Scientific and Cultural Organization）：联合国教科文组织

UNFCCC（United Nations Framework Convention on Climate Change，1992）：《联合国气候变化框架公约》

UNICEF（United Nations International Children's Emergency Fund）：联合国儿童基金会

UNTS（United Nations Treaty Series）：联合国条约系列

VOC（volatile organic compound）：挥发性有机化合物

WHO（World Health Organization）：世界卫生组织

WMO（World Meteorological Organization）：世界气象组织

WSSD（World Summit on Sustainable Development，2002，also known as Johannesburg Summit）：可持续发展世界首脑会议，也被

称为"约翰内斯堡峰会"

WTO（World Trade Organization）：世界贸易组织

WWF（World Wide Fund for Nature）：世界自然基金会

# 目录

CONTENTS

# 什么是国际环境法？

太多的人对国际法的性质或者历史不进行任何严肃的思考，就认为国际法是或者一直是一个骗局。另一些人似乎认为国际法是自身具有内在力量的一股势力，而且如果我们有意让法律工作者为成员国起草一份全面的法典，我们就可以和平共处，世界上一切都会相安无事。很难说是愤世嫉俗者还是一知半解者更无用，但是他们两者都犯了相同的错误。他们都认为国际法是一门学科，一门任何人都可以凭直觉来形成自己观点的学科，而不必像对其他学科一样，去探究相关的事实。

——詹姆斯·布赖尔利《国际法的展望》

(J. L. Brierly, *The Outlook for International Law*)

## 一、一个故事

几年前的一个晚上，一个非常著名的环境组织的志愿者来到我的门前请求捐助。我拒绝了，我和他说我不赞同这个组织在很多问题上的立场。这位志愿者要求知道是哪些问题。我最先想到的一个例子是捕鲸，"……你们的组织反对挪威恢复商业捕鲸活动。"这个志愿者没有气馁，反而开始争辩。他说道："挪威的行为威胁到鲸鱼的生存。"我回应说，"不，大多数科学家认为，东北大西洋中目标物种（小须鲸）的存量非常丰富，而且不会因为挪威少量的捕杀就变得濒危。"经过对鲸鱼科学现状的无果的争论后，这名志愿者恼怒地打出了他的王牌，大声说："我认为，对你来说，挪威对国际法的违反是无所谓的！"我有些迂腐地告诉他，我恰巧就是一个国际法教授，而且，从法律上来看，挪威有捕鲸自由，因为它对国际捕鲸委员会禁止商业捕鲸的决定及时地提交了反对意见。这位环保主义者最终跺着脚离开了，去寻找更好的对象。

我开篇就讲这个故事，是因为它说明了我们将在本书中探索的许多基本问题。首先，请注意这位志愿者是如何对挪威捕鲸提出了两种不同的观点：第一个是政策观点，第二个是法律观点。他的政策观点是，挪威捕鲸是错误的，因为捕鲸威胁到东北大西洋现有小须鲸的生存。这种观点包含以下内容：首先，一个隐含的目标，即管理鲸鱼的种群数量以确保它们的持续生存；其次，一个事实上的主张，即挪威捕鲸活动威胁着东北大西洋小须鲸的种群数量。粗略地讲，我们的分歧在于事实而不是价值。我接受他的隐含的目标，但是不同意挪威的捕鲸与这个目标相背离。如果小须鲸存量丰富，那么要保护它就仅需要限制捕鲸，而不是完全禁止捕鲸。

许多环境争论都是这种关于事实分歧的争论。什么是核反应堆事故的可能性？持久性有机污染物对人体和动物繁殖是否会构成根本威胁？温室气体在大气中的聚集会引起严重的全球变暖吗？以及最重要的是，我们是否正在接近经济增长的现实的物质极限？关于这些和许多其他基本事实问题，观点千差万别。我与那位环保主义者的争吵是更广泛的关于世界真实状态的争论的一个缩影。一方面，新马尔萨斯主义者（neo-Malthusians）[1]数十年来坚持认为，经济增长是有限度的，而我们正在快速接近这一极限。另一方面，丰饶论者（cornucopians）[2]认为，环境问题被夸大了，从整体来看，环境质量正在变好，并且人力资本（human capital），即人类的聪明才智将会继续发现弥补自然资本（natural capital）损失的方式。

那位环保主义者本可以提出一个不同的政策理由：鲸鱼是智慧的（或至少是有知觉的）生物，所以对它们的杀戮是错误的。这一主张不依赖于小须鲸的种群状况，因此会使我们的事实分歧变得无关紧要。如果他能够以此为据，那么我们的争论将是关于价值而非事实的：我们的目标是保护鲸鱼种群还是保护和维护每一个个体的鲸鱼？

一项环境争论到底是关于事实的争论还是关于价值的争论，

---

〔1〕 新马尔萨斯主义者是托马斯·马尔萨斯（Thomas Malthus）的当代传承人。马尔萨斯在 19 世纪早期提出理论称，人口将呈现指数式增长并最终将超出自然资源承受的限度。新马尔萨斯主义著作包括 Donella H. Meadows et al., *The Limits to Growth: A Report for the Club of Rome's Project on the Predicament of Mankind*（New York: Universe Books, 1972），and Paul R. Ehrlich, *The Population Bomb*（New York: Ballantine Books, 1968）.

〔2〕 在古希腊神话中，"cornucopia" 一词意味着可以提供无尽食物与美酒的丰饶之角。所谓的丰饶论者强调科技在使人们摆脱环境所施加的增长的自然极限中的作用。丰饶主义著作包括 Julian L. Simon and Herman Kahn, eds., *The Resourceful Earth: A Response to Global* 2000（Oxford: Blackwell, 1984），and Julian L. Simon, *The Ultimate Resource*（Princeton, NJ: Princeton University Press, 1981）.

3　　这个问题可能经常是不清楚的。当一位环保主义者认为鲸鱼的数量太少以至于难以支撑捕鲸活动，或者继续的经济增长是不可持续的，或者换个角度看，当气候怀疑论者认为全球变暖是一个谎言，这些是有关事实的争论还是披着事实争论外衣的价值判断呢？人们的观点是建立在客观的科学评价的基础上，还是建立在关于权衡经济增长与环境的可持续发展、当前生活方式的道德性以及政府的适当的角色的价值评价的基础上？

　　在不能用政策观点说服我后，这位募捐者转向了一个法律观点：挪威的捕鲸行为是错误的，因为它违反了《国际捕鲸管制公约》（又称《捕鲸公约》）。这一论据并不取决于挪威的捕鲸行为是否具有生态上的意义或者是否具有道德上的正当性。不管怎样，捕鲸是非法的。事实上，他说的是，即便你认为小须鲸的捕获可能是安全的，但法律对此施加了特定的要求，挪威也应当予以遵守。这个争论就变成这些要求是什么以及事实上挪威是否遵守了要求。结果，这就变成了一个法律问题。

　　乍一看，这一法律问题简单明了：挪威接受了规制捕鲸的公约，那么它必须遵守公约的要求。1982 年，国际捕鲸委员会以25 票赞成、7 票反对、5 票弃权通过了一个决定，要求暂停商业捕鲸，以此为综合科学评估鲸鱼种群存量提供足够的时间。根据该公约的条款，这些决定是有法律约束力的。然而，公约规定，如果成员国不同意相关决定，可以在 90 天内以书面形式选择对决定进行保留。挪威在这种情形下选择了保留——因此，我的结论是挪威不受暂停捕鲸决定的法律约束。

　　然而，法律问题很少如此简单。即便在这个例子中，在法律规则清楚的情况下，对方也可能做出一些回应。大多数学者同意除了条约之外，国际法还包括习惯法和一般法律原则。也许，这类法律中的某条会禁止挪威的捕鲸行为。例如，一些法律学者宣称根据习惯国际法，鲸鱼有一种正在形成的生存权。[1] 如果这种说法成立，这项不允许杀害鲸鱼的习惯法义务可能会约束不受《捕鲸公约》约束的挪威。或者，对方可以主张鲸鱼存量的现状是不确定的，并且所谓的风险预防原则要求国家在存在科学不确定性的情况下不能采取此类行动。或者，他可以主张挪威在一开始表达反对意见后，通过1987—1993年间停止捕鲸的行动默示地接受了国际捕鲸委员会暂停捕鲸的决定。这些争辩，虽然在我看来非常薄弱，但是能够举例说明可能的对国际环境法内容的争议。

## 二、研究国际环境法的三个视角

　　当然，捕鲸问题仅仅是本书将要探讨的众多国际环境问题中的一个。全球变暖、臭氧层耗减、生物多样性的丧失、沿海水域的污染、核事故、持久性有机污染物、酸雨等，我们现在已经很熟悉这种冗长的列举了。[2] 想想以下问题：

4

---

　　[1] See, e. g., Anthony D'Amato and Sudhir K. Chopra, "Whales: Their Emerging Right to Life," *American Journal of International Law* 85 (1991), pp. 21-62.

　　[2] 为辩证地考察这一"冗长列举"，参见 Bjørn Lomborg, *The Skeptical Environmentalist: Mea sur ing the Real State of the World* (Cambridge: Cambridge University Press, 2001).

· 当前，空气中二氧化碳的浓度比工业社会前高出三分之一，而且高于几十万年中的任何时候。[1]

· 过去一个世纪的已知物种灭绝速率大约是从化石记录以来的本底灭绝速率的 50～500 倍，而且有可能高达 1000 倍。[2]

· 人类每年从海洋中获取大约 8500 万吨鱼，而且世界上 75% 的渔业资源的捕捞已接近承载能力或者已构成过度捕捞。[3]

· 地球生态系统中，大约 60% 的生态系统正在退化或被不可持续地使用。[4] 自从 1990 年以来，每年有 600 万公顷的原始森林消失或被改变。[5] 世界上三分之一的森林和一半

─────────────

〔1〕 *E. g.*, Piers Forster et al., "Changes in Atmospheric Constituents and in Radiative Forcing," in Susan Solomon et al., eds., *Climate Change 2007: The Physical Science Basis* (Cambridge: Cambridge University Press, 2007), pp. 129 - 234, at 137; Eystein Jansen et al., "Paleoclimate," in ibid., 433-497, at 435.

〔2〕 Millennium Ecosystem Assessment, *Ecosystems and Human Well Being: Biodiversity Synthesis* (Washington, DC: World Resources Institute, 2005), pp. 2-3, 43; *see also* International Union for the Conservation of Nature (IUCN), "Red List of Threatened Species," www. iucnredlist. org (accessed 5/17/09)（估计约有 1.7 万已知物种濒临灭绝）。

〔3〕 Food and Agriculture Organization (FAO), *The State of the World Fisheries and Aquaculture 2006* (Rome: FAO, 2007), pp. 3, 29.《科学》杂志 2006 年刊登的一篇研究预计了所有现有渔业物种的"全球崩溃"。*See* Boris Worm et al., "Impacts of Biodiversity Loss on Ocean Ecosystem Services," *Science* 314 (2006), pp. 787-790. 然而，美国政府渔业专家报告称在他们监测的渔业种群中，只有大约 20% 被过度捕捞。*See* Cornelia Dean, "Study Sees 'Global Collapse' of Fish Species," *New York Times*, November 3, 2006, p. A21.

〔4〕 Millennium Ecosystem Assessment, *Ecosystems*, 5.

〔5〕 FAO, *Global Forest Resources Assessment 2005: Progress Towards Sustainable Forest Management* (Rome: FAO, 2006), p. 13. 一公顷约等于 2.5 英亩，600 万公顷约等于 2.3 万平方英里。

湿地由于人类的活动而消失。

·在最近几十年，世界上20%的已知珊瑚礁遭到破坏，并且另有20%正在退化。[1]

·每年农药的使用量大约为50亿镑~60亿镑，仅在美国就超过10亿镑。[2]

·世界上有13亿人口生活在不能达到世界卫生组织的悬浮颗粒物（PM）标准的农村地区，而且每年有超过200万人因为空气污染而过早死亡。[3]

·在过去40年里，全球淡水的使用量翻了一番。今天，人类使用的淡水达到所有可用的淡水径流的40%到50%，而且受缺水影响的全球人口数量大约在20亿。[4]

·超过10亿人口缺乏清洁的饮用水，并且超过25亿人口缺乏基本的卫生设备，导致每年超过150万的五岁以下儿童死于痢疾。[5]

5

---

〔1〕 Millennium Ecosystem Assessment, *Ecosystems*, 2.

〔2〕 *E. g.*, James Gustave Speth, *Red Sky at Morning: America and the Crisis of the Global Environment* (New Haven, CT: Yale University Press, 2004), p. 14; Pesticide Action Network, *PAN Pesticide Database*, www. pesticideinfo. org (accessed 5/17/09).

〔3〕 *E. g.*, World Bank, *World Development Report: Development and the Environment* (Oxford: Oxford University Press, 1992), p. 5; World Health Organization, *WHO Air Quality Guidelines for Particulate Matter, Ozone, Nitrogen Dioxide and Sulphur Dioxide: Global Update 2005—Summary of Risk Assessment* (Geneva: WHO Press, 2006), p. 5.

〔4〕 *E. g.*, World Wide Fund for Nature (WWF), *Living Planet Report 2004* (Gland, Switzerland, 2004), p. 16; Millennium Ecosystem Assessment, *Ecosystems: Overall Synthesis*, 13, 106.

〔5〕 United Nations International Children's Emergency Fund (UNICEF), *Progress for Children: A Report Card on Water and Sanitation* (New York: UNICEF, 2006), p. 1.

……这个单子还可以一直列下去。

导致这些问题的原因是什么？要解决这些问题，我们能够做什么？法律在其中能够扮演什么角色？这些是国际环境法的基本问题。在解决这些问题的过程中，我们将使用三个视角——这就是我所说的国际环境法的教义学的、政策的和解释的方法。[1]

（一）教义学的方法

对法律人来说，最常用的视角就是教义学方法。前文对挪威恢复商业捕鲸是否违反国际法所作的法律分析就是教义学方法的一例。法律人在他们的日常工作中经常使用这个方法。他们试图去确认法律规范如何规定以及如何将这些规范适用于特定的情形。本书将讨论法律教义学的许多问题，描述国际环境法如何对跨界污染、全球公地的污染和自然资源的保护加以规定。

如何确认国际环境法的规则？即使是只接受了很少的法律训练的人，都或多或少地知道如何确认国内法的规则。法学教育的一个重要的内容就是教育学生如何去确认相关的法律规则并将它们运用于特定的案例——如何去阅读案例和法条，然后如何将一个案例用于另一案例的说理。这或许是法学院第一年中最重要的功能，换句话说，就是教育学生"像法律人一样思考"（think like a lawyer）。

然而，就国际法来说，这个任务困难得多，因为国际法的基本渊源既不常见，也往往存有争议。国际法中的司法裁决少之又

---

〔1〕 这三种方法与安东尼·克朗曼在联结马克斯·韦伯的法社会学时所用的方法相一致，克朗曼将其称为教义的方法、道德的方法和社会学的方法。Anthony T. Kronman, *Max Weber* (Stanford, CA: Stanford University Press, 1983).

少，而且在理论上也缺乏作为先例的约束能力。在国际法中，没有颁布法令的立法机构，也没有执行规定的行政机构。因此，在一开始，我们有必要花费一些时间去讨论国际环境法规范的渊源。只有这样，我们才能有办法确定某一具体的规范，比如鲸鱼的生存权，是否具有国际法的地位。

（二）政策的方法

教义学方法关注的是法律"是"什么。然而，我们可能经常感觉到现行的法律规范并不那么令人满意，或者是因为它们根本没有解决重要的问题，或者因为它们没有充分地解决问题。对我们大多数人来说，这种感觉在相对较新的领域特别普遍，国际环境法也是如此，在森林退化、荒漠化和物种灭绝等重要问题上规范刚刚出现。因此，不仅要思考法律"是"什么，还要思考法律"应当"是什么。我将其称为国际环境法的政策方法。本章之前关于挪威捕鲸案的政策争辩就是这个视角的例证。

政策的方法聚焦于这些问题：捕鲸的国际规则应当是什么？这个问题要求我们思考手段和结果。不管是明示还是暗示的，核心变量都必须被强调，它们包括：

· 国际政策的目标应当是什么？例如，我们应当采用功利主义的立场，试图将收益成本比最大化，还是应当采用更加以生态为中心的或者以权利为基础的立场？我们要达到的短期目标是什么，例如减排目标？我们希望实现的长期目标是什么，如改变价值观的目标？

· 应当由谁来颁布或者传达政策？什么组织适合推进这

个过程？我们是应当通过公共的还是私人的渠道来进行——例如，选择国际组织，还是选择如森林管理委员会等私人组织？我们应当选择全球性的还是更加地区性的组织？是选择具有普遍职能的机构，如联合国大会，还是职能有限的专业组织？

·国际应对的法律形式应当是什么？缔结一个新条约，修正现行条约，由国际组织作出建议或者决定，还是由私人部门制定标准？

·我们应当使用的政策工具是什么？政府的命令控制；基于市场的工具，如税或者可交易的配额，亦或技术方案；与企业的自愿合作；或者其他方法？

·最后，这些政策工具应当指向谁？国家、企业，还是个人？

从理想的角度，在制定一项政策战略时，我们将确定每个变量可供选择的范围，评估其可取性，然后决定哪种代表了目标与现实的最佳组合。但是在实际中，因为我们的时间和知识有限，我们通常必须接受远没那么理想的组合。

这些政策问题在性质上是法律的吗？这取决于人们对法律作为一门学科的认识是广义的还是狭义的。当然，这些问题要求我们思考问题时不局限于法律。它们要求我们借鉴其他学科来制定合适的国际环境法规范。例如，我们在政策目标中的选择，是可持续利用鲸鱼，还是反对杀害鲸鱼的绝对保护，这在根本上是伦理问题。相较而言，如何实现目标的问题则涉及科学、经济学和公共政策等问题。例如，设计一个可持续管理计划主要是生物学和人口动态管理的问题。基于这个原因，设计新的捕鲸管理计划的工作应当主要由科学家承担，而不是交给法律工作者。

无论怎样，法律人的任务就是简单地描述法律是什么的时代已经过去了。国内法律人在立法工作中发挥着重要的作用，而国际环境法律人在条约谈判中发挥着类似的作用。法律设计的问题在性质上是规范性的，而不是教义学的，但它们是国际法律人们关注的核心问题。例如，环境协定中恰当的参与规则应是什么？条约应当建立什么样的遵守机制？法律规范用语的精确度应该达到什么样的程度？应当在多大的地理范围内进行规制？

而且，即便处理教义学问题时，"法律是什么"和"法律应当是什么"之间的界线也并不总是清晰的。法律规则通常是模糊的或者指向不同方向。在一些疑难案件中，法律人不能机械地描述和运用法律；他们的论据应当基于恰当的法律应该是什么样的政策或原则。国家无可辩驳地拥有防止跨界污染的法定义务。但是，什么构成"污染"？什么是"重大"污染？将这一法律规则应用于具体案例需要进行法律解释——解释和适用法律规则的过程就包含政策考量；它反映了试图制定"最佳"规则的努力。[1]

然而，政策和教义的方法仍代表了完全不同的方向。一个是说，国家必须阻止捕鲸或者国家应当大幅降低温室气体的排放以应对全球变暖；另一个是说，法律要求国家这样做。政策的方法

---

〔1〕 例如，一个具有经济学意识的法官可能会解释称，"重大"污染是指污染行为的边际成本超出其边际效益的情形，而一个具有生态学意识的法官可能会提出一些不能被超出的固定的损害阈值，而无论污染行为的可知收益如何。

是立法者在制定新法律或者国家在谈判新的条约时采用的方法。
教义学的方法是律师和法官在解释和适用现行法律时的范式方法。

作者们经常混淆国际环境法中的教义方法和政策方法。不清楚他们是按法律本身的样子描述法律还是在表达希望法律是什么样的美好愿望。例如，主张鲸鱼有正在形成的生存权，[1] 主张"生态灭绝"构成国际犯罪，[2] 主张国家必须采取措施保护濒危物种，[3] 或者通俗点的观点，认为国家在从事可能引起跨境损害的活动时，有义务提供通知和进行协商。[4] 许多人相信这些规范是可取的并且"应当"是国际环境法的部分；但是它们是否达到了这种地位还另当别论。

（三）解释的方法

尽管国际环境法的教义与政策的方法之间存在区别，但是它们之间有一个共同点：它们代表的都是法律领域内参与者的观点——国家、法院、国际律师、非政府组织等，他们依据法律规则工作或者试图对法律规则做出改变。教义和政策方法的这种研

---

〔1〕　D'Amato and Chopra, "Whales."

〔2〕　Mark Allan Gray, "The International Crime of Ecocide," *California Western International Law Journal* 26 (1996), pp. 215-271. 格雷的论证体现了一种常见的谬误，即国际环境法事实上必须包括某项特定的规范，因为这一规范在功能上或伦理上是必需的。Ibid., 270（"生态灭绝入罪必定会发生，因为其必须发生"）。

〔3〕　Michael J. Glennon, "Has International Law Failed the Elephant?" *American Journal of International Law* 84 (1990), pp. 1-41, at 30.

〔4〕　*See, e.g.*, Rüdiger Wolfrum, "Purposes and Principles of International Environmental Law," *German Yearbook of International Law* 33 (1990), pp. 308-330, at 313; *Restatement (Third) of the Foreign Relations Law of the United States*, §601, comment e; *compare* Daniel G. Partan, "The 'Duty to Inform' in International Environmental Law," *Boston University International Law Journal* 6 (1988), pp. 43-88, at 83（指出通知的义务"已经成为一般国际法下所有国家的法律义务"，然而其习惯法地位仍存在争议）。

究国际环境法的"局内人"视角，使其区分于第三种视角——政治学家的观点，他们从"外部"研究国际环境法以确定国际环境法在国际社会中的角色。这种视角的差异，就像在一个具有自身价值、角色和禁忌的文化环境中，一个生于斯长于斯的土著的视角和将文化作为研究课题的人类学家的视角间的差异。

　　这种对国际环境法的解释的方法聚焦于两个主题：其一，国际环境规范的出现（或者未出现）；其二，它们的有效性（或者非有效性）。例如，在何种程度上，国际环境法的发展和效果能够用国家理性的自利加以解释？科学知识、政府间组织和非政府组织发挥什么作用？这些是政治学家提出的问题。

　　传统上，政治学家分为不同的"学派"，每个学派用不同的因果模型来解释国际规范如何出现并影响行为，或者不能影响行为。现实主义学派强调权力的作用；[1] 制度主义学派更强调利益的作用。[2] 自由主义者强调国内政治的作用；[3] 建构主义者

---

〔1〕　若要对现实主义有一般性的研究，参见 Robert O. Keohane, ed. , *Neorealism and Its Critics* (New York：Columbia University Press, 1986)；*see also* John J. Mearsheimer, "The False Promise of International Institutions," *International Security* 19 (1994/ 1995), pp. 5–49.

〔2〕　*See, e. g.*, Robert O. Keohane, *After Hegemony：Cooperation and Discord in the World Political Economy* (Princeton, NJ：Princeton University Press, 1984)；Stephen D. Krasner, ed. , *International Regimes* (Ithaca, NY：Cornell University Press, 1983). 制度主义的一个博弈论版本可见 Scott Barrett, *Environment and Statecraft：The Strategy of Environmental Treaty-Making* (Oxford：Oxford University Press, 2003).

〔3〕　*See, e. g.*, Andrew Moravcsik, "Taking Preferences Seriously：A Liberal Theory of International Politics," *International Organization* 51 (1997), pp. 513–533.

9   强调价值和知识的作用。[1] 有趣的是，国际环境政治专业的学
    生倾向于避开大多数政治学家只考虑单一的解释模型的方法论偏
    好，而且代之以承认因果要素和路径的多样性，这有助于解释国
    际环境规范的出现和有效性。[2] 我的方法也是折中的：我将考
    虑权力、利益、知识、理念和国内政治的作用，这根据具体情况
    而定。对于我来说，国际关系的传统学派正像是盲人摸象：每种
    观点都有一定的贡献，但是这仅代表整体的一部分。国家利益是
    重要的，但是一个国家如何设想它的利益取决于它的价值观和知
    识，同样也依赖于它国内的政治过程。行为者应用"结果的逻
    辑"（logic of consequences）来计算它们行为的成本与收益。但是
    将什么算作是成本、什么算作是收益，这取决于许多其他因素。
    在许多情况下，单个个体（和国家）不仅计算结果，他们也会基
    于他们的价值观和自我认同，即他们对"他们是谁"的认识，考
    虑不同行为的适当性。试图将这种复杂的现实简化为一个简单的
    因果模型，可以保证科学的严谨性，但对于国际环境法律人而
    言，其代价过于高昂，因为国际环境法律人必须在一团乱麻的现

---

[1] See, e. g., Peter M. Haas, *Saving the Mediterranean: The Politics of International Environmental Cooperation* (New York: Columbia University Press, 1990); Martha Finnemore and Kathryn Sikkink, "International Norm Dynamics and Political Change," *International Organization* 52 (1998), pp. 887-917. 关于国际法的路径，参见 Jutta Brunnée and Stephen J. Toope, "International Law and Constructivism: Elements of an Interactional Theory of International Law," *Columbia Journal of Transnational Law* 39 (2000), pp. 19-74.

[2] See, e. g., Oran R. Young, *International Governance: Protecting the Environment in a Stateless Society* (Ithaca, NY: Cornell University Press, 1994); Peter M. Haas, Robert O. Keohane, and Marc A. Levy, eds., *Institutions for the Earth: Sources of Effective International Environmental Protection* (Cambridge, MA: MIT Press, 1993).

实世界中工作。

　　我勾勒出的这三种视角——教义学的、政策的和解释的——是国际环境法分析工具箱中的所有的基本组成部分。不论人们是想要维护现状还是改变现状，第一步都必须是搞懂现行法律是如何规定的。这种教义学方法虽然重要，但是还不够。要想成为一个有作为的法律工作者，还必须能够对维持或改变现行法律做出政策论辩，并了解影响法律形成和有效性的因素。

## 三、什么是国际环境法？

　　在一本国际环境法的书中，有必要从一开始就弄清楚我们研究对象的范畴。在"国际环境法"这个短语中，每个单词都伴随着重要的问题。

### （一）环　境

　　让我们从"环境"开始。奇怪的是，在国际协定中，很少有关于这个术语的定义。借用一个说法，环境是"一个大家都明白但是没人能够给出一个能让人满意的定义的术语"[1]。的确，即便是《环境和发展词典》（*Dictionary of Environment and Develop-*

10

---

[1] Lynton Keith Caldwell, *International Environmental Policy：Emergence and Dimensions* (Durham, NC：Duke University Press, 2d ed. 1990), p. 197（提到发展）；*see also*, *e. g.*, Philippe Sands, *Principles of International Environmental Law*（Cambridge：Cambridge University Press, 2d ed. 2003), p. 16（指出"'环境'一词在国际法中并没有被普遍接受的作为艺术的术语的用法"）；Gordon J. MacDonald, "Environment：Evolution of a Concept," *Journal of Environment and Development* 12（2003), pp. 151-176, at 151（"环境的现代概念包含生态学的、经济的、美学的和伦理的考虑"）。

ment）也没能成功给环境下定义。[1] 在所有的定义中，有两个是欧共体定义的，它将"环境"描述为："人与水、空气、土地和所有生物体之间的关系。"[2] 或者，换个说法，是"元素的组合，其复杂的相互关系构成了人和社会的生活条件、周边事物与背景，正如它们的本来的样子和它们被感受到的样子"[3]。但是这些定义是否确实阐明了这个术语仍存有疑问。

有两点值得注意。第一，如同定义所说，国际环境法主要聚焦于人类与自然世界——空气、水、土壤、动植物的相关作用。因此，这意味着区分人与自然。一些变化是自然的，超出国际环境法的范围，例如，自然气候的可变性、火山、地震等。其他变化是由人为原因引起的并且因此可以通过法律规制来进行社会控制。1991 年，菲律宾群岛的皮纳图博火山爆发使得几百万吨的硫酸盐气溶胶进入大气，导致地球温度短时间下降约 0.5 度，但是这是自然的，不是导致人们担忧的重要根源，然而，通过类似手段进行地球工程改造气候的主张引起了相当大的恐慌。对人类活动的关注体现在"污染"的概念中，它的典型定义为"因人为原因使得有害物质和能量进入环境"。国际环境法要解决的就是这

〔1〕 Andy Crump, *Dictionary of Environment and Development: People, Places, Ideas and Organizations* (Cambridge, MA: MIT Press, 1993).

〔2〕 Council Directive 79/117, art. 2 (10), 1979 O. J. (L 33) 36 (EC).

〔3〕 *See* Alan Gilpin, *Dictionary of Environmental Law* (Northampton, MA: Edward Elgar, 2000), p. 92. 《禁止改变环境技术公约》将"改变环境技术"定义为"通过蓄意操纵自然过程改变地球（包括其生物区、岩石圈、地水层和大气层）或外层空间的动态、组成或结构"的技术。ENMOD Convention art. II.

些人为引入的变化。[1]

第二，在过去的半个世纪里，人们对环境问题的理解已经发生了很大的变化。如果这本书写于 50 年前，它的标题可能会是"国际自然保育法"，因为，早期保护环境的努力（例如，1946年《捕鲸公约》）集中于对自然的保护，特别是野生动物的保护。相较而言，当代的国际环境法的范围更加宽泛，包括使空气、水和土壤免受污染。如果这本书（重）写于 50 年后，它可能会被命名为"可持续发展的国际法"。因为，那个时候，可持续发展——一直更像是一个流行词而不是一个连贯的概念——可能已经脱离了它的初始阶段成为环境保护的组织范式。[2]

"环境"问题的边界已经变得模糊不清了。全球变暖和生物多样性的丧失等问题是由很多的因素导致的，包括人口增长、能源使用、消费模式和贸易。如果国际环境法不仅关注问题的表面，而且关注环境退化的根本原因，那么我们要理解什么可以构成环境问题的话，就还需要扩展到经济、社会和贸易政策。的确，如果按一些人的主张，所有事物都是相互联系的，那么任何事物都能变成环境问题。然而，至目前为止，这种整合更多的是

---

　　[1]　在一些情况下，国际环境协定也会致力于保护人类世界的某些方面——尤其是历史和文化遗址，如埃及金字塔或长城，它们受 1972 年《世界遗产公约》的保护。

　　[2]　*See* Daniel C. Esty, "A Term's Limits," *Foreign Policy*（Sept./Oct. 2001），pp. 74–75（将可持续发展描述成"一个内涵大部分缺失的流行词"）。更多关于可持续发展的内容，请见第二章第四节。

一种愿望而不是现实。[1] 因此，需要将国际环境法作为研究的独立领域，关注人类与其环境的相互关系，而不是驱动这种关系的社会和经济因素，这点是相当有意义的。

（二）国　际

"国际"一词提出同样具有挑战性的一个问题。什么样的环境问题是国际的？在某些情况下，答案是显而易见的。例如，欧洲和北美的酸雨问题。这很明显是国际问题，因为污染物产生于一个国家，而损害结果在另一个国家。跨界资源的利用，如候鸟、国际河流、跨界湖泊等，明显也是国际环境问题；唯一的区别是，它们是跨界的自然资源而不是污染。自然而然，跨界资源和跨界污染是国际环境规制最先面临的课题，体现在《界水国际条约》和《候鸟条约》中，以及诸如特雷尔冶炼厂案（Trail Smelter Case）等案例中，且仍然是国际环境法发展的北极星。[2]与这些跨界环境问题关系密切的是全球公共问题，如捕鲸、公海污染、臭氧层消耗等，这些问题涉及超国家主权的领域。将这些

---

〔1〕　如弗兰克·比尔曼所说，"尽管就可持续发展已经讨论了二十多年，但只能找到寥寥几个可持续发展综合部门的例子。大多数国家保留了其经济（或发展）部门与环境部门之间的分化。" Frank Biermann, "Reforming Global Environmental Governance: From UNEP Towards a World Environment Organization," in Lydia Swart and Estelle Perry, eds., *Global Environmental Governance: Perspectives on the Current Debate* (New York: Center for UN Reform Education, 2007), pp. 103-123, at 115.

〔2〕　特雷尔冶炼厂案发生在 20 世纪 20 年代，针对距美国北部边界约 7 英里的加拿大英属哥伦比亚省特雷尔附近的一家大型铅锌冶炼厂烟雾造成的损害，美国对加拿大提出索赔要求。仲裁庭指出，"任何国家也没有权利这样地利用或允许利用它的领土，以致其烟雾在他国或对他国领土或该领土上的财产和生命造成损害，如果已产生后果严重的情况，而损害又是证据确凿的话"，这是国际环境法领域引用频率最高的段落之一。*Trail Smelter Case*, at 1965.

问题联系在一起是因为它们都包含物理的溢出效应：相关资源或者污染超越国际边界或者存在于超出国家主权范围的地域，这使得国际合作成为必要。

像非洲大象保护这样的问题该如何处理呢？非洲大象不是典型的跨境迁徙动物，因此在此意义上也不是国际资源。大象的减少也无法归咎于直接的物理溢出。那么，为什么大象的保护构成国际问题呢？部分原因在于大象保护容易受到经济溢出的影响[1]：至少到近期而言，对非洲大象的主要威胁都是东亚消费者对象牙的需求。[2] 东南亚的森林退化也有相同的原理；森林的砍伐主要不是为了满足当地的需要，而是为出口而生产木材。这些例子提醒我们，如物理联系一样，当代世界的生态联系正在变得越来越紧密：一个国家对另一个国家的环境会产生重大影响，不仅通过物质污染，而且通过投资和贸易。厄瓜多尔的亚马逊森林（和栖息地）的破坏可能是美国公司的石油开发造成的，[3] 发生在印度博帕尔的联合碳化物事件则更进一步说明了环境问题部分源于国际经济力量的驱动。

即便把经济因素和物质联系都包括在内，它们也不能完全解释国际环境议程上的某些问题。如熊猫，这是一种仅存于中国的非迁徙物种，它的栖息地丧失是源于人口的扩张。这是一个国际

12

---

〔1〕 此外，其他国家的人们认同大象的持续存在的价值，因此大象保护也有下文将提到的积极的心理溢出。

〔2〕 长远来说，由于人口增长导致的栖息地丧失可能是对非洲象的最大威胁。Douglas H. Chadwick, *The Fate of the Elephant* (San Francisco: Sierra Club Books, 1992), pp. 467-468.

〔3〕 对此的一个生动的叙述，参见 Joe Kane, *Savages* (New York: Knopf, 1995).

环境问题吗？这和我在前面所述的所有原因都无关。熊猫没有受到外国污染的威胁，国际上对熊猫皮毛有有限的需求，但这种需求对导致这一问题的作用相对较小。然而，拯救熊猫已经成为一个著名的国际事件。

是什么让熊猫的保护成为一个国际问题？明显的答案是：因为国际社会已经将其视为一个国际问题。然而，这实际上是一个循环论证，而且指向了另一个更进一步的问题：为什么会引起国际社会的关注？答案是，尽管熊猫减少的原因是纯粹的非国际的，但其后果不是。像熊猫这样的资源引起国际关注的原因是它提供了国际收益。在熊猫的例子中，收益主要是心理性的：其他国家的人们珍惜熊猫而且期望它能够永续地存在。这种心理溢出是正在增长的全球相互依存性的另一种表现。如果将这些心理溢出包括在内，验证一个环境问题是否构成"国际的"就会有更加主观而不是严格客观的特性。答案取决于人们认为什么是国际的，而不是跨界环境或者经济影响的存在。

尽管物质的、经济的和心理的溢出不同，但是三者的定义都有一个国际性特点：它们都涉及一个以上的国家，而且因此难以通过单个国家自己的行为加以解决。这种国际性的角度将国际环境法与某些所谓的"全球环境法"[1]区别开来。全球环境法的关注点在于世界各国的环境法通过相互模仿、渗透和同化的过程而变得越来越趋同。学者们将这种全球的趋同归因于许多因素：共

---

〔1〕 *See* Tseming Yang and Robert V. Percival, "The Emergence of Global Environmental Law," www. ssrn. com（accessed 5/17/09）.

同的实用性需求、跨界的专家网络及"世界文化"的传播。[1]但是不论什么原因，趋同化的国内法尽管很重要，但不是本书的重点。它们是比较环境法而不是国际环境法的议题。

确实，比较环境法与国际环境法之间的界线是模糊不清的。正如"国家"与"国际"环境问题的界线不清楚一样，在趋同化的国内规则（如要求进行环境影响评价）和共同的国际规则之间没有一条明显的界线。事实上，在一些情形中，这两者可能存在因果关系。一方面，国际协定的国内实施要求可能导致世界范围国内法的趋同。《濒危物种国际贸易公约》和《控制危险废物越境转移及其处置巴塞尔公约》（又称《巴塞尔公约》）就是两个例子。另一方面，趋同的国内法（如公众参与）可能启发国际协定的谈判。

然而，国际环境法是独特的现象，通过独特的过程产生并影响行为。这些国际规则和过程是本书的主题。

（三）法　律

对许多人来说，"国际环境法"这一词组中，"法律"一词伴随的问题最大。许多怀疑主义者认为，所谓的法律，需要执行机制，并且在缺乏执行机制的情况下，国际环境规范就仅仅是政治

---

〔1〕　关于政治学家和社会学家做出的对环境政策趋同的不同解释，*compare* Katharina Holzinger, Christoph Knill, and Thomas Sommerer, "Environmental Policy Convergence: The Impact of International Harmonization, Transnational Communication and Regulatory Competition," *International Organization* 62 (2008), pp. 553-587 (强调和谐和跨国交流的政治学视角的一个例子)，*with* David John Frank, Ann Hironaka, and Evan Schofer, "The Nation-State and the Natural Environment over the Twentieth Century," *American Sociological Review* 65 (2000), pp. 96-116 (强调文化互渗的社会学视角的一个例子)。

或者道德规范。这个观点由来已久，可以追溯到 19 世纪的英国法哲学家约翰·奥斯丁（John Austin），因为缺少惩罚，他将国际法称为"实在道德"（positive morality）。

不论人们是否同意这种观点，将国际法与国际政治和国际道德区别开来都不是件容易的事。根据"传统观点"，国际法的地位由其来源决定。当（且仅当）规范是由公认的立法程序所创立时，该规范才具有法律资格，例如，通过条约制定程序产生的《国际捕鲸管制公约》或《联合国气候变化框架公约》（又称《气候变化框架公约》）。[1] 但是，即便对于国际环境规范的主要渊源——条约而言，事情也并没有这么简单。一方面，环境协定有时包含"没有约束力"的规范，它只是简单地推荐采取某种行为。例如，《联合国气候变化框架公约》规定工业化国家的"目的"应当是将它们的温室气体排放量恢复到 1990 年的水平。[2] 另一方面，缺乏法律来源的规范有时会被成员国当作"有约束力"的规范，例如，联合国安理会关于暂停在公海上刺网捕鱼的决定。[3] 根据传统的观点，这个决定顶多构成"软法"，因为根据《联合国宪章》，联合国大会可以进行建议，但不能作出有法律约束力的决定。然而，那些拥有在公海上刺网捕鱼船只的成员国，通过弃置它们的船只或者改变捕鱼的方法来执行

---

〔1〕 我们将在第九章讨论，除了条约之外，获得承认的国际法渊源还包括：①国家实践的规律模式，像法律一样被接受，构成国际习惯法；②文明国家承认的一般法律原则。Statute of the International Court of Justice art. 38（1）.

〔2〕 UNFCCC art. 4. 2.

〔3〕 G. A. Res. 46/215, U. N. Doc. A/RES/46/215（December 20, 1991）.

这个决定，就像这个决定有约束力一样。值得讨论的是，与许多看似构成法律规范的规范相比，这个决定对成员国的实际行为有更大的影响。[1]

"软法"这个词，暴露了一些关于法律定义的混乱。法律期刊和法律著作中讨论的大部分内容——行为守则、宣言、行动纲领及建议——落入到这一法律范畴。它们是一种类型的法吗？"软法"这个词意味着它们与条约这种硬法有家族相似性（两者都属于法），但因为没有"法律"来源而存在重要差异（这就是为什么它是软法而不是硬法）。

区分法律与政治的难题在国际环境法中尤其严峻，因为国际环境法经常用一种实用主义的、非法律的方法解决问题。例如，当《关于消耗臭氧层物质的蒙特利尔议定书》（又称《蒙特利尔议定书》）的成员国希望接受 1990 年《蒙特利尔议定书的伦敦修正案》时，它们回避了有关生效所需要的对批准国数量的适用要求，而是代之以更低的生效条件。在气候变化制度中，关于《京都议定书》如何运作的详细规则目前是大量私人部门活动的基础，它是通过成员国的一个简单的决定被接受的，其详细的法律地位问题仍留待以后讨论。同时，根据《京都议定书》的规定，新的遵守委员会包含一个"执行机构"，严格来说，它的决定不具有法律约束力。法律与政治之间界线的模糊甚至在国际环境法的术语中也有体现，它经常用"承诺"（commitment）而不是

---

〔1〕 Donald R. Rothwell, "The General Assembly Ban on Driftnet Fishing," in Dinah Shelton, ed., *Commitment and Compliance: The Role of Non-Binding Norms in the International Legal System* (Oxford: Oxford University Press, 2000), pp. 121–146.

"义务"（obligation），"不遵守"（non-compliance）而不是"违反"（breach），以及"后果"（consequence）而不是"救济"（remedy）或者"惩罚"（sanction）。

考虑到本书的目的，我认为确认不同的国际环境规范间的家族相似性比正确定义法律的法理学要更为重要。因此，我的讨论将不仅包含条约等国际法的传统渊源，而且包括更新的环境规范的渊源，包括宣言、行为守则、指南、行动计划以及其他类似文件。我还会讨论有利于发展、执行和实施这些规范的国际机构。

### 四、30%的解决方案

在我与环境募捐者关于捕鲸问题的讨论中，他的说法表明挪威行为的合法性（或者在他看来是非法性）非常重要。事实上，他的王牌就是主张挪威捕鲸的非法性。尽管我不同意他的法律结论，但他对国际环境法重要性的看法令人感动，特别是在当许多人持相反观点的情况下，那些人认为国际环境法仅仅是华丽的辞藻，对成员国的行为没有任何影响。[1]

对国际环境法的这种信念是恰如其分的还是错误的？这将是本书的一个重要主题。在我看来，答案介于两者之间。国际环境法既不是灵丹妙药，也不是一个骗局。它能够发挥建设性的作用，但也就仅此而已了。它可以被称为"30%"的解决方案。

国际环境法的批评者经常会假定一个强制性的法律模型，这

---

〔1〕 See, e. g. , Jack L. Goldsmith and Eric A. Posner, *The Limits of International Law* (New York: Oxford University Press, 2005).

个模型寻求超越主权国家间分散的国际体系。根据这种观点：

· 国际法的目标应当对成员国施加具体的义务（然后这些成员国在国内就这些议题再制定强制性的义务）。

· 这些义务应当通过有约束力的争议解决办法在国际和国内得到强制执行。

· 违反者（包括成员国和个人）应当受到制裁。

根据这些标准来评价，现代的国际环境法总体上是失败的，因为其缺乏执行机制。该路径的支持者想通过创制"长牙齿"的规范以实现国际法的转型。例如，新西兰的前首相杰弗里·帕尔默（Geoffrey Palmer）曾经认为像气候变化这样的环境问题需要建立新型的国际体系：

首先，需要有一个立法程序，制定对成员国具有法律约束力的规则，成员国即便不同意这些规则也必须遵守。其次，必须有某种具有强制力的争端裁判机构，如果不是国际法院的话，也可以是一个特殊仲裁机构……最后，还需要一个有能力的权威机构，以监督成员国行为，或者在必要的时候揭发违法行为，并在需要采取行动的时候充当一个有效的协调者。[1]

1989年的《海牙会议宣言》（Hague Conference Declaration）

---

[1] Geoffrey Palmer, "An International Regime for Environmental Protection," *Washington University Journal of Urban and Contemporary Law* 42 (1992), pp. 5-19, at 17.

反映了这种高压的方法，它呼吁为了保护地球空气，建立具有无需一致通过的决策权和执行权力的"新制度权威"。在联合国内部创立环境保护委员会的建议也是如此。

具有强权的国际制度是否是一个好主意值得商榷，特别是没有任何理论来支持这种权威的合法性。[1] 这个问题暂且不论，高压模型面临的一个更加迫切的问题是，它背离了国际政治的现实。国家非常不情愿将权力让渡给国际机构。而且，即便它们同意这样做，有什么能阻止它们之后食言呢？

国际环境法的另一种方法没有这么理想化，但是更加现实。这个方法将国际环境法视为一个鼓励和促进国际合作而非要求国际合作的过程。这种促进型方法没有要求强行建立超国家的机构，而是以承认国家主权为前提。它试图帮助国家间实现互利共赢的结果，例如通过建立科学和规范共识，[2] 或者通过解决国家间的不信任或缺乏国内能力等遵守中的障碍。[3]

这是一个比较温和的方法。无论怎样，随着时间的推移，它能够有助于更好的国际合作，也因此有助于环境问题的解决。要想使国际环境法有效，就不仅要明白它的作用，还要理解它的局限性。它必须聚焦于某一问题中它能够产生影响的那些方面，认

---

〔1〕 Daniel Bodansky, "The Legitimacy of International Governance: A Coming Challenge for International Environmental Law?" *American Journal of International Law* 93 (1999), pp. 596-624.

〔2〕 Thomas Gehring, *Dynamic International Regimes: Institutions for International Environmental Governance* (Frankfurt: Peter Lang, 1994).

〔3〕 Abram Chayes and Antonia Handler Chayes, "On Compliance," *International Organization* 47 (1993), pp. 175-205.

识到它是解决问题方案的一部分，而且也只是一部分。

**推荐阅读：**

Patricia Birnie, Alan Boyle, and Catherine Redgwell, *International Law and the Environment* ( Oxford: Oxford University Press, 3rd ed. 2009).

Daniel Bodansky, Jutta Brunnée, and Ellen Hey, eds. , *The Oxford Handbook of International Environmental Law* ( Oxford: Oxford University Press, 2007).

Pamela S. Chasek, David L. Downie, and Janet Welsh Brown, *Global Environmental Politics* ( Boulder, CO: Westview Press, 4th ed. 2006).

Peter M. Haas, Robert O. Keohane, and Marc A. Levy, eds. , *Institutions for the Earth: Sources of Effective International Environmental Protection* (Cambridge, MA: MIT Press, 1993).

Peter H. Sand, *Transnational Environmental Law: Lessons in Global Change* (London: Kluwer Law International, 1999).

Philippe Sands, *Principles of International Environmental Law* (Cambridge: Cambridge University Press, 2d ed. 2003).

Christopher D. Stone, *The Gnat Is Older than Man: Global Environment and Human Agenda* ( Prince ton, NJ: Prince ton University Press, 1992).

# 第二章

# 我们如何到达这里：一个简短的历史

当一个理念的时代已经到来，它的力量将无可比拟。

——维克多·雨果《犯罪史》

(Victor Hugo, *The History of a Crime*)

国际环境法仍然是一个相对较年轻的领域。在 1964 年，沃尔夫冈·弗里德曼（Wolfgang Friedmann）在他卓有影响的关于国际法性质正在发生变化的著作中，并未将环境保护或者自然保护作为"国际法的新领域"。[1] 甚至更近些时候，伊恩·布朗利（Ian Brownlie）在他 1979 年出版的权威著作《国际公法原理》（*Principles of Public International Law*）（第 3 版）中，仍然没有将"环境"列入目录，他只在"海洋法和公共设施"的章节里讨论了环境问题，而没有将其作为一个独立的部分。[2]

国际环境法的发展属于更大范围的国际法议题转型的一部分。传统国际法（成形于 19 世纪）关注的是和平与战争年代国

---

〔1〕 Wolfgang Friedmann, *The Changing Structure of International Law* (New York: Columbia University Press, 1964), pp. 152-187.

〔2〕 Ian Brownlie, *Principles of Public International Law* (Oxford: Clarendon Press, 3d ed. 1979). 不同的是，在 2003 年出版的布朗利著作的第 6 版中，含有一个简短的章节关于"环境保护的法律方面"。

家之间的和平共存，并侧重于外交关系、主权豁免、条约关系以及战争法等主题。在 20 世纪，国际法向两个方向有所扩展：其一，国家如何对待它们的国民（如人权法）；其二，国家与其他国际关系参与者如何合作以实现促进经济发展与社会福利等共同目标。[1] 国际环境法的发展属于第二种转型，并且建立在保护自然环境的人类共同利益的基础之上。[2]

环境退化不是一个新现象。[3] 人类自古以来就在影响环境，有时甚至造成了显著影响。古希腊人就已经注意到阿提卡山丘上的森林退化和土壤侵蚀问题。公元前 2000 年，大象、犀牛和长颈鹿在尼罗河流域绝迹，到了公元后几个世纪，它们又从北非绝迹了。关于人类改变环境的一个特别有说服力的事例，是 16 世纪复活节岛的崩溃，这明显是由于过多的人口和森林退化造成的。[4]

无论如何，一直到近些时候，污染和自然资源的耗竭才被作为问题得到广泛的关注。国际环境法的发展有时被描绘为环境问题的不断扩大和政治—法律应对之间的简单的因果关系。但是是否将一个特殊的现象视作一个问题，部分取决于人的认识和价值判断。16 世纪英格兰岛上狼的消失，或者 1681 年渡渡鸟的灭绝，

19

---

〔1〕　*See generally* Friedmann, *Changing Structure.*

〔2〕　然而，我们应该知道，因为国家和其他主体的利益经常存在差异，所以环境保护中的利益并不总是共享的。

〔3〕　*See generally* Clive Ponting, *A Green History of the World: The Environment and the Collapse of Great Civilizations* (New York: Penguin Books, 1991).

〔4〕　*See* Jared Diamond, *Collapse: How Societies Choose to Fail or Succeed* (New York: Viking, 2005). *But see* Terry L. Hunt, "Rethinking the Fall of Easter Island," *American Scientist* 94 (2006), pp. 412−419（对戴蒙德的解释提出质疑）。

并没有引起太多关注，更不用说担忧了。[1] 的确，某些人可能同意英国牧师埃德蒙·希克灵尔（Edmund Hickeringill）的观点。他曾写道："一些动物对人类来说，是如此的有害和令人讨厌，以至于全人类要用任何合法的手段尽快驱除和消灭这些动物以摆脱种厌烦。"[2] 国际环境法的出现要求人类意识的改变，增强人类对环境价值的认识并关注对环境的破坏，通过吉尔伯·怀特（Gilbert White）和亚历山大·冯·洪堡（Alexander von Humboldt）等自然主义者[3]以及浪漫主义作家梭罗（Thoreau）[4]等人的著作，这种意识在19世纪早期开始出现。

经济发展对解释环境意识的增长也有部分助益。随着社会变得富裕，社会能够不仅仅将焦点放在提供食品和住房等人类基本必需品上，而且得以关注更加清洁的环境等"奢侈品"。

环境意识的发展也是科学认知进步的产物。回溯到19世纪自然主义者乔治·珀多斯·马什（George Perkins Marsh）的著作，他描述了人类对自然的掠夺，并且认为"地球是给人利用的，不是用于消耗的，更不是用来挥霍的"[5]。国际环境法的早期发展大多数都可以找到其科学的源头。瑞典研究人员揭示了英德两国

---

〔1〕 Robert Boardman, *International Organization and the Conservation of Nature* (Bloomington: Indiana University Press, 1981), p. 13.

〔2〕 Ponting, *Green History*, 164.

〔3〕 *See* Aaron Sachs, *The Humboldt Current: Nineteenth Century Exploration and the Roots of American Environmentalism* (New York: Viking, 2006).

〔4〕 Philip Shabecoff, *A Fierce Green Fire: The American Environmental Movement* (Washington, DC: Island Press, 2003).

〔5〕 George Perkins Marsh, *Man and Nature; Or, Physical Geography as Modified by Human Action* (New York: Scribner, 1864), p. 36.

排放的二氧化硫与斯堪的纳维亚地区酸雨之间的关联性，这也是 1972 年斯德哥尔摩会议以及之后的 1979 年《远程越界空气污染公约》的一个主要推动力。20 世纪 80 年代中期，臭氧层空洞的发现导致《蒙特利尔议定书》的成功缔结。人们对全球变暖的现实、原因和严重性逐渐达成科学共识，这些共识反映在政府间气候变化专门委员会的报告中，它们也有助于推进国际气候制度的发展。

不论确切的原因为何，环境意识断断续续地向前发展，循着政治学家们非常熟悉的一种轨迹："警报"使人们发现问题，通常是诸如石油泄漏等突发事件；公共关注激增，导致一系列新行动；其他国家的仿效造成环境应对方法的传播；解决问题的困难和成本慢慢地变得明显；人们开始变得缺乏信心、烦躁或者因为新问题的出现而发生转移；较早期的问题进入了一个常规的、低调的、更加静态的阶段。[1]

在国际环境法的出现过程中，可以看出三个周期或者浪潮：①19 世纪后期到 20 世纪前半叶是保育阶段，重点在于对野生动物的保护；②污染预防阶段，跨越被称为"环境革命"的 20 世纪 60 年代和 70 年代早期，以斯德哥尔摩会议的召开、联合国环境规划署的成立、大量环保公约特别是海洋污染领域公约的缔结

[1] Anthony Downs, "Up and Down with Ecol ogy: The 'Issue-Attention Cycle,'" *Public Interest* 28 (1972), pp. 38-50; *see also*, e. g. , John McCormick, *Reclaiming Paradise: The Global Environmental Movement* (Bloomington: Indiana University Press, 1989), pp. 64-65; Tony Brenton, *The Greening of Machiavelli: The Evolution of International Environmental Politics* (London: Earthscan, 1994), pp. 15-24.

为标志；③可持续发展阶段，从 20 世纪 80 年代中期的布伦特兰委员会的《我们共同的未来》报（Brundtland Commission Report, *Our Common Futrue*）告开始，延续至 1992 年的地球峰会以及最近的 2002 年的约翰内斯堡峰会。[1] 每一个后续的阶段都没有取代前一阶段。相反，这些阶段形成累聚的效应，而今，国际环境法的图景中包括所有这三个阶段。

表 2.1　国际法发展的里程碑

| 年份 | 相关事件 |
| --- | --- |
| 1868 年 | 德国鸟类学会议建议起草保护鸟类的国际条约 |
| 1893 年 | 白令海海豹仲裁案（Behring Sea Fur Seals Arbitration） |
| 1909 年 | 美加《界水国际条约》通过 |
| 1911 年 | 《北太平洋海豹公约》（North Pacific Fur Seals Convertion）通过 |
| 1916 年 | 美加《候鸟条约》通过 |
| 1941 年 | 特雷尔冶炼厂案明确了防止跨境污染的义务 |
| 1946 年 | 《国际捕鲸管制公约》通过 |
| 1948 年 | 国际自然保护联盟成立 |
| 1954 年 | 《防止海上油污染国际公约》通过 |
| 1962 年 | 雷切尔·卡逊《寂静的春天》（Rachel Carson, *Silent Spring*）发表 |

----

[1] Cf. Michael E. Colby, *Environmental Management in Development: The Evolution of Paradigms*, World Bank Discussion Paper WBDP－80（Washington, DC: World Bank, 1990）.

续表

| 年份 | 相关事件 |
|---|---|
| 1967 年 | 托利·卡尼翁号（Torrey Canyon）溢油事件导致《关于干预公海油污事故公约》及《国际油污损害民事责任公约》（Interverition Convention and Civil Liability Convertion）的谈判 |
| 1970 年 | 第一个世界地球日；《时代》杂志将环境作为"年度主题" |
| 1972 年 | 斯德哥尔摩人类环境会议；联合国环境规划署成立；《世界遗产公约》和《伦敦倾废公约》（London Dumping Convention）缔结 |
| 1973 年 | 《濒危物种国际贸易公约》和《国际防止船舶造成污染公约》通过 |
| 1976 年 | 联合国环境规划署第一个区域性海洋公约通过 |
| 1979 年 | 《远程越界空气污染公约》通过 |
| 1987 年 | 布伦特兰委员会报告《我们共同的未来》；《蒙特利尔议定书》通过 |
| 1988 年 | 《时代》杂志提名"濒危的地球"为"年度星球" |
| 1990 年 | 全球环境基金建立；《蒙特利尔议定书的伦敦修正案》通过 |
| 1992 年 | 联合国环境与发展大会（地球峰会）；《气候变化框架公约》和《生物多样性公约》通过 |
| 1997 年 | 《京都议定书》通过 |
| 1998 年 | 《鹿特丹公约》通过 |
| 2001 年 | 《关于持久性有机污染物的斯德哥尔摩公约》通过 |
| 2002 年 | 可持续发展世界首脑会议（约翰内斯堡峰会） |

## 一、传统方法：用国际法解决环境争端

国际环境法有一个明显的特点，就是寻求通过促进国家间合作来实现共赢。相比之下，传统国际法关注的不是合作，而是通

过划定各国的管辖范围来实现共存。[1] 一般来说，划界以领土为基础，通过界定疆域的规则来确定国家行使主权的范围。只要一个国家在它们的领土范围内活动，它们就可以和平无冲突地共存。处于公海等国家主权范围之外的资源，通常被传统国际法学者认为是不可耗竭的，因此不会引发冲突，如普芬道夫（Pufendorf）和瓦特尔（Vatte）等人都持此类观点。这些资源被作为"无主财产"（*res nullius*）对待——即不属于任何人，因此对所有人开放。

但是环境影响不会谨遵国家之间的边界，公共资源也绝非不可耗竭。随着19世纪的发展和环境影响规模的扩大，这些事实都变得显而易见。一个国家的活动开始对其他国家产生影响。美国的农民和农场主对格兰德河水的改道损害了河流对岸的墨西哥民众。加拿大特雷尔冶炼厂的烟雾扩散到华盛顿州的南部，对美国农民造成了损害。美国希望保护在岛上繁衍生息的海豹，使其免于耗竭和最终灭绝，但加拿大船舶在白令海对海豹的捕获使得这一目标成为不可能。在这些案例以及其他类似案例中，沿着边境线划定国家疆域的战略都不再足以避免冲突。

传统国际法是如何来解决这些问题的？一般来说，它根据具体案件作具体分析，通过对不同国家的主权主张的裁决来解决问题。[2] 例如，是否如美国司法部长贾德森·哈蒙（Judson Harmon）在格兰德河争端纠纷中所说，在跨界污染案中，污染排放

---

[1] 传统国际法通常追溯至1648年《威斯特伐利亚和约》（Peace of Westphalia），且经常被称为"威斯特伐利亚体系"。

[2] Tuomas Kuokkanen, *International Law and the Environment：Variations on a Theme*（New York：Kluwer Law International, 2002）.

国有权利在它的领土范围内做它想做的任何事情，即便它的行为
会对其他国家造成损害？抑或，如数十年后美国在特雷尔冶炼厂
案中所持观点，受害国有保持领土完整的权利，因此有权利限制
污染国随意利用它的领土？同样，国家有权在公海上不受限制地
进行捕捞吗，即便这些资源是可耗竭的资源？抑或，沿岸国可以
保护在其领土范围内繁衍生息的海豹吗，即便当这些海豹在公海
上的时候？这些都是在特雷尔冶炼厂案和1893年白令海海豹仲
裁案中要解决的问题。这些决定旨在确定各国各自的权利和责
任——在海豹仲裁案中，确定了沿岸国不能限制其他国家的公海
捕捞自由，即使这一限制是出于挽救濒危物种的目的；特雷尔冶
炼厂案则确定了各国在其本国领土内随意从事任何活动的自由需
要让位于他国免受重大损害的权利。

### 二、自然保育：20 世纪早期

尽管传统国际法的原则和规则在个案争议解决中可以发挥作
用，但是国际环境问题通常需要持续的管理，而不仅仅是对国家
权利和责任进行裁决。也就是说，它们要求的不是简单的国家间
的共存，而是合作。20 世纪国际环境法的发展就是对这种功能需
求的回应。在这一点上，海豹仲裁案可以提供一个很好的例证。
最终解决白令海海豹保护问题的并不是 1893 年的仲裁，而是
1911 年《北太平洋海豹公约》的谈判，其建立了一个合作的管　23
理制度，使海豹的数量得以快速地回升。[1]

---

〔1〕　关于海豹问题的一篇杰出的讨论文章，参见 Scott Barrett, *Environment and
Statecraft: The Strategy of Environmental Treaty-Making* (Oxford: Oxford University Press,
2003), pp. 19-39.

国际环境法起源于 19 世纪末 20 世纪初欧洲和北美的自然保育运动。在 1872 年，美国建立了第一个国家公园，很快其他国家纷纷仿效。很多政府机构得以创立，如美国国家森林服务局；同时许多非政府组织如雨后春笋般出现，美国的奥杜邦协会（Audubon Society）和保护基金会（Conservation Foundation）、英国的国家信托基金会（National Trust）、瑞典的自然保护协会（Society for the Protection of Nature）以及瑞士的自然保护联盟（League for the Conservation of Nature），等等。

为什么自然保育在不受重视许多年后，又在这个时候成为焦点？历史学家认为有几个因素：

在某种程度上，保育运动与更大范围的对日益增长的城市化和工业化的回应有关。在某种程度上，它是源于 19 世纪自然历史知识的增长和国外旅行的增加。它也是对人力改变自然的两大特殊案例的应对：北美野牛大量消失，从 500 万头减至 19 世纪末的 85 头；旅鸽在 1890 年到 1910 年的灭绝，最后一批旅鸽于 1888 年被报道，最后一次被证实的目击发生在 1900 年，而 1914 年最后的旅鸽死于圈养。

尽管自然保育运动的焦点是在国内而非国际上，但是国际层面上的保护也受到了一些关注——特别是迁移物种（主要是鸟类）和在海洋等公共区域进行商业开发的物种，如鱼类、海豹和鲸鱼。在 19 世纪，国家间已经谈判签订了多个双边渔业条约，如英法两国间保护牡蛎的条约以及关于在莱茵河和北海地区捕鱼的条约。1868 年，德国鸟类学会建议就鸟类保护签订国际条约。

1902 年，12 个欧洲国家最终签订《保护农业益鸟公约》（Convention to Protect Birds Useful to Agriculture），这一条约被公认为是第一个多边环境条约。[1] 如同其后继者一样，该条约虽有良好意愿，却弱于后续推行：它确立了严格的义务，包括对特定物种，以及鸟巢、蛋和繁衍地的完全保护，但是没有建立执行机制。之后，出现了大量保护迁移鸟类、野生动物的公约。1902 年之后又有几个双边条约得以订立，包括 1916 年美加《候鸟条约》和 1936 年美墨之间的类似公约。更加普遍的区域性行动包括 1900 年《非洲野生动物公约》（为了应对非洲的狩猎比赛）、1909 年北美保护大会，以及之后的 1933 年《非洲野生动物公约》和 1940 年《西半球公约》（Western Hemisphere Convention）。在这一阶段，国际非政府环境组织也开始出现，包括 1903 年的帝国野生动物保护协会（Society for the Preservation of the Wild Fauna of the Empire）、1922 年的国际鸟类保护委员会［International Committee for Bird Protection，现为国际鸟类保护理事会（International Council for Bird Preservation）］，以及 1928 年的自然保护国际办公室（International Office for the Protection of Nature）。

国际环境法的这一初始阶段很重要，但是它也有几个局限：

首先，它的关注面狭窄。尽管某些保护主义者呼吁将自然保育本身作为其目标，但早期的自然保护没有反映出关于环境保护或者污染的共识。相反，保育运动的主要努力是实用主义和人类

〔1〕　其他几项条约可以有根据地证明这一点，包括 1900 年《非洲野生动物公约》。

中心主义的，强调人类对自然资源的合理使用。例如，早期对鸟类的保护，包括 1902 年《保护农业益鸟公约》，试图去区别农业益鸟与"害鸟"。[1] 海洋保护条约也同样将重点放在规范捕鱼以保护渔业的持续能力上。1946 年的《国际捕鲸管制公约》所设立的目标，是"建立有序发展的捕鲸业"。这些都说明了这个阶段流行的社会思潮。

其次，在自然保育方面，早期的保育运动关注的是对自然的直接威胁，特别是人类对野生动物的捕猎，而不是间接的威胁，如栖息地的丧失、污染和外来物种的引入。当然，也有一些保护栖息地的努力，如建立国家公园和自然保护地，非洲和西半球地区等区域性保护公约也包含有建立保护地的义务。但大多数野生动物条约的重点都在于规制捕猎活动，包括美国、加拿大和墨西哥之间的候鸟条约，1911 年《北太平洋海豹公约》，以及 1946 年《国际捕鲸管制公约》。[2]

最后，国家以一种碎片化的、个案化的方式签订条约，而且几乎没有建立机构。1913 年曾尝试建立的国际自然保护政府间协商委员会（Consultative Committee for the International Protection of Nature）也由于一战的爆发而流产。一战后，想重新建立这个组

25

---

〔1〕 在"害鸟"名单中，老鹰、猫头鹰和野鸭均榜上有名。1900 年《非洲野生动物公约》同样限于对野生动物有用或有害的分类。

〔2〕 20 世纪早期的保育运动也考虑到了濒危物种贸易的相关问题，源于帽子产业对羽毛的需求，这些问题早在维多利亚时期就对热带鸟类带来了严重威胁。例如，仅仅 1869 年这一年，巴西就出口了 17 万只鸟类。1897 年，出于对非洲过度狩猎的担忧，在英国有人提议对国际象牙贸易进行规制——这是近一个世纪之后被国际社会采纳的对象牙贸易的最终禁令的先行者。

织也未能成功。即便到了 1940 年，《西半球公约》也未能给成员国提供定期会议或者成立任何其他机构的后续行动。结果，它变成一个"睡美人"[1]——其中非常好的实质性规定实际上并没有产生什么影响。这种情况直到第二次世界大战之后《国际捕鲸管制公约》的签订才得以改变。1948 年，在一个更一般的层面上，联合国教科文组织发起了一次会议建立了国际自然保护联盟，这是一个包括政府机构和非政府组织的非常不同寻常的组织。

　　20 世纪早期的保育运动产生了什么影响？关于其实际效果，一位评论家总结道，"除了《北太平洋海豹公约》以外，1970 年前的其他国际保护协议没有哪一个是完善的，渔业和世界野生动物的情况也没有发生显著的不同。"[2] 但是新的协议和公约将环境议题推上了国际议程，至少在这个方面，它有助于环境意识的进化。

　　尽管自 20 世纪 50 年代以来，国际环境法的范围发生了显著扩展，但自然保育仍然是非常重要的一部分。实际上，经历了 20 世纪 70 年代对经济因素的忽视以后，将资源利用的经济性作为重点的保育运动近年来得以回归。不过，很多人已经将自然保育本身视为其目标，而不是对人类的有用性。这一观点的变化反映在 1950 年《国际鸟类保护公约》（International Convention for the Protection of Birds）中，与其前身《保护农业益鸟公约》相比，该公约的目标在于保护所有的鸟类，而不是仅仅保护农业益鸟。

---

〔1〕　Simon Lyster, *International Wildlife Law* （Cambridge：Grotius Publications, 1985），p. 124（将《西半球公约》描述为"睡着的条约"）。

〔2〕　Lynton Keith Caldwell, *International Environmental Policy：Emergence and Dimensions*（Durham, NC：Duke University Press, 2d ed. 1990），p. 40.

20 世纪早期保育运动的现代继承者，包括 1971 年《关于特别是作为水禽栖息地的国际重要湿地的拉姆萨公约》（又称《拉姆萨公约》）、1972 年《世界遗产公约》、1973 年《濒危物种国际贸易公约》、1979 年《保护迁徙野生动物物种的波恩公约》（Bonn Convention on the Conservation of Migratory Species of Wild Animals），以及大量的旨在解决公海渔业和超出一国管辖范围的水域中鱼类问题的渔业条约。[1]

## 26 三、污染议题的出现：1962—1975 年

尽管保育运动取得了一些成就，但直到 1945 年联合国建立，环境事务在国际事务中仍然处于边缘地位。《联合国宪章》根本没有提到环境保护或自然保育，而是将关注点放在人权保护上。人权被宪章视为这个新建组织的核心目的。成员国也没有建立一个关于环境的联合国专门机构。直到 20 世纪 60 年代后期，国际环境议题才作为独立议题进入国际视野，而且是作为广泛的环境浪潮的一部分，这一浪潮通常被称为"环境革命"。

这场革命肇始于 1962 年雷切尔·卡逊《寂静的春天》一书的出版，这本书销量超过 50 多万册，并连续 31 周登上《纽约时报》最畅销书榜单。[2] 从 1965 年到 1970 年，在美国，将环境

---

〔1〕 *See generally* Lyster, *International Wildlife Law.*

〔2〕 环境革命的其他代表作包括：Stewart Udall, *The Quiet Crisis* (New York: Holt, Rinehart and Winston, 1963); Paul R. Ehrlich, *The Population Bomb* (New York: Ballantine Books, 1968); Barry Commoner, *The Closing Circle: Nature, Man, and Technology* (New York: Knopf, 1971); and Donella H. Meadows et al., *The Limits to Growth: A Report for the Club of Rome's Project on the Predicament of Mankind* (New York: Universe Books, 1972).

视为主要政策问题的人数增加了 4 倍。[1] 环境组织的成员激增。数十万（也有人估计有上百万）的人参加了 1970 年 4 月 22 日的首个地球日活动。欧洲理事会宣布将 1970 年作为"欧洲保护年"，《时代》杂志将环境作为"年度主题"。[2]

20 世纪 60 年代的环境运动不同于以往的环境运动，其差异表现在以下几个方面：其一，与以前作为"少数热心人的产物"[3] 的保育运动相比，20 世纪 60 年代的环境保护主义是群众运动；其二，其关注范围更为广泛，包括污染、技术、人口和经济增长，而不仅仅是自然保育；其三，不同于以往的对经济和科学的关注，即对自然资源的合理利用，它转向更加积极的、反建制的方向，成为 20 世纪 60 年代新政治活动的一部分。

与 20 世纪早期的保育运动一样，20 世纪 60 年代后期和 70 年代早期的环境革命主要是西方现象，并且更多地关注国内问题而非国际问题。在这个时期，美国和许多西欧国家建立了环境机构，并颁布了关于保护空气、水体和环境影响评价的立法。从 1969 年到 1972 年，仅仅三年间，美国通过了《国家环境政策法》，建立了美国环保署，通过了《清洁空气法》（Clean Air Act） 27 和《清洁水法》（Clean Water Act）。欧盟（当时的欧共体）大体也是如此，在 1967 年通过它的第一个环境指令（强调危险物质的分类、包装和标识），并在 1973 年通过它的第一个行动计划。

---

[1] Brenton, *Greening of Machiavell*, 19.

[2] "Issue of the Year: The Environment," *Time*, January 4, 1971.

[3] McCormick, *Reclaiming Paradise*, 38.

在 20 世纪 60 年代之前，大多数环境问题看起来都是相对本地化的。偶尔会有导致国际后果的跨界污染，其中最著名的是特雷尔冶炼厂案，这个案例首次明确了国家有责任防止重大的跨界损害这一原则。然而，特雷尔案是一个孤案，直到后来跨界污染问题引起更广泛关注之后，特雷尔案才取得其标志性的地位。在 20 世纪上半叶，跨界水污染是唯一受到定期关注的环境议题，而且一般而言是建立在双边基础上的，如美国与加拿大、墨西哥之间的条约。

最先受到国际社会关注的多国污染问题是油轮导致的油污染。1954 年，国际海事组织组织了一次会议，通过了《防止海上油污染国际公约》，该公约规定油轮不得在沿岸地区超限额排放石油。四年后，1958 年《公海公约》（Convention on the High Seas）为防止石油污染和向海洋倾倒放射性废物作出了更一般的规定。接着，1967 年，英国海岸发生了托利·卡尼翁号溢油事件，这是第一起涉及新一代超级油轮的重大事故，针对这起事故，海运国和海岸国很快通过了两个公约来规范石油意外泄漏事件。这两个公约，一个承认了沿岸国有干预的权利，另一个建立了责任制度。一系列的油轮污染事件导致许多国家在 1973 年签订了更加普遍适用的国际公约（在 1978 年进行了后续的修订），它不仅关注石油污染问题，还关注其他类型的船源性污染，如污水和废物的污染。[1] 另外，在 1972 年还有两个限制海洋倾废的公

---

[1] R. Michael M'Gonigle and Mark W. Zacher, *Pollution, Politics, and International Law: Tankers at Sea* (Berkeley: University of California Press, 1979).

约得以通过，一个是地区性的（关注北海），另一个是全球性的。

核武器和核能的危险也早早地得到国际社会的强烈关注。1963 年《禁止核试验条约》（Nuclear Test Ban Treaty）和 1968 年《核不扩散条约》（Nuclear Non-Proliferation Treaty）并非主要受到环境因素的推动，但是它们间接地有助于保护环境免受核辐射的影响，并经常被列在国际环境协定的清单中。更具有明确环境特征的几个有关核能的公约，包括国际劳工组织的《关于保护劳动者免受电离辐射公约》（Convention Concerning the Protection of Workers against Ionizing Radiation）、经合组织的《关于核能领域第三方责任公约》（Convention on Third Party Liability in the Field of Nuclear Energy），以及 1963 年《核损害民事责任维也纳公约》（Vienna Convention on Civil Liability for Nuclear Damage）。

与海洋和核问题相比，跨界空气污染问题最初受到的关注较少，尽管 1941 年特雷尔冶炼厂案的裁决关注的就是这个问题。但是第一个涉及空气污染的国际决议直到 1966 年才由欧洲理事会作出。

北欧人对跨界空气污染，特别是酸雨问题的关注，使得他们提议召开一个关于环境问题的国际会议。该会议于 1972 年在斯德哥尔摩召开，并成为国际环境法出现的一个主要的催化剂——或许是最主要的催化剂。斯德哥尔摩会议不是第一个聚焦于环境问题的会议。在它之前，还有 1949 年的资源保育和利用大会（Conference on the Conservation and Utilization of Resources）以及 1968 年的生物圈大会（Biosphere Conference）。但是，与这些早期的、主要是有关科学的、聚会性的会议不同，斯德哥尔摩会议受到高级别的政治关注，并引起了大众广泛的兴趣。这次会议的各个方面都是令人瞩目的：6000 人、114 个国家、400 个非政府组织、1500 名记者参会；产出 10 万页的预备文件和 40 吨的会议文件。[1] 另外，在官方会议之外，还有激进组织也组织了单独的活动——一场地球论坛和一个甚至更加激进的人民论坛，通常称之为 "Woodstockholem"。[2]

斯德哥尔摩会议是联合国的首个重大的 "主题会议"，[3] 并成为以后关于人口、沙漠化、妇女权利、人居和社会发展会议的模板。尽管联合国大型会议在某些情况下可能仅仅是提升共识的实践，[4] 但斯德哥尔摩会议还是取得了一些具体成果。

---

〔1〕 Brenton, *Greening of Machiavelli*, 36.

〔2〕 Caldwell, *International Environmental Policy*, 59.

〔3〕 Brenton, *Greening of Machiavelli*, 42.

〔4〕 里约峰会中一位明显有些疲倦的与会者如此描绘这些会议的 "生命循环"："每个会议都诞生于一种想让人们看到自己在为现在的某一可见的问题做什么事的政治需求。会议的声明随后会带来高度的公众期望。当准备工作开始进行，虽然公众总体上还未发现，但谈判者们显然已经明白，这些话语将不得不接受差异广泛的国家意见，显著地稀释其最终的操作内容，毕竟所有会议都会产生这些话语。对会议目的丝毫没有帮助的政治分歧将使谈判复杂化，甚至有时会主导谈判。政府将在公开场合抗议它们对人类未来福利的坚持，而在私下坚定地（且在它们看来一贯地）捍卫自己的国家利益。随着准备阶段时间的流逝，谈判者会开始寻求某些具体的决定（通常是制度的或者财政的），用以满足大众对具体行动的期望。到这个时候，部长们的演讲将会较少谈及会议的独特重要性，反而更多地强调它是长期进程中的一环。在一段慌乱的阶段的最后，折中的文本被拼凑在一起，其中经常不得不用一些一般性的用语取代具体的承诺，不过如果可能的话，大笔的金钱和吸引眼球的新制度也会出现。一揽子夸张叙述呈现在久候的世界面前，与会者也回到其国家。剩下的就交给持怀疑态度的媒体来评估一下，这整桩事件对其最初设计解决的问题有多大影响。"Brenton, *Greening of Machiavelli*, 35-36.

也许其中最无关紧要的是会议的两个直接成果：《斯德哥尔摩宣言》和《斯德哥尔摩行动计划》。《斯德哥尔摩宣言》为保护和改善人类环境制定了 26 项原则。[1] 其中大多数原则很少被提及，但第 21 项原则是一个例外，它与特雷尔冶炼厂案相呼应，阐明了国家有责任确保在其管辖和控制下的活动不会对其他国家或全球公域产生不利影响。第 21 项原则如今被广泛认为是国际法的一部分，国际法院也认可这一观点。[2] 但是，除了第 21 项原则之外，我们很难反驳一位外交官所下的结论，即《斯德哥尔摩宣言》 "几乎没有具体规定"，而且 "其具体影响非常有限"。[3] 如果说《斯德哥尔摩宣言》大部分都没什么影响，那么《斯德哥尔摩行动计划》的影响就更小了。像联合国会议通过的其他行动计划一样，它以一种高度一般性的方式运作，还没等墨水干透，就几乎已被遗忘了。

斯德哥尔摩会议更为重要的一个成果是联合国大会 1972 年 12 月设立联合国环境规划署的决定，并将其地址设在肯尼亚首都内罗毕。部分由于联合国现有专门机构的反对，大会没有赋予环境规划署任何管理职能。相反，环境规划署发挥的是协调和催化作用。虽然由于缺乏对其他联合国机构的影响力，它从来没有成功地履行其协调职能，但环境规划署在推进国际环境法的发展方面发挥了重要作用，特别是在 20 世纪 70 年代末和 80 年代。环境

---

〔1〕 *See generally* Louis B. Sohn, "The Stockholm Declaration on the Human Environment," *Harvard International Law Journal* 14 (1973), pp. 423–515.

〔2〕 *Nuclear Weapons Advisory Opinion*, at §§ 27–29.

〔3〕 Brenton, *Greening of Machiavelli*, 45–46.

规划署的重要活动包括保护地中海和加勒比海等海域的区域性海洋方案，以及为保护臭氧层及规制危险废物国际贸易的条约谈判提供支持。

斯德哥尔摩会议也更多地以间接的方式导致了几项重要条约的谈判。这些条约包括规制向海洋倾倒危险废物的《伦敦倾废公约》，以及《世界遗产公约》《濒危物种国际贸易公约》。这些条约并不是在斯德哥尔摩会议上通过的，而且即使没有斯德哥尔摩会议，这些公约也会出现。但斯德哥尔摩会议的举办引发的对环境的强烈关注，成为导致条约缔结活动异常激增的催化剂。

斯德哥尔摩会议也促进了各国环境保护事业的发展。这是一个更庞大进程的一部分，经过此进程，环境保护已成为定义"现代民族国家"（modern nation-state）含义的一个组成部分。[1] 例如，1972年，只有11个国家拥有国家级环境机构；到1980年，这一数字已经增长至102个。[2] 斯德哥尔摩会议之后的十年间，各国普遍制定了国家层面的环境影响评价法。环境保护作为广泛共享价值的出现，也有助于在国际层面将环境问题"主流化"，例如通过世界银行、经合组织和其他国际组织制定的环境程序。

最后，斯德哥尔摩会议的全球规模将发展中国家带入到讨论之中。以前，环境问题主要是工业化国家关注的问题，发展中国家对此兴趣不大。然而，在斯德哥尔摩会议过程中，发展中国家

---

〔1〕 See David John Frank, Ann Hironaka, and Evan Schofer, "The Nation-State and the Natural Environment over the Twentieth Century," *American Sociological Review* 65（2000）, pp. 96-116.

〔2〕 Brenton, *Greening of Machiavelli*, 67.

作为强有力的声音出现，提出了重要观点，比如坚持认为联合国环境规划署应该位于发展中国家，以及环境问题应与发展问题相结合。

在评价斯德哥尔摩会议的作用时，我们很难确定斯德哥尔摩会议本身对环境意识产生的贡献程度，或者它仅仅是其他因果关系因素的表征。斯德哥尔摩会议是更广泛的运动的一部分，该运动在会议之前就已经产生了显著影响，而且，即使没有斯德哥尔摩会议的召开，这一运动也会促使国内和国际环境法的进一步发展。尽管如此，斯德哥尔摩会议通过引起公众和政府的关注促成了这些发展，产生了显著的制度发展，并且引人注目地表明了环境已成为国际关注的问题。

## 四、可持续发展：1987 年至今

数项重要的条约制度谈判发生在 20 世纪 70 年代末和 80 年代初期，包括 1976 年联合国环境规划署的第一个区域性海洋协定《保护地中海免受污染的巴塞罗那公约》（Barcelona Convention for the Protection of the Mediterranean Sea，又称《巴塞罗那公约》）和 1979 年解决欧洲酸雨问题的《远程越界空气污染公约》。然而，总的来说，这是一个相对低迷的时期，至少与之前和之后相比是这样的。环境规划署遭遇了来自其他联合国机构的反对，并进入了相对缓慢的初始期。由斯德哥尔摩会议引发的一些改革未能成功，例如将世界银行的环境保护实践主流化。1982 年，为纪念斯德哥尔摩会议召开十周年，联合国大会只是通过了一项新决议，即《世界自然宪章》（World Charter for Nature），而没有召开一次重要的后续会议（就像十年后的里约峰会一样）。这种转变在美国尤其明显，环保组织成员数量下降，里根政府抵制加拿大为解决酸雨问题所做的努力，并企图将国内法律退回到之前状态。

由于 1985 年南极臭氧层空洞的发现和全球变暖开始受到关注，对环境问题的兴趣才得以在 20 世纪 80 年代中期复苏。1987 年发生了两个重要事件：一是《蒙特利尔议定书》的通过，该议定书大幅减少了臭氧消耗物质的使用，并被广泛认为是迄今为止最成功的环境协定；二是世界环境与发展委员会发表《我们共同的未来》，[1] 该委员会由挪威前首相格罗·布伦特兰（Gro Brundtland）领导，亦被称为"布伦特兰委员会"。《我们共同的未来》成为畅销书并使可持续发展的概念得以普及。到 1988 年，环境问题变得如此突出，以至于《时代》杂志再次将环境提名为"年度新闻"。其后几年也发生了一系列活动，包括 1989 年通过了《控制危险废物越境转移及其处置巴塞尔公约》，1990 年通过了《蒙特利尔议定书的伦敦修正案》，以及美国和加拿大之间及欧盟各国之间就解决酸雨问题达成了一系列协议。1992 年在里约热内卢召开的联合国环境与发展大会（通常被称为"地球峰会"）是这一过程的高潮，该会议是有史以来规模最大的一次世界领导人的集会，进行了关于气候变化和生物多样性的公约的

---

〔1〕 World Commission on Environment and Development, *Our Common Future* (Oxford: Oxford University Press, 1987).

谈判。

在许多方面，这些努力体现了 20 世纪 70 年代污染预防范式的延续，虽然这是以一个新的更复杂的形式出现的。《国际防止船舶造成污染公约》（又称《防污公约》）和《伦敦倾废公约》对各种海洋污染源进行规制，《远程越界空气污染公约》解决的是跨界空气污染。和它们一样，《蒙特利尔议定书》及其后的修正案的目标都在于消除消耗臭氧层物质所造成的污染。

但是国际环境法的这一阶段与 20 世纪 70 年代的环境运动有着重要的差异。首先，它涉及更复杂的环境问题，如气候变化和生物多样性，其解决方案可能需要根本性的经济和社会变化，而不是相对简单的污染预防措施。例如，气候变化牵涉到国家经济的几乎各个方面。解决海平面上升对沿海地区的潜在影响，不仅仅是一个环境问题，也是能源政策、交通政策、农业政策甚至土地使用政策的问题。这意味着更多的参与者将会受到结果的影响，并可能试图影响决策过程。这也意味着国际措施对国家决策乃至国家主权的潜在干预更大。

其次，国际环境事项也呈现出更加明显的南北面向。20 世纪 60 年代和 70 年代的问题，如船舶污染、海洋倾废和酸雨问题，主要涉及的是工业化国家。尽管发展中国家积极参与了斯德哥尔摩会议，但它们在条约制定过程中扮演了非常边缘的角色。20 世纪 70 年代的两个主要污染防治条约——《防污公约》和 1972 年《伦敦倾废公约》，都没有大量的发展中国家参与者。但气候变化和生物多样性等问题仅靠发达国家是无法解决的，它们也需要发

32

展中国家采取行动。因此，发展中国家在这些条约制度的建立中发挥了更为重要的作用。

在《蒙特利尔议定书》的演进过程中，这种重点的转变是显而易见的。在 1987 年议定书的谈判中，主要的参与方是美国与欧共体，发展中国家的参与程度非常有限。因此，《蒙特利尔议定书》中关于资金和技术援助的规定非常薄弱。然而到了 1990 年，当对《蒙特利尔议定书的伦敦修正案》进行谈判时，发展中国家变得更加坚定果断，并要求将建立财政机制作为加入议定书的条件。

发展中国家对国际环境法逐渐增大的影响力也可以从对公平和能力建设问题的更多关注中看出来。发展中国家认为，在解决气候变化和臭氧层耗损等问题时，期望它们承担与工业化国家相同的负担是不公平的。一方面，它们对造成问题的责任较小；另一方面，它们也缺乏行动能力。作为回应，诸如《蒙特利尔议定书》和《京都议定书》等条约对发展中国家施加了轻于发达国家的义务。多边环境协定也开始处理发展中国家主要关心的环境问题，最开始是 1989 年《巴塞尔公约》，这是为了回应发展中国家害怕它们将成为富裕国家废物倾倒地的担忧，其后还有 1994 年的《防治荒漠化公约》。

最后，当前阶段的环境问题，如气候变化和生物多样性的丧失，涉及高度的科学不确定性。对于一些问题，如转基因食物所带来的危险，目前尚不清楚是否存在威胁。因此，解决不确定性问题的规则的重要性日益突出，其中尤为重要的是所谓的预防原则，该原则要求即使在存在科学不确定性的情况下也要采取行动对抗环境威胁。20 世纪 90 年代关于海洋倾废的国际制度反映了重点转变为预防的这种方向，即从法无禁止即可倾倒的消极列举的方式，转变为积极列举方式，规定除非某种物质被证明是安全的，否则就禁止倾倒。

国际环境法发展第三阶段的组织原则是可持续发展。这个概念并不新鲜。自从环境保护主义诞生以来，它就已经以各种方式被表达出来，在斯德哥尔摩会议中体现得非常突出。然而，布伦特兰委员会于 1987 年发表的报告有助于普及可持续发展，该报告将其定义为"在不损害后代满足其自身需求的能力的情况下满足当代人需求的发展"。[1]

最初，发展中国家反对这一概念，担心它针对的是发展中国家而非发达国家，而且它们认为导致气候变化和臭氧层耗损等全球环境问题的原因是发达国家的过度（而且不可持续）的消费。在发达国家愿意接受这一概念之前，发展中国家需要确保可持续发展针对的是所有国家的发展过程，并可以之作为基础批评工业化国家的不可持续的消费模式。在 1992 年里约峰会和 2002 年约翰内斯堡峰会选定的标题中，可以明显看到这种观点的转变。1990 年，当联合国大会决定召开纪念斯德哥尔摩会议 20 周年的会议时，发展中国家坚持将会议命名为"联合国环境与发展大会"，这个名称反映了它们仍然将环境保护（它们认为这是工业化国家而不是它们自己要关注的问题）与经济发展相分离。到

---

〔1〕　Ibid., 43.

2002 年，它们则同意将约翰内斯堡峰会称为"可持续发展世界首脑会议"。

可持续发展以无数方式被定义，且仍然没有被普遍接受的含义。[1] 它反映了两大主题：融合和长期规划。首先，环境事项不应被视为独立的事务，不是在这里增加个催化转化器或是在那里添加个净化器；相反，它应该作为更广泛的经济和社会决策的重要方面。因此，它们不仅应该受到环境机构的关注，还应该受到所有政府部门的关注。这种融合的想法由来已久。它是 20 世纪 70 年代通过的环境影响评价规则的目标之一，也是各种环境协议中要求综合规划和管理的规则的目标之一。[2] 尽管存在这些要求，但 70 年代的环境议程倾向于关注污染控制：限制向海洋倾倒危险废物、限制船舶油污染、减少二氧化硫排放，等等。相比之下，可持续发展则更突出体现了一个包括能源政策、贸易政策、债务减免和扶贫在内的替代议题。[3]

其次，可持续发展重视代际公平问题。它需要从长计议如何

─────────

〔1〕 例如，假设有人砍光一座荒岛上的所有树木并出口获利，然后"用这笔钱在岛上建设学校、住房和工厂，打造一个经济繁荣的现代都市"。这样的开发是否符合可持续发展？"Inheriting the Earth," *Economist*, September 16, 1989, p. 109. 取决于个人是否将自然资源和人力资源看作是可持续的，这一问题的答案会有差异。根据某些统计，已提出的对"可持续发展"的定义已超过一百种。关于经济学家为了理解这一概念所做的努力，参见 Robert M. Solow, "Sustainability: An Economist's Perspective," in Robert Dorfman and Nancy S. Dorfman, eds. , *Economics of the Environment: Selected Readings* (New York: Norton, 3rd ed. 1993), pp. 179–187.

〔2〕 *See* Philippe Sands, *Principles of International Environmental Law* (Cambridge: Cambridge University Press, 2d ed. 2003), pp. 799–800.

〔3〕 Jim MacNeill, "The Greening of International Relations," *International Journal* 45 (1989–1990), pp. 1–35.

可持续地管理资源，以便未来世代能够获得资源。这个想法同样历史悠久，并体现在许多环境文件中，包括 1946 年《国际捕鲸管制公约》、1972 年《世界遗产公约》以及《斯德哥尔摩宣言》的第 1 项原则，该原则认为人类"负有保护和改善这一代和将来的世世代代的环境的庄严责任"。可持续发展的概念建立在这些文件的基础之上，将代际公平置于前沿和中心位置。

如果斯德哥尔摩会议是国际环境法第二阶段的焦点，那么里约峰会则是第三阶段的焦点。在许多方面，里约峰会是斯德哥尔摩会议的缩影；事实上，两次会议时的联合国秘书长都是同一人，即加拿大的莫里斯·斯特朗（Maurice Strong）。和斯德哥尔摩会议一样，里约峰会规模庞大，有来自 176 个国家和 1400 个非政府组织的 13 000 名与会者，其中包括 103 个国家元首。与斯德哥尔摩会议一样，其成果包括一项关于环境原则的宣言，即《里约环境与发展宣言》（又称《里约宣言》），以及详细的行动计划——《21 世纪议程》（Agenda 21）。[1] 与斯德哥尔摩会议一样，它也没有进行基本的机构重组。相反，它创建了一个权限有限的新机构，即联合国可持续发展委员会。和斯德哥尔摩会议一样，其最重要的成果不是会议成果本身，而是两个并行谈判的条约：《联合国气候变化框架公约》和《生物多样性公约》。[2]

尽管在政治上、法律上或制度上里约峰会都没能取得突破，但是导致峰会召开的浪潮在 20 世纪 90 年代的大部分时间继续向

---

〔1〕　这一会议的第三个直接成果是不具法律约束力的关于森林问题的原则声明。
〔2〕　联合国环境与发展大会同时也呼吁就第三个条约，即《防治荒漠化公约》展开谈判，该条约于 1994 年被通过。

前推行，促成了进一步的条约制定。谈判的协议涉及各种主题，包括沙漠化、杀虫剂、持久性有机污染物、南极问题、渔业和转基因生物。也许《京都议定书》是这些协议中最雄心勃勃的，当然也是最具政治意义的协议。议定书要求工业化国家大幅度减少温室气体的排放，并建立了一系列实现这些目标的创新机制，其中包括排放交易。与此同时，各国继续扩充前几代的环境协议，处理跨界空气污染、船源污染、濒危物种贸易和海洋倾倒等问题，在一些情况下是通过谈判达成新的协议，一些情况下则是通过扩展现有协议进行。正如我们将在第五章中所看到的，结果是国际环境规制的范围和密度都有了巨大增长。

35

### 五、当代国际环境法

21 世纪的前几年是国际环境法进行收缩和巩固的阶段。条约制度的激增引起了人们的担忧，认为参与国际环境事务正成为一种负担，尤其是对发展中国家而言：要参加太多的会议，资助太多的秘书处，整理太多的报告。根据这种观点，问题不是环境法太少，而是太多。正如它所称的那样，"条约阻塞"（treaty congestion）问题可能造成重复劳动、缺乏协调，甚至是不同环境制度之间的冲突。

与此同时，一些评论者质疑国际环境法的增加是否有效地改善了环境，换句话说，这种努力是否是值得的。对有效性的日益关注反映了这样一种看法，即尽管国际环境文件不断增加，但气候变化等环境威胁仍在继续恶化。它还反映了有效性问题的普遍复兴，这源于国际法律工作者和政治学家之间日益增多的互动，以及法律学术的许多领域转向经验主义。[1]

从某种意义上说，这两种趋势都反映了国际环境法的成熟。在任何新兴法律领域的最初几年，注意力往往集中在制定规则以填补法律空白。只有在规范规模发展到一定程度之后，人们才会开始问：这些不同的规范是否一致？它们究竟在多大程度上产生了作用？

经验告诉我们，无论是商业、环境政策还是外交，任何努力的第一步都是最简单的。随着最简单的收益的实现，进展变得更加困难。过去半个世纪以来，国际环境法经历了非常快速的发展。现在，它正在经历从青年到中年的复杂过渡。

**推荐阅读：**

36

Richard Elliot Benedick, *Ozone Diplomacy*: *New Directions in Safeguarding the Planet* (Cambridge, MA: Harvard University Press, 1998).

Robert Boardman, *International Organization and the Conservation of Nature* (Bloomington: Indiana University Press, 1981).

Tony Brenton, *The Greening of Machiavelli*: *The Evolution of International Environmental Politics* (London: Earthscan, 1994).

Lynton Keith Caldwell, *International Environmental Policy*: *Emergence and Dimensions* (Durham, NC: Duke University Press, 2d

---

〔1〕　我将在第十二章详细讨论有效性问题。

ed. 1990).

Tuomas Kuokkanen, *International Law and the Environment: Variations on a Theme* (New York: Kluwer Law International, 2002).

John McCormick, *Reclaiming Paradise: The Global Environmental Movement* (Bloomington: Indiana University Press, 1989).

Clive Ponting, *A New Green History of the World: The Environment and the Collapse of Great Civilizations* (New York: Penguin Books, 2007).

Philip Shabecoff, *A New Name for Peace: International Environmentalism, Sustainable Development, and Democracy* (Hanover, NH: University Press of New England, 1996).

Mostafa K. Tolba, *Global Environmental Diplomacy: Negotiating Environmental Agreements for the World, 1973 - 1992* (Cambridge, MA: MIT Press, 1998).

Donald Worster, *The Wealth of Nature: Environmental History and the Ecological Imagination* (New York: Oxford University Press, 1993).

# 第三章

# 环境问题的根源

文明的进步可以用外部成本的内部化来描述。

——哈罗德·哈伯德《能源的真实成本》，

载《科学美国人》（1991 年 4 月）

（Harold M. Hubbard，"The Real Cost of Energy"）

对国际环境法律工作者而言，法律就是帮助解决问题的一系列工具。正如医生看病需要问诊一样，理解环境问题的根源有助于寻找到最适合的、最恰当的政策应对。[1]

当然，正如疾病一样，环境问题也是存在于不同层面的许多不同原因的产物。因此，也有不同的解决问题的可能办法。譬如疟疾，是什么导致了疟疾？我们的第一反应是蚊虫叮咬。当然，就此而言，这个答案是对的。但疟疾也由沼泽及其他蚊虫繁衍的地方引起。而根据这一疾病本身的病原学，疟疾的起因不是蚊虫叮咬本身，而是蚊虫唾液所传播的寄生虫及其在人体中的繁衍。这个复杂的因果关系链意味着要战胜疟疾的话，我们需要在因果

---

〔1〕 虽然本章认为原因调查很重要，但这并不是采取有效行动的必要的先决条件。即便当人们不知道一种疾病的病因时，医生仍有可能做出治疗。同样，有的时候解决一项环境问题的表面症状，可能要比理解它的内在原因容易一些。

关系链的不同阶段使用不同的方法：我们可以排干沼泽；使用杀虫剂（如 DDT）杀死蚊虫；或者我们服用可以杀死血液中寄生虫的药物（如氯喹）。

国际环境问题通常涉及更复杂的因果关系链。全球变暖提供了一个很好的说明。在某种意义上，全球变暖是由于二氧化碳及其他温室气体的排放导致的，这些气体使得热能在大气中聚积。因此，很多解决气候变化问题的建议都把焦点放在减少温室气体排放上。但是温室气体排放并不直接地导致全球变暖，只是因为它们在大气层中集聚，让温室气体浓度增加，才导致了这一结果。所以另一个可行的办法是消除大气中的二氧化碳，比如植树，或者增加其他的碳汇活动。或者，继续深入因果链，我们可以尝试打破温室气体浓度增加与温度变化之间的因果关系。例如，我们可以向大气中注入灰尘，屏蔽射入的阳光，以此抵消温室气体的变暖效果。

此外，即便我们把焦点放在温室气体的排放上，也会有很多原因以及可能的应对方案。温室气体排放主要来自化石燃料的燃烧，即煤炭，以及石油和天然气。所以我们可以通过发展替代燃料来减少温室气体的排放，如核能、太阳能、氢燃料电池等。或者从需求侧进行应对，如提高电力生产设备的能效、通过发展公共交通来减少对汽车的依赖，或者通过对城市进行改建来减少人们开车上班的需求。或者我们可以通过市场手段间接地实现这些目标，比如提高汽油和电力的价格，这样人们就有了减少消费的经济动机。我们还可以尝试通过改变人们的时尚观念，促使人们接受更加简约、节俭的生活方式。应对全球变暖可以有多种方式，可能涉及技术、林业、城市设计、经济，甚至是伦理道德。

　　环境问题不仅通常涉及漫长而复杂的因果关系链，而且往往是由各种独立作用的原因造成的。因此，确定哪些因素对问题"贡献"最大至关重要。

　　例如物种灭绝问题。直到最近，捕猎似乎是威胁生物资源的最主要因素，如为鲸油而捕杀鲸鱼，为皮毛而捕杀海豹，为象牙而捕杀大象。相应地，国际环境法最初将重点放在规制人类对野生动物的直接利用上：《候鸟条约》规定了狩猎期和禁猎期；《北太平洋海豹公约》禁止远洋捕猎；《濒危物种国际贸易公约》规制象牙、犀牛角等动物器官的贸易。

　　而今天，科学家认为比起人类的过度开发，栖息地丧失和外来物种入侵对野生物种的灭绝影响更大。[1] 因此，将重点主要放在人类的直接利用上的战略对于阻止生物多样性的丧失作用甚微。例如，《濒危物种国际贸易公约》成功地消除了象牙贸易，但只要人类居住地不断扩展，草地变为农田，大象仍将面临严重威胁。

　　厘清那些导致国际环境问题的不同因素是我们决定采取可能的应对策略的第一步。它可以显示对导致环境退化的漫长因果链

39

--------

　　〔1〕　根据世界保护监测中心（World Conservation Monitoring Centre，WCMC）的统计，在已知原因的物种灭绝中，39%是由引入物种导致的，36%归结于栖息地的破坏，而狩猎占23%。WCMC, *Global Biodiversity*: *Status of the Earth's Living Resources* (London: Chapman & Hall, 1992), p. 199. *See also* James Gustave Speth, *Red Sky at Morning*: *America and the Crisis of the Global Environment* (New Haven, CT: Yale University Press, 2004), pp. 30-36（认为栖息地丧失是物种衰退的最主要原因）。

的不同干预选择，也可以显示出侧重于次级（或三级）原因要素的政策的局限性。

在开始我们的因果调查之前，首先要有一个初步的警示。虽然调查环境问题的原因本身是一种中性的、经验的研究，但由于因果关系与责任之间的关联，它充满了政治色彩。发展中国家的森林退化，是源于当地的腐败，还是源于经济全球化？答案是二者皆有。但是由于我们选择强调的重点不同，政策可能就完全不同。在这个意义上，我们如何将某一国际环境问题概念化，决定了我们如何理解这个问题的潜在解决方案。

## 一、IPAT 模型

在对因果关系链的追溯中，一些环保主义者认为我们可以将环境问题归结为三个因素：人口、富裕程度和技术。根据这种方法，人类对环境的影响（I，impact）是地球人口（P，population）、人均消费率（A，affluence）和单位消费污染率（T，technology）三者共同作用的结果，或者，象征性地将其表述为，I = PAT。[1]

自托马斯·马尔萨斯以降，许多人口统计学家都强调人口是环境损害的驱动因素。[2] 到现在，人口的指数式增长理论已然

---

〔1〕 *See* Paul R. Ehrlich and John P. Holdren, "Impact of Population Growth," *Science* 171（1971），pp. 1212-1217.

〔2〕 现代社会阶段人口的指数式增长最为典型，不过，我们下文将会提到，在西方工业国家，人口水平如今已趋于稳定。在人类历史的早期阶段，如果存在人口增长的话，其速率是相对缓慢的。

为人们所熟知。自 1798 年马尔萨斯发表《人口论》以来，世界人口增长了 6 倍，从 10 亿人增加到 60 亿人。在过去的 150 年中，人口增加了 4 倍；仅在过去的 50 年中就翻了一番，这意味着世界人口在过去 50 年中的增长量与之前历史上的所有人口数量一样多。[1] 尽管人口学家对世界能够养活多少人存在争论，并因此对我们是否面临人口过剩问题存在争论，[2] 但是人口增长显然是造成环境退化的一个重要原因，至少在地方层面自古以来便是如此。[3] 今天，人口增长仍然导致了各种环境问题。例如，在非洲，人口增长导致人们为了薪柴而砍伐树木，为了种植而侵占大象栖息地。

　40

　　如果说在过去两个世纪人口数量增长速度惊人，那消费数量的增长就是有过之而无不及，而与人口增长不同的是，消费增长的尽头难以预见。自 1900 年以来，人口增长了 4 倍，全球人均收入增长了 5 倍。[4] 仅在过去 20 年中，全球能源使用量增长了40%，全球肉类消费量增长了 70%，全球汽车生产量增长了45%，全球纸张使用率则增长了 90%。[5] 正如比尔·麦克吉本（Bill McKibbin）所说，这种消费增长的影响是翻天覆地的：

　　〔1〕　Bill McKibbin, "A Special Moment in History," *Atlantic Monthly*, May 1998, pp. 55-78, at 55-56.

　　〔2〕　*See, e. g.*, Joel E. Cohen, *How Many People Can the Earth Support?* ( New York: W. W. Norton, 1995).

　　〔3〕　*E. g.*, Jared Diamond, *Collapse: How Societies Choose to Fail or Succeed* ( New York: Viking, 2005); Clive Ponting, *A New Green History of the World: The Environment and the Collapse of Great Civilizations* (New York: Penguin Books, 2007).

　　〔4〕　Speth, *Red Sky*, 124.

　　〔5〕　Ibid., 20-21.

在狩猎采集时代，（人每天消耗的能量数量）约为 2500 卡路里，其中全部都来源于食物，这相当于一只普通海豚的每日能量摄入量。现代人每天消耗 3.1 万卡路里的能量，其中大部分以化石燃料的形式存在，这相当于一头鲸鱼的摄入量。而美国人的平均消耗是世界人均量的 6 倍，也就是一头抹香鲸的消耗量。换句话说，我们已经和以前的人不一样了……我们已经……变得更加庞大。我们看起来是同一物种，胃的大小也相同，但我们并不是。[1]

未来，我们仍然有可能会变得更加庞大。尽管过去一个世纪以来消费量大幅增长，但世界上仍有许多人处于极度贫困。正如格斯·斯佩思（Gus Speth）所说，"世界上接近一半的人每天靠不足两美元生活，他们需要也应得到更好的东西。"[2] 然而，为他们提供适当水平的生活将需要更高的全球消费水平。1987 年，布伦特兰委员会估计，如果要将第三世界人口的生活水平提高到第一世界的标准，则需要制造业增长 7 倍而能源使用量增长 5 倍。[3] 在目前的污染率下，这会造成严重的环境后果。当中国人均能源使用量与美国的水平持平，那么在所有其他条件相同的

〔1〕 McKibbin, "Special Moment," 57.

〔2〕 Speth, *Red Sky*, 21.

〔3〕 World Commission on Environment and Development, *Our Common Future* (Oxford: Oxford University Press, 1987), p. 14.

情况下，仅这一点就会使全球二氧化碳排放量翻倍。[1]

最后，随着技术能力的增强，环境破坏的可能性也在增加。如平流层臭氧层的耗损问题起源于 1928 年氯氟烃（CFCs）的发现。当氯氟烃最初被发现时，它被视为神奇的化学品。氯氟烃性质稳定、不易燃、无毒，被广泛地用作制冷剂、泡沫、溶剂和推进剂等。然而，直到 20 世纪 70 年代，科学家们发现它们的稳定性不仅是一种优势，也是一种危险。由于氯氟烃非常稳定，在大气中不会分解，最后会转移到平流层，并在那里通过催化反应分解臭氧。20 世纪 80 年代臭氧层耗竭问题进入公众视野时，人们才第一次认识到，技术会引发全球的变化，而不仅是地方性的影响。

臭氧消耗问题并不是关于技术作用的一个孤例。工业化带来了许多技术进步，也有可能造成广泛的、长期的、在某些情况下不可逆转的损害。例如，持久性有机污染物问题的源头根本上是技术性的，是 DDT 和二噁英（Dioxin）等新型化学品的发明所致。这些化学物质在食物链中累积，导致癌症、生殖障碍和免疫系统破坏。全球变暖的部分根源也是技术问题，源自产生温室气体排放的化石燃料技术，特别是用于发电的燃煤电厂和用于驱动

41

---

〔1〕 2006 年中国的二氧化碳排放量是 60 亿吨。*See* Energy Information Administration（EIA），"World Carbon Dioxide Emissions from the Consumption and Flaring of Fossil Fuels," www. eia. doe. gov（accessed 1/ 16/ 09）. 中国人均能源使用量是美国的五分之一。*See* EIA，"World Per Capita Total Primary Energy Consumption，1980 – 2006," www. eia. doe. gov（accessed 1/ 16/ 09）. 2006 年全球二氧化碳排放量是 280 亿吨。EIA，"World Carbon Dioxide Emissions."

汽车的内燃机。[1] 同样，20 世纪初，为了通过将污染物扩散到更广泛的区域来缓解当地空气污染，工厂烟囱都建得很高，而这导致了酸雨问题。

事实上，技术发展甚至对那些通常不被视为技术性问题的问题（例如过度捕杀鲸鱼）也做出了重大"贡献"。在 20 世纪之初，因为可能被人力船捕捉到的行动缓慢的鲸鱼种类已经大规模消失，捕鲸业似乎正在消亡。[2] 正是技术进步使得该行业重获生机，例如蒸汽动力船（能够让捕鲸者捕获行动更快的鲸鱼物种）、压缩空气泵（能够让捕鲸者用空气填充鲸鱼尸体以防沉没）以及工厂船（可以更有效地处理鲸鱼并能够进行更远的离岸操作）的发展。

IPAT 模型意味着什么？取决于我们关注等式中的哪一个变量，这对环境政策有着显著不同的影响，特别是谁对解决环境问题负责的问题。如果我们认为环境问题是人口过度增长造成的，那注意力就集中在发展中国家，因为主要的人口增长发生在发展中世界。如果我们把环境问题看作是消费增长问题的话，那么这就意味着重点在印度等消费快速增长的经济体。但是，如果我们认为环境问题不是消费增长而是"过度消费"造成的，即消费量超出满足人类基本需求所需要的数量，那么这会将注意力转移到

---

〔1〕 我说"部分根源"是技术问题，是因为我们认为气候变化也是经济问题，源于不恰当的激励，或者也是伦理问题。我将在本章后续部分讨论这两种视角。

〔2〕 James E. Scarff, "The International Management of Whales, Dolphins, and Porpoises: An Interdisciplinary Assessment," *Ecology Law Quarterly* 6（1977），pp. 323 - 427, at 346.

西方工业化国家，它们的人均消费高出发展中国家太多。

IPAT 模型的某些支持者从现有趋势推断并预见到正在逼近的环境灾难。根据最近的一份估计，人类已经占用了几乎四分之一的世界净初级生产力。世界净初级生产力是通过光合作用产生的生物质的增量。[1] 如果在之后的半个世纪，世界经济体量增长 4 倍，那我们就会达到甚至超过地球的极限。[2]

然而，过去的发展趋势并不必然意味着将来的发展方向。近年来，人口增长率开始放缓。自 20 世纪 60 年代以来，出生率下降了一半，工业化国家的出生率已经低于人口替代率（replacement rate）。人口统计学家预言全球人口在 21 世纪晚些时候会达峰至 90 亿人口，然后开始下降。[3]

即便人口和消费继续增长，并导致人类活动总体规模的增加，但环境退化也不必然会加剧。IPAT 等式意味着只有在等式的其他变量（科技）不变的情况下，人口和消费的增加才会导致更多的污染。然而，这个假设可能并不是一个有效的假设。技术让我们可以用更少的资源生产出更多的产品。自从 19 世纪初马尔萨斯提出人口问题以来，环境预言家一直在预言环境灾难的发生，特别是在 20 世纪 70 年代，随着《增长的极限》（*Limits to*

---

〔1〕 Helmut Haberl et al. , "Quantifying and Mapping the Human Appropriation of Net Primary Production in Earth's Terrestrial Ecosystems," *Proceedings of the National Academy of Sciences* 104（2007）, pp. 12942–12947, at 12942.

〔2〕 赫尔曼等生态经济学家非常强调这些自然极限。*See, e. g.* , Herman E. Daly, *Steady-State Economics*（Washington, DC: Island Press, 2d ed. 1991）.

〔3〕 *E. g.* , Phillip Longman, "The Global Baby Bust," *Foreign Affairs*, May/June 2004, pp. 64–79, at 65; *World Population Prospects: The 2006 Revision*（New York: United Nations, 2007）, p. xxi.

Growth）和《2000 年全球报告》（*Global 2000 Report*）的出版，
这些预言尤为突出。但是尽管自那时起人口与消费一直在增加，
但世界环境并没有崩溃，至少到现在还没有崩溃。[1] 实际上，
根据某些观察者的观点，整体的趋势是积极的。[2] 尽管饥荒时
有发生，但一般将其归咎于政治原因而非环境问题。[3] 例如，
在过去的 50 年里，全球谷物产量增长了 3 倍，远超人口增长的速
度，这使得曾预言发生广泛饥荒的人非常狼狈。同样，资源也并
未枯竭。尽管自 2001 年起商品价格急剧上升，但到 2007 年，与
一个世纪前相比，价格仍然偏低。[4] 所以，是世界人口太多？
还是我们消费得太多？这还尚不清楚。[5]

43 　　臭氧层问题或许是那种认为技术有潜力去解决许多（如果不
是大部分）环境问题的普罗米修斯式观点的典型代表。就像臭氧
层耗损最初也是由技术导致的一样，它也能通过化学品替代和技

---

　　[1]　虽然《增长的极限》经常被描述为是不足信的，但最近的一项研究发现其
情节（其并未预测 21 世纪中期以前的崩溃）目前为止大体上都是准确的。Graham
M. Turner, "A Comparison of Limits to Growth with 30 Years of Reality," *Global Environmental
Change* 18 (2008), pp. 397-411, at 410.

　　[2]　*See, e. g.*, Gregg Easterbrook, *A Moment on the Earth: The Coming Age of Envi-
ronmental Optimism* (New York: Viking, 1995); Bjørn Lomborg, *The Skeptical Environmental-
ist: Measuring the Real State of the World* (Cambridge: Cambridge University Press, 2001).

　　[3]　*See, e. g.*, Amartya Sen, *Poverty and Famines: An Essay on Entitlement and Depri-
vation* (Oxford: Oxford University Press, 1982); Jeffrey D. Sachs, *Common Wealth: Econom-
ics for a Crowded Planet* (New York: Penguin, 2008)（将最近的粮食危机主要归结于政治
失灵）.

　　[4]　John O'Connor and David Orsmond, "The Recent Rise in Commodity Prices: A
Long-Run Perspective," *Reserve Bank of Australia Bulletin*, April 2007, pp. 1-9, at 1-2.

　　[5]　*See* Mark Sagoff, "Do We Consume Too Much?" *Atlantic Monthly*, June 1997,
pp. 80-96.

术更新的发展等技术方案加以解决。[1] 原则上，全球变暖问题
也是一样，它也有技术的解决路径。可能的技术办法包括新的核
能设计、廉价太阳能、替代内燃机的氢燃料电池汽车，对发电站
排放的二氧化碳进行碳捕捉与碳封存，甚至可以向海洋播撒铁
肥，通过增加浮游植物消除大气中的二氧化碳。

此外，即便对全球变暖进行完整的技术"修复"被证明是不
可能的，技术也能发挥很大的作用。例如，核能可以替代燃煤和
燃气电厂，能效更高的汽车和设备可以取代现有的设备。如果每
个国家的核能发电比例都能像法国一样，那么仅此一项就能减少
将近五分之一的二氧化碳排放。

技术必然能为环境问题的解决提供答案吗？例如，农业生产
力的提高会继续超过人口的增长吗？没有人知道确切的答案。[2]
就像过去的人口增长不再能为预测未来的增长提供很好的说明一
样，过去的农业生产力的增长也不能成为可靠的预测因子，因为
过去增长的影响因素（作物品种、化肥和灌溉的进步）在未来不
一定持续发生作用。就像环境主义者喜欢指出的那样，尽管目前
的世界环境尚未崩溃，但这就像一个半数被百合花覆盖而这些百

---

〔1〕 同样，虽然科技发展在 20 世纪推动了捕鲸产业的复苏，但更早些时候它们
也推动了美国捕鲸业的终结：首先，19 世纪中期原油的发现减少了对鲸鱼油的需求；
其次，20 世纪早期摆脱束身胸衣的时尚发展减少了束身胸衣生产对鲸鱼骨的需求。
Eric Jay Dolan, *Leviathan: The History of Whaling in America* (New York: W. W. Norton,
2007).

〔2〕 传统经济学家认为自然资本和制造（科技）资本是可置换的，与之不同的
是，生态经济学家认为自然资本不是全然可置换的，因此对增长施加了科技无法克服
的限制。See generally Michael Common and Sigrid Stagl, *Ecological Economics: An Introduc-tion* (Cambridge: Cambridge University Press, 2005).

合花每天还在成倍增长的池塘一样。约翰·德赖泽克（John Dryzek）写道："这时你很容易看着池塘……得出池子里还有足够的清水这一结论。"[1] 但事实上，池塘正处在崩溃的边缘。第二天，百合花就会长满池塘，池塘就会开始死亡。或者，用一个更加形象的比喻，"一辆加速行驶的汽车将要撞上一堵砖墙，司机可能还在说，'目前为止我还好'，但这并不表示墙不在那里。"[2]

因为 IPAT 模型仅仅提出了一种逻辑关系，并没有探究三个变量之间的正反馈与负反馈关系，所以它并未预测任一变量的变化将如何影响环境。更高的人均消费率可能伴随着更多的破坏性技术，导致更严重的环境退化。或者它可能导致更低的出生率、更好的环境意识和更多的技术进步，因此造成更少的环境损害。根据环境库兹涅茨曲线（Environmental Kuznets Curve），在工业化早期，富裕程度的增加伴随着污染的增加，这是主导关系，但是在之后的发展阶段，当社会变得足够富有，就会对减轻污染进行投资，富裕程度与污染可以达到平衡。[3] 这一原理使得一些人

44

---

〔1〕 John S. Dryzek, *The Politics of the Earth: Environmental Discourses* (Oxford: Oxford University Press, 2d ed. 2005), p. 32 [discussing Lester Brown, *The Twenty-Ninth Day* (New York: W. W. Norton, 1978)]; *see also* Nassim Nicolas Talem, *The Black Swan: The Impact of the Highly Improbable* (New York: Random House, 2007)（认为人们过于容易相信过去的事件会重演）。

〔2〕 Dryzek, *Politics of the Earth*, 70.

〔3〕 David I. Stern et al., "Economic Growth and Environmental Degradation: The Environmental Kuznets Curve and Sustainable Development," *World Development* 24（1996），pp. 1151–1160, at 1152. 总体而言，富裕程度和人口增长看起来也存在负相关：当社会变得富裕，其人口增长速率放缓，一些情况下最终会变为负增长。Jean-Claude Chesnais, *The Demographic Transition: Stages, Patterns, and Economic Implications*, trans. Elizabeth Kreager and Philip Kreager (Oxford: Oxford University Press, 1993).

（包括布伦特兰委员会）认为，环境退化的主要原因是贫穷，而非富裕。[1]

　　简而言之，IPAT 模型仅仅提供了有限的政策指引。它并没有指出三个原因变量中哪一个具有优先地位，也没有指出哪个最容易受到人类的影响，也没有预言未来的发展趋势。因此，它不能为在各种竞争性政策间进行选择提供依据。这个模型的发明者之一，保罗·埃利希（Paul Ehrlich）教授以强调人口控制的必要性和地球承载能力的有限性无法通过技术加以克服而著称。[2] 在过去，一些环保主义者提倡对人口进行强制性控制。[3] IPAT 模型站在所谓的丰饶论者观点的对立面，丰饶论者强调技术进步的潜力，认为人类的聪明才智是使无限增长成为可能的"根本源泉"。[4] IPAT 模型也能够涵盖激进生态主义者的观点，激进生态主义者认为环境问题是过度消费造成的，所以我们必须通过类宗教式的转变，转向更简单的生活方式。[5]

　　IPAT 模型还是有价值的，它的价值不在于它对具体政策的指

---

〔1〕　与此同时，其他人认为这种看法是"虚言"（myth）。*See* David Sattherwaite, "The Ten and a Half Myths That May Distort the Urban Policies of Governments and International Agencies," www. ucl. ac. uk （accessed 1/13/09）.

〔2〕　*See* Paul R. Ehrlich, *The Population Bomb*（New York：Ballantine, 1968）.

〔3〕　*E. g.*, William Ophuls, *Ecology and the Politics of Scarcity*（San Francisco：W. H. Freeman, 1977）；Garrett Hardin, "The Tragedy of the Commons," *Science* 162（1968）, pp. 1243-1248, at 1246.

〔4〕　*E. g.*, Julian Simon, *The Ultimate Resource*（Prince ton, NJ：Prince ton University Press, 1981）. 如第一章所说，在希腊神话中，"cornucopia"是能提供无尽食物与美酒的丰饶之角。

〔5〕　*E. g.*, Dryzek, *Politics of the Earth*, 36-38, 191 ［讨论了罗伯特·海尔布隆纳（Robert Heilbroner）和威廉·奥菲尔斯（William Ophuls）关于精神上转变的需求的观点］.

引，而是作为一个提醒，即环境问题不只受微观政策（如对可再生能源的政府补贴）的影响，也受到人口、消费和技术的宏观趋势的影响，甚至这些变量的细微变化都会产生显著的长远影响。在识别温室气体排放在下个世纪如何增长的不同情景中，政府间气候变化专门委员会发现，排放情景的不同组合间的差异（对人口、消费、技术的不同假设）比具体气候变化政策（如碳税或能效标准）造成的差异要大得多。[1] 从长远来看，比起通常受到最多关注的减少污染的具体政策，人口增长率或消费增长的减少对环境改善益处更大。

## 45　　二、行为方式

IPAT 模型将人口、消费和技术视为环境变化的驱动力。除此之外，将环境问题概念化的另一种截然不同的方式是行为方面的。从行为的角度来看，人口、消费和技术是行为的结果，而不是根源。例如，为什么人们使出生率高于替代率从而导致人口增加？为什么人们的消费越来越多？为什么人们使用某些技术而不用其他技术？行为方式试图回答的就是这一类问题。

行为原因是对环境问题的科学解释的有益补充。科学家为阐明环境退化的机制做了很多工作，例如二氧化硫排放如何引起酸雨，或者栖息地丧失如何导致物种灭绝等。正如唐纳德·沃斯特（Donald Worster）所说，"他们（科学家）可以十分详尽地、准

---

〔1〕 Nebojša Nakicenovic et al. , eds. , *Emissions Scenarios* (Cambridge：Cambridge University Press, 2000).

确地查明工业化、自动化社会的排气管和烟囱中碳的来源"，
但是，

> 尽管如此，科学家们仍然无法告诉我们为什么存在这些
> 社会，或者它们从何而来，或者什么样的道德力量才能形成
> 这样的社会。他们无法解释为什么牧场经营者砍伐并烧毁亚
> 马逊的热带雨林，也无法解释为什么巴西政府无力阻止这种
> 行为。他们无法解释为什么我们人类会在之后的 20 年里将数
> 千万物种推向灭绝，也无法解释为什么生态大屠杀的前景看
> 起来仍不关世界上大多数领导人的事。[1]

要理解这些问题，需要的不是科学，而是经济学、心理学、
政治学和伦理学等领域的研究。

再来看全球变暖的问题。在某个层面上，全球变暖是一个技
术问题，但是在另一个层面上则是行为问题。取暖、照明和制冷
的需求，以及所有使用电力生产的商品驱动着能源的生产。交通
运输业的排放源于人们更喜欢使用汽车而非其他交通工具，而在
美国，则是由于消费者（直到最近）对于 SUV 等耗油量较高的
车型的偏爱。这些行为模式不是不可改变的；它们有其成因，而
我们可以尝试影响这些起因。在世界的不同地区，能源利用率有

---

〔1〕 Donald Worster, *The Wealth of Nature*: *Environmental History and the Ecological Imagination* (New York: Oxford University Press, 1993), p. 27.

很大的不同，正如每个人驾车的行驶里程数也相差很大一样。[1]
即使在西方工业化国家，财富水平大体相同，人均二氧化碳排放
量也会相差两倍以上。

46　　因此，尽管从技术角度来看，解决气候变化问题的方法可能
看起来相对简单，但实际问题并非如此简单。现有的技术可以大
大减少温室气体排放，如高能效电器和建筑设计、核电，等等。
如果人们采用了这些技术，全球变暖问题就可以得到解决。但
是，人们并不会自动使用这些"最佳"可得技术，即使在某些情
况下这些技术既节能又省钱。如果我们希望更有效地影响行为，
我们需要了解阻碍行为改变的因素，包括惯性、消费者偏好和市
场失灵等因素。

### 三、经济视角

大多数环境损害并不是由故意造成损害的意图导致的。[2]　相
反，它是普通的日常活动的产物，例如驾驶汽车、使用电力、房
屋采暖以及消费品的制造和处置等。

我们如何去影响这种行为？经济学给了我们一个可行的答
案：通过改变人们的激励诱因。根据经济学理论，人是理性的效
用最大化者，他们寻求最大限度地满足自己喜好的方法。如果我

---

〔1〕　例如，在 2006 年，美国的人均能源消费量大约是法国和日本的 2 倍，高出
印度 20 倍，并高出孟加拉国 70 倍。EIA, "World Per Capita Total Primary Energy Con-
sumption, 1980-2006," www.eia.doe.gov（accessed 1/16/09）.

〔2〕　1991 年海湾战争末期萨达姆烧毁科威特油井带来的环境损害是一个突出的
例外。

们想改变人们的行为，就需要给予他们从事环境保护行为的利益，从而改变他们的激励机制。

再以气候变化问题为例。在政府规制缺位的情况下，无论是生产者还是消费者都无成本地排放温室气体，因此他们没有动力去通过转用清洁燃料、减少能源消耗或使用能效更高的产品来减少排放。从经济学立场看，解决问题的办法是提高排放行为的价格（如对汽油征税，或对煤电征税），这样一来，汽油和电力的价格就能反映完整的气候变化的环境、经济以及健康成本。这样不仅可以减少消费，还将有助于推动新技术（如氢燃料电池）的开发以及现有技术的推广和采用。

我们通常依靠竞争性市场来设定价格并将资源进行分配，使其能够得到最有效的利用。生产者通常有节约资源的动力，并只有在边际收益超过边际成本的情况下才会使用资源。市场这只对每个个体加以引导的看不见的手，在引导每个人追求自己的利益的同时，实现所有人的利益最大化。这或许是古典经济学的中心思想。

从这个角度来看，环境问题的诊断很简单：环境问题的存在意味着存在某类市场失灵，且未能将环境成本纳入价格中。[1] 因此，环境政策的任务是辨明这些市场失灵并找到解决问题的可行办法。

举一个简单的例子，想象存在一个小岛，岛上只有鲁伯塔·

---

[1] 这种思维方式的一个典型例子是《斯特恩报告》（*Stern Report*），其将气候变化描述为"我们曾见过的最大的市场失灵的例子"。Nicholas Stern, *The Economics of Climate Change: The Stern Review* (Cambridge: Cambridge University Press, 2007), p. 1.

克鲁索（Roberta Crusoe）一个人居住。在这种情况下，环境问题不会出现。住在岛上的这个漂流者会理性地追求自我利益，权衡所有的成本和收益，采取最佳的环境保护水平。就像动物不会弄脏自己的巢穴一样，克鲁索也不会弄脏自己的岛屿。

当我们说克鲁索岛不会出现环境问题时，首先要注意的是：我们只是从克鲁索的角度来考虑这个问题。我们接受她对不同行动方案的成本和收益的评估，比如说，她可能认为杀死珍稀物种或摧毁珊瑚礁是有问题的，污染也可能会发生，但只要克鲁索认为减少污染的成本将超过收益，那么从经济角度来看，污染或垃圾并不代表环境问题。她不需要做什么。[1]

在这样一个简化了的场景中，环境问题是如何产生的？一种可能性是克鲁索缺乏有关她的行为影响的重要信息，因此无法准确评估其利弊。她可能不知道氯氟烃会消耗臭氧层而将其作为制冷剂，或者她可能在不知道 DDT 会危害野生动物的情况下使用其作为杀虫剂。正如我们将在第四章中看到的那样，为了让人们能够合理评估其行为的成本和收益，有很多旨在为参与者提供信息的环境措施。

克鲁索也可能并非完全理性的（我们中又有谁是呢）。例如，她可能会屈服于诱惑，以不可持续的速度食用菠萝或椰子。经济学家可能会简单地说这体现了她对未来的较高的贴现率；与将来

---

〔1〕 *See* David W. Pearce and R. Kerry Turner, *Economics of Natural Resources and the Environment* (Baltimore, MD: Johns Hopkins University Press, 1990), pp. 61-69（讨论污染的"最佳"水平）。

相比，她更享受当下。[1] 然而，这样使得理性的假设在本质上变得同义反复：一个人因吸烟早早得了癌症，或者一个人喜欢暴饮暴食，这只不过是在展示他们自己的偏好，而不是他们的行为不理性。[2]

　　尽管缺乏知识和非理性行为很重要，但经济学家认为环境问题主要还是"外部性"的结果，也就是说，一个人行为的成本不由自己承担而由他人承担，这些成本是在市场之外传递的，因此个人不用承担私人成本。如果克鲁索扔进水中的垃圾会被洋流带到邻近的鲁宾逊夫妇的岛屿，那么克鲁索就可能倾向于选择这种垃圾处理方式，因为从她的角度来看，这种方式是免费的。环境成本由其他人承担，她就不需要考虑成本效益问题了。由于她的私人成本不反映垃圾处理的社会成本，她就没有任何经济动力来减少她的垃圾产量或者考虑对环境损害较小的其他处置方法。

　　许多环境问题可以被理解为外部性问题，包括电厂的二氧化硫排放、向海洋倾倒危险废物、向河流排放污染物，等等。在所有这些情况下，一个人或一个国家确实会影响到其他人。除非这些影响被定价，否则市场主体就没有动力考虑这些影响，市场也无法确保资源得到有效利用。在上下游的情形中，比如克鲁索对鲁宾逊岛的污染，外部性是单向的，仅影响少数人，即污染是

---

　　[1]　关于贴现率的更深入讨论见第四章。
　　[2]　正如我们将在第六章讨论的，理性人假设在国家的语境下存在更多问题。国家政策通常是国内政治的产物，而非对国家自身利益的理性计算的产物。这也是为什么不同于我们关于克鲁索的最初假设，国家经常"弄脏自己的巢穴"，对国内环境资源管理不善。

"单向的"和"私人的"。而与之不同,影响全球气候的温室气体排放是典型的"公共外部性"的例子。

环境外部性产生于生活的相互联系。从历史角度看,外部性主要产生于物理上的相互联系,例如在克鲁索岛的例子中,是洋流将垃圾从一个岛转移到另一个岛。邻国之间跨界的外部性刺激了最早期的国际环境法的发展,其中就包括特雷尔冶炼厂案,此案中加拿大一家冶炼厂的空气污染,转移到华盛顿州并在那里造成了损害。[1]

如今,跨界外部性问题涵盖了更广泛的地理范围,一方面是因为技术的发展使得污染物可以扩散到更大的范围;另一方面则是由于对物质运输范围的科学认识的发展。在 20 世纪 60 年代,瑞典科学家开始认识到欧洲其他地区的二氧化硫排放正在造成斯堪的纳维亚半岛的湖泊酸化。1979 年《远程越界空气污染公约》及其许多议定书都强调了这一问题。最近的证据表明,来自东亚的空气污染扩散到了美国,因此跨界外部性可能发生在全球范围内,而不仅仅是地方或区域层面。[2]

随着全球化进程和国家间的经济联系变得越来越紧密,这些经济联系也会产生广义上的外部性。例如,一个国家采用较低的环境标准,可能会给其他国家带来压力,其他国家为了防止在竞争中落后,就会降低它们的劳工标准,从而导致竞次竞争(race to the bottom)。贸易也可能产生更加直接的外部性,如压载水和

---

〔1〕 关于特雷尔冶炼厂案的详细讨论见第二章。

〔2〕 Keith Bradsher and David Barboza, "Pollution from Chinese Coal Casts Shadow around Globe," *New York Times*, June 11, 2006, p. A1.

集装箱带来的外来物种。同样，托运人因为不承担潜在危害后果，因此缺乏足够的动机来自行采取行动对抗物种入侵，只有在进口国能够进行有效规制的情况下，他们才会采取措施。

国际贸易对野生动物的威胁也说明了经济一体化的另一个后果。在这种情况下，进口国对野生动植物产品的需求会在出口国中造成环境损害，出口国的物种可能会由于过度捕猎或过度捕捞而濒危，甚至灭绝。正如一个国家可能无法保护其环境免受来自其他国家的物理威胁（例如，它可能无法保护湖泊免受境外的空气污染所导致的酸化）一样，它可能也无法保护其资源免受来自其他地方的经济威胁。

全球化让世界变小了，不管是从经济视角还是心理学角度都是如此。正如我们在第一章中看到的那样，一个国家发生的事情越来越受到其他国家人民的关注，即使他们没有受到物质或经济影响。一项资源的存在可以为其他地区的人们提供经济学家所说的"非使用价值"（non-use values）。这就是为什么塔利班摧毁巴米扬大佛会引发国际社会的强烈关注。同样，克鲁索的小岛上一种蝴蝶的灭绝，即使对她来说没有价值，也可能会受到其他人的关注。国际社会对亚马逊雨林的破坏以及非洲大象灭绝的担忧至少部分地反映了这种"心理"外部性。[1] 砍伐雨林或杀死物种会减少其非使用价值，使得其他人承担了成本，而不被纳入从

---

〔1〕　在亚马逊的例子中，森林退化也会基于对地区的，甚至全球的气候影响产生物理上的外部性。Roni Avissar and David Werth, "Global Hydroclimatological Teleconnections Resulting from Tropical Deforestation," *Journal of Hydrometeorology* 6 （2005）, pp. 134-145.

事破坏性活动的行为人的成本收益计算。

外部性的存在可能意味着对政府规制的需求，因为除非行为人需要自行承担行动成本，也就是说，除非成本被内部化，否则他们就没有动机将行为成本降到最低。然而，正如经济学家罗纳德·科斯（Ronald Coase）所表明的那样，政府规制并不是解决外部性问题的唯一办法。[1] 如果议价是可能的，市场也可以自行解决。

再回到克鲁索向海洋倾倒垃圾的例子，其环境影响被下游邻近岛屿上的鲁宾逊夫妇所承受。虽然克鲁索没有动力来停止倾倒，但鲁宾逊夫妇有动力为克鲁索停止倾倒付费。这意味着存在通过谈判解决问题的可能性。例如，如果每吨垃圾会造成 10 美元的损失，但克鲁索可以以每吨 5 美元的成本清理垃圾，那么鲁宾逊应该愿意为每吨垃圾支付 5 美元~10 美元，使克鲁索不再倾倒垃圾。要求鲁宾逊为克鲁索停止污染付费的结果看起来并不公平，然而这会让每个人得益，从经济角度来看，这就是经济学家所称的"帕累托改进"（Pareto superior）。[2] 因此，外部性本身并不排除通过市场进行有效解决的可能性，有效的结果仍然可以通过各方的谈判达成。这正是科斯定理的一个成果，科斯正是因此收获盛名。[3]

---

〔1〕 *See* Ronald H. Coase, "The Problem of Social Cost," *Journal of Law and Economics* 3（1960），pp. 1-44.

〔2〕 当一项结果使至少一个个体得到改善而没有恶化，即构成"帕累托改进"。

〔3〕 如同爱因斯坦凭光电效应而非其最著名的成果获得诺贝尔物理学奖，科斯凭借其企业理论而非科斯定理获得了诺贝尔经济学奖。

根据科斯定理，市场失灵不是由于外部性本身造成的，而是源于阻碍谈判达成解决方案的障碍，即经济学家所说的交易成本。如果鲁宾逊寻找垃圾源头的成本或者与克鲁索建立联系的成本很高，那么成功的协商就是不可能的。市场就无法保护环境，因为高交易成本使双方无法协商一致达成减少污染的集体理性结果。

是什么类型的因素提高了交易成本，从而阻碍了谈判的成功？首先，行为及其影响之间的距离越远，寻找谈判伙伴的"搜索成本"就越高。同样，鲁宾逊监督克鲁索是否执行谈判结果的难度就越大，监测和执行的成本就越高。

最重要的是，涉及的当事方越多，协商的成本就越高，采取策略性行为（strategic behavior）和搭便车的可能性就越大。当外部性只涉及两方参与者，如克鲁索和鲁宾逊时，协商成本通常很低，策略性行为更容易处理。但随着参与者数量的增加，谈判复杂性增加，搭便车行为也变得更加难以阻止。这就是像公海污染或全球变暖这样的公共外部性问题往往比疆域范围内的污染等私人外部性问题更难解决的原因。[1]

克鲁索的例子比较简单，因为其中环境资源本质上是个人所有的。克鲁索和鲁宾逊各自都有管理自己的岛屿的个人利益，所以会最大限度地发挥其价值。假如他们岛上资源稀缺，那么他们就会聪明地使用这些资源，因为本质上，资源都是属于他们自己　51

---

〔1〕 Todd Sandler, *Global Challenges: An Approach to Environmental, Political, and Economic Problems* (Cambridge: Cambridge University Press, 1997), p. 42.

的：如果他们滥用或浪费资源，他们将承担后果。只要减少污染的收益（包括鲁宾逊对克鲁索的支付）超过成本，克鲁索就会减少她的污染。而只要环境收益超过成本，鲁宾逊也会愿意为克鲁索停止污染他的岛屿付费。

然而如果财产不是私人所有的，这些聪明地利用资源的倾向就会消失。在一篇著名的文章中，加勒特·哈丁（Garrett Hardin）描述了所谓的"公地悲剧"：

> 在一个开放的牧场上，每个牧民都试图养殖尽可能多的牲畜……作为一个理性人，每个牧民都希望让自己的收益最大化。明白或模糊地，有意或无意地，他问道："增加一头牲畜对我有什么效用？"这个效用分为负面和正面效用。
>
> （1）正面效用就是增加的这头牲畜。由于牧民可以从销售这头牲畜中获得全部收益，正面效用+1。
>
> （2）负面效用是增加的这头牲畜产生的额外的过度放牧。然而，过度放牧的影响是由所有牧民共同分担的，所以对具体作出决策的牧民来说，负面效用只是-1的一小部分。
>
> 综合各部分效用，理性的牧民得出结论，发现他所追求的理性路径只能是在他的牧群里不断增加下一头牲畜。但是，这也是分享公地的每个理性的牧民的结论。公地悲剧就发生了。每个人都被束缚在一个迫使他在有限的世界里无限地增加他的牲畜的系统中。在一个信奉公地是可以自由使用的社会里，每个人都在追求自己的利益最大化，毁灭将是所有

人匆匆奔赴的目的地。公地的自由获取将所有人带向毁灭。[1]

在公地悲剧中,每个人理性的行为(在公地增加一头牲畜)导致了集体不理性的后果。原因很简单:因为公地不为任何人所有,并且对所有人开放,外部性是地方性的。牧民不断增加牲畜,因为他能获得增加一头牲畜的全部收益,但只承担一小部分成本。

在历史的视角下,公地悲剧受到了广泛的批评。导致哈丁故事中悲剧的原因不是简单的在于土地是公共的,而在于它隶属于一个开放获取的制度,在这个制度中,每个牧民可以随意增加尽可能多的牲畜。然而,在实践中,在哈丁的比喻中所描述的那种小而紧密的社区中,公地的使用者倾向于利用一种非正式的规则制度来限制使用,从而防止悲剧的发生。[2]

然而即使存在历史不准确性,公地悲剧仍可以为当前许多全球环境问题提供准确的诊断,而全球环境问题与传统的牧场不同,其涉及开放获取的资源。公海捕鱼是一个典型的例子。根据海洋法,捕鱼被认为是公海自由,除了要求应适当考虑其他国家的利益的一般义务外,通常没有任何习惯上的限制。[3] 由于每

52

---

〔1〕 Hardin, "Tragedy," 1244.

〔2〕 *See*, *e. g.*, Elinor Ostrom, *Governing the Commons*: *The Evolution of Institutions for Collective Action* (Cambridge: Cambridge University Press, 1990); Susan Jane Buck Cox, "No Tragedy of the Commons," *Environmental Ethics* 7 (1985), pp. 49~61.

〔3〕 1982 年《联合国海洋法公约》(又称《海洋法公约》)对公海捕鱼设置了附加条件,参见第 116~119 条,且公海捕鱼也受到一系列其他国际协定的规制,包括1995 年《执行 1982 年 12 月 10 日〈联合国海洋法公约〉有关养护和管理跨界鱼类种群和高度洄游鱼类种群的规定的协定》(又称《鱼类种群协定》)。

个渔民都对其捕获的鱼类享有所有的利益，同时与其他渔民共同承担成本（包括繁殖率的下降和鱼类数量的减少），因此他有动机捕获尽可能多的鱼。从每个渔民的角度来说，只要其他渔民继续不受限制地捕鱼，少捕鱼就没有任何意义。结果就是鱼类种群数量下降，渔民为捕获越来越少的鱼类需要花费越来越多的努力，直到最终渔业完全枯竭。[1]

像臭氧层消耗和全球变暖等问题也可以被理解为公地悲剧，但与捕鱼不同的是，它们涉及将坏的东西排入公地（氯氟烃和二氧化碳），而不是把好东西拿走。每个国家都可以从向大气释放氯氟烃和二氧化碳的活动（如发电、建筑物隔热等）中受益，但只承担全球环境成本的一小部分。因此，从个体角度来看，即使当它们的行为总成本超过总体收益时，也就是说当它们的行为集体不理性时，各个国家也没有动力来限制使用大气、海洋或其他全球公地。

怎样才能克服公地悲剧呢？在某些情况下，可以将公地私有化，就像英格兰17世纪的圈地运动所证明的那样。1982年《海洋法公约》采取了类似的办法来处理沿海捕鱼问题。它承认沿海国家有权在领海基线外200英里以内划定专属经济区，在专属经济区内，国家有排他的对包括渔业在内的自然资源的专属管辖权。通过承认这种有权排除他国利用的权利，《海洋法公约》为沿海国提供了有效管理渔业的动力，从而最大限度地实现渔业的

---

[1] 20世纪70年代大西洋鳕鱼捕鱼业的崩溃是一个著名的例子。See Michael Harris, *Lament for an Ocean: The Collapse of the Atlantic Cod Fishery* (Toronto: McClelland & Stewart, 1998).

价值。

然而，并不是所有的公地问题都可以通过私有化来解决。有些资源是不能分割的，如大气。在某些方面，大气可以被细分和"私有化"。例如，为了航空旅行目的，每个国家上方的外层空间可以被认为其领土的一部分。为了发射卫星，地球上方的地球静止轨道可以分配给不同的使用者。然而，在其他方面，大气是不能被细分的，因为影响它的物质是在全球范围内混合的，如氯氟烃和二氧化碳。

大气这种不可分的特性属于经济学家所说的"公共产品"（common goods）的特点。罗伯特·多尔夫曼（Robert Dorfman）和南希·多尔夫曼（Nancy Dorfman）解释称："公共产品的定义特征是，如果共同体内任何其他成员能够得到其服务，那么就不能排除任何想得到其服务的成员对服务的利用。"[1] 国防就是典型的公共产品：它保护了国家内的每个人，而不论其是否对国防有所贡献。其他公共产品的例子还包括灯塔和公共标识。由于公共产品的生产者不能排除其他人，他们就无法向公共产品的使用者收费。结果是，市场往往无法供应足够的公共产品。即使公共产品会产生社会收益，私人行为者也缺乏供应公共产品的动力，因为它们的大部分收益都归于他人。

实质上，公共产品包含"积极"的外部性：利益在没有任何市场价格的情况下转移给他人。与任何此类转移一样，市场也并

---

〔1〕 Robert Dorfman, "Some Concepts from Welfare Economics," in Robert Dorfman and Nancy S. Dorfman, eds., *Economics of the Environment: Selected Readings* (New York: W. W. Norton, 3d ed. 1993), pp. 79–96, at 82.

不会以产出有效率的结果的形式运行。因为参与者无论是否做出贡献都可以获得公共产品的利益，所以他们就有了在其他人努力之上搭便车的动机。正如托德·桑德勒（Todd Sandler）所问："为什么要为无论怎样你都会得到的东西付费？"[1]

克服这种搭便车问题通常需要某种形式的政府强制，例如强制征税以确保每个人都为公共产品的供应做出贡献。因此，在规制通常依赖合意而非强制的国际层面上，搭便车就带来了一个特别的问题，这个问题我们将在第七章再来探讨。

## 四、文化和道德视角

经济学视角将人们的偏好作为给定的条件：人们渴望拥有运动型越野车、大房子、空调以及现代消费社会的其他产品。经济学对行为的修正，并不是通过改变人们的偏好，而是主要通过价格操纵等激励结构。[2] 这种将偏好作为给定条件的路径反映出一种普遍倾向，即毫无异议地接受无止境的增长和更多消费的价值观。对很多人而言，这些价值观根深蒂固，似乎是自然秩序的一部分，而不是一个可供选择的问题。正如苏斯博士（Dr. Seuss）的环境寓言故事《老雷斯》（The Lorax）中的文斯勒（Once-ler）所说："我没有想造成伤害。我真的没有。但我必须变得更

54

---

〔1〕 Sandler, *Global Challenges*, 43.

〔2〕 在经济学的学术讨论中，对个人偏好的顺应有其方法论依据：这反映了经济学不能尝试去回答所有问题的观点。为什么人们会有这些偏好，例如，为什么比起小型车，他们更爱越野车，这些是心理学或社会学，甚至是生物学的问题。经济学的角色只是确定如何最大化地满足人们的这些偏好。

大……我变成了这么大。"

然而，个人偏好并不一定是固定的。我们能够寻找到影响它们的社会和文化根源。事实并不像一些经济学家所以为的，对更多消费的渴望并不必然反映人性的基本特征。[1] 相反，它是可以通过道德和教育予以改变的社会建构的一部分。

例如，我们的消费习惯受制造商有意培养的消费文化的影响。[2] 正如一位零售业专家在二战后不久所说的：

> 我们极具生产力的经济要求我们让消费成为我们的生活方式，我们将购买和使用商品变成一种仪式……我们要以不断增长的速度消费、消耗、耗损、更换并丢弃商品。[3]

消费偏好和环境之间也有着深深的文化根源。自浪漫主义时代以来，现代社会的批评者将物质享乐主义、技术主义的倾向与过去人类和自然的和谐相处进行了对比。在一篇颇具争议但很有影响力的文章中，历史学家小林恩·怀特（Lynn White Jr.）把现代生态危机归因于犹太—基督教的世界观，这种世界观歌颂超越自然的科学和技术。他写道："通过摧毁异教的泛灵论，基督教

---

〔1〕 *See, e. g.*，A. Myrick Freeman III，"The Ethical Basis of the Economic View of the Environment，" in Donald VanDeVeer and Christine Pierce，eds.，*The Environmental Ethics and Policy Book：Philosophy，Ecology，Economics*（London：Wadsworth，2d ed. 1997），pp. 293-300，at 294（指出很多经济学家假设"个体缺乏对其欲望的限制"）。

〔2〕 关于这一观点的典型阐述，参见 Thorsten Veblen，*The Theory of the Leisure Class：An Economic Study of Institutions*（New York：Macmillan Co.，1899）；John Kenneth Galbraith，*The Affluent Society*（Boston：Houghton Mifflin，1958）。

〔3〕 Victor Lebow，"Price Competition in 1955，"*Journal of Retailing* 31（1955），pp. 5-10，42，44，at 7.

使人们以无视自然事物感受的方式来利用自然。"[1]

将贪婪的西方（以美国为例）与生态思想的传统主义进行对比太过简化问题了。一方面，最近的历史证据引发了对传统文化的可持续性的怀疑;[2] 另一方面，现代社会不仅带来了臭氧层破坏、酸雨和物种灭绝，也带来了绿党、动物福利团体和环境改革。

然而，尽管文化相对于其他因素的重要性是有争议的，但很难否认文化影响我们的生活方式和价值观这一事实。若如经济学家通常所做的那样，抽离这一因素，将其视为给定的条件，那就意味着我们放弃了实现环境变化的潜在的最有力的手段之一。

例如广告的作用。在塑造消费者偏好的过程中，广告扮演着重要角色。我们至少可以认为公司相信这一点，因为 2004 年它们在广告上的支出超过了 3500 亿美元。[3] 因此，我们可以尝试限制环境破坏性产品的广告，正如对烟草广告的限制一样。

一些人认为，解决环境问题从根本上看需要价值观的改变。例如，格斯·斯佩思（Gus Speth）认为，全球环境问题源自"有害的思想习惯"，最重要的是，将经济增长置于"无可争议的首

---

[1] Lynn White Jr., "The Historical Roots of Our Ecological Crisis," *Science* 155 (1967), pp. 1203-1207, at 1205.

[2] *E. g.*, Shepard Krech III, *The Ecological Indian: Myth and History* (New York: W. W. Norton, 1999).

[3] Barbara Arnn, "Ad Expenditures Continue Global Growth, New Media Lead Way," January 5, 2005, http://multichannelmerchant.com (accessed 1/16/09).

要地位"（一位历史学家称之为"无疑是 20 世纪最重要的思想"）。[1] 在斯佩思看来，拯救地球需要"观念和价值的革命"。[2] 同样，林恩·怀特也认为，"我们麻烦的根源……大部分在于宗教信仰"，而且"补救措施必然本质上也是宗教的，不论我们是否将其称之为'宗教的'。我们必须重新思考和重新审视我们的自然和命运"。[3]

怀特所设想的那种宗教变革可能已经超出了国际环境法的范畴。但正如法律在民权运动中通过诸如布朗诉教育委员会果（Brown v. Board of Education）等判决在消除种族主义合法性中发挥作用一样，法律也可以通过教育和道德劝说改变人们的环境观念，使人们选择更高效的家电和汽车，或更多地依赖自行车和公共交通，或者发现更简单的、更少消费导向的生活方式的美。

## 五、政治视角

我们已经将环境问题作为技术、经济或文化道德问题进行了探讨。然而，就我们的目的而言，环境问题主要是政治问题。正如我们将在下一章中探讨的那样，气候变化等问题有许多潜在的解决方案：我们可以投资新技术、征收碳税或让汽车省油。但问题是让这些政策能够获得采纳并加以实施，而这主要是一项政治任务。

---

〔1〕 J. R. McNeill, *Something New under the Sun: An Environmental History of the Twentieth Century* (New York: W. W. Norton, 2000), p. 336.

〔2〕 Speth, *Red Sky*, 192–193.

〔3〕 White, "Historical Roots," 1207.

在此，我只是单纯地希望将政治作为思考环境问题成因的另一种方式的标记。我们将在讨论完对国际环境问题可能的政策应对（第四章）和环境规范的性质和作用（第五章）之后，在第六章和第七章再回到这一问题。

**推荐阅读：**

John S. Dryzek, *The Politics of the Earth：Environmental Discourses* (Oxford：Oxford University Press, 2d ed. 2005).

Paul Harrison, *The Third Revolution：Population, Environment and a Sustainable World* (London：Penguin, 1992).

A. J. McMichael, *Planetary Overload：Global Environmental Change and the Health of the Human Species* (Cambridge：Cambridge University Press, 1993).

Kevin T. Pickering and Lewis A. Owen, *An Introduction to Global Environmental Issues* (London：Routledge, 2d ed. 1997).

William L. Thomas Jr. , ed. , *Man's Role in Changing the Face of the Earth* (Chicago：University of Chicago Press, 1956).

World Commission on Environment and Development, *Our Common Future* (Oxford：Oxford University Press, 1987).

# 第四章

# 对症下药：环境政策入门

事实上，立法权的真正目的，是顺应民意，而非强迫；是为共同体 57
的普遍意见提供方向、形式、法律的外衣和明确的约束力。

————埃德蒙·柏克《致布里斯托城行政司法长官书》

（Edmund Burke，"Letter to the Sheriffs of Bristo"）

如果你被任命为一个新成立的国际环境组织（International
Environmental Organization，IEO）的领导者，并被赋予广泛的权
力来处理世界上的环境问题，你会怎么办？

本质上，政策问题可归结为两个问题：

第一，环境政策的目的是什么？什么问题值得关注，在
处理这些问题时我们的目标是什么？

第二，我们实现这些目标的手段或方法是什么？什么是
最好的政策工具——政府命令控制型工具，税、可交易的配
额等基于市场的工具，技术项目，与企业的自愿合作，抑或
是其他方法？

本章的分析工具可以适用于任何环境问题，无论是国际的还
是国内的。国际环境问题是更普遍的环境问题的一部分。在研究

政策过程时，我将首先从一个理性决策者——如 IEO 的负责人——的角度出发来寻求最好的环境政策。[1] 如果是一个负有职责的决策者，他会怎么做？在后面的章节中，我会探讨带着各自利益和观点的不同参与者是如何将情况复杂化的。也就是说，我会将政治引入这个方程式。然而，在顺应可能性的艺术之前，如果仅仅是为了给我们的选择提供一个评估的基准，那么考虑理想的情况是有益的。然后，我们开始探讨政策中的环境问题而不是仅把它作为政治术语。

## 一、环境政策的目标是什么？

国际环境法的目标是什么？这个看起来一目了然的问题远比它看上去要难回答。环境政策的目标是保护环境的利益，还是保护人类的利益？它的目标是阻止任何损害的发生（事实上，这是可能的吗？）还是只阻止重大损害的发生？如果是后者，应该如何界定什么是"重大损害"？换句话说，是应该不惜一切代价保护环境，还是只在环境效益超过经济成本时才保护环境？如何评估将来的损害与收益，并将其与现在的损害与收益相比较？应该如何评估不确定的风险与较为确定的风险？

这些问题的答案对环境政策的各个方面都有重要意义。想想

---

〔1〕 在政策分析领域，从单一、理性的决策者角度考察政策问题非常常见。*See, e. g.*, Edith Stokey and Richard Zeckhauser, *A Primer for Policy Analysis* ( New York: W. W. Norton, 1978), p. 3. 在他对全球环境规制的分析中，他将这种路径称为"单一命令"（unitary fiat）。Jonathan Baert Wiener, "Global Environmental Regulation: Instrument Choice in Legal Context," *Yale Law Journal* 108 (1999), pp. 677-800.

这些最基本的问题：什么样的环境变化构成问题？比如，我们应该庆祝还是哀悼疟疾蚊子的消失？由于对生物多样性的价值判断不同，观点也不尽相同。有些人认为任何物种的灭绝都是损失，即使这一物种对人类来说是危险的。其他人则希望疟疾蚊子消失，因为疟疾蚊子是全球婴幼儿死亡的主导原因，根据一项估计，非洲每年为此损失的经济增长额超过 120 亿美元。[1] 事实上，有些人甚至认为，如果"物种屠杀"（例如通过基因工程）变得可行，疟疾蚊子将成为理想的候选对象。[2] 这种观点表明，我们尚未完全放弃 17 世纪希克灵尔牧师所持的那种观点，即我们的目标应该是尽可能快地"消灭或驱逐""有害的、令人厌恶的"动物。[3]

对不同问题予以相对优先性也带来了环境价值问题。例如，全球变暖可能会对沿海社区、农业、人类健康和生物多样性造成长期的、不可逆的损害。但是现在每年有超过 100 万人死于无法获得安全的饮用水。我们应该如何评价这些问题的相对重要性？在资源有限的情况下，什么问题值得我们关注？这取决于我们对

---

〔1〕　*E. g.*, Abruja Declaration on Roll Back Malaria, Abuja, Nigeria, April 25, 2000, Doc. No. WHO/CDS/RBM/2000. 17; cf. John Luke Gallup and Jeffrey D. Sachs, "The Economic Burden of Malaria," *American Journal of Tropical Medicine and Hygiene* 64（2001）, pp. 85-96. 和很多令人信以为真的报道（factoids）一样，120 亿美元的这一估算很难确定。See R. I. Chima, C. A. Goodman, and A. Mills, "The Economic Impact of Malaria in Africa: A Critical Review of the Evidence," *Health Policy* 63（2003）, pp. 17-36; Randall M. Packard, "Roll Back Malaria, Roll in Development? Reassessing the Economic Burden of Malaria," *Population and Development Review* 35（2009）, pp. 53-87.

〔2〕　*See* Olivia Judson, "A Bug's Death," *New York Times*, September 25, 2003.

〔3〕　Clive Ponting, *A Green History of the World: The Environment and the Collapse of Great Civilizations*（New York: Penguin Books, 1991）, p. 164.

国际环境法更大的目标的看法。

59　　最后，一旦一项环境问题被识别并被列入政策议程，在解决这一问题时，我们的政策目标应该是什么？比如，国际气候变化政策的目标应该是什么？是要完全防止全球变暖，还是防止温度超过某些"危险的"界限？如果我们可以通过把灰尘注入大气来阻止阳光射入，或通过把镜子放入太空来将阳光反射出去，这些方法是否代表"解决方案"？或者，在某种意义上，故意改造自然是否是不道德的？我们如何解决环境问题取决于我们对这个问题的定义，而定义问题又取决于我们的价值观。

我所看过的一幅卡通画可以生动地反映出价值观在环境决策中的作用。在这幅卡通画中，一位手持锯子的伐木工人看着一棵标有"最后一棵树"的树，而他的脑子里却想着"这是最后一把椅子"。这种鲜明的对比反映了不同的价值观，即自然的价值源于自然本身，还是源于对人类的有用性。将树木视为荒野资源的人认为古老森林的破坏是有问题的；但是将树木视为椅子原材料的人则不会认为这是有问题的，只要有足够的树木存在就行。

对我们应当追求的目标的两种不同概念贯穿于大部分的国际环境政策的争论中，丹尼尔·法伯（Daniel Farber）开玩笑地将其称为"抱树者"（tree hugger）和"数豆者"（bean counter）的路径。[1] 抱树者用绝对主义的术语界定环境政策的目标：防止污染、保护生物等。数豆者则用权衡的观点看待世界，并力求平

---

〔1〕　Daniel A. Farber, *Eco-Pragmatism: Making Sensible Environmental Decisions in an Uncertain World* (Chicago: University of Chicago Press, 1999), p. 39.

衡成本和收益，以实现最佳结果。抱树者倾向于反映"道德义愤"，而数豆者倾向于反映"冷静分析"。[1]

（一）绝对主义的方法

从绝对主义者的角度来看，环境政策的目标应该是防止环境损害。以酸雨问题为例，酸雨在 20 世纪 70 年代成为国际问题，首先出现在欧洲，然后是北美。酸雨问题是由二氧化硫（$SO_2$）和氮氧化物（$NO_x$）的排放引起的，这些污染物来源广泛，包括发电厂、汽车以及冶炼厂等工业设施。严格来说，这些排放构成"污染"，即人类将有害物质排入环境，特别是森林和湖泊。[2]

从抱树者的角度来看，在解决酸雨问题时我们的目标应该是将二氧化硫和氮氧化物的排放减少到不致引起损害的水平，这是在如果存在这样阈值的情况下。如果不存在这样的阈值，则应当完全消除排放。[3]《〈远程越界空气污染公约〉进一步减少硫化物排放的议定书》（又称1994 年《硫化物议定书》）采用的临界负荷方法就是沿着这一思路，这个方法试图确定不会造成重大环境损害的最大酸沉降量，然后减少排放，使排放量不超过这些临

60

---

〔1〕 Robert V. Percival et al. , *Environmental Regulation*: *Law*, *Science*, *and Policy* (Boston: Little, Brown, 1992), p. 67（对比了"道德义愤"和"冷静分析"）。

〔2〕 *See*, *e. g.* , UNCLOS art. 1 （4）（将海洋环境污染定义为"通过人为方式直接或间接地引入的物质或能量……造成或可能造成有害影响"）；Allen L. Springer, *The International Law of Pollution*: *Protecting the Global Environment in a World of Sovereign States* （Westport, CT: Quorum Books, 1983）, pp. 64-84（讨论定义"法律上的重大污染"的可能标准）。

〔3〕 不会发生环境损害的这一阈值上限通常被称为环境的"同化能力"（assimilative capacity）。*See*, *e. g.* , ibid. , 76-77.

界负荷。[1]

当然，完全消除污染意味着成本可能非常高。导致酸雨的二氧化硫和氮氧化物的排放来源于现代工业社会的主要活动，如发电、运输和工业生产等。在可行的替代品被开发出来之前，消除排放（甚至大幅度减排）可能会产生可怕的经济后果。认识到这一事实，1994 年《硫化物议定书》并未试图完全消除目前的排放量与不超过临界负荷的较低水平之间的差距，而是代之以缩小80%差距的目标。[2]

这样的经济考量也适用于其他环境问题。阻止人为的气候变化、保护生物多样性、消除海洋污染、逐步淘汰危险的杀虫剂和化学品的使用都将带来巨大成本，特别是当污染逐渐减少时，减排的边际成本也通常会逐渐增加。我们愿意在多大程度上为了某一环境问题而承担这些成本呢？

坚定的抱树者可能会说，"去他的成本，全速前进。"《美国濒危物种法》最初正是采用了这一路径。在田纳西流域管理局诉希尔案（Tennessee Valley Authority v. Hill）中，最高法院裁定，《美国濒危物种法》要求联邦政府采取行动防止物种灭绝而无需考虑成本。[3] 同样，《清洁水法》试图在 1985 年之前消除所有水污染，"德莱尼条款"（the Delaney Clause）继续要求禁止添加

---

〔1〕 1994 Sulfur Protocol art. 1. 8（定义 "临界负荷"）and art. 2. 1（要求国家减少硫化物排放）。

〔2〕 *See* ibid. , annex II.

〔3〕 Following Tennessee Valley Authority v. Hill, 437 U. S. 153（1978）. 该案后，国会修订了该法以纳入经济因素的考量。*See* 16 U. S. C. § 1533（b）（2）（2008）.

任何已被证明会导致癌症的食品添加剂，而不需考虑这样做的成本如何，以及导致癌症的风险到底有多大。20 世纪 80 年代早期以来的民调显示，大多数美国人一贯声称支持这样的观点："保护环境是如此的重要，以至于怎样的要求和标准都不算太高，并且无论成本如何，都必须持续改善环境。"[1]

这种绝对主义态度可以通过各种方式加以正当化。[2] 其中一个方法是以环境权利为架构展开争论。如果从权利的角度而非政策偏好的角度看待环境保护，比如享有清洁环境的权利，那么这就意味着人们（或大自然本身，对这一权利是生态的还是人权尚有争论）应当维护这些权利，而不论成本如何。1968 年，参议员盖洛德·尼尔森（Gaylord Nelson）甚至建议对宪法进行修正以保证"对适宜的环境的不可剥夺的权利"。[3] 尽管这一建议从未被采纳，但一些州和地区采用了类似的规定，[4] 也有一些人权案

61

---

〔1〕 Bjørn Lomborg, *The Skeptical Environmentalist: Measuring the Real State of the World* (Cambridge: Cambridge University Press, 2001), p. 334.

〔2〕 *See generally* Alan Boyle and Michael Anderson, eds. , *Human Rights Approaches to Environmental Protection* (Oxford: Oxford University Press, 1996).

〔3〕 James Salzman and Barton H. Thompson, Jr. , *Environmental Law and Policy* (New York: Foundation Press, 2003), p. 27.

〔4〕 *See, e. g.* , Haw. Const. art. XI, § 9（"每个人都有获得清洁、健康环境的权利……"）；Mass. Const. art. XCVII（"人们应有权获得清洁的水和空气……以及其环境的自然、景观、历史和美学质量"）；Mont. Const. art. II, § 3（"所有人……拥有确定的不可剥夺的权利。包括对清洁、健康环境的权利……"）；Pa. Const. art. I, § 27（"人们有权获得清洁的空气、纯净的水，以及有权保护环境的自然、景观、历史和美学价值"）。《在环境问题上获得信息、公众参与决策和诉诸法律的公约》（又称《奥胡斯公约》）在关于程序性问题上采纳了基于权利的路径（获得信息的权利、公众参与决策的权利以及诉诸法律的权利），但并未创建实体性环境权利。

例认定环境损害可能构成对个人人权的侵犯。[1]

这种基于权利的方法反映了赋予环境目标特殊地位的企图，即让环境目标脱离通常的政治喧嚣并给予它们更高的地位。人们越是崇拜自然，越是把环境保护作为道德义务，这种态度看起来就越合适。如果有人接受奥尔多·利奥波德（Aldo Leopold）的观点，认为"保持生物群落的完整性、稳定性和美丽是对的……否则就是错的"[2]，那么这就意味着考虑经济成本或其他方面的问题，而不考虑如何做对环境有益，不仅是不合适的，而且几乎是不道德的。[3]

不确定性为绝对主义者的态度提供了第二个基本论据。在环境风险不确定的情况下，我们就没有自信来衡量风险的成本和收益，也不能确定某种特定水平的活动是"安全的"。为确保安全，我们必须完全禁止有风险的活动。实质上，暂停商业捕鲸正是出于这一理由，如第一章所述，由于我们不能确定什么程度的捕鲸是安全的，所以我们必须完全停止商业捕鲸。

这种风险预防的观点比基于权利的方法更进了一步，因为它

---

[1] *See, e. g.*, *López Ostra v. Spain* (1994)（主张污染是对尊重私人和家庭生活的权利的侵犯）；*Guerra v. Italy* (1998)（有类似的主张）；*Öneryildiz v. Turkey* (2004)（主张污染是对生命权的侵犯）。然而，即使在这些案例里，欧洲人权法院也没有采取绝对主义的方法。它认定政府没能在个人权利和共同体的经济利益间取得公平的平衡。*See generally* Svitlana Kravchenko and John E. Bonine, *Human Rights and the Environment: Cases, Law, and Policy* (Durham, NC: Carolina Academic Press, 2008).

[2] Aldo Leopold, *A Sand County Almanac, and Sketches Here and There* (Oxford: Oxford University Press, 1949), pp. 224-225.

[3] 然而，有趣的是，利奥波德本人认识到"经济上的可行性限制了可以为或者不能为土地做什么的范围"。Ibid., 225.

不仅仅要消除环境损害，而且要消除环境风险。例如，1994 年
《硫化物议定书》中的临界负荷方法以及水污染政策中的类似规
定，如纳污量。这些标准需要大量的关于安全排放阈值的信息。
然而，鉴于我们对科学认知的不确定性，这类信息可能并不可
靠。基于此，那些强调不确定性问题的人认为，我们应该将关注
点从环境容量转向"最佳可得技术"标准。国际环境法为处理不
确定性问题规定了风险预防原则，最强形式的风险预防原则会
说，"如果怀疑，就不要做。"[1]

　　基于权利的和风险预防的绝对主义的问题是，公共政策不可
避免地涉及权衡。减少环境损害非常重要，但它不是权衡的等式 62
中唯一的因素；我们还必须考虑这样做的经济和社会成本。同
样，正如克里斯托弗·斯通（Christopher Stone）所说，"谨慎应
该被每个人奉为圭臬",[2] 但这并不意味着这应该是唯一的目
标。而且某些情况下它也是无法实现的，因为减少一种风险往往
会增加另一种风险。用绝对主义的观点来设定环境目标会妨碍人
们考虑这些权衡因素，更不用说系统地权衡了。

　　权衡不仅存在于环境保护与经济福利之间，也存在于环境价
值与其他价值之间，如人类健康。一方面，全世界范围内每年大

---

〔1〕　关于对风险预防原则的批判性分析，例如参见 Jonathan B. Wiener, "Precau-tion," in Daniel Bodansky, Jutta Brunnée, and Ellen Hey, eds., *The Oxford Handbook of International Environmental Law* (Oxford: Oxford University Press, 2007), pp. 597–612; Daniel Bodansky, "Deconstructing the Precautionary Principle," in David D. Caron and Harry N. Scheiber, eds., *Bringing New Law to Ocean Waters* (Leiden: Brill, 2004), pp. 381–391.

〔2〕　Christopher D. Stone, "Is There a Precautionary Principle?" *Environmental Law Reporter* 31 (2001), pp. 10790–10799, at 10799.

约有 3 亿到 5 亿人感染疟疾，差不多有 200 万人因此死亡，且其中大部分是儿童。另一方面，DDT（帮助北方国家在 20 世纪 50 年代消除疟疾）这种最有效的抗疟疾杀虫剂现在被认为是一种对鸟类和鱼类有害的持久性有机污染物。自从 1962 年雷切尔·卡逊《寂静的春天》一书出版以来，DDT 在西方已成为邪恶的化学品杀手的象征。环境政策是否应该禁止 DDT，即使这意味着更多的疟疾？还是应该为了拯救儿童的生命，允许有限地使用 DDT？不论我们如何处理这一问题，我们都将面临着困难的权衡。[1]

（二）平衡的方法

经济学家——特别会算计的数豆者——不是从道德角度来看待环境政策，他们采取结果主义的方法，认为环境政策的目标应该是在整体上使社会福利最大化。这就需要系统地考虑环境行动的成本和收益，包括私人主体的守法成本、政府的行政成本以及一般均衡效应产生的间接经济成本。例如，在应对酸雨问题时，为了使社会福利最大化，我们应该仅仅在减排的边际效益（酸雨减少导致的环境和健康效益）大于边际成本时减少二氧化硫和氮氧化物的排放量，即在减排是"有效的"情况下才进行减排。这就是经济学家如何来定义环境政策的目标。超过这个"最佳"污染水平的进一步减排将是没有意义的，因为即使减排获得了环境

---

〔1〕 *See* Tina Rosenberg, "What the World Needs Now Is DDT," *New York Times*, April 11, 2004, p. F38. 罗森伯格援引了一位世界卫生组织的前任官员的话，"在非洲热带地区，如果你不用 DDT，那就忘掉它吧。"《关于持久性有机污染物的斯德哥尔摩公约》通过允许国家在无法获得安全、有效和可负担的替代品的情况下，继续将 DDT 用于疟疾控制，以此来解决这一困境。POPs Convention annex B, pt. II.

收益，它们的成本也将超过收益。[1]

　　成本收益分析要求我们系统地比较环境政策的成本和收益。例如，我们需要一个衡量标准来比较安装洗涤器或转用洁净煤的　63经济成本，以及更好的森林或清洁的湖泊所带来的环境收益。进行这种比较时，运用的标准经济工具是价格。经济学家假设人们愿意为事物支付多少价格能够揭示他们对不同事物价值的偏好。当然，问题在于清洁空气、清洁水和生物多样性等许多环境资源　64无法在市场上交易，因此没有市场价格。[2]

　　相当多的环境经济学专注于如何给非市场产品定价。经济学家们设计了几种工具来回答这个问题。"条件价值评估法"（contingent valuation）依赖于问卷调查，咨询人们愿意为环境物品支付多少（或者多少能换取他们对资源退化的同意）。[3] 相反，

　　〔1〕 *See* David W. Pearce and R. Kerry Turner, *Economics of Natural Resources and the Environment* (Baltimore, MD: Johns Hopkins University Press, 1990), pp. 61–69. 由比约恩·隆伯格在 2004 年组织的哥本哈根共识计划（Copenhagen Consensus Project）尝试运用成本收益分析来比较关系到发展、贫困和环境等多种全球问题的严重性，然后评估不同解决方案的成本效益性。"想象你有 750 亿美元要捐到有价值的事业中，你将做什么，而我们将从何处开始？"这一问题提交给一个由 50 名顶尖经济学家组成的团队，要求他们为问题和可能的解决方案排出优先级等级。*See, e. g.*, www. copenhagenconsensus. com（accessed 1/23/09）；Bjørn Lomberg, ed., *Solutions for the World's Biggest Problems: Costs and Benefits* (Cambridge: Cambridge University Press, 2007).

　　〔2〕 当然，在一些情况下，我们可以得到个体愿意为一项环境收益付价几何的直接证据，如我们可以观察人们愿意为了参观国家公园而支付多少，但是通常情况下环境收益是公共产品，而不存在市场。生物多样性能够提供的生态功能即为其中一例。

　　〔3〕 *See, e. g.*, Paul R. Portney, "The Contingent Valuation Debate: Why Economists Should Care," in Robert N. Stavins, ed., *Economics of the Environment: Selected Readings* (New York: W. W. Norton, 4th ed. 2000), pp. 253–267; W. Michael Hanemann, "Valuing the Environment Through Contingent Valuation," in ibid., 268–294; Peter A. Diamond and Jerry A. Hausman, "Contingent Valuation: Is Some Number Better than No Number?" in ibid., 295–315.

"内涵资产定价法"（hedonic property pricing）则试图从经验角度考察环境要素（如清洁的空气或靠近危险废物场地）的变化如何影响房地产价格。[1]

成本收益分析有许多缺点，批评者们也乐于指出这些缺点。首先，环保主义者认为，成本收益分析会使环境规制发生偏离。一方面，它往往会低估环境收益，如生态系统服务和美学价值，这些环境收益因为难以估价往往会在成本收益分析中被忽略。另一方面，守法成本往往会被过度强调，这是源于对产业评估的（过度）依赖，以及许多经济学家对既改善环境又减少成本的效率成果的可能性持怀疑态度。[2]

表 4.1　环境规制的成本与收益

| 成　本 |
| --- |
| ·直接的守法成本——环境规制通常会对规制对象施加直接成本。例如，要求公司安装新设备或雇佣额外的员工的规则。 |
| ·机会成本——当环境政策要求将资源用于某一目的时，就使得该资源不能被用于其他目的。例如，为大象建立保护地，就使得这些土地无法用于农业目的。 |
| ·行政成本——环境政策可能使政府承担监测和执行成本。 |

---

〔1〕　See, e. g., V. Kerry Smith, "Nonmarket Valuation of Environmental Resources: An Interpretive Appraisal," in ibid., 219—252, at 224—227.

〔2〕　例如，在气候变化争论中，很多环境主义者认为存在通过"无悔"措施（no-regrets measures）减少温室气体排放的重大可能性，例如效率更高的技术，这些措施将产生长远回报，因此无论气候变化是否被证明为真实存在的问题，这些措施都有其意义。然而，很多经济学家都对"无悔"措施持怀疑态度。

续表

> ·间接经济成本——某一部门内的价格变化会对经济体的其他部分产生影响，即经济学家所说的"一般均衡效应"（general equilibrium effects）。如果市场的运作是有效率的，那么政策引入的成本变化会带来不效率，而这可能比环境规制的直接守法成本还要高。
>
> **收 益**
>
> ·健康收益——质量更高的空气或水可能带来医疗成本的降低和恶劣天气的减少。
>
> ·直接经济收益——对可进行商业开发的资源的保护会为资源使用者带来经济收益，如森林和渔业。
>
> ·生态服务——对湿地等资源的保护能以生态服务的形式提供间接收益，如净化水源、防洪、防止海岸线侵蚀等。根据一项研究的估计，17项生态服务的全球价值每年可达16万亿~54万亿美元。[Robert Costanza et al., "The Value of the World's Ecosystem Services and the Natural Capital," *Nature* 387（1997）, pp. 253-260, at 259.]
>
> ·存在（非使用）价值——无论一个物种或其他资源能否产生任何直接或间接的经济收益，一些人都将它的持续存在视作价值。

对成本收益分析的第二个反对意见涉及对未来的估价问题。成本收益分析不仅需要对非市场产品进行估价，还需要对未来的成本和收益进行估价，它需要有一种方法来比较不同时间的成本和收益。如果能得到1美元，大多数人更希望现在就得到它，而不是10年后再得到，甚至不用考虑通货膨胀的影响。正如珍妮丝·贾普林（Janis Joplin）歌里所唱，他们更喜欢"及时行乐"。经济学家通过"贴现率"（discount rate）来描述人们心中的现在价值与未来价值的比较。[1] 如果贴现率为每年 5%，那么一年后拥有 1 美元的"现值"（present value）只有 95 美分。当我们看向更远的未来，未来收益的现值就会随着贴现率的提高而急剧下降。如果贴现率为 5%，10 年后拥有 1 美元的现值就只有 61 美分；但如果一个人的未来贴现率更高，比如说 10%，那么 10 年后拥有 1 美元的现值就会下降到 39 美分。

由于大多数国际环境规制都会涉及现在支付成本以获得未来环境收益的场景，因此贴现率在成本收益分析中发挥着巨大的作用。我们采用的是 5%还是 10%的贴现率，决定着我们愿意为 10 年后价值 1 美元的环境收益在当下付出 61 美分还是 39 美分。我们关注的未来越遥远，贴现率的影响就越大。如果贴现率为 5%，75 年后 1 美元的环境收益在当下只值 3 美分，而如果贴现率为 10%，同样的环境收益的现值就陡然下降到 0.1 分。因此，对于长期的问题，比如时间跨度超过一个世纪的气候变化问题，成本收益分析对于贴现率的选择非常敏感。我们使用哪种贴现率，10%、5%还是 2%，对于确定我们现在要花多少钱来避免遥远未来的气候变化损害至关重要。[2]

---

〔1〕 See Stokey and Zeckhauser, *Primer*, 159-176. 除了这种比较现在价值与未来价值的"纯时间"（pure time）的贴现率，假设存在经济的持续增长，未来人类有可能比如今更加富裕，因此能够为环境保护付出更多。

〔2〕 Tariq Banuri et al. ， "Technical Summary," in Bert Metz et al. , eds. , *Climate Change* 2001：*Mitigation*（Cambridge：Cambridge University Press, 2001），pp. 15-71, at 52. 例如，被引用多次的《斯特恩报告》所假设的贴现率仅为 0.1%，因此得出结论我们当下应当为减少全球变暖的影响而投入大量资源（全球 GDP 的 1%）。Nicholas Stern, *The Economics of Climate Change*：*The Stern Review*（Cambridge：Cambridge University Press, 2007），pp. 35-37, 49-59, 184, 262. 但是，如果将贴现率假设定位 3%，那么到 2050 年理想的减排量将从 25%降至 14%。Lucy Odling-Smee, "Climate Change 2007：What Price a Cooler Future?" *Nature* 445（2007），pp. 582-583, at 583.

私人部门在其投资和支出决策中所期望获得的最低回报率揭示了其有效贴现率。[1] 这种"私人贴现率"因地点和时间而异，取决于未来的不确定性程度。在美国和其他西方工业化国家，社会非常稳定，人们对未来充满信心，私人贴现率相对较低，大约为4%~6%。在不稳定的发展中国家，贴现率要高得多，大约在10%~25%之间。[2]

虽然私人贴现率可以以一种相对客观的方式确定，但公共贴现率的确定非常具有争议性。公共政策是否应该体现未来贴现，如果是这样，那么要到什么程度？什么是适当的"社会"贴现率？真的如贴现率分析所暗示的，100年后鲸鱼的存在价值不如它们当下的存在价值，400年后的存在价值远不如300年后的存在价值，未来世代是否有资格获得与我们一样的平等考虑？如果是这样，这与贴现率分析是一致的吗？最终，关于这些问题的答案，其本质是道德的而非经济的。

一些成本收益分析的批评家在更基础的层面上提出了质疑：成本收益分析将人们作为消费者时的个人兴趣偏好等同于他们在公共政策过程中作为公民时的观点。[3] 作为消费者的个人可能

---

〔1〕 在经济学领域，投资者的行为"揭示"了他们对眼前和将来的偏好。在投资的内部回报率不高于他的私人贴现率的情况下，一个理性的投资者是不会做出这项投资的。

〔2〕 Kirsten Halsnæs et al., "Framing Issues," in Bert Metz et al., eds., *Climate Change* 2007: *Mitigation of Climate Change* (Cambridge: Cambridge University Press, 2007) pp. 117-167, at 137-138.

〔3〕 *See, e. g.*, Mark Sagoff, *The Economy of the Earth: Philosophy, Law, and the Environment* (Cambridge: Cambridge University Press, 2d ed. 2008), pp. 46-66. 行为经济学有类似的观点。如艾瑞里所说，"我们生活在两个世界：一个的特征为社会交换，而一个则是市场交换。而我们在这两种不同的关系中适用不同的规则。" Dan Ariely, *Predictably Irrational: The Hidden Forces that Shape Our Decisions* (New York: HarperCollins, 2008), p. 76.

不愿意为了改善空气质量而为每加仑汽油额外支付 50 美分。但同样是这个人，在作为有公共意识的公民时，愿意以同样的成本支持政府规制。事实上，有些人认为整个成本收益分析的运用都是错误的，因为它只考虑人的偏好，而没有将环境价值本身作为目的，并且试图为在某些意义上无价的资源设置价格。[1]

66　　虽然这些反对成本收益分析的观点需要仔细考虑，但在我看来没有哪条是决定性的。这些观点大多数是关于成本收益分析的运用方式，而非成本收益分析这种方法本身，而这种方法远比批评家们所批判的更灵活。例如，评估方法可以将人们作为公民而非消费者的观点纳入计算，也可以将人们对于资源存在价值（即资源仅仅因其存在而具有的价值）的观点纳入计算，而并非只考虑其工具价值（即因其为人类提供收益而具有的价值）。[2] 此外，如果个人贴现率看起来太高，我们可以为环境保护适用一个低一些的社会贴现率。

　　成本收益分析的更大问题是实践性的，也就是说，在很多情

---

〔1〕 *See, e. g.*, Frank Ackerman and Lisa Heinzerling, *Priceless: On Knowing the Price of Everything and the Value of Nothing* (New York: New Press, 2004); Steven Kelman, "Cost-Benefit Analysis: An Ethical Critique," *AEI Journal on Government and Society Regulation*, January/February 1981, pp. 33-40, reprinted in Stavins, ed., *Economics of the Environment*, 355-365. 在其《生态意识之曲》（"Ballad of Ecological Awareness"）一诗中，肯尼思·博尔丁（Kenneth E. Boulding）写道，"所以成本收益分析近乎一直正确，以使这一稳固的具象的事实的建立正当化，而生态正义早被遗忘于抽象。" M. Taghi Farvar and John P. Milton, eds., *The Careless Technology: Ecology and International Development* (Garden City, NY: Natural History Press, 1972), p. 157.

〔2〕 *See* Robert M. Solow, "Reply to Steven Kelman," *AEI Journal on Government and Society Regulation*, March/April 1981, pp. 40-41, reprinted in Stavins, ed., *Economics of the Environment*, 367-368, at 368.

况下，人们对非市场产品价值的估价是不可靠的。当然，结果是两方面的，它对环境资源价值的估计既可能过高也可能过低。例如，在问卷调查中，一个人可以轻易地说他愿意为保护某一物种支付 1000 美元，但在实践中，在预算有限的情况下，会不会这么做就是另一个问题了。

此外，就气候变化等长期问题而言，我们面临着巨大的科学和经济的不确定性。全球变暖在未来 50 年到 100 年内将有怎样的变化，其影响是什么？技术在这一时间内将改进多少？100 年后太阳能的成本将是多少，碳捕捉技术或我们尚未发现的其他技术的成本将会是多少？因为这些不确定性的存在，更不用说远期成本估算对于社会贴现率选择的敏感度，在决定我们现在应该做些什么来解决气候变化等长期问题时，定量的成本收益分析看起来作用有限。在这些情况下，成本收益分析很可能会给人一种错误的精确性和客观性感知。[1]据说尼尔斯·玻尔（Niels Bohr）曾说："你的表达永远不要比你的思考更清楚。"[2]类似的话也可以用在成本收益分析的场景中：你的计算永远不要比你知道的更清楚。

然而，即使在实践中量化成本效益分析可能不太可行，但这并不意味着我们无需考虑成本和收益；这仅仅意味着我们应该以更为定性的方式来进行考虑。正如本杰明·富兰克林（Benjamin Franklin）在给约瑟夫·普里斯特利（Joseph Priestly）的信中，在

〔1〕　Stokey and Zeckhauser, *Primer*, 135-158.

〔2〕　Jason Merchey, *Values of the Wise: Humanity's Highest Aspirations* (W. Conshohocken, PA: Infinity Publishing, 2004), p. 63.

解释其决策过程时曾写道:

> 虽然各种(赞成和反对)理由的权重并不能以代数学上精确的数量来衡量,但当每个意见被单独考虑并加以比较,然后整体地出现在我面前时,我认为我可以更好地判断,更不容易轻率地做出决定。而且事实上我已经从这种权衡中获得了巨大的好处,这种权衡也许可以被称为道德的或谨慎的代数学。[1]

无论我们喜欢与否,环境政策几乎总是涉及利弊。唯一的问题是,我们是如富兰克林所建议的那样明确地考虑这些权衡,还是隐晦地考虑这些问题,即允许在不同的规制环境中采用截然不同的方法。[2]

因此,最重要的问题是,试图平衡成本和收益可能是不完美和不精确的。最终,规制目标的选择并不完全由客观"冷静"的分析所决定;它涉及价值选择。无论如何,一个问题是不是环境问题,如果是,应当如何处理,这些问题的决定应该在系统地计算不作为和作为的成本和收益的情况下作出。这种"谨慎的代数学"为政策分析提供了有用的规则。如果没有它的话,我们更可

---

[1] "Letter to Joseph Priestley, Sept. 19, 1772," in *Franklin: Writings*, ed. J. A. Leo Lemay (New York: Library of America, 1987), p. 878. 此条引文我要感谢安迪·基勒(Andy Keeler)。

[2] 根据一项分析,在不同的联邦规章中,拯救每条生命的预计成本从 20 万美元到 6 万亿美元不等。Kenneth Arrow et al., "Is There a Role for Benefit-Cost Analysis in Environmental, Health, and Safety Regulation?" *Science* 272 (1996), pp. 221-222, reprinted in Stavins, ed., *Economics of the Environment*, 319-324, at 320.

能面临规制混乱的状况，很难在理性的基础上为自己进行辩护，包括在相对较小的问题上花费大量时间和精力，而在更重要的问题上投入较少的时间和精力。

## 二、其他必要的政策考量

假设我们已就特定问题的环境目标达成共识，无论是基于谨慎的成本收益分析，抑或是基于更常见的政治妥协。例如，我们为了保护臭氧层而决定削减50%的消耗臭氧层物质的消费，或者为了对抗气候变化而决定削减20%的二氧化碳排放。接下来的任务是选择我们将用来实现这一目标的手段。在评估各种备选方案时，至少要考虑三个相关的政策要求：环境效益、成本效益和公平。

### （一）环境效益

任何对政策选择进行评估的出发点都是考虑特定的方法以达成其环境目标的程度。这几乎是毋庸赘言的，但是要回答这个问题非常复杂。一项环境措施，如旨在限制沿海石油污染的油轮油类排放标准，可能表面看起来足以实现其目标。但是，油轮真正遵守这个标准的可能性有多大？这可能部分取决于监测并执行该排放标准的难易程度。而且这些要求是否只是将污染从一地转移到另一地？是否存在"泄漏"（leakage）？

在很多情况下，在考虑环境措施的有效性时可能还要考虑其他的环境收益或损害。举例来说，可再生能源配额标准（要求工业所发电力有一定比例要来自于可再生能源）可能被用于解决酸雨问题。但与其他可能的规制路径（如要求安装清洗装备）不同的是，可再生资源配额标准可能有附加的解决气候变化问题的收益。

不同的方法在促进技术革新或改变公众态度和意识等方面也有区别。倾向于将技术固定化的政策工具，长远来看环境效益可能低于像排放交易制度那样持续刺激技术创新的政策工具。所以在评估环境效益时，我们不仅要考虑相关政策措施的直接要求，也要考虑其实施、泄漏、协同效益、技术进步和公众意识等问题。

（二）成本效益

无论是要通过成本收益分析（cost-benefit analysis）还是只考虑环境因素来确定我们的环境目标，大多数人都同意我们应该以尽可能低的成本来实现这些目标。我们的投入要有最大的回报。一般来说，如果一项政策使合规的边际成本在不同时间和地点都是相等的，那就是符合成本效益的。如果在将来某一时间可以以比现在更低的成本减少污染，或者一个国家比另一个国家减少污染的成本更低，那么就可以通过将把污染削减任务转向未来或者其他国家的方式实现以更低的成本达成相同的环境结果。

因为名称相近，成本效益分析与成本收益分析很容易被弄混。不同之处在于成本收益分析涵盖环境政策的目标，而成本效益分析仅关注手段。实质上，成本效益分析是成本收益分析的一部分。环保主义者通常认为成本效益分析没有成本收益分析那样令人反感，因为成本效益不需要在经济成本和环境收益之间比

较，而只需要对选择不同的环境政策所需要付出的经济和行政成
本进行比较。

69

## （三）公 平

评估环境政策的另一个重要因素是其是否对成本和收益进行
了公平的分配。不论是从规范原因还是从实践原因的角度，这个
问题都十分重要。从规范的角度来说，公平本身就是一种政策需
求。而从实践角度来说，如果一项政策不被视为是公平的，就很
难被接受并遵守。

成本效益分析本身并不解决公平问题，它只寻求整体经济价
值的最大化。如果由一个群体（或者国家）承担一项政策的成本
而由其他群体享受收益，只要在总体上政策的收益超过成本，那
么该政策仍是高效的。一些经济学家认为在制定环境政策时，我
们应仅仅考虑成本效益，而不是公平。在他们看来，如果一项政
策具有不公平的分配效应，我们也不应该转向另一项更公平但没
那么有效率的政策，因为这样做会减少社会的整体福利。相反，
我们应该通过税收（或在国际层面上，通过财政和技术援助）等
再分配机制来直接解决公平问题。然而这种推论虽然合乎逻辑，
但往好了说是不现实的，往坏了说是虚伪的。政治现实是，重大
的再分配政策在国际上不可能被接受。所以如果不在环境规范的
设计中解决公平问题，那它可能就根本得不到解决。

在处理环境或资源问题时，怎么做才是公平的应对？一种可
能是人们对公共资源享有平等的权利。在国际环境法中，这一原
则是印度等发展中国家观点的基础，即各国对大气享有平等的权

利，因此气候变化政策应致力于在所有国家中公平地分配人均排放量。

与之不同，单向的外部性则基于责任的理念提出了不同的公平原则。为什么要求受害者为污染者不再污染付费看起来不公平？这是因为我们一般认为要由损害者担责，[1] 污染者付费。这种责任因果关系是侵权法的核心。

支付能力带来了第三种分配原则。如果污染国富裕而受害国贫穷，那么"受害者付费"看起来就更加不公平。[2] 比如在气候变化问题中，贫穷的发展中国家是有效条约的主要受益者，因为它们对全球变暖的负面影响最为敏感。然而，在谈判中没有人期待它们要为富裕的工业化国家减少温室气体排放付费。相反，富国和穷国普遍认为，富裕的工业化国家不仅应为它们的削减成本付费，还应为受气候变化负面影响的贫穷发展中国家的削减和适应成本付费。

### 三、我们应当规制谁？

环境政策制定中需要及早考虑的另一个因素是决定规制工具适用的合适对象。在国内法层面，环境规制为私人行为设立标准，如为电力企业制定排放标准，或为汽车的制造商或所有者制定的机动车标准。政府行为只在少数情况下才会成为环境规制的对象，如《美国国家环境政策法》要求联邦政府在作出重要的联

---

〔1〕 事实上，"负责"一词的用法通常与"原因"同义。

〔2〕 Cf. Scott Barrett, *Environment and Statecraft: The Strategy of Environmental Treaty-Making* (Oxford: Oxford University Press, 2003), p. 345.

邦决定前要进行环境影响评价。

在国际法层面，恰恰相反，法律几乎一直适用于国家而非私人主体，尽管和国内环境法一样，私人行为往往才是真正的问题所在。例如《京都议定书》的根本目标在于削减电力产业、制造业和个人等私人主体的温室气体排放，但它的排放目标只针对国家。

这一一般规则的少数例外情况之一是《国际防止船舶造成污染公约》（即《防污公约》），它为油轮的建造和设计规定了详细的规范，并确立了对私人船舶运营者的油类、垃圾和其他危险废物排放的规则。[1] 然而即使是《防污公约》，也并没有试图将这些规则直接适用于私人主体，而是只适用于船旗国，要求船旗国通过将《防污公约》规则转化为国内法的方式使其适用于悬挂本国旗帜的船舶。[2]

在未来，国际环境法能不能直接适用于私人主体？国际刑法的发展表明在理论上这是可行的。《国际刑事法院规约》（Statute of the International Criminal Court）界定了个人的行为规则，如果违反则构成国际刑事犯罪。尽管目前国际法对私人主体的义务规定只限于战争犯罪或违反人道主义犯罪，而不包括环境犯罪，但这并不妨碍国际环境法朝着这一方向发展。但是，就算规定了环

71

---

〔1〕 为石油泄漏和核事件建立责任制度的各种公约也为私人行为者创设了责任标准。

〔2〕 同样，1946 年《捕鲸公约》授权国际捕鲸委员会采纳规则以管理受允许的捕杀、开放和禁止的季节、规格限制、工具限制等。但是这些要求并未被直接适用于私人捕鲸者，相反，公约依赖于国家实施，要求每个缔约国"对其管辖下个人或船只的行为……采取适当措施确保公约条款的适用以及对违法行为的处罚……"Ibid., art. IX（1）.

境犯罪，由于缺乏具有强大执行权力的国际机构，实施和执行仍然需要依赖各国政府。实际上，即使《国际刑事法院规约》设立了国际检察官和国际法院，也仍然依赖于各国政府去逮捕和移送犯罪嫌疑人。

## 四、政策工具箱

让我们牢记这些基础的考虑因素，然后讨论环境政策工具箱。在解决如酸雨、气候变暖或栖息地丧失等环境问题时，有哪些政策工具可供选择呢？[1]

### （一）进一步研究

当不确定性很高时，一个简单的选项就是继续深入研究，或者是为了（通过基础科学研究）更好地理解这一问题，或者是为了（通过技术研发）形成更好的应对措施。20 世纪 80 年代里根政府面对酸雨问题和布什政府面对气候变化问题时都首选了这一方法。

研究导向的战略是否真的有意义，还是只是为了不立即采取行动的借口？这类问题要视情况而定。在某些情况下，可能发现问题是被夸大了，或者可能出现成本更低廉的解决方案，因此专注于研究的政策可能会节省大量成本。这一直是气候变化怀疑论者的观点，他们还指出了其他一些从未成真的"危机"。然而，在其他情况下，拖延使得问题更难解决，而且之后需要采取更激进的应对措施，从而导致更高的长期成本。

---

〔1〕 对此一项卓越的研究，参见 Richard B. Stewart, "Instrument Choice," in Bodansky, Brunnée, and Hey, eds., *Oxford Handbook of International Environmental Law*, 147–181.

（二）信息措施

旨在提供信息的措施是另一种相对来说不那么显眼的政策应对方式。[1] 信息手段并不直接规制破坏环境的行为，而是试图以其他方式影响行为。

首先，信息措施可以帮助行为者做出自己认为的更好的选择。如前文所述，根据经济学理论，人是理性行为者，但他们只有在信息充分的情况下才能理性行动。例如，如果克鲁索不知道岛上的垃圾处理会毒害水源，那么她就没有理由不这么做。因此，无知可能是市场失灵的原因之一。信息措施通过告知人们（以及政府）他们行为的环境后果，使他们可以理性地决定是否改变自己的行为方式。[2]

有几种特定类型的措施尝试为参与者提供他们所需的信息，以便做出更明智的选择：

**产品信息和标识。** 产品信息和标识计划旨在推动消费者进行选择。该理论认为，如果人们知道一辆汽车会造成多少污染，或者一台冰箱或电脑要使用多少度电，或者某种金枪鱼捕捞方式是否会伤害海豚，这些信息可能会影响他们的购买决策。即使在政府规制缺位的情况下，第三方的评估者或者生产商自己也会出于

---

〔1〕 *See generally* Wesley A. Magat and W. Kip Viscusi, *Informational Approaches to Regulation* (Cambridge, MA: MIT Press, 1992).

〔2〕 当人们的行为反映的是他们的认同感而非其经济利益时，情况也是如此。例如，如果我知道我（理论上）对数吨二氧化碳排放负责，这可能使我改变我的行为，不是因为这样会对我有利，而是因为这不符合我对自己作为负责任的共同体成员的自我认知。因此不论我们属于何种行为模式，是结果的逻辑还是适当性逻辑，信息都能发挥积极的作用。

消费需求而提供此类信息，但是政府标识计划能够保证以统一的、可靠的方式提供此类信息。消费标识政策的例子包括向在整个生命周期环境影响较小的产品授予生态标识（eco-label）的欧盟生态标识项目，以及向高能效产品授予特定标识的美国"能源之星"项目。

**环境影响评价。**正如标识促进了更多知情的消费者选择，环境影响评价通过要求政府在采取行动前考虑其环境影响，促进政府在更加知情的情况下做出决策。环境影响评价的要求起源于国家层面（最初出现在 1969 年《美国国家环境政策法》），但目前已推广到国际层面，并已被纳入一系列环境条约。条约中最突出的例子是 1991 年《跨界环境影响评价公约》（又称《埃斯坡公约》），这是一项主要适用于欧洲的区域性条约。[1] 世界银行和其他国际金融机构也已经将环境影响评价作为其项目审批程序的一部分。

**事先知情同意。**事先知情同意允许政府在更加知情的情况下作决定，但与标识措施和环境影响评价的要求不同，这一决定并不是关于它们自己的行为，而是是否同意私人主体从事潜在的危险活动。事先知情同意的规则要求企业只有在事先向政府提供信息并在政府事先知情同意的情况下才能进行此类行为，并由此维护了政府的主权决策权威。事先知情同意的规定是国际危险物质贸易规制的核心，比如《巴塞尔公约》和《关于在国际贸易中对

---

〔1〕 同样参见 1992 年《里约宣言》第 17 项原则，其规定了成员国政府"对可能对环境造成重大不利影响的，且应由国家主管当局作出决定的拟议行为"开展环境影响评价这一一般义务。

某些危险化学品和农药采用事先知情同意程序的公约》（又称
《鹿特丹公约》）。

**危险警告**。如果不了解潜在的或实际的危险，行为者就无法
做出恰当的反应。警告可以在事前做出，如对需要特殊处理的含
有危险物质的容器的标识规定。[1] 警告也可以在事件发生后做
出，如燃油泄漏或核事件的紧急通知，这对于帮助其他国家尽可
能减少损失至关重要。[2]

到现在，我们一直考虑的措施都是通过提供信息帮助行为者
更好地作出决定。然而，在某些情况下，只提供信息是不足以使
行为者改变其行为的。当环境损害因无知而发生时，信息是有用
的。但是当行为者能将其行为的后果外部化时，那么继续环境破
坏行为可能是完全理性的。在这种情况下，信息措施要产生效果
的话，就得发挥另一种不同的作用。这些措施需要通过提供信息
产生问责和威慑，信息的受众就不是造成环境损害的主体，而是
那些有能力向污染者施加压力的主体，如国家、非政府组织、国
际组织和公众。

有时候，阳光本身可能就足以改变行为；正如路易斯·布兰
代斯（Louis Brandeis）曾说的那样，它可能是"最好的消毒剂"。[3]
当人们（和政府）必须公开而非秘密地行动时，他们的行为往往

---

〔1〕 MARPOL 78 annex III（关于以包装形式运输的有害物质的规定）。

〔2〕 *See, e. g.*, Rio Declaration principle 18；UNCLOS art. 198；Convention on Biologi-
cal Diversity art. 14（1）（d）.

〔3〕 Louis D. Brandeis, *Other People's Money and How the Bankers Use It*（New York：
Frederick A. Stokes, 1914）, p. 92.

存在差异。例如，如果一家企业被发现倾倒有毒化学品或雇佣童工，那么其声誉可能会受到影响，可能影响消费者行为并最终影响公司的财务状况。即使行为者对分散的社会压力无动于衷，信息也可以通过使其他主体施加特定压力来发挥重要作用。这可以通过非正式的方式完成，比如对捕鲸国家所售鱼类的非官方联合抵制，也可以通过正式的方式完成，如政府间争端解决程序。

74　　发挥问责/威慑功能的信息措施包括：

**事先通知要求**。很多国际文件要求国家就可能产生重大不利跨界影响的本国活动事先通知其他国家。[1] 这些要求使潜在的受害者有机会在损害发生前进行权衡，以说服其他国家改变其方式，并防止争端发生。

**披露要求**。信息要求也可以被设计为使公众更有效地影响环境决策。[2]《里约宣言》第 10 项原则指出，政府应当向公众提供获取相关环境信息的适当渠道。1998 年《奥胡斯公约》进一步阐明了这一要求，该公约是一个适用于欧洲地区的区域性条约。[3] 同时，信息措施也要求企业对有毒有害物质释放等潜在危险的活动进行信息披露。[4] 披露要求的基本原理是信息可以

---

〔1〕　*See*, *e. g.*, Espoo Convention art. 3.

〔2〕　Peter H. Sand, "Information Disclosure as an Instrument of Environmental Governance," *Heidelberg Journal of International Law* 63 (2003), pp. 487-502, at 487-488.

〔3〕　Aarhus Convention art. 4.

〔4〕　《奥胡斯公约》缔约方于 2003 年 5 月 21 日通过的《关于污染物排放和转移登记簿的基辅议定书》松散地模仿了美国有毒物质排放清单制度，后者要求企业披露其有毒物质排放。*Compare* Kiev Protocol, www. unece. org (accessed 1/23/09) *with* TRI Program, www. epa. gov (accessed 1/23/09). 美国以其没有达到美国法律的深度的理由拒绝加入议定书。

使知情的公众更有效地发挥影响力。

**报告要求**。最后，信息措施可以要求国家就其环境表现向国际机构报告，比如温室气体的排放量、为执行《防污公约》船源污染标准而提起的诉讼数量，或者根据《濒危物种国际贸易公约》颁发许可证的情况。接下来我们会在第十一章详细展开，国际机构（和其他国家）可以运用这些信息评估国家是否遵守其国际义务，以及评估问题解决的总体进展情况，以确定是否还需额外的措施。

虽然我们的讨论区分了旨在帮助行为者对自己的行为做出更明智选择的信息措施，以及旨在允许一些行为者影响其他行为者的信息措施，但实际上两者之间通常并没有清晰的界限。例如，报告要求可以同时实现这两个功能，不仅可以使其他主体得以评估一国的表现，而且在准备报告的过程可能迫使一个国家严格审视自己，这可能会催化内部的改变。

总体而言，信息要求是环境规制中侵入性最小的措施。信息 75 措施对行为者所做的并非限制而是授权，帮助他们决定购买什么产品、开展什么项目以及抗议其他行为者的什么活动。对于政府的政策促进特殊利益而非公共利益的这种"政府失灵"的情况，信息措施能使得其发生的可能性最小化。与此同时，信息措施依赖于自愿的行为改变和非正式压力，而非法律强制，这可能会使其环境效益低于其他类型的环境规制。

**（三）命令控制型规制**

与信息措施将决定权给予每个行为者不同，命令控制型规制将决策制定权集中化。政府可能会强制企业执行平均燃油经济性标准（Corporate Average Fuel Economy，CAFE），而不是允许个人自主选择汽车的燃油经济性。或者，在国际层面上，各国可能像《京都议定书》那样集体协商排放限制，而不是允许国家自主决定其碳排放水平。

从个体活动到环境影响的因果链条上，命令控制型规制可以在不同的点上进行干预。在因果链上选择的规制点越靠前，每个行为者在决定如何遵守规则上的灵活性就越大。例如，为限制因汽车排放一氧化碳、挥发性有机化合物和氮氧化物而导致的烟雾，有不同的规制措施：

· 要求所有汽车都安装控制污染的催化转换器，这就使得汽车制造商和消费者几乎没有裁量空间决定如何守法。

· 要求汽车每英里的污染排放不能超出特定的量，这就让汽车制造商有了决定使用何种技术的灵活性。

· 要求汽车每年排放的污染物不能超过特定的量，这就使得车主有了更大的灵活性（比如为了守法，车主可以少开车）。

· 要求城区采取措施将烟雾减少到特定水平之下，受规制的对象（在本例中为地方政府）在决定如何遵守规则上具有极大的灵活性。

76　　国际环境法律人通常将做特定事情的要求称为"行为的义务"，而将达成特定目标的要求称为"结果的义务"。征收国内碳税是行为的义务，而国家的排放目标（比如减排 30%）则构成结果的义务。

1. 规格标准（specification standards）

在命令控制性的监管措施中，规格标准是最具指令性的一种。例如，要求企业安装消除硫化物的清洗器是基于技术的规格标准的一个例子，危险化学品运输的包装要求亦是。

在国际层面上，很少有规格标准。《防污公约》是为数不多的设置规格标准的条约之一，它设置了船舶的建造、设计和设备标准。这些标准要求油轮要有两层船体、隔离压载舱，以及油类倾倒监测设备。国际捕鲸委员会则对捕杀鲸鱼所用渔叉类型制定了规则。

规格标准有几个显著的缺点。[1] 政府对特定技术的选择没有良好的跟踪记录，因此所选的标准可能无法反映最有效或最低廉的减少污染的方法。此外，一旦一项特定的技术被选定，企业就没有动力为了寻找更好的减少污染的办法而进行进一步创新。而且规格标准通常是统一的；尽管污染源和地区往往存在重大差异，但规格标准并不做区分对待。[2] 不同企业的技术安装成本可能会有很大差异，而且不同地区对同种污染的敏感程度可能并不相同。所以一个"放之四海而皆准"的标准（例如要求所有发电厂使用洗涤器或所有汽车都配备催化转换器）意味着一些企业

---

〔1〕 *See* Bruce A. Ackerman and Richard B. Stewart, "Reforming Environmental Law," *Stanford Law Review* 37（1985），pp. 1333–1365, at 1335–1338.

〔2〕 虽然规格标准可以做差异化的处理，但这对规制者提出了极高的信息要求，以确定为每个规制对象匹配适当的技术或设计。

要面临高昂的成本而其他企业可能成本较低，不敏感地区被过度规制而敏感地区缺乏规制。

同时，规格标准也有两个优点，这在国际层面上非常重要。首先，这些标准相对容易实施、监测和执行。[1] 要检查汽车是否安装了催化转换器或者油轮是否有双层船体和隔离压载舱非常容易。此外，由于船舶的设计和设备具有持久的特性，因此可以在任何时间、任何地点对船舶进行检查。根据一项研究，《防污公约》在减少石油污染方面的有效性主要归功于使用了这种标准。[2]

其次，如果一项技术产生了经济学家所说的网络外部性（network externalities），那么一旦有足够数量的主体选择这项技术，其他主体就有了这么做的动力。技术标准可以自我执行，从而避免了困扰国际环境法的执行问题。加利福尼亚的汽车污染标准就是一个很好的例证。[3] 加利福尼亚是一个相当大的市场，只要它接受了一项汽车标准（例如使用催化转换器的要求），汽车制造商就会发现，比起为不同的市场生产不同的车辆，每辆车都按加利福尼亚标准生产要更为简单。类似的倾覆效益（tipping effects）也可以用于解释《防污公约》建造和设计标准的成功。

---

〔1〕 Howard Latin, "Ideal versus Real Regulatory Efficiency: Implementation of Uniform Standards and 'Fine‑Tuning' Regulatory Reforms," *Stanford Law Review* 37 (1985), pp. 1267–1332, at 1271.

〔2〕 *See generally* Ronald B. Mitchell, *Intentional Oil Pollution at Sea: Environmental Policy and Treaty Compliance* (Cambridge, MA: MIT Press, 1994).

〔3〕 Scott Barrett, "An Economic Theory of International Environmental Law," in Bodansky, Brunnée, and Hey, eds., *Oxford Handbook of International Environmental Law*, 231–261, at 254–255.

由于任何国家都可以对在港的船舶采取行动，所以船舶建造者不愿意建造不符合标准的船舶，金融机构也不愿意为不合标准的船舶提供资金或保险。正如斯科特·巴雷特（Scott Barrett）解释的那样，"一艘油轮的价值随着进入的港口数量的增加而增加。所以随着越来越多的沿海国家加入（《防污公约》），并禁止其他类型的油轮进入其港口，其他国家加入的动力也变得越来越大。"[1]

2. 绩效标准（performance standards）

和规格标准不同，绩效标准在因果链上走得更远，关注的是绩效指标而非用于实现这一结果所采取的技术。绩效标准有很多种，有的针对特定产品，如汽车的能源效率和设备的能源效率。也有的针对生产过程，如美国《清洁水法》中的污水排放标准和《清洁空气法》中的排放标准。有的是基于最佳可得技术，也有的是基于成本收益分析或实现环境目标。在确立绩效标准时，一个重要问题是规制对象的选择，是规制单个设备，还是整个公司，还是政府这一更大的单位？

在国际环境法中，早期绩效标准的例子有 1954 年《防止海上油污染国际公约》的排放要求，该公约将油轮的油类排放量限制在 100 百万分率（ppm）内。[2] 这一排放标准已被逐步强化，并被纳入《防污公约》。

相比之下，国际空气污染制度运用的就是另一种绩效标准，它不适用于单个产品或生产者，而是适用于整个国家。例如，欧

78

---

〔1〕　Ibid. , 255.

〔2〕　OILPOL art. III（1）.

洲的酸雨计划对国家的硫化物、氮氧化物和挥发性有机物等污染物排放总量进行了限制。同样，臭氧层制度限制国家对消耗臭氧层物质的消费和生产，而《京都议定书》对包含二氧化碳在内的六种温室气体的国家排放进行了一揽子的限制。

和规格标准一样，由于不同污染者减排的边际成本不同，或者不同区域对环境损害的敏感性不同，或者两者兼而有之，对世界各地的所有行为者设定相同要求的统一的绩效标准是不效率的。为了避免这些问题，绩效标准比规格标准更容易做到差异化。例如《防污公约》规定，当船舶靠近岸边或位于划定的脆弱地区时，排放标准要比在公海上时的标准更严格。同样，《京都议定书》对各个国家设定的排放目标也有差别。

在其他方面，绩效标准的优缺点就像是规格标准的镜像反映。从积极的方面来看，绩效标准赋予了规制对象决定如何履行义务的灵活性。比起规格标准，它允许规制对象选择最低廉改进绩效的方式，因此是更符合成本效益的。比如根据《防止海上油污染国际公约》，油轮可以通过安装隔离压载仓或者清洁的油污清洗系统或者通过更谨慎的操作程序来限制排放。同样，为实现《京都议定书》的排放目标，国家可以制定国内的技术标准，或者为私人主体排放者设置绩效标准，或者使用基于市场的手段，如污染税或总量交易制度。

绩效标准越复杂，灵活性和成本效益就越高。《京都议定书》的排放目标适用于一揽子六种温室气体。所以当国家履行其减排79 目标时，就可以灵活地选择减少哪种气体。如果一个国家削减甲烷比削减二氧化碳更便宜，而另一个国家正相反，那它们都可以自由地选择进行最低廉的削减。[1]

从消极的方面来说，排放标准比以技术为基础的规格标准更难实施和执行。根据《防污公约》判断一艘油轮是否有隔离压载装置，比判断它有没有在海上进行油污倾倒要简单得多。出于这一原因，在对船源污染的规制上，《防止海上油污染国际公约》关注的是绩效标准，而后来的《防污公约》就将关注点转向建造、设计和设备标准。

3. 环境质量标准

从技术到绩效再到环境影响，环境质量标准在因果链上走得更远。它们直接关系到环境政策中的最关键问题，即确保环境质量达到令人满意的水平。例如美国《清洁空气法》中的环境空气质量标准和《清洁水法》中的实现河流湖泊"可游泳和可饮用"的目标。[2] 环境质量标准构成了1978年美国和加拿大间《大湖区水质协定》（Great Lakes Water Quality Agreemeat）的基础，也被用于一些欧盟指令中。

环境质量标准根据环境质量最终目标为被规制者制定污染控制要求，并赋予了被规制者最大限度的灵活性。不同于统一的排放标准，被规制者如果对污染损害不太敏感的话，比如说有更强

---

〔1〕 复杂性不仅提高了成本效益性，而且通过防止"泄露"（碳生产从受规制的气体和企业转向不受规制的气体和企业）提高了环境效益。Richard B. Stewart and Jonathan B. Wiener, "The Comprehensive Approach to Global Climate Policy: Issues of Design and Practicality," *Arizona Journal of International and Comparative Law* 9 (1992), pp. 83–113, at 91.

〔2〕 *See* 33 U. S. C. § 1251(a)(2)-(3)(2000).

的纳污能力，就可以制定更宽松的排放标准。

　　然而，这种灵活性也带来了两个问题：其一，环境质量标准是信息密集型的。为了制定污染控制要求，我们需要知道每个地区对污染的承载能力，而由于不确定性的存在，这种信息可能之后会被证明是错误的。其二，环境质量标准对其规制对象的控制相对较小。因为信息的不确定性，各国在决定符合环境质量标准的排放削减水平时拥有巨大的裁量权。正因为这两个原因，北海污染制度，作为少数采用环境质量标准的国际制度之一，最终转向使用统一的排放标准。[1]

80　　如今，环境质量目标通常在国际协定中被用作为制定更详细的国际绩效或规格标准提供引导，而不是取代这些标准。[2] 例如，1994 年《硫化物议定书》采用的临界负荷方法，就是根据对特定地理区域内最脆弱的生态系统也不会造成重大损害的酸沉降最大值来确立的环境质量标准。《联合国气候变化框架公约》确立了其环境质量目标，即将温室气体浓度稳定在一个不会产生危险的气候变化的水平。[3] 在这两个例子中，环境质量目标都不构成国家义务，而是旨在指导制定更具体的规制要求。

--------

　　[1] See Jon Birger Skjærseth, "Cleaning Up the North Sea: The Case of Land-Based Pollution Control," in Edward L. Miles et al. , *Environmental Regime Effectiveness: Confronting Theory with Evidence* (Cambridge, MA: MIT Press, 2002), pp. 175-196.
　　[2] 1978 年《大湖区水质协定》是一个例外，其将环境质量标准作为其主要的规制工具。该协定随后被 1987 年的议定书所扩充，并主要通过每个缔约国采纳的削减行动计划得到实施。
　　[3] UNFCCC art. 2.

（四）基于市场的方法

基于市场的方法是最后一种规制手段，旨在为环境外部性进行合理定价。市场方法的主要优势是成本效益性，它允许市场来决定怎样削减污染是最经济的，有可能实现潜在的大量成本的节约。美国已经实行的和拟议实行的排放交易计划据估算可节约20%~90%的成本。[1] 根据1990年《清洁空气法》，排放交易体系使得企业和消费者以预计成本的四分之一完成了二氧化硫的减排。此外，基于市场的方法还为污染者提供了持续的激励，使其以可行的最具成本效益的方式削减污染到效率水平（边际成本和边际收益相等）。

1. 污染税或污染费

污染税〔通常以最初提议者英国经济学家阿尔伯特·庇古（Albert Pigou）的名字命名为"庇古税"〕为污染设定价格，将污染的外部成本内部化。这就给市场中的行为者带来了削减污染的动力。如果环境税被设定在一个与环境外部性相对应的水平，那么行为者就会将污染削减至经济效率水平。只要减排成本低于支付税款，他们就会减少污染。美国对其《蒙特利尔议定书》义务的履行，部分就是通过对消耗臭氧层物质征税来进行的。同样，丹麦已经运用碳税来减少温室气体排放。国际层面上的征税的一大问题是决定如何使用税收收入。这个问题可能有助于解释为什么至今为止都没有任何对污染征税的国际制度。

81

─────────

〔1〕 UN Environmental Programme, *A Guide to Emissions Trading* (Roskilde, Denmark: UNEP, 2002), pp. 36-37.

2. 补贴

为减少污染的措施提供补贴是税收的镜像反映。补贴降低了作为的成本，而不是增加了不作为的成本。从政治角度看，政府为个人提供好处比施加负担要容易（比如降低税负而非增加），因此补贴是一项很受欢迎的环境政策工具。

补贴可以有多种形式：研发投资、税收抵免、低息贷款、直接支付等。例如，在美国，联邦政府为混合动力和其他低排放汽车给予税收优惠。同样，日本为在屋顶上安装太阳能电池板的房屋所有者提供补贴，而德国和丹麦通过支持研发、低息贷款和电价调节来补贴风电。正如这些例子所表明的那样，这些补贴往往与特定技术相关，所以就带来了与我们之前在规格标准那里谈论过的相同的一些问题。与之不同的是，征收二氧化碳排放税是技术中立的。污染者可以使用任何减排战略来降低税收负担：风能、太阳能、能源节约等。

很多国际环境制度都涉及向发展中国家的财政转移，这也是一种补贴。例如，全球环境基金为发展中国家提供全球公共产品的"增量成本"进行资助，如减少温室气体排放或消耗臭氧层物质消费。我们将会在第十一章详细探讨这些财政转移。

3. 责任规则

从表现上看，为污染损害承担责任的要求（比如特雷尔冶炼厂案中所做的那样）似乎不是市场手段。然而，与其他市场手段一样，责任规则事实上提高了污染成本并为污染者采取清洁行为提供了价格刺激。一种常见的对责任规则的指责认为，环境政策

的目标应当是防止污染，而不是简单地为受害者提供救济。这种
论调是不成立的，因为责任规则除了补偿功能，还具有威慑作
用。责任规则和污染税之间的唯一真正区别是污染税是基于预计　82
的环境损害的估算而事先计算出来的，而不需要被税行为和实际
环境损害间的因果关系的证据。而责任规则与其不同的是，责任
规则是事后的，在污染损害发生后开始运作，要求关于损害和因
果关系的证据。所以在因果关系证据有限的情况下，责任规则下
支付损害赔偿金的可能性较低，相应地，价格信号也较弱。[1]

　　在国际层面上，各国对建立环境损害的一般责任制度没有多
少兴趣，而只对特定事项的具体制度中向私人行为者施加民事责
任表现出含混支持。通常的做法不是将责任规则的运用作为主要
政策工具，而是在预防规则没能阻止损害发生的情况下作为提供
赔偿的兜底，例如在《防污公约》中的建造和设计标准没能防止
油污染发生时。最早的责任制度是在处理诸如海上石油运输和核
活动等高度危险行为的独立的文件中规定的。[2] 而近些时候，
责任制度则是作为现有多边环境协定的补充，如《南极环境议定
书》和《巴塞尔公约》。[3]

---

〔1〕 *See* Jutta Brunnée, "Of Sense and Sensibility: Reflections on International Liability Regimes as Tools for Environmental Protection," *International and Comparative Law Quarterly* 53 (2004), pp. 351-367, at 365-366 (指出并没有实证的证据证明现行的损害制度对污染者行为存在影响)。

〔2〕 *E. g.*, 1969 Civil Liability Convention for Oil Pollution; 1963 Vienna Convention on Civil Liability for Nuclear Damage.

〔3〕 *E. g.*, Antarctic Environment Protocol annex VI; Basel Protocol on Liability and Compensation.

## 4. 可交易的配额（tradable allowances）

可交易的配额或总量交易制度是将绩效标准与基于市场的方法结合起来。同绩效标准一样，排放量被限制在一个确定的水平，每个污染者获得准许排放水平的配额。与纯粹的绩效标准不同的是，每个污染者不需要通过削减自己的排放来达到排放目标。相反，如果削减自身排放的成本高昂，污染者可以从其他减排成本较低的行为者那里购买排放配额。通过配额交易，市场将减排任务分配给能以最成本效益方式削减排放的主体。配额市场鼓励这些污染者达到超过规定水平的减排量，并将多余的减排量出售给削减成本较高的其他污染者。可交易配额在国内层面的首次大规模适用是 1990 年美国《清洁空气法修正案》，用于削减发电厂的硫化物排放，并被广泛认为大幅地削减了守法成本。《京都议定书》首次在国际层面上建立了可交易配额制度。

## 5. 基于价格的工具与基于数量的工具

83

污染税、补贴和责任规则都是经济学家所说的基于价格的工具。它们试图通过提高污染成本或降低削减成本来影响行为。价格信号实际上在减少了多少污染方面是不确定的，减少多少污染取决于行为对价格变化的响应能力（经济学家称之为"价格弹性"）。与之不同的是，总量交易制度是基于数量的工具。它首先设定了污染削减的总体水平（通过确定发放的排放配额数量），然后运用市场来以最成本效益的方式达到允许的排放水平。

如果有关于行为对价格的响应能力的完整信息，那么基于数量的工具和基于价格的工具将产生完全相同的效果。如果存在不确定性，那它们就会存在差异。基于价格的工具提供的是价格的确定性，即减排成本的确定性，而使最终的减排数量面临不确定性风险。某一税率可能造成减排量超出目标或不能达标。而基于数量的工具可以确定污染削减的程度（当然，这是在完全合规的情况下），但成本是不确定的。达到要求的减排水平可能比预期的成本更高或更低。在一些情况下，成本的不确定性可能会成为一个重大的政治问题，《京都议定书》就是个例子。批评者认为遵守《京都议定书》的成本在经济上是毁灭性的，这也是布什政府决定退出议定书的论据之一。

为了解决对基于数量的工具潜在的高昂成本的担忧，一些经济学家提议通过著名的"安全阀装置"（safety valve device）将两种工具的特点结合起来。[1] 根据这种方法，排放总量是确定的，并据此发放可交易配额。然而，当配额的市场价格超过预先设置的安全阀水平，换句话说，当守法成本过高时，则放宽目标，以安全阀价格发放额外的排放配额。

通过保证守法成本不会超过预定水平，安全阀清除了谈判和接受减排目标的主要障碍。然而，和污染税一样，这种经济可预测性是以牺牲环境可预测性为代价的：如果减缓成本变得很高，安全阀就会启动，那么实际减排量将低于预期目标。 84

---

〔1〕 *E. g.*, Raymond Kopp, Richard Morgenstern, and William Pizer, *Something for Everyone: A Climate Policy that Both Environmentalists and Industry Could Live With*, September 29, 1997, www. weathervane. rff. org（accessed 1/ 23/ 09）; Warwick J. McKibbin and Peter J. Wilcoxen, "A Better Way to Slow Global Climate Change," *Brookings Policy Brief* No. 20, June 1997.

因此，哪种方法都存在风险。正如我们无法确定某一价格能实现的减排水平，我们也无法确定特定减排水平的成本。不同之处在于过高成本的经济风险是短期的，而减排量不足的环境风险是长期的，而且可能通过之后采取更严格的措施加以纠正。此外，在成本的上限确定的情况下，各国可能愿意接受更加雄心勃勃的承诺，而如果后来事实证明成本较低，安全阀没有启动，那么将会带来更大的环境效益。

## 结　论

从政策的角度来看，我们并不缺乏解决环境问题的规制工具。信息措施的干预最小，因此"政府失灵"的风险最低，但其导致的环境变化可能也较小。命令控制型规制是迟钝的工具，经常导致效率低下，但是可以有效地提供环境效益（至少是在有强大行政能力的国家）。基于市场的工具最符合成本效益，但是主要适用于气候变化等全球问题，因为减排的地点并不重要。每种工具都有其长处和短处，它们共同组成了国际环境法律人的工具箱。

国际环境法的问题不在于提出有吸引力的政策选择，而是使这些政策被接受并实施。换句话说，政治的挑战多于政策。即使在国内政治体制中，存在制定和执行法律的机构和程序，环境政策也面临着艰巨的政治挑战。对于超过 190 个国家参与、权力分散的国际体系更是如此，这一体系很大程度上依赖于通过相互合意来制定法律，并依靠自行遵守来实施法律。

## 推荐阅读：

Alan Boyle and Michael Anderson, eds. , *Human Rights Approaches to Environmental Protection* (Oxford: Clarendon Press, 1996).

Andrew Dobson and Paul Lucardie, eds. , *The Politics of Nature: Explorations in Green Political Theory* (London: Routledge, 1993).

Paul R. Portney and Robert N. Stavins, eds. , *Public Policies for* 85 *Environmental Protection* (Washington, DC: Resources for the Future, 2d ed. 2000).

Kenneth R. Richards, "Framing Environmental Policy Instrument Choice," *Duke Environmental Law and Policy Forum* 10 (2000), pp. 221–285.

Mark Sagoff, T*he Economy of the Earth: Philosophy, Law, and the Environment* (Cambridge: Cambridge University Press, 2d ed. 2008).

Richard B. Stewart, "Instrument Choice," in Daniel Bodansky, Jutta Brunnée, and Ellen Hey, eds. , *The Oxford Handbook of International Environmental Law* (Oxford: Oxford University Press, 2007).

Robert N. Stavins, ed. , *Economics of the Environment: Selected Readings* (New York: W. W. Norton, 4th ed. 2000).

Edith Stokey and Richard Zeckhauser, *A Primer for Policy Analysis* (New York: W. W. Norton, 1978).

Norman J. Vig and Michael E. Kraft, eds. , *Environmental Policy:*

*New Directions for the 21st Century* ( Washington, DC: CQ Press, 7th ed. 2009).

Jonathan Baert Wiener, "Global Environmental Regulation: Instrument Choice in Legal Context," *Yale Law Journal* 108 ( 1999), pp. 677-800.

# 多种多样的环境规范

海盗法典不是实际遵守的规则，而是更像你们所称的"指导准
则"。欢迎来到黑珍珠号，特纳小姐。

——巴博萨船长《加勒比海盗》（*Pirates of the Caribbean*）

不要以商业目的杀害鲸鱼；只以可持续的方式生产木材；减少温室气体的排放；只将危险废物出口到已经做出事先知情同意的国家；不要以科学不确定作为不对严重的、不可逆的环境威胁采取行动的借口。这些都是国际环境规范的例子。

由于国际环境法是一个规范体系，所以一开始，有必要仔细地考察这些规范的性质。它们的核心特征是什么？这些规范如何影响行为？如何确定某一规范性质上属于"法律"？在国际法不能通过司法得到强制执行，或者缺乏对违反行为的制裁的情况下，规范的法律地位还重要吗？在什么情形下，我们可以说不能强制执行的规范是"有约束力"的？

这些问题的答案不是不言自明的。大多数人不自觉地将他们对国内法的理解平移到国际领域，并且以一种常识的方式，认为如果协定在性质上是法律的，那么它的规定就有"法律上的约束力"，对违法行为的惩罚也具有约束力。《京都议定书》的谈判表

明并非如此。议定书的谈判任务是达成一个限制二氧化碳和其他温室气体排放量的"议定书或者其他法律文件"。[1] 然而,在谈判的第一年,一个中心议题就是这些排放限制是否应当具有"法律上的约束力",这表明在国际层面,法律文件能够包含本身不具有法律约束力的条款。之后,在一些国家同意就具有法律约束力的排放目标开展谈判之后,[2] 它们通过了一项遵约条款,对违反议定书的国家所承担的后果的"约束力"持开放态度。[3]这也难怪人们普遍感到困惑。

在参与《京都议定书》谈判工作的过程中,我经常遇到一种观点:如果议定书的遵守委员会不能对那些违反议定书的国家施加有约束力的后果的话,那么就意味着议定书本身就不具有法律上的约束力。这种观点当然是可以理解的。怎么可能规范有约束力但违反的后果却没有约束力呢?这是不是就好比说,盗窃是非法的,但是对盗窃者的监禁处罚是非强制的?[4]

---

[1] Conference of the Parties to the United Nations Framework Convention on Climate Change on Its First Session, Berlin, March 28-April 7, 1995, *Decision 1/CP. 1* (*Berlin Mandate*), UN Doc. FCCC/CP/1995/7/Add. 1 (June 6, 1995).

[2] 就有法律约束力的排放目标进行谈判的广泛合意达成于 1996 年。*See* Conference of the Parties to the United Nations Framework Convention on Climate Change on Its Second Session, Geneva, Switzerland, July 8-19, 1996, *Geneva Ministerial Declaration*, UN Doc. FCCC/CP/1996/15/ Add. 1 Annex I (October 29, 1996).

[3] Kyoto Protocol art. 18.

[4] The "Non-Legally Binding Authoritative Statement of Principles for a Global Consensus on the Management, Conservation and Sustainable Development of All Types of Forests," United Nations Conference on Environment and Development, Rio de Janeiro, Brazil, June 3-14, 1992, UN Doc. A/CONF. 151/26 Annex III (June 13, 1992). 该文件的名字就像是对联合国官方腔调的一种讽刺。在何种意义上,一个声明可以是"有权威的"但又没有"法律约束力"呢?

为了试着解开这些谜团，这章从探讨规范的性质开始，一并探讨规范与行为的关系。然后，再探讨将规范性质认定为"法律的"或"有约束力的"的意思。最后，考察与国际环境规范相区别的一些其他重要的维度。

## 一、什么是规范？

正如许多人指出的，"规范"一词有双重含义：一是描述性的，二是规定性的。[1] 在描述意义上，"规范"表达了一种行为的规律性；在规定意义上，它表达了一种评价标准。尽管这两种含义存在概念上的区别，但是用同一词来表达两种意思并不是巧合。习惯的例子可以佐证，人们倾向于认为符合常规的就是好的，非正常的就是坏的。因此，久而久之，行为上的规律性就会变为规定意义上的标准。反过来，因果关系的箭头也可以指向相反的方向：规定意义上的标准倾向于加强行为上的规律性。

在言及国际环境"规范"时，我们是在使用其规定意义而非描述意义。国际环境法规范是旨在指引或影响行为的共同体标准，传统上影响的是国家的行为，近年来也在影响和引导各类机构和私人主体的行为。《捕鲸公约》旨在限制捕鲸者的行为；《防污公约》规则旨在影响油轮的建造和运营；《世界银行操作指南》（World Bank's Operational Guidelines）聚焦于银行的贷款操作。

规范通过提供适当作为（或不作为）的典范来指引行为，　88

---

〔1〕　*See*, *e. g.*, Robert C. Ellickson, *Order Without Law*: *How Neighbors Settle Disputes* (Cambridge, MA: Harvard University Press, 1991), p. 126. 在使用"描述性"一词时，重要的是记住无需有任何描述的主体。

也就是丹麦法理学家阿尔夫·罗斯（Alf Ross）所谓的行动理念[1]——不捕鲸、赔偿环境损害、给油轮安装隔离压载舱，等等。[2] 典范或者理念不只简单地影响行动，它们还为行动提供理由。[3] 存在红灯停的法律规范，这一事实是要求司机在红灯前刹车的理由。同样，联合国大会作出的反对在公海上刺网捕鱼的决定，这一事实是阻止使用刺网的理由。

作为指引行动的手段，规范发挥指令的作用。[4] 约翰·希尔勒（John Searle）在他的关于语言行为的著作中，将"指令"定义为一种"演讲者让听众去做什么事情"的尝试。[5] 表达指令的动词包括"要求、请求、需求、指示、指挥、命令、禁止、阻止、许可、建议、坚持、警告、劝告、推荐、乞求、哀求、恳求、祈求"等。[6] 正如希尔勒所述，"当邀请某人做某事或者建

---

〔1〕 Alf Ross, *Directives and Norms* (London：Routledge & Kegan Paul, 1968), p. 34（将指令认定为"一种被认为是行为模式的行动理念"）。

〔2〕 *Compare* Peter Winch, *The Idea of a Social Science and Its Relation to Philosophy* (London：Routledge & Kegan Paul, 2d ed. 1990), p. 32（"规则的概念的重点是它应使我们得以评价正在做的事情"）。

〔3〕 Joseph Raz, *Practical Reasons and Norms* (Oxford：Oxford University Press, 1999), p. 9.

〔4〕 Ross, *Directives and Norms*, 82-92.

〔5〕 John Searle, *Expression and Meaning：Studies in the Theory of Speech Acts* (Cambridge：Cambridge University Press, 1979), p. 13（列举了言外行为的分类）。哈特使用"祈使语句"（imperatives）一词来指代这种语言形式。H. L. A. Hart, *The Concept of Law* (Oxford：Oxford University Press, 2d ed. 1994), pp. 18-19.

〔6〕 John R. Searle and Daniel Vanderveken, *Foundations of Illocutionary Logic* (Cambridge：Cambridge University Press, 1985), pp. 198-205；*see also* Frederick Schauer, "Prescription in Three Dimensions," *Iowa Law Review* 82 (1997), pp. 911-922, at 912. 指令的表达也可以借助阿尔夫·罗斯所说的"道义表达"（deontic expressions），如"应当""不得""必须""有义务""有责任""有权利"等。Ross, *Directives and Norms*, 36.

议某人做某事时，指令可以是非常谦逊的'尝试'，而当我坚持要你做某事时，它们是非常强力的尝试。"[1] 指令性规范包括禁止（"国家不能进行商业捕鲸"）、要求（"国家必须对可能引起任何跨界损害的行动进行通知"）和许可（"一国可对其大陆架宣称管辖权"）。[2]

禁止、要求和许可都是规制性规范的例子：它们通过界定哪些行为是禁止的、要求的或许可的，以此来指引或规制行为。尽管人们通常将规制作为规范的范式，但是并不是所有的规范都具有规制的特征。相反，有些是构建性规范。与规制性规范一样，构建性规范提供行为的模范以便能够被用于评价（赞成或者批判）行为。但是它们不仅仅是"预先或间接规范已有的行为方式……它们创设或者界定新的行为方式"。[3] 正如希尔勒所说，"例如，足球或者象棋的规则，不仅仅规范踢足球或者下象棋的行为……它们还创造了玩这类游戏的可能性。根据（至少是大部分）适当的规则行动就构成了踢足球或者下象棋的活动。"[4]

规制性规范和构建性规范的区别与英国法哲学家哈特（H. L.

---

〔1〕　Searle, *Expression and Meaning*, 13.

〔2〕　"应当"等规范性语言的运用不仅可以与指令联系在一起，还可以和承诺、契约、保证，以及诸如此类的语言哲学家称之为"承诺式"（commissives）的类型相联系。如该词所暗示的那样，"承诺式"是"说话者（同样存在不同角度）承诺为将来的某种行为"。Ibid. , 14. "承诺的重点是说话者许诺做某事……而（指令的）重点是试图使听者做某事。" Ibid. 这两种言外行为的联系在于许诺、契约或其他"承诺式"为一种指令提供了基础，即"你应当（或必须）遵守你的诺言"。

〔3〕　John R. Searle, *Speech Acts : An Essay in the Philosophy of Language* ( Cambridge : Cambridge University Press, 1969), p. 33.

〔4〕　Ibid. , 33-34.

A. Hart）对初级规则（primary rules）和次级规则（secondary rules）所做的区别是相似的。根据哈特的解释，初级规则要求人们"去做或者不做一定的行为"——它们规制行为。与之不同的是，次级规则关乎承认、改变和裁判，它们"将权力授予给公共部门或者私人部门"。[1] 在国际领域，构建性规范更常见。如89 《联合国宪章》对安理会、联大和国际法院的创立和权力与功能的规定；关于条约的通过、解释、修改和终止的规则（最初由习惯国际法创立，现在已被《维也纳条约法公约》汇编成文）；创建全球环境基金的文件等。[2]

## 二、规范与行为

尽管规范为行动提供理由，但是规范与行为之间并不存在必然联系。相反，这些理由是否以及多大程度上指引行动者是一个实证问题。

在理论上，规范是如何影响行为的呢？法哲学家们一直认为有两种一般的可能性，我将其称为规范的路径和工具主义的路径。

---

〔1〕 Hart, *Concept of Law*, 81. 如游戏规则一样，次级规则也定义（并因此限制）了这些权力运作的方式。

〔2〕 国际文件通常既含有构建性规范，也包含规制性规范。例如，《京都议定书》既有规制性规范（限制温室气体的排放），也有构建性规范（建立了清洁发展机制和遵约委员会）。事实上，只有零星的文件是单纯的规制性或者构建性的。《捕鲸公约时间表》是纯规制性文件的其中一例，而创建全球环境基金的文件则是纯构建性的。但是，更通常的情况是，即使主要是构建性的文件，如《联合国宪章》或《保护臭氧层的维也纳公约》等，也至少有几条规制性规范。反之，《蒙特利尔议定书》等主要是规制性的文件通常也含有构建性因素。

首先，行动者可能具有哈特所说的、与规范有关的内在观点：行动者接受规范作为恰当的行动的标准并因而在决策中受规范的指引。[1] 例如，一个国家接受防止跨界污染的义务，并据此采取措施减少污染。注意，在这种背景下，接受并不是等同于同意。一个严守教规的人可能从不赞同教规，但他仍将这些规矩作为行动的理由。这表明，接受仅仅意味着把规范作为一种规范，即，作为行动的指引。[2]

为什么行动者会接受规范作为行动的标准？有几种可能的答案：

·第一，行动者可能信奉"规范中所蕴含的理念与价值"。[3] 例如，他可能相信伤害他人是错误的，因而接受防止跨界环境损害的义务。

·第二，行动者接受规范作为行动的理由是因为行动者可能相信规范符合他的利益。例如，规范可能解决协调问题，如靠左驾驶还是靠右驾驶。许多机构，如国际标准化组织制定的许多协调标准就具有这种特点。对于这些规范，行动者没有违反的动机，所以也勿需惩罚，规范可以自动生效。或者行动者可能相信规范符合他的长期利益（如解决集体行动的难题），所以，他可能会因为担心规范的崩溃而不违反规范，尽管违反规范会给他带来直接的利益。例如，因

90

〔1〕 Hart, *Concept of Law*, 56-57.

〔2〕 Frederick Schauer, *Playing by the Rules: A Philosophical Examination of Rule-Based Decision-Making in Law and in Life* ( Oxford: Clarendon Press, 1991), pp. 121-122.

〔3〕 Martha Finnemore and Kathryn Sikkink, "International Norm Dynamics and Political Change," *International Organization* 52 (1998), pp. 887-917, at 898.

为相信限制使用消耗臭氧层物质对保护臭氧层是必需的，因而接受这些规范。或者为了改善秩序和可预测性，行动者相信普遍地支持规则的权威会带来系统性的利益。

·第三，行动者接受规范可能是因为他认为规范是通过具有正当性的方式，如条约缔结或者多数决的方式而制定的。在这种情形下，接受规则的理由独立于规则的内容。它不依赖于规则的实质内容，而依赖于规则产生的程序。对于实证主义者而言，法律上的规范应当具有独立于内容的基础。

·第四，行动者接受规范的原因可能可以通过诸如模仿或对声望的渴望等心理的或者社会因素加以解释。

不论为什么行动者将某一规范作为行动的理由（而且因为各种解释不是互斥的，所以可能不只存在一个原因可以解释），真正重要的只是行动者遵守规范，而不是寻找隐藏在规范背后的逻辑依据。[1] 例如，《联合国宪章》第2条第4款规定，禁止使用武力或武力威胁，它的理由是"保护后代免受战争危害"。[2] 但只要说一国接受将该款规定作为规范，就意味着它将该款规定作为不使用武力威胁的理由，即使在特殊的情形下，它相信武力威胁可能会促进该款的潜在目的，那它也不能采取武力威胁。规范本身提供了行动的理由，这个理由与使规范存在正当性的理由相分离。第一章所讨论的挪威捕鲸的例子中，环保主义者将国际捕

---

[1] *See generally* Schauer, *Playing by the Rules.*
[2] UN Charter preamble, para. 1.

鲸委员会暂停商业捕鲸的命令作为他的王牌就是出于这一原因。在他看来，这为反对挪威捕鲸行为提供了有效的论据，而不论行为是否事实上带来了环境风险。

我办公室里的一张海报可以很好地描述法律的这一特征。在这张海报上，牛顿坐在苹果树下，一个苹果刚好开始落下。这张海报写着："重力：这不仅是个好主意。这是法则（law）！"当然 91 这个笑话的笑点在于，对于重力而言，它作为"法则"的地位对它的效力毫无影响。但是这个笑话需要我们对"法则"这个词的理解，不仅单单从物理学上的规律性理解，还要从法律的层面理解，即因其作为"法则"的地位而为行动提供理由。像重力法则一样，一项国际规范被国家接受可能是因为国家认为它是一个好主意。然而无论如何，一旦被接受了，它的法律效力就不再取决于国家是否继续将这一规则视为一个好主意，它作为法的地位构成行动的独立理由。[1]

行动者经常会感受到规范的约束和压力，就像绳索束缚住尤利西斯，防止他追随塞壬的歌声而去。[2] 例如，在没有控制跨界污染的规范时，一国可能会选择排污。然而，当它接受了指引行为的规范，它就会采取措施限制污染。当存在强烈的约束感和压力感，即当规范的引导功能发挥强大作用时，我们会将这一规

---

〔1〕 这段议论取自我的文章，"International Law in Black and White," *Georgia Journal of International and Comparative Law* 34（2006），pp. 285-304.

〔2〕 托马斯·弗兰克将这种受限制的感觉称为规范的"遵守拉力"（compliance pull）。See Thomas M. Franck, *The Power of Legitimacy among Nations*（Oxford：Oxford University Press, 1990）.

范称为"义务"。[1]

规范也可以通过改变行动者的偏好和价值观来更加巧妙地影响行为。[2] 例如，关于动物福利的规范会使人们不再那么渴望穿皮毛，或者不再认为鲸鱼肉那么美味。当一项规范被完全内化时，就会产生"理所当然"的效果，而行动者可能就不再会有被规范引导的感觉。[3] 只有从他们对偏离规范的人的批评中，即对继续穿皮毛或吃鲸鱼肉的人的批评中，才能看出行动者接受规范作为行为标准。[4]

以上是对规范与行为之间关系的第一种解释，它取决于行动者的"内在观点"，我们可以将其称之为对行为的"规范主义"观点，因为这种观点将"规范"严格地视作"规范"，即行动的理由。有这种内在观点的行动者遵从的是马奇（March）和奥尔森（Olson）所谓的"适当性逻辑"（logic of appropriateness）。[5]

即使当行动者缺少"内在的观点"，而且并不把规范作为行为的指引或作为适当行为的标准时，他仍然可能出于工具主义理由遵守规范，因为违反规范会受到惩罚而遵守规范会受到奖励。

---

[1] See Hart, *Concept of Law*, 86.

[2] 内化在涂尔干的社会学理论中占有显著地位，且影响了如今国际关系构成主义者的理论。关于为内化下定义的难题，参见 Robert E. Scott, "The Limits of Behavioral Theories of Law and Social Norms," *Virginia Law Review* 86 (2000), pp. 1603-1647.

[3] Finnemore and Sikkink, "International Norm Dynamics," 904.

[4] *Compare* Winch, *Idea of a Social Science*, 58. （"检验一个人的行动是否是对规则的适用，不在于他能否阐述出这一规则，而是规则是否将正确的行为与错误的行为区分开来"）。

[5] James G. March and Johan P. Olson, *Rediscovering Institutions：The Organizational Basis of Politics* (New York：Free Press, 1989) （引入了结果的逻辑和适当性逻辑的概念）。

行动者可能纯粹基于"结果的逻辑"（logic of consequences）而遵守规范。例如，沃尔玛或家得宝等公司可能接受某一行为准则，从而获得免于政府规制的安全港或者为了避免非政府组织发起的联合抵制。或者一个国家可能会为了规避美国的贸易制裁而遵守国际捕鲸委员会暂停商业捕鲸的决定，或者一个国家会为了避免声誉受损而遵守条约义务。

在这些情况中，规范作为规范的地位对于行动者的行为没有 92 影响。相反，规范只是发挥了定价机制的功能，通过提高不遵守成本或降低遵守成本改变行动者的外部环境。从一开始，遵守规范就不符合行动者的自身利益，遵守变得有利只是因为提供了遵守的激励或施加了违反的惩罚。

这种纯粹的工具主义规范观最著名的支持者当属奥利弗·温德尔·霍姆斯（Oliver Wendell Holmes）。他认为我们需要从"只关心违法的实质后果的坏人"的视角来看待法律，而不是以"从法律内部，或在法律外部从朦胧的良知的制裁中为行动寻找理由的好人"的视角来看待法律。[1] 因为工具主义规范观影响着许多人看待法律运行的方式，因此国际法律人的一个核心焦点就是在缺乏纵向执行的情况下，识别国家间的替代（横向）惩罚机制，从而给"坏的国家"遵守国际法的理由。[2]

尽管有人认为行为的工具主义解释将规范降格至没有因果作

〔1〕 Oliver Wendell Holmes, "The Path of the Law," *Harvard Law Review* 10 (1897), pp. 457-478, at 459.

〔2〕 *See*, *e. g.*, Andrew T. Guzman, *How International Law Works: A Rational Choice Theory* (Oxford: Oxford University Press, 2008).

用的附随地位,[1] 但这种观点显然是错误的。即便有的行动者缺乏内在观点,仅仅因为惩罚的威胁或奖励的允诺而做出回应,规范也仍然发挥了作用,即使是霍姆斯所说的只遵从结果的逻辑的"坏人"也会承认这一点。[2]

更重要的是,行为的工具主义理由与规范主义理由并非不可并存的。事实上,我们之前拿来解释为什么行动者遵守规范的一些理由本质上就是工具的。内在观点不是预设行动者具有纯粹的先验的遵守规范的愿望,仅仅因为这样做是正确的事情而不考虑后果。换句话说,内在观点不能预设一个纯粹的非工具的行为理由。相反,行为的工具理由也不能预设行动者像霍姆斯所说的"坏人"一样仅以外在观点看待规范。实际上,和理论家们所作出的理性选择一样,可以通过建构将规范视作规范的工具主义解释来将两种路径结合在一起,它表明,接受规范作为行为的指引有时会符合行动者的长远利益。[3]

事实上,国家有内在观点吗?它们把规范作为行动的理由并因而倾向于遵守而不考虑任何直接后果吗?不是所有学者都认同这种说法。有些学者基于方法论理由反对内在观点,认为这些观

93

---

[1] See, e.g., Jack L. Goldsmith and Eric A. Posner, The Limits of International Law (New York: Oxford University Press, 2005).

[2] Holmes, "Path of the Law," 459 ("你可以清楚地看到,一个坏人和一个好人有同样多的理由希望避免遭遇公共权力,且因此你可以看到区分道德和法律的实践意义")。

[3] E.g., Guzman, How International Law Works; Edward T. Swaine, "Rational Custom," Duke Law Journal 52 (2002), pp. 559-627. 这是规则功利主义(rule-utilitarianism)的基础。

点模糊不清又缺乏预测价值。[1] 有些学者拒绝接受是认为内在观点在解释国家行为时发挥不了什么作用。[2] 然而，我们没有理由相信规范只是以一种方式影响行为。事实上，以经验为基础的研究得出了相反的结论，即规范主义解释和工具主义解释对解释行为都是必要的。[3]

在我看来，行动者有时履行义务是因为他们相信他们应当这样做，这种观点似乎是能够自证的，而且是解释行为的一个重要因素。[4] 试举一个日常生活中的简单例子：我答应女儿在某一天——我不知道这天是超级碗星期天（Super Bowl Sunday）——带她去动物园。如果我知道这个比赛，我有可能就不会答应，让我做出这个承诺的任何理由都不是决定性的。但是我相信如果可能，我将信守承诺。所以，既然承诺了，我就会带她去动物园。我对信守承诺重要性的规范信仰难道就没有解释性的价值吗？确

---

〔1〕 See, e.g., Guzman, *How International Law Works*, 16, 19.

〔2〕 See, e.g., Goldsmith and Posner, *Limits*, 39（"国家的遵约……和出于一种法律义务感而行动毫无关系"）。

〔3〕 例如，一项关于父母与日间托儿中心订定的规定接娃时间规则的遵守研究，表明了行为的纯粹工具主义解释的局限性。其发现，当托儿中心为实行规定接娃时间而增加罚款时，遵守没有上升，反而下降了。显然，罚款的制止效力远弱于其破坏规则规范力基础的效力，使父母觉得只要他们支付罚款，对规则的违反就是被允许的。Dan Ariely, *Predictably Irrational: The Hidden Forces that Shape Our Decisions*（New York：Harper-Collins, 2008），pp. 76-77.

〔4〕 See, e.g., Tom R. Tyler, *Why People Obey the Law*（New Haven, CT：Yale University Press, 1990）. 在其畅销书《魔鬼经济学》（*Freakonomics*）中，史蒂文·列维特与斯蒂芬·都博纳援引实验数据，指出在87%的时间里，人们会遵守禁止偷盗的道德规范，即使是在没有任何强制措施的情形下。Steven D. Levitt and Stephen J. Dubner, *Freakonomics: A Rogue Economist Explores the Hidden Side of Everything*（New York：Harper-Collins, 2005），pp. 45-51.

实，这不能解释为什么我有时会失信，也不能排除工具性因素也在发挥作用的可能性，例如，我渴望在我女儿和其他人面前"有面子"。所以，它并不能对我信守承诺的行为予以充分地解释。当然，无论如何，它与我们所说的缺乏解释价值不是同一回事。

关于规范与行为之间关系的这些不同的解释，还有最后两点值得关注：

第一，它们可以被用作思考任何层级的行动者的行为，包括个人、国家、政府决策者、谈判者和法官。例如，法官在作出判决时可能受到规范的指引，因为她认为该规范来自有效渊源；当然，在某些情况下，法官可能会受到道德规范的指引或者出于自我利益而作出判决。

第二，两种解释都代表理想的情形。在任何社会，不同的行动者在不同的时间可能出于不同的原因而遵守规范。有时，自利发挥更大的作用；另一些时候，外在的惩罚是决定性的；还有些时候，义务感可能更重要。在《法律的概念》（*Concept of Law*）一书中，即使哈特强调对法律的"内在观点"的重要性，但他也不相信社会中所有的行动者都有"内在观点"。[1] 他承认许多行动者，就像霍姆斯所说的坏人一样，将法律视作外部约束。

94　　无论如何，正如哈特承认的，即使在这种情况下，内在观点也发挥着重要作用，其作用不在于解释只关注结果的坏人的行

---

[1] Hart, *Concept of Law*, 56. 同样，强调规范内化的社会学家也认识到惩罚在执行社会规范中的重要作用。*E. g.*, Christine Horne, "Sociological Perspectives on the Emergence of Social Norms," in Michael Hechter and Karl-Dieter Opp, eds., *Social Norms* (New York: Russell Sage Foundation, 2001), pp. 3-34, at 5.

为，而是解释好人的行为，他们将规范作为义务并出于"正义感"施加惩罚——例如，非政府组织通过激发人们的羞耻感而对一个国家施压以迫使其保护人权，或者组织消费者抵制那些进行捕鲸的国家。这两种行为的解释并不是相互排斥而是相互补充的关系。

### 三、国际环境法规范的识别

假如有一项识别国际环境法规范的任务，你应去哪里找？相关的材料可能包括：

**政府间协议**。当然，条约是最主要的国际环境规范的来源。例如，针对捕鲸行为的《国际捕鲸管制公约》。同样，限制用于家庭空调的化学品的规则主要见于《蒙特利尔议定书》。还有其他协议，如限制导致酸雨和全球变暖的污染物排放的协议，规范海上废物倾倒的协议；要求大型油轮要有双层船体的协议；限制持久性有机污染物如 DDT 使用的条约；鼓励各国保护湿地的公约；规制濒危物种贸易的条约等。

**条约机构的决定**。我们在第八章中会深入探讨，条约不仅直接清楚地表达规范，而且可以间接地通过设立机构来补充、细化、解释规范。在许多条约制度中，大量的实质性规则不是在条约的主体部分加以明确规定，而是在条约的决定中予以规定的。例如，《拉姆萨公约》要求成员国在自己的领土内"明智地利用"湿地，但是对"什么是明智地利用"作出解释的详细的行动指南，则是由公约的缔约方大会通过的。同样，《京都议定书》授权各缔约方进行温室气体排放配额的交易，但是，进行交易的具体规则则留给缔约方大会制定。

**国际组织的决定**。每年联大和联合国环境规划署都要通过一长串的环境决议。其中大部分是常规规则，但也有一些设定了重要的规范。如1991年联大作出决议要求全球暂停大规模公海刺网捕鱼，因为刺网捕鱼杀死了大量的非目标物种。在一些情况下，国际组织为符合条约的要求，通过决议建立了复杂的程序，虽然这些程序在性质上是非法律的。例如，1989年，联合国环境规划署理事会确立了关于出口危险化学品的事先知情同意制度。[1] 同年，联合国粮农组织通过了类似的、关于出口杀虫剂的事先知情同意程序。[2] 这两个程序一道组成了10年后《鹿特丹公约》的基础。

**大会的决议与宣言**。国际会议的决议与宣言是环境规范的另一个渊源。毋庸置疑，最著名的实例即1972年《斯德哥尔摩宣言》第21项原则，它规定各国有义务保证在其管辖或控制下的活动不得造成跨界损害。还有许多其他例子，例如，自1984年后召开的五届保护北海国际会议通过的宣言，针对海洋的陆源污染作出了详细规定。

**国家声明**。国家在与其他国家的互动以及国际论坛中，经常

---

〔1〕 London Guidelines for the Exchange of Information on Chemicals in International Trade (1987).

〔2〕 联合国粮农组织《关于农药销售与使用的国际行为准则》(International Code of Conduct on the Distribution and Use of Pesticides) 于1985年通过并在1989年进行修订，以加入事先知情同意程序。FAO Res. 6/89 (November 29, 1989).

发布一般性的规范声明，说明什么行为是被要求的、禁止的或许可的，从而正当化其行为并批判其他国家的行为。比如 1896 年在关于流入墨西哥的格兰德河的争端中，美国司法部长贾德森·哈蒙提出了著名的"哈蒙主义"（Harmon Doctrine），主张国家有绝对的领土主权，可以在其领土内按照它们的意愿进行活动，即使这种使用会对邻国造成损害。而在 20 世纪 80 年代，加拿大主张一项相反的规则，即国家有义务防止跨境污染。在此基础上，加拿大强烈主张美国有义务减少其二氧化硫的排放，因为加拿大声称这导致了其领土内的酸雨问题。

**司法和仲裁决定**。尽管在国际环境法中，裁决相对较少，但司法决定也阐明了几项重要的环境规范。[1] 例如，特雷尔冶炼厂案首次清楚地阐述了各国防止跨界污染的义务。同样，对可能的跨界污染，各国应本着善意与邻国进行沟通与协商的义务可以追溯到法国与西班牙之间的拉努湖仲裁案（Lac Lanoux Arbitration）。[2] 国内法院偶尔也参与其中，比如通过对代际公平原则、预防原则、可持续发展原则等的阐述。[3]

**企业的行为准则**。越来越多的企业组织，有时与环境组织合作，尝试通过制定行为规则进行自我规制。商业组织之所以这么做，在某些情形下是希望排除政府的规制，在另一些情形下是为

96

---

〔1〕 主要的案例收录在 Karen Lee, ed. , *International Environmental Law Reports*：*Volume 5*, *International Environmental Law in International Tribunals* (Cambridge：Cambridge University Press, 2007).

〔2〕 *Lac Lanoux Case*, 281-317.

〔3〕 关于这些国内法院决定的讨论详见第十章。

了改善公共形象，有时也可能是真诚地渴望改善环境。沃尔玛已承诺遵守的海洋管理委员会关于可持续的捕鱼规则就是一个例子，由国际南极旅游经营者协会制定的南极旅游规则也是一例。

**法律学者和专家。** 最后，法律专家通过他们个人的著作或集体的项目去识别和详细阐述国际环境法一般原则，从而有助于国际环境规范的发展。[1]

### 四、规范具有法律约束力意味着什么？

我们应当如何看待如此宽泛的国际环境法的范畴？传统上，国际法律工作者首先会去区分具有"法律"性质的规范和非法律规范。从理论的角度看，这非常有意义，因为确定国际环境法的内容要求我们识别哪些规范是"法"。

"何谓法？"这个问题是法理学一直以来的一大主要任务。我们如何区分法律规范和其他社会规范，比如政治、习惯、道德或礼仪？"法律"有其独自的疆域吗？还是完全不可能严格地区分法律与政治和道德规范？

尽管这些问题困扰哲学家们，但它们很少对国内法律人构成妨碍。国内法律人生活在"法律"现象的世界里——法院、立法

---

[1] *E. g.*, International Law Commission, *Draft Articles on Prevention of Transboundary Harm from Hazardous Activities*, UN GAOR, 56th Sess., Supp. No. 10, UN Doc. A/56/10 (2001); International Law Association, *Montreal Rules of International Law Applicable to Transfrontier Pollution* art. 3 (1) (1982); Institut de Droit International, *Resolution on Transboundary Air Pollution* art. 2 (1987). 虽然国际法委员会是由联合国大会创立并享有官方地位，但国际法学会（International Law Association）与国际法研究院（Institut de Droit International）是由国际法律工作者组成的纯私人组织。

者、警察、诉讼、判决——并且通常将法律的存在和重要性视为理所当然。相较而言，国际法律人没法如此享受。法律机构和法律执行的边缘角色使得"法律"与"非法律"规范之间的关系更加直接和紧张。在缺乏发现法律的法院和处罚违法者机制的情形下，如何在"法律"与"非法律"规范之间划出界线呢？它们之 97 间的界限是清晰的，还是就像"软法"类规范一样，只是"法律味"多一点与少一点的程度问题？从实践角度看，法律和非法律间的界限明显吗？如何决定一项国际规范是有法律约束力的还是只是一项政治或道德义务？[1]

　　国际环境法律人已经用多种方法回答了这些问题，但是最常见的答案是就创设国际法的社会过程——即根据它的正式渊源或血缘来界定国际法。有些渊源被认为有创设法律的效果，另一些则不能。在发达的法律制度中，法的正式渊源被哈特所说的"次级规则"（如前文所说，区别于规范日常行为的"初级规则"）所规定。例如，在美国，宪法规定法律制定的程序：参众两院多数通过，总统签署（或者，如果总统否决提案，参众两院可以以三分之二多数推翻总统的否决）。与此不同，在传统文化中的正式渊源可能是含蓄的而非明确的。例如，禁止在国王身上投下阴影的规范可能被认为是有效的，因为"一直以来都是如此"。在这里，习惯也可以成为规范的来源。

---

　　[1] *See generally*, Dinah Shelton, ed., *Commitment and Compliance: The Role of Non-Binding Norms in the International Legal System* (Oxford: Oxford University Press, 2000); Michael Bothe, "Legal and Non-Legal Norms—A Meaningful Distinction in International Relations?" *Netherlands Yearbook of International Law* 11 (1980), pp. 65-95.

尽管我们很容易将正式渊源的概念与"原因"相混淆,但实际上两者是不同的。[1] 几乎任何规范都是一系列不同原因的产物。例如,1969 年《国际油污损害民事责任公约》(又称《民事责任公约》)中关于石油泄漏责任的规则吸收了国内法的规定,并作为对 1967 年污染了英国东南沿海的托利·卡尼翁号溢油事件的回应而通过。1989 年《巴塞尔公约》的通过部分归功于当时的联合国环境规划署执行主任穆斯塔法·图尔巴(Mostafa Tolba)的个人努力。而《京都议定书》反映了各参与国的国内政治。近年来,政治学中的所谓"建构主义者"试图寻找规范发展的一般因果理论,关注规范倡导者(norm entrepreneurs)、倾覆点(tipping points)、规范普及(norm cascades)和内化。[2]

相较而言,正式渊源的概念是指那些具有法律创制效果的社会过程和实践。例如,《民事责任公约》和《巴塞尔公约》的规范的正式来源是条约创制过程,正是这一过程使它们成为法律。从解释的立场来看,托利·卡尼翁号溢油和图尔巴的个人努力可能一直是这些规范获得承认的根本因素,但是它们并不是使这些规范变为法律规范的基本理由。在这个意义上来看,渊源的概念看起来更接近"起源"或者甚至是"基础",而不是"原因"或者"事由",它归因于产生或者构成法律规范的社会过程或机制。

国际法的正式渊源也不同于前面所说的国际法的各种表现形式。当然,在某些情况下,国际法的渊源和形式会发生竞合:一

────────────

[1] 为了将其与正式渊源相区分,国际法学者有时将"原因"表述为"物理原因"(material sources)。

[2] Finnemore and Sikkink,"International Norm Dynamics."

项条约既创制新的法律规范，也是这些规范的形式。但是，某些国际规范的形式本身并不是新的国际法的正式渊源。例如，专家意见是现有法律的形式，但不能被视作创制新的法律。[1] 专家意见与法律评论文章并没有区别，它们可以帮助我们判断什么是法律（如，我们自己没有时间去做一项法令的立法史的初始研究时），但是不能直接创制新的法律规范。

根据国际法的惯常说法，司法观点也是一样。因为国际裁决必须根据现有法律作出，所以司法观点不能作为新的国际环境规范的正式渊源。然而，如果考虑到如特雷尔冶炼厂案的裁决的重要地位，这种对司法决定的狭隘观点有一种不真实的味道。

公认的国际法正式渊源就是《国际法院规约》（ICJ Statute）第38条确认的三种渊源：条约、习惯和一般法律原则。

· 条约是明确的成文的协议。

· 习惯是一种比条约更模糊的法律渊源。在理论上，习惯法规范是国家出于法律义务感的考虑，通过反复实践形成的。例如，外交豁免权规则产生于几百年国家间的反复互动。

· 最后，一般原则是反映法律基本主张、由世界各国法律制度共享的规范。

---

〔1〕 专家倡议也可以成为一项法律的"物理（或因果性）原因"。比如，国家官员可能读到一篇专家报告，认为其非常令人信服，并在随后的法律中进行运用。在这个例子中，条约是法律的正式渊源，而专家意见只是解释条约产生的原因的一部分。国际法委员会编纂及发展国际法的授权说明了专家倡议的双重地位。在使国际法编纂成文化的工作中，国际法委员会的研究能够作为现行法存在的证据；而相比之下，在发展国际法的工作中，国际法委员会的研究是一项新的习惯法或条约规范的物理原因。

我们将在第八章更加详细地讨论条约,在第九章讨论习惯和一般原则。在这里,有必要注意条约与习惯和一般原则之间的核心区别:条约是有目的的谈判过程的产物;习惯和一般原则产生99 于更加分散的过程。习惯和一般原则之间的区别是什么?在某种程度上,习惯聚焦于实际的国家行为,而一般原则在于发现它们的逻辑和论理的基础。在实践中两者的区别是模糊不清的。[1]例如,特雷尔冶炼厂案中,仲裁庭所说的基本规则——"任何国家都没有权利以一种使其烟雾会对他国或他国领土上的财产和生命造成损害的方式使用或者许可使用它的领土,如果有清楚和令人信服的证据证明这种损害的后果是严重的"[2]——是习惯法规则,体现了国家实际的实践活动,也是一项一般原则。

尽管同是法律渊源,条约与习惯和一般原则之间差异很大,但是这三类渊源都被划归于典型的"硬法",区别于很多在性质上不被认为是法律的规范:包括国际组织的决定、大会宣言和企业的行为规则等。例如,联合国大会缺乏立法权,所以它的决议的地位是建议。基于同样的理由,不论是《斯德哥尔摩宣言》还是《里约宣言》,它们本质上都不是法,两者仅仅在被整合进条约或者构成习惯国际法时才成为硬法。企业的行为规则则是由非国家参与者发展起来的,没有任何造法的权威。

如果大会决议、企业行为规则及其他类似规则都不是法律规

---

[1] See Bruno Simma and Philip Alston, "The Sources of Human Rights Law: Custom, Jus Cogens, and General Principles," *Australian Yearbook of International Law* 12 (1988/1989), pp. 82-108.

[2] *Trail Smelter Case*, 1965.

范，那它们是什么？它们的地位为何？一个常见的答案是将它们归类为"软法"。[1] 像硬法一样，它们具有规范性：它们希望通过提供行动的理由来引导和影响行为。例如，联大通过的暂停公海刺网捕鱼的正式决议就是一个停止使用刺网的理由，这项决议提供了一项评价标准。"遵守"成为一个人行动的正当理由，而"违反"则成为批评他人的根据。此外，像硬法一样，这些非法律工具是社会的创造物；它们是可识别的规范制定过程的产物。从这点来看，软法不是简单地代表了法律性质的缺失，它代表硬法与无法之间的中间地带。

国际环境法律人习惯于花费相当大的力气争论某一规范是硬法还是"只是"软法。《京都议定书》缔约方大会的决定（例如，排放交易的规则）性质上是法律吗？[2] 《南极条约》的缔约国通过的措施呢？[3] 风险预防原则达到国际习惯法的地位了吗？ 100

[1] *See, e. g.*, Pierre-Marie Dupuy, "Soft Law and the International Law of the Environment," *Michigan Journal of International Law* 12 (1991), pp. 420 – 435; Christine M. Chinkin, "The Challenge of Soft Law: Development and Change in International Law," *International and Comparative Law Quarterly* 38 (1989), pp. 850-866. 虽然"软法"一词被广泛地应用，但可能产生混淆，因为有时使用它的场合涉及规范的多种不同特征：规范的法律与非法律性质，规范的精确性，规范的强制性与劝说性用语，以及规范的实施机制。因为这一原因，也因其混淆了法与非法的界限，一些人对其进行了批评。Kal Raustiala, "Form and Substance in International Agreements," *American Journal of International Law* 99 (2005), pp. 581-614, at 586（"并不存在'软法'这种东西"）。在本段中我所用的"软法"一词都只是指向非法律规范，而我将在本章的最后一节探讨规范的其他维度（包括其精确性、强制性特征及实施机制）。

[2] *See* Jutta Brunnée, "COPing with Consent: Law-Making under Multilateral Environmental Agreements," *Leiden Journal of International Law* 15 (2002), pp. 1-52.

[3] *See* Christopher C. Joyner, "The Legal Status and Effect of Antarctic Recommended Measures," in Shelton, ed., *Commitment and Compliance*, 163-196.

类似的问题耗费了大量的笔墨。

所有这些问题中潜藏着的前提是规范的法律地位很重要，即法律规范在某种程度上优越于非法律规范，这大概是因为法律规范更加有效。例如，1994 年 12 月 1 日，42 个国家在世界卫生组织主办的会议上通过的《巴黎艾滋病宣言》（Paris AIDS Declaration）提出了艾滋携带者的法律和社会权利。[1] 在向参与国致谢时，世界卫生组织的执行总干事中岛宏（Hiroshi Nakajima）博士评论道，《巴黎艾滋病宣言》既意味着责任也意味着义务。但是，一些非政府组织批评宣言"没有约束力"和"缺乏可执行性"——是政治承诺而非国际法。[2]

硬法优于软法的假设是正确的吗？一项环境规范——比如说风险预防原则或斯德哥尔摩第 21 项原则——有没有国际法地位很重要吗？一项关于森林的公约比关于森林的原则声明更优吗？这种优势足以使谈判努力正当化吗？如果是这样的话，软法是怎样劣于硬法的？直到最近这些问题才开始引起认真的对待。

在国内法领域，规范的法律定位很重要，因为可以就违法行为进行制裁。人们关心的是，纳税是法律规定的而非建议的，因为如果不缴税，行为人会面临罚款甚至监禁。因为《巴黎艾滋病宣言》不具备法律地位以及没有强制执行力而对其进行批判的批

---

〔1〕 AIDS Summit, Paris, France, December 1, 1994, *Paris Declaration*.

〔2〕 关于一个类似的对限制生物武器文件的批评，参见 William J. Broad, "Sowing Death: A Special Report; How Japan Germ Terror Alerted World," *New York Times*, May 26, 1998, p. A1（批评澳大利亚集团对防止生态武器措施的呼吁，因为它"是以建议的形式呈现，而非规则"）。*See generally* Raustiala, "Form and Substance," 596（讨论环境组织对有约束力的协定的偏好）。

评者，是将这种观点用于国际层面，其假定如果《巴黎艾滋病宣言》作为条约而非宣言被通过的话，就能更有执行力。

至少可以说，这种假定是误导性的。国际法普遍缺乏执行机制去制裁违法行为（除非违反国际法的行为威胁到了国际和平和安全，这样的话安理会可以采取行动）。从这个角度看，《斯德哥尔摩宣言》和《巴黎艾滋病宣言》等软法文件，与《拉姆萨公约》等硬法文件并没有什么区别。虽然一些环境条约制定了遵守程序来施加软弱的惩罚（比如，公开违法行为、取消优惠等），但这些措施只是倾向于政治性的，并没有让违反软法和硬法条款的区别变得明显。[1] 同样，美国对那些削弱《捕鲸公约》等国际保护协定有效性的国家酌情实施贸易制裁，关注的是国家行动的实际影响，而不是这些行动是否违反了国际法。[2]

在国内法层面，一项规则的法律地位也因其能被法庭援引而变得重要，而软法则不能。[3] 如果风险预防原则的司法适用取决于它是硬法还是软法，那么这确实很重要。[4] 但是法律地位和司法适用间的联系也相对较弱。在国际层面，不存在一般的解决争端的司法机制来判定违法。在大多数情况下，不论规范是否具有法律地位，运用其进行争端解决都是不可行的。此外，即使

[1] 参见第十一章。

[2] Pelly Amendment to the United States Fishermen's Protective Act, 22 U. S. C. § 1978.

[3] 然而，即使在国内层面，司法的救济都不必然及于对任一法律规范的违反。这在国家安全和外交事务领域可能最为明显，因为关于战争权力和条约权力的宪法条款在大多数情况下都是不能通过司法执行的。

[4] 无论如何，在惩罚通常缺位的情况下，我们仍需要调查司法适用会产生多大差异。

司法裁判可行，法庭也不一定因为其硬法地位而适用规则。举例来说，除非某项条约被认为是自动生效的，否则美国国内法庭拒绝给予条约规范以司法效力，即使条约是硬法的典型代表。长期存在的对国际法的批评导致了一些人拒绝承认国际法的任何规范是"硬的"或国际法配得上"法律"的名头。举例来说，19世纪的法哲学家约翰·奥斯丁（John Austin）的法律理论中，最核心的就是制裁，他将国际法描述为"实在道德"。类似的思想构成了一个广泛的共识，认为如果《京都议定书》缺乏有约束力的执行手段，那么其规定就不足以称为"法律"。

这些是很重要的批评，但它们没有否认软法硬法间区别的重要性——或者可能应该更准确地说是法律和非法律间的区别的重要性。归根结底，让规范变"硬"的不是违法行为会被制裁，至少不是以我们通常理解的方式被制裁，也不是规范可以被法庭适用。相反，真正重要的是构成相关共同体的参与者的思想状态——即我们之前所说的行动者的内在观点——认识到规范代表着义务，遵守是必须的而非可选择的。《蒙特利尔议定书》或《防污公约》中的规范是硬法，因为比起无法律约束力的制度，国家和个人更认真地对待条约义务，用以指导自身行为和评价他人行为。这大概就是为什么很多国家为加入条约要履行特殊的国内法程序——如果国际法实际上是虚无的，那这些程序似乎是没必要的。

102　　在特定情况下，行动者遵守有法律约束力的规范的内在义务感可能很弱，或者会被其他因素所抵消。所以遵守法律规范是强制的而非可选的事实，并不代表国家将会一直遵守。无论如何，法律义务感确实有助于规范对行为的影响。所以，在其他条件一样的情况下，比起非法律规范，国家更可能遵守法律规范。这就是为什么规范的法律地位很重要。

## 五、国际环境规范的分类[1]

当然，在真实世界中，其他条件很难得会一样。虽然比起非法律，规范的法律地位是重要的，但也有影响规范有效性的其他维度，我们有必要对此进行讨论，包括：

· 它们是目的性的、回应性的过程（如谈判）的产物，还是产生于更加天然的、分散的方式。

· 它们的权威是否取决于国家的同意。

· 它们是以命令的还是激励的语言——即以"将要"（shall）还是以"应当"（should）——加以表述的。

· 它们是精确的还是模糊的——也就是说，它们是规则还是标准。

· 它们是各国自身执行的还是授权给其他国家执行的。[2]

---

〔1〕 关于一个类似的分类，*see* Judith Goldstein, Miles Kahler, Robert O. Keohane, and Anne-Marie Slaughter, eds., *Legalization and World Politics*（Cambridge, MA：MIT Press, 2001），该书关注三个变量：法律形式、精确性和他们所说的"授权"，说的是第三方实施机制。

〔2〕 Ibid.

这些变量共同界定了一个多维的规范空间，在这个规范空间里，我们可以定位任何特定的规范。用更严格的方式对规范进行分类使我们能够评估规范的特定特征的相对重要性，如规范是谈判形成的或者是非谈判形成的，是明确的还是模糊的，是否具有法律性质。某些类型的规范是否比其他规范更有效？为什么国家选择某一类规范而非其他？这些不同维度的选择又是如何相互关联的？

（一）目的性

目的性是规范的一个重要的维度，它有助于确定其他维度。它是指规范是有目的的规范创制过程（例如，成员国之间的谈判）的产物，还是以一种更加天然的、分散的方式出现。和其他变量一样，这个维度跨越了法律和非法律规范间的鸿沟。一方面，大会决议和企业行为准则，虽然没有法律效力，但是都是通过自觉的规范创制程序制定的，导致其在某个时间点获得通过。而另一方面，习惯法，虽然理论上有约束力，但却是通过不同主体未协调的行为以更分散的方式出现的。目的性、谈判形成的规范和天然的、未经谈判的规范的区分是划分第八章和第九章的基础。

（二）同意

第二个相关的维度是规范是否在本质上是一致同意的产物。作为法的渊源，条约的基本特征是它只约束那些通过批准或加入明确地表达了其同意的国家。不同的是，联合国安理会的决议适用于所有的联合国成员国，不论它们是否同意；[1] 同意只适用于理事会的五个常任理事国，它们对不赞成的事项有否决权。

有趣的是，同意对非法律规范与法律规范都很重要。例如，尽管 1992 年《里约宣言》不具有约束力，但美国和法国还是对特定条款进行了解释性陈述，以限定其同意的内容。[2]

人们通常认为同意很重要，因为它提供了国际规范的合法性基础，增加了遵守的可能性。同时，对同意的要求使得国际环境法制度更难解决搭便车问题或对新情况进行迅速回应。[3] 试想一下，如果国内法的通过必须经一致同意而非多数决，那法律的通过将是多么困难。

为了使国际环境法的制定更具灵活性，许多多边环境协定建立了含蓄的或者默示的同意程序，根据这个程序，有资格的多数票可以通过对规范附件的修正案，除明确表示反对的国家以外，这个决定对所有缔约国具有约束力。[4]《蒙特利尔议定书》通过允许有资格的多数票"调整"规制措施的严格度而取消了对同意的要求。[5]

---

〔1〕　当然，通过对《联合国宪章》的同意，国家接受了通过安理会决定的程序。但比起对具体规范的同意，这一同意的基础要稀薄得多。

〔2〕　See Jeffrey D. Kovar, "A Short Guide to the Rio Declaration," *Colorado Journal of International Environmental Law and Policy* 4（1993），pp. 119-140.

〔3〕　Laurence R. Helfer, "Nonconsensual International Lawmaking," *University of Illinois Law Review*（2008），pp. 71-125, at 82-83.

〔4〕　See Boockmann and Paul W. Thurner, "Flexibility Provisions in Multilateral Environmental Treaties," *International Environmental Agreements: Politics, Law and Economics* 6（2006），pp. 113-135.

〔5〕　Montreal Protocol art. 2（9）. 然而，非合意的决策制定更应说是理论上的，而非实际上的，因为对《蒙特利尔议定书》的调整事实上都是合意通过的。

（三）强制性

规范通过较强或较弱的方式来引导行为。[1] 一方面，指令可以是请求、推荐、提议、建议；另一方面，指令也可以是命令、要求或禁止。我用"强制性"这个词而没有用"有约束力"来描述规范的这个维度，因为"有约束力"这个词是模糊的。有时候它被用来描述规范的正式渊源：条约是有约束力的，而联合国大会决议只是建议。而在其他场合，这个词被用来指代我所说的强制性。当有的作者把条约规范描述为没有约束力时，显然就属于这种情况。既然条约条款必然具有正式的法律地位，他们所说的其实是条款缺乏强制性。这种混淆使得很多作者在约束力前加上限定词"法律"，暗示着一项非法律规范可能有约束力而一项法律规范可能没有约束力。我们将法律地位和强制性意图这两个维度区分开来，可以使这个区别变得明显。

国际环境规范中存在不同的控制意图。其中很多是以强制性术语作出的，它们使用诸如"应当""必须""要求"和"不能"等动词。当然这些术语在条约等法律文件中的使用不会令人吃惊，有趣的是这些强制性语言在非法律文件中的使用。比如我早先提到的联合国大会关于刺网捕鱼的决议，呼吁国家在规定的期限内"保证禁令……在全球范围内被充分地执行"，并重申了"遵守"这些条文的重要性。[2]

---

〔1〕 如希尔勒所说，指令可能是非常适度的"尝试"，即当我邀请你或者建议你做某事，或者也可能是非常激烈的"尝试"，即当我坚持你做某事。Searle, *Expression and Meaning*, 13.

〔2〕 G. A. Res. 46/215, § §3(c)-4, UN Doc. A/RES/46/215 (December 20, 1991).

相反，一些条约规范是用劝说性的语言表述的，使用诸如"可以""得""建议"等代表了低水平的控制意图的动词。比如，《1979年〈远程越界空气污染公约〉关于控制氮氧化物排放或其跨界流动的议定书》（又称《氮氧化物议定书》）的技术附录具有明显的"建议"特征。[1] 如附录所说，"其目标是为缔约方确定经济上可行的最佳可得技术提供指导。"[2] 同样，《气候变化框架公约》第4.2条确认工业国家在2000年前将其排放恢复到1990年水平的可取性，但实际上并不要求它们必须这么做。

（四）精确性

规范的第四个维度是精确性。[3] 国际环境规范在这个维度上存在巨大差异。一方面，1985年《保护臭氧层的维也纳公约》（又称《维也纳臭氧层公约》）的第2条第1款只是单纯要求缔约国采取"适当的措施"来应对臭氧层耗损。同样，《拉姆萨公约》要求成员国"促进……其领土内湿地的尽可能的明智利用"，而没有详细说明什么是"明智"、什么是"不明智"。另一方面，《防污公约》附件一要求油轮每海里排放的石油不得超过60公

---

〔1〕 NO$_x$ Protocol art. 10.

〔2〕 Ibid. , tech. annex, para. 3.

〔3〕 这一维度容易与规范的另一个维度相混淆，即规范的具体或一般性的程度。然而，这两者是截然不同的。一项具体的规范可能是模糊的（"大卫，你要理性地行动！"），而一项一般性的规范也可能是精确的（"没有人可以在飞机上吸烟"）。导致这一混淆的原因是认为精确的对立面是一般性而非模糊性。See Schauer，"Prescription in Three Dimensions，"913（"不是所有的一般性类别都是模糊的。例如，"昆虫"这一类别非常广，涵盖上万亿种具体的昆虫，但是在精确性意义上，其仍是非常明确的。对于上万亿种昆虫中的大部分来说，也许对其中某一种生物是否是昆虫存在些许疑问，也许存在一些含糊的情况，但这种情况并不是很多，因此某一分类的规模或者说一般性的维度并不必然关乎明确性或模糊性的维度"）。

升，并且要求固定载重量超过 7 万吨的新建的油轮必须设有隔离压载舱；[1]《蒙特利尔议定书》对消耗臭氧层物质的消费和生产确立了明确的限制；《京都议定书》建立了减少温室气体排放的量化指标。

在国内法层面，"规则"（rules）一词通常用于具体的规范，如《京都议定书》的排放目标，而"标准"（standards）用于没那么需要明确的规范。[2] 虽然这种术语分类用得不多，但其实这两种规范间的区别是老生常谈的。例如，关于限速是怎么规定的。一方面，我们可以设定一个最高速度，比如每小时 55 英里。而另一方面，我们可以简单地要求人们以"安全的速度"行驶。前者是规则，而后者是标准。二者间的区别在于决策是事先的还是事后的。[3] 规则事先确定了什么样的行为是允许的和不允许的，而相反，标准设置了更加开放式的测试，其适用依赖于判决或裁量权的行使——例如，在特定情形下什么是安全驾驶速度，或者什么是对抗臭氧层耗损的"适当措施"。

规则与标准之间的区别贯穿于环境规范的其他重要方面。例如，既是规则又是标准的例子既见于非法律文件，也能够在法律

---

〔1〕　MARPOL annex 1, regulations 9, 13.

〔2〕　*See, e. g.*, Louis Kaplow, "Rules Versus Standards: An Economic Analysis," *Duke Law Journal* 42（1992）, pp. 557–629; Duncan Kennedy, "Form and Substance in Private Law Adjudication," *Harvard Law Review* 89（1976）, pp. 1685–1778; Pierre Schlag, "Rules and Standards," *UCLA Law Review* 33（1985）, pp. 379–430. 关于国际法中规则与标准的适用问题，参见 Daniel Bodansky, "Rules vs. Standards in International Environmental Law," in *Proceedings of the 98th Annual Meeting of the American Society of International Law*（2004）, pp. 275–280.

〔3〕　Kaplow, "Rules Versus Standards."

文件中找到。联合国大会关于刺网捕鱼的决议确立了一个非常具体的淘汰刺网捕鱼的日程表，要求在 1992 年上半年减少 50%，在 1992 年底将全球禁止刺网捕鱼。确立具体规则的非法律文件的其他例子还包括 ISO 14000 系列标准，它们提出了关于企业环境管理的具体规则，还有《国际航海危险货物章程》（International-al Maritime Dangerous Goods Code）。相比之下，《维也纳臭氧层公约》和《拉姆萨公约》说明，条约能够包含非常不确切的标准，要求成员国采取"适当"措施或者"明智地"利用湿地。[1]

一项规范是规则还是标准的问题与它的严格性问题也是不同的。非常精确的规则可能极其松散。国际捕鲸委员会在 20 世纪 60 年代采用的捕鲸限额就是如此，在所谓的"捕鲸奥运会"（Whaling Olympics）期间，确立的捕鲸限额非常高，使得成千上万的鲸鱼被捕杀。相反，一项标准，尽管不具体，但可能会是十分严格的——例如，要求采取最佳可得技术的标准。

在选择规则还是标准时，什么影响了选择？通过把决策推后，标准提供了很多好处：不要求太多的信息，保证灵活性而且更容易协商。相比之下，规则对以互惠为基础的集体行动问题的解决会有帮助，因为规则要求每个国家做出明确的贡献。这么做也使得违反行为更易于被发觉，因而要承担更高的声誉成本，从而使得遵守更为可能。[2]

---

〔1〕 对条约标准进行详细说明的缔约方决定运用精确的非法律规范来补充模糊的法律规范。

〔2〕 See generally Bodansky, "Rules vs. Standards."

（五）实施机制

最后一个维度是规范的实施模式。规范有配套的国际执行机制来解决执行和遵守问题吗，比如说监测和检查？在出现违反的情况下，有惩罚机制可用吗？和其他变量一样，规范的法律地位和可用的执行机制之间并没有必然联系。例如，1975 年《欧洲安全与合作会议赫尔辛基最后文件》（又称《赫尔辛基协议》），通过它的术语可以看出其并没有法律约束力。然而，它建立了明确的遵守程序，比如高级审查会议，这些程序使得在 1970 年代末和 1980 年代的东欧人权问题上，该协议比其他任何人权条约的影响力都要大。[1] 而相反，很多法律规范缺乏执行机制。我们将在第十一章再来讨论执行机制的问题。

## 结　论

尽管硬法与软法的问题在文献中一直都有许多的讨论，但是这个问题只是国际规范存在差异的众多维度中的一个，而且可以说并不是最重要的维度，因为传统上执行机制或司法适用被认为是重要的区分法律和非法律的分界线，而国际法普遍地缺乏这两者。

这也不是说规范的法律地位无关紧要。尽管执行或者司法适用并不常见，但一项规范作为法律的地位仍然很重要，因为相关107 的行动者认为它重要。有时，行动者也会违反他们的法律义务，

---

〔1〕　Erika B. Schlager, "A Hard Look at Compliance with 'Soft' Law: The Case of the OSCE," in Shelton, ed., *Commitment and Compliance*, 346-371, at 355-359.

但是，一般来说，比起非法律规范，他们认为法律规范的遵守更加必要的，并且认为违反义务应更受谴责。换句话说，他们更认真地对待法律义务。因此，他们对加入法律规范更慎重。

然而，要记住国际法律人在设计环境规范时还有很多其他的变量可供选择。他们确定规范的准确程度、强制性程度，以及是否有国际评审和实施机制。他们甚至可以在政府间过程之外，通过设置私人标准来制定规范。所以"何谓法"这个问题虽然还是备受关注，却已然丧失了它的卓然地位。

**推荐阅读：**

Martha Finnemore and Kathryn Sikkink, "International Norm Dynamics and Political Change," *International Organization* 52 (1998), pp. 887–917.

Judith L. Goldstein, Miles Kahler, Robert O. Keohane, and Anne-Marie Slaughter, eds., *Legalization and World Politics* (Cambridge, MA: MIT Press, 2001).

H. L. A. Hart, *The Concept of Law* (Oxford: Oxford University Press, 2d ed. 1994).

Laurence R. Helfer, "Nonconsensual International Lawmaking," *University of Illinois Law Review* (2008), pp. 71–125.

Kal Raustiala, "Form and Substance in International Agreements," *American Journal of International Law* 99 (2005), pp. 581–614.

Frederick Schauer, *Playing by the Rules: A Philosophical Examination of Rule-Based Decision-Making in Law and in Life* (Oxford: Clarendon Press, 1991).

Dinah Shelton, ed., *Commitment and Compliance: The Role of Non-Binding Norms in the International Legal System* (Oxford: Oxford University Press, 2000).

# 第六章

# 法律过程中的主体

2007 年《气候变化框架公约》缔约方大会的参与者超过万
人。[1] 我故意用"参与者"这个词，是因为 20 世纪 90 年代末
当我在为美国谈判团工作时，我们习惯开玩笑说，在成千上万参
与气候变化会议的人里面，只有大约 100 个人真正做了点实事。
而且"做点实事"指的是"积极参与谈判"。在我们看来，剩下
的其他参加会议的人只是在随声附和，如果说他们在会议上真的
做了些什么，那他们在那里做过什么事就是个谜。

我们对自身重要性的认知，体现了对国际法律过程的狭隘认
识，即认为政府间谈判是会议宇宙的中心，而政府谈判者是会议
的掌控者。当然，这两种认识都是错误的：

· 国际会议（更不必说更广泛的国际环境过程）是个可
以有多个场地同时演出的大马戏团：具体有贸易表演、公共
关系和教育舞台，还有类学术会议等。政府间谈判只占据其
中一个场地。

· 此外，即使在这个场地里，政府谈判者也不是完全自

---

[1] Press Release, UNFCCC Secretariat, "UN Breakthrough on Climate Change Reached in Bali" (December 15, 2007).

由运作，它们受到来自多方行为者的一系列限制。

本章将介绍国际环境法中的基本角色阵容——剧中人。它们是谁？它们扮演着什么角色？什么影响了它们的行为，以及反过来它们又是如何产生影响？后续的其他章会让这些演员动起来，并看看它们是如何制定和实施国际环境法的。

## 一、国家

正如"国家间"（international）一词所暗示的那样，国际环境法很大程度上是在国家间运行的法律制度，而非约束更广泛的行为。[1] 虽然其最终目的是影响对大多数环境问题的产生负有责任的私人主体的行为，但它的规则主要适用于国家，只有少数规则为企业、个人和其他非国家主体创设了权利或义务。[2]

从理论的角度来看，国际环境法以国家为中心的特征至少体现在三个维度。首先，当国家开始承担国际义务，比如《蒙特利尔议定书》或《京都议定书》中的义务，这些义务将国家视作抽象的、永久的实体进行约束，也包含继任的政府，即使继任的政

---

〔1〕 主权国家体系的卓越地位通常追溯到 1648 年《威斯特伐利亚和约》，其结束了 30 年战争。如今，主权国家体系看起来如此"自然"以至于人们容易忘记还有其他社会组织形式的存在，如封建主义，其社会是基于国王和附庸之间的个人忠诚而组织起来的。

〔2〕 当然，欧盟代表了这一一般原则的重大例外。欧盟与其成员国分享了加入和实施国际协定的权利。当然，虽然欧盟并不是一个国家，但它具有很多类似的特征。因此，在本章乃至本书中，当提到"国家"时，我一般都认为其中包括了欧盟。另外，一些责任条约为私人行为者创设了义务和权利。而且，鉴于存在对清洁环境的人权，这是一项个人权利。

府对加入条约没做任何事情（或者甚至可能反对条约）。例如，《巴拿马运河条约》（Panama Canal Treaty）是在 20 世纪 70 年代后期由卡特总统谈判达成的，但它代表的不是卡特本人的承诺，而是美国的承诺，即使后来罗纳德·里根（他曾在竞选活动中反对该条约）接替卡特成为总统，条约也仍然适用。同样的道理，如果美国成为《京都议定书》的缔约方，那么议定书将继续约束以后的政府。

其次，作为必然的结果，对国际环境法的违反通常会导致国家责任而非个人责任。20 世纪 30 年代，当加拿大境内的特雷尔冶炼厂排放的有毒烟雾顺风而下导致了华盛顿州的损害，追究的是加拿大而非冶炼厂所有者的责任。同样，如果美国不能完成《蒙特利尔议定书》规定的义务，这是美国的责任而非总统或者环保署长的责任。在这个层面上，国际环境法不同于对种族灭绝、酷刑、严重违反战争法以及特定的恐怖活动等罪行追究个人责任的国际刑法。

最后，因为一般是由国家而非个人承担国际环境义务，所以对违法行为的主张也要由国家作出。特雷尔冶炼厂中最初造成的是华盛顿州内私人财产的损害。然而，美国才是主张加拿大违反国际法中防止重大跨境损害义务的当事方。国际环境法将在一国领土内私人主体的污染造成的另一国私人主体的损害看作是两个相关国家间的争端，而不是两个私人主体间的争端，例如，在最近的关于欧盟进口转基因生物的贸易争端中，美国生物科学公司是真正的利益相关者，但对欧盟违反国际贸易法的主张必须由美国提交。

不仅从教义学角度看国家是关键的主体，而且从解释学角度来看也是如此。诚然，非国家主体对《蒙特利尔议定书》和《气候变化框架公约》等条约制度的贡献也在增长。但这些条约仍然主要是国家间谈判的产物，并依赖国家去实施。此外，国家还能以更间接的方式影响国际政策，比如资助科学研究、影响舆论、向其他国家施加压力以及开展环境项目等。[1] 尽管偶尔有人主张国家在国际事务中的重要性日益降低——有些人称之为国家的"去中心化"——但是国家仍然比其他国际活动主体拥有更大的力量，在软硬两方面都是如此。它们在国际环境法的制定、实施和执行等方面仍发挥着主要的因果作用。

任何在政府部门工作过的人都会告诉你，理解国家行为是件复杂的事情。一个有用（虽然不太实际）的出发点是将国家（像对个人一样）看作追求扩大自身利益的理性行动者。这种国家行为的工具主义视角整合了国家关系中的两种重要进路：现实主义和自由制度主义。[2] 这两种理论尽管在对国家如何界定国家利益上存在分歧，但它们都是从国家理性追求其利益的角度来理解国际关系。

---

〔1〕 Pamela S. Chasek, David L. Downie, and Janet Welsh Brown, *Global Environmental Politics* (Boulder, CO: Westview, 4th ed. 2006), pp. 42-43.

〔2〕 这些国际关系路径分别反映在下列法学研究中，Jack L. Goldsmith and Eric A. Posner, *The Limits of International Law* (New York: Oxford University Press, 2005), and Andrew T. Guzman, *How International Law Works: A Rational Choice Theory* (Oxford: Oxford University Press, 2008).

所谓的现实主义者认为国家追求的是自身与其他国家力量对比的最大化，导致了一个难以达成并维系合作的、竞争的世界。[1] 这种视角使国家合作保护环境的前景变得最为渺茫；实际上，现实主义者倾向于否认有意义的环境合作的存在。他们认为合作的达成反映的是更强大的国家的利益，或者仅仅是附随发生的现象，不要求国家行为的改变。[2]

与之不同的是，自由制度主义者认为国家希望增加经济和社 111
会福利，并可以通过把蛋糕做大从而在国际合作中共同获益。例如，根据普遍接受的比较优势理论，自由贸易是积极的，而非零和博弈：它导致了经济福利的整体扩张，可以使双方都获益。[3]
同样，国际环境制度的发展可以为各方带来好处，因而产生经济学家们所说的"帕累托改进"。[4]

对国际环境法的产生和有效性的解释非常倚重国家中心的、工具主义的国际关系模型，这种模型用各个参与国的成本收益来

---

〔1〕 See, e. g., Joseph M. Grieco, "Anarchy and the Limits of Cooperation：A Realist Critique of the Newest Liberal Institutionalism," *International Organization* 42 （1988）, pp. 485-507, at 487; John J. Mearsheimer, "The False Promise of International Institutions," *International Security* 19 （1994/1995）, pp. 5-49.

〔2〕 See, e. g., George W. Downs, David M. Rocke, and Peter N. Barsoom, "Is the Good News about Compliance Good News about Cooperation?" *International Organization* 50 （1996）, pp. 379-406.

〔3〕 虽然一个国家中的某些经济部门（和个人）可能因国际贸易而受损，但如果国际贸易的某些收益可以用来补偿它们，它们也能得到改善。

〔4〕 "帕累托改进"是指在使至少一方得到改善的同时不使任一方的情形变坏。它以意大利经济学家维尔弗雷多·帕累托（Vilfredo Pareto, 1848—1923）的名字命名。

分析不同的战略（减少污染、继续照常活动等）。[1] 国家被假定认为拥有可事先确定的稳定的利益。[2] 例如：

· 在跨境污染案件中，下游国家支持采取强有力的措施限制跨境污染，因为它们是遭受不良影响的国家。相反，上游国家从继续污染中获益，因为它们不必承担污染成本（环境损害的外部性）。所以，在国际环境制度中下游国家通常是领导者，而上游国家是落后者。[3]

· 对于涉及公地悲剧的臭氧层消耗等全球污染问题，国家在采取集体行动中普遍获益。但是每个国家也有搭便车的利益，只要这么做是没有惩罚的（而且不会导致整个国际臭氧层制度的崩溃）。

· 沿海国偏好控制海洋污染的国际措施，而拥有大型航海业的国家喜欢保护航行自由的规范。

· 有捕鲸产业的国家（如挪威和日本）支持继续捕鲸，而其他国家（比如美国）推动停止捕鲸。

在上述所有情形中，我们可以从不同国家利益的角度分析国

---

〔1〕 See, e. g., Scott Barrett, *Environment and Statecraft: The Strategy of Environmental Treaty-Making* (Oxford: Oxford University Press, 2003), pp. 228-230（援引了 EPA 的计算，即《蒙特利尔议定书》能够为美国带来超过 3 万亿美元的收益）; Todd Sandler, *Global Challenges: An Approach to Environmental, Political, and Economic Problems* (Cambridge: Cambridge University Press, 1997).

〔2〕 Detlef Sprinz and Tapani Vaahtoranta, "The Interest-Based Explanation of International Environmental Policy," *International Organization* 48 (1994), pp. 77-105.

〔3〕 Ibid., 79. 如这一模型所暗示的那样，在欧洲酸雨机制中，跨境污染的"输入者"（斯堪的纳维亚国家）推动减排，而酸雨的"输出者"（英国和德国）最初反对进行国际规制。

际环境问题。为了简单起见，大多数工具主义分析都着眼于国家的经济和环境利益，[1] 但是也有其他人的分析包括了长期利益，比如国家和邻国保持良好关系或提高其国际声誉的利益。根据理性行为者模型，当预期利益超过成本时国家才会同意接受国际规范，否则就不会同意。同样，它们履行国际义务是因为这么做有利益，而不是出于任何法律义务感。

毫无疑问，将国家作为理性地追求可识别的、稳定的利益的单一实体这一假设可能是一种有用的简化。然而，用国家中心的、工具主义的视角来分析国际环境问题只能带我们走这么远，原因有两个：

第一，对国家行为更为现实的描述是，国家至少有时候会进行规范性的考量，即"什么是对的或合适的"。也就是说，它们在根据结果的逻辑行动的同时也受适当性逻辑的影响。[2] 这需要我们思考国家规范性信念的内容，以及这些信念是如何发展和改变的。

第二，国家不是单一的行动者，而是拥有众多利益不同、信念不同的组成部分的复杂实体。正如罗伯特·帕特南（Robert Putnam）所说，"（国家）不是单数的'它'，而是复数的'它们'。"[3]

---

〔1〕　尤其是，国家进行污染削减（或自然资源保护）的经济成本及其环境敏感性。*See, e. g.*, ibid., 78.

〔2〕　James G. March and Johan P. Olsen, *Rediscovering Institutions: The Organizational Basis of Politics*, (New York: Free Press, 1989)（引入了结果的逻辑和适当性逻辑的概念）。

〔3〕　Jonathan Baert Wiener, "On the Political Economy of Global Environmental Regulation," *Georgetown Law Journal* 87 (1999), pp. 749-794, at 751-752 [quoting Robert D. Putnam, "Diplomacy and Domestic Politics: The Logic of Two-Level Games," *International Organization* 42 (1988), pp. 427-460].

所以，我们不能把国家利益简单地当作一个给定的条件。实际上，利益往往是相互竞争的和偶然的，是国内政治过程的结果，而国内政治过程涉及不同的次国家主体之间的复杂的相互作用。为了了解在某特定时间点国家如何界定其利益以及这些自身利益的界定如何变化，我们就必须把目光投向国家内部。

以气候变化问题为例。我们能否用稳定的国家利益来解释不同国家的立场？在某种程度上是可以的。[1] 从 20 年前气候变化议题首次被提出以来，尽管国内政治发生了重大变化，但主要的谈判集团的立场仍然非常稳定。小岛屿发展中国家一贯地主张强有力的应对气候变化的国际行动，反映出它们特别容易受到海平面上升的影响。大的发展中国家拒绝了要求它们承担减排目标的提议，因为这可能会限制它们的经济发展。石油生产国曾试图阻碍气候谈判的进程，这反映了它们对维持全球石油需求的利益，而削减二氧化碳排放的措施会减少这一需求。而比起欧盟，美国更不愿意接受严格的减排措施，这体现了其拥有巨大的煤炭储量和严重依赖汽车的事实。

但是专注于国家利益的单一思想也使得很多问题没有得到回答。它无法解释为什么欧盟一直支持严格的减排目标，且在 2001 年美国退出《京都议定书》之后仍然坚持，尽管实现这些目标会带来巨大的经济成本。它也无法解释加拿大等似乎不太可能履行其义务的国家为什么支持《京都议定书》，即使这意味着会带来

113

---

[1] See Ian H. Rowlands, "Explaining National Climate Change Policies," *Global Environmental Change* 5 (1995), pp. 235-249.

国际声誉降低的风险。而且它也无法解释国家立场的变化，比如克林顿政府为了《京都议定书》的谈判做了大量努力，但布什政府却退出了议定书。为了理解国家为什么会选择它在国际谈判中所采取的立场，国家为什么批准（或不批准）不同的协定，国家为什么履行（或不履行）它们的国际义务，我们需要更细致的分析，沿着至少四个维度分析国家。

首先，在谈到美国在气候变化问题上的立场时，这通常意味着行政机关的立场，因为一般而言，总统在外交政策中代表美国发声。然而，即使在行政机关内部，不同部门或者同一部门的不同官员也可能存在不同立场。[1] 例如，在 1992 年《气候变化框架公约》谈判过程中，美国环保署的立场看起来与欧盟环保部门更接近，而不是与美国能源部门更接近。反过来，在后《京都议定书》气候变化谈判中，欧盟环保部门通常主导着它们的国家代表团，而欧盟的财政和能源部门背地里则希望美国可以成功地限制欧盟环保部门。在里根政府时期，我在美国国务院任海洋污染问题方面的公务员，很多像我这样级别的公务员希望我们的工作可以保持"在雷达屏幕之外"，也就是说不要让政府中的任命型的政治官员注意到。[2] 为了实现这个愿望，我们的目标不是推翻政府的政策，而是在表达"美国立场"时以我们认为有意义的

---

〔1〕 关于官僚政治在外交事务中角色的一个经典分析，参见 Graham T. Allison, *Essence of Decision: Explaining the Cuban Missile Crisis* (Boston: Little, Brown, 1971).

〔2〕 我这么说，并不是想暗示说我们故意倾向于去做与当局政策相违背的事情，而是说我们不希望政治任命官员干预在每个谈判中产生的所有这些多种多样的且通常是非常技术性的事务。

方式在边缘地带行使裁量权。即使在一个试图严格控制政府官僚的政府中，资源也是有限的，并不是每个问题都会受到审查。

其次，在行政、立法和司法权分离的国家，国家行为并不总是体现某一分支的观点。在《京都议定书》谈判过程中，克林顿政府支持制定一个只对工业化国家施加有约束力的排放指标的国际协定。参议院则决定采取不同的立场，要求发展中国家也作出承诺。[1] 这种时候谁能代表美国的"立场"或者"国家利益"？这个问题没有确切的答案。美国代表团支持了在京都达成的成果，克林顿总统随后签署了议定书。但他从没有将其提交给参议院以征求意见或请求批准，因为他知道会被拒绝。

一个更极端的例子是1982年《海洋法公约》，其他国家根据美国的要求逐行修改了该公约，然而即便如此，美国至今也没有批准该公约。一元的国家利益理论无法解释为什么在行政机关、参议院的大多数和企业都同意的情况下，美国还是不能批准《海洋法公约》。真正的原因是参议院奇特的条约批准程序，这一程序允许少数人阻止条约的接受。

再次，对于像美国这样的联邦制度国家，我们还需要沿着第三个维度，即中央和次国家实体的关系来剖析。例如，在布什政府时期，在气候变化问题上，很多州和城市的立场与联邦政府的立场分歧越来越大。布什政府反对对二氧化碳排放的强制约束。作为回应，加利福尼亚等州以及西雅图等城市决定自行开展工作，并建立二氧化碳减排目标和政策。结果是，在气候变化问题

---

〔1〕 Byrd-Hagel Resolution, S. Res. 98, 105th Cong. (1997)（adopted 95-0）.

上，美国不同层级政府间的分歧比联邦政府不同部门间的分歧还要大。

最后，在了解国家在诸如气候变化等问题上的行为时，我们不仅要考虑政府行为者的利益和观点，还要考虑各种私人主体：如电力产业、石油公司、太阳能生产商、农民、汽车制造商、环保组织等。其中一些私人主体有可能从应对气候变化的行动中获益——比如光伏电池和混合动力汽车的制造商、供应玉米乙醇的农民，以及环保组织等。而其他一些主体会从气候变化措施中受损，尤其是二氧化碳排放密集型产业。一般公众可能获益也可能受损，这取决于他们是否生活在容易受到海平面上升和极端天气（如飓风）影响的脆弱地区，或者更常见的，取决于减排措施的环境收益是否超出可能更高的电力和汽油成本。

使问题更加复杂化的是，不仅仅在非政府组织和企业间存在巨大分歧，而且每个集团内部也不统一。电力集团的内部分歧取决于它们对煤、天然气或可再生资源的依赖程度。环保组织的角色则取决于它们是行动主义者还是专家，是国内的还是国际的，是草根组织还是体制内的组织。石油公司可能支持也可能反对积极的减排规划，原因并不总是很明确，但也有可能取决于公司高层管理人员的个人价值观。[1]

在气候变化等问题上国家的立场脱胎于这些次国家主体的复

──────────

〔1〕 例如，福特汽车生产混合动力汽车的承诺往往归因于公司首席执行官比尔·福特的环境主义。关于管理风格所起的作用，参见 Neil Gunningham, Robert A. Kagan, and Dorothy Thornton, *Shades of Green: Business, Regulation, and Environment* (Stanford, CA: Stanford University Press, 2003), pp. 95-134.

杂的相互作用——环保组织唤起公众关注并创造对公共规制的需求（有时候是在飓风或干旱等突发事件的刺激下），企业群体游说不同部门和不同层级的政府官员，政府行为者自身处在官僚政治博弈中。[1] 国家的立场反映的可能是长期的国家利益，也可能是某一游说成功的群体的利益，也可能是不同政府行为者之间讨价还价的结果。事实上，在一些情况下，国家在某些问题上的立场就像进化出的熊猫的拇指一样，是其他因素的副产品。[2] 2000年总统选举中乔治·布什战胜阿尔·戈尔（Al Gore）可能与气候变化问题毫无关系，但实际上这次选举的结果对美国气候变化政策产生了巨大的影响。最终，决定不是由抽象的实体作出的，而是由受到一系列因素刺激的个体作出的：促进他们所认为的国家利益，促进他们自身利益，做他们认为对的事情，做他们认为法律要求的事情等。

既然存在行动者、立场和利益的多元性，确定稳定的、客观的国家利益也就被证明是不可能的。而且即使看起来有明确的国家利益时，国家的国际行为也可能并不反映这一利益。想想自由贸易的例子。很多经济学家认为自由贸易促进了国家利益，比较优势理论说明自由贸易增进了国家的总体福利。然而，这并不意味着国家内所有群体都会从自由贸易中获利。获益者和受损者都存在。而且如果受损者在政治过程中获胜，国家就会采取限制贸

---

〔1〕 因此，外交是罗伯特·帕特南所说的"双层博弈"，包括国内政治与国际政治。Putnam, "Diplomacy and Domestic Politics."

〔2〕 *See* Stephen Jay Gould, *The Panda's Thumb: More Reflections in Natural History* (New York: W. W. Norton, 1980).

易的保护主义措施，也就是说，国家可能做违反其国家利益的事。

在自由民主国家，国内政治在决定外交政策中扮演着相当重要的角色，但要识别非民主国家的国家利益也很困难。在后《京都议定书》气候变化谈判中，俄罗斯的立场根据代表团的领导机构变化而变化。某一次会议上，俄罗斯甚至看上去有两个代表团，两者之间观点迥异。因此，判断"俄罗斯（在某一具体问题上）的立场"是一个不断猜测的过程。而一些发展中国家的代表看起来根本没有任何官方指示，所持的立场反映的是个人价值观，而不是任何客观的国家利益。

政府和非政府不同行为体之间的这种复杂的相互作用过程不仅体现在国际制度的谈判中，而且体现在它们的实施和执行中。在政治上，很少有事情能得到解决，至少不会得到一劳永逸的解决。因此，创建新规范的斗争延伸到实施和执行过程也就不足为奇了。分阶段淘汰消耗臭氧层物质及保护世界遗产等国际政策的实施可能受到商业集团或者利益可能受损的地方团体的抵制，也可能受到没有参与制定规范的地方官员的反对，[1] 甚至受到从一开始就反对接受该政策的政府官员的抵制。即使是在独裁统治的国家，国家也不能简单地命令遵守，实施取决于以各种方式参与进来的各种政府和私人主体的意愿。虽然我们倾向于认为独裁

---

〔1〕　例如，在最近的一系列案件中，因为州警察没能告知被扣留的外国人与其领事代表通话的权利，美国构成了对《维也纳领事关系公约》（Vienna Convention on Consular Relations）的违反。See, e. g., *Medellin v. Texas*, 552 U. S., 128 S. Ct. 1346（2008）; *Sanchez-Llamas v. Oregon*, 548 U. S. 331（2006）.

政权比民主政府拥有更强大的社会控制力（毕竟墨索里尼也没法让火车准点运行），但可能并不是这样。长远来看，事实证明民主决策过程中所提供的正当性可能比强权更能有效地影响行为，因为它需要的资源更少。

传统的、以国家为中心的国际法理论需要修正的前提不仅限于国家是拥有稳定的、可识别的利益的一元实体的这一假设。根据传统观点：

· 国家是以疆域划分的单位，拥有统摄其边界以内的所有活动的主权。

· 国家主权平等，拥有同样的法律地位。

然而，这些假设越来越不能反映现实。

首先，一个国家领土内的污染可以顺流或顺风而下，引起其他国家境内的损害。因此，下游国家就无法对其领土享有完整主权；污染源国家是否规制其污染行为的决定将显著地影响到下游国家，因此，就产生了对国际环境法的需求。

其次，国家不是平等的，不论是法律上还是事实上都是如此。从法律的角度讲，国际制度常常为不同类别的国家设置不同的义务，比如为发达工业国家设置更严格的义务而发展中国家的义务更宽松。而且一些国家明显比其他国家在国际环境问题的产生和政策应对这两方面具有更加匹配的实际影响力。例如，美国贡献了将近四分之一的全球碳排放量，远超第二大排放国。然而在国际气候变化制度的发展上，美国的影响力完全不成比例，不管是积极的还是消极的。美国曾在 20 世纪 90 年代末提出了排放交易等创新的方法，但在布什政府时期却反对进行关于 2012 年《京都议定书》第一承诺期到期后如何继续推进的讨论。[1]

简而言之，虽然国家仍处于国际环境法的核心，但我们需要用更复杂的方式来了解它。首先，我们需要考察国家内部，以了解国际环境决策的国内决定性因素。其次，我们要了解国家日益复杂的多元利益结构（porous quality）。最后，我们需要了解国家之间在政治影响、环境影响和法律义务上的区别。

## 二、国际机构

国际环境法欠缺具有综合管理职能的国际机构，即没有能和世界贸易组织相媲美的国际环境组织。[2] 相反，它是处理不同环境问题的各个国际机构的拼凑，导致有人担忧重叠、重复劳动、缺乏协调甚至发生冲突。其中一些机构是全球性的，另一些是地区性的或双边的。一些针对的是具体环境问题，如捕鲸或森林；一些则有更广泛的环境使命；而另一些同时包括非环境的和环境的事务。一些是科技导向的，而另一些则关注能力建设或者

---

〔1〕 然而，国家影响力的来源非常复杂，而且并不总是反映国家的规模、经济比重，或军事力量。例如，在 20 世纪 80 年代和 90 年代早期，瑙鲁和基里巴斯两个小岛国提起的禁止向海洋倾倒低放射水平废物的提议最终被《伦敦倾废公约》的缔约方通过，虽然美国、英国、法国和日本最初对此提议表示了反对。*See* Lasse Ringius, *Radioactive Waste Disposal at Sea: Public Ideas, Transnational Policy Entrepreneurs, and Environmental Regimes* (Cambridge, MA: MIT Press, 2000), pp. 21–34.

〔2〕 *See* Steve Charnovitz, "A World Environment Organization," *Columbia Journal of Environmental Law* 27 (2002), pp. 323–362.

更偏向政策导向。[1]

国际"机构"的概念包括但不限于国际组织。在国际法上，国际组织拥有正式的基础（通常是一项条约）和永久的、有形的标志（总部大楼、员工等）。[2] 相比之下，国际机构还包括不那么正式的组织，比如八国集团（G8）由世界上 8 个领先的工业国家组成，没有条约基础和永久的秘书处。

118 　虽然《联合国宪章》没有创立拥有专门环境使命的国际机构，但联合国大会依据其拥有广泛地讨论经济、社会和健康问题的职能，在推动环境事务上发挥着重要作用。联合国大会曾召集了斯德哥尔摩会议、里约峰会和约翰内斯堡峰会等会议；启动了政府间关于气候变化和荒漠化问题的谈判；通过了 1982 年《世界自然宪章》等决议；建立了联合国环境规划署和可持续发展委员会等国际机构。此外，联合国的很多特别机构虽然不是作为环境机构而创立的，但目前已将解决某些环境问题作为它们更广泛的职能之一。例如，粮农组织关注渔业和森林问题；国际海事组织关注海洋污染问题；而世界银行为环境项目提供资金。根据一项统计，现在有 30 多个联合国机构"拥有环境管理的相关任务"。[3]

---

〔1〕 *See generally* Jacob Werksman, ed., *Greening International Institutions* (London: Earthscan, 1996).

〔2〕 *See* José E. Alvarez, *International Organizations as Law-makers* (Oxford: Oxford University Press, 2005), pp. 4-16.

〔3〕 Adil Najam, Mihaela Papa, and Nadaa Taiyab, *Global Environmental Governance: A Reform Agenda* (Winnipeg, Canada: International Institute for Sustainable Development, 2006), p. 12.

　　拥有最广泛的环境事务管理职能的国际机构是创建于1972年斯德哥尔摩会议的联合国环境规划署。[1] 和联合国专门机构不同的是，环境规划署没有独立的条约基础，而是像开发规划署及可持续发展委员会一样，它的权威来自创建它的联合国大会（而联合国大会的权威来自《联合国宪章》）。环境规划署很小，只有百来人的专业员工和每年低于1.5亿美元的预算，而且缺乏重大决策权。在很大程度上它扮演的是信息和协调的角色，帮助推进条约的谈判工作，如20世纪七八十年代的区域海洋协定，1987年防治臭氧层消耗的《蒙特利尔议定书》，1989年关于危险废物的《巴塞尔公约》，1992年《生物多样性公约》，以及一系列软法文件。

119

表6.1　国际机构简表

| 简称 | 机构名称 |
| --- | --- |
| ATCM | 《南极条约》协商会议（Antarctic Treaty Consultative Meetings） |
| CEC | 环境合作委员会（美国—加拿大—墨西哥）（Commission on Environmental Cooperation） |
| CSD | 联合国可持续发展委员会（UN Commission on Sustainable Development） |
| FAO | 联合国粮食及农业组织（UN Food and Agriculture Organization） |
| G8 | 八国集团（Group of Eight） |
| GEF | 全球环境基金（Global Environment Facility） |

　　[1]　20年后里约峰会的主要制度成果——可持续发展委员会也享有广泛的授权，但主要已成为了一个交流场所，只有寥寥几项切实的成就。

续表

| 简称 | 机构名称 |
|------|----------|
| IAEA | 国际原子能机构（International Atomic Energy Agency） |
| IBRD | 国际复兴开发银行，即世界银行（International Bank for Reconstruction and Development, World Bank） |
| IJC | 国际联合委员会（美国—加拿大）（International Joint Commission） |
| IMO | 国际海事组织（International Maritime Organization） |
| IPCC | 政府间气候变化专门委员会（Intergovernmental Panel on Climate Change） |
| ITTO | 国际热带木材组织（International Tropical Timber Organization） |
| IWC | 国际捕鲸委员会（International Whaling Commission） |
| OECD | 经济合作与发展组织（Organization for Economic Cooperation and Development） |
| UNDP | 联合国开发计划署（UN Development Programme） |
| UNEP | 联合国环境规划署（UN Environment Programme） |
| UNESCO | 联合国教科文组织（UN Educational Scientific and Cultural Organization） |
| WMO | 世界气象组织（World Meteorological Organization） |

各个多边环境协定所创建的国际环境机构可能是国际环境机构中最具特色的一种。[1] 事实上，目前每个多边环境协定都要

---

[1] See Robin R. Churchill and Geir Ulfstein, "Autonomous Institutional Arrangements in Multilateral Environmental Agreements: A Little - Noticed Phenomenon in International Law," *American Journal of International Law* 94 (2000), pp. 623-659.

设立缔约方大会，大会定期举行会议（一般每年一次），大会对全体条约缔约方开放，[1] 并作为所属条约的最高决策机构。这些大会在不同条约制度里有不同的名称。例如，在捕鲸制度中，一年一度的缔约方大会被称为"国际捕鲸委员会"（IWC），国家代表被称为"委员"。而《远程越界空气污染公约》的缔约方大会被称为"执行机构"，尽管它是对全体缔约方开放的。

缔约方大会的决策权和决策程序根据不同协定而异。有的只有有限的接受新环境规则的权威（通常是经过三分之二或四分之三以上的多数投票通过），除了书面提出反对的缔约方，新规则对全体缔约方有效。而其他的可能还包括成立附属机构、审查实施情况和监测遵约情况的权力。除了缔约方大会外，多边环境协定还有常设秘书处；有时候协定会指定一个已有的机构，如联合国环境规划署，[2] 而在其他时候，协定则创立新的机构。[3]

为什么国家要创立这样的国际环境机构？在何种程度上，这些机构只是创设它们的国家的造物，而不是有自身权利的行为者？这些机构在处理环境问题上有多大的影响力和效力？这些是

〔1〕 这一一般原则的难得的一个例外是《南极条约》协商会议。只有缔约方通过实质研究活动证明它们在南极洲利益的条约缔约方并因此构成条约第9条第2款的"协商地位"时才有完整的投票权。

〔2〕 联合国环境规划署是《蒙特利尔议定书》《生物多样性公约》《巴塞尔公约》以及《濒危物种国际贸易公约》秘书处的所在机构。也有其他国际组织为多边环境协定提供秘书处服务，包括为《防污公约》《伦敦倾废公约》等海洋污染协定提供服务的国际海事组织，以及为《远程越界空气污染公约》提供服务的联合国欧洲经济委员会。至少有一个多边环境协定委任了非政府组织作为其秘书处，即《拉姆萨公约》委任了国际自然保护联盟，虽然这存在一些问题且缔约方正在考虑将秘书处从国际自然保护联盟中迁移出来，以使秘书处拥有和其他环境秘书处一样的国际法律地位。

〔3〕 比如，《国际捕鲸管制公约》的秘书处就是独立的机构。

我们要思考的核心问题。[1]

根据国际组织的功能主义理论，国家创设国际机构是为了实现那些国家难以单独实现的功能。这些功能包括收集信息、监测遵约情况，以及解决集体行动问题和提供公共产品。[2] 国际机构的最基本原理是效率：比起绝对临时的、分散的模式，一个常设的机构可以更容易、更有效率地进行国际治理。想象一下，如果每次当国家想要通过集体行动解决臭氧层空洞问题时，都要组织外交会议——选择时间地点、任命秘书处、决定程序规则、对信息的相关来源达成合意以及其他等问题，那该得有多难。像商业公司一样，通过消除持续重复的决定相关程序和相关角色的需求、允许以集中而协调的方式进行决策，国际机构降低了交易成本。[3] 这不仅仅可以促进效率，还可以创造更大的可预测性并使国家通过国际合作解决特定问题的承诺变得更加可信。

根据功能主义者和国家主义者的国际组织进路，国际组织实

---

[1] *See generally* Jan Klabbers, *An Introduction to International Institutional Law* (Cambridge: Cambridge University Press, 2002).

[2] 关于功能主义路径的一个描述和评论，参见 Michael Barnett and Martha Finnemore, "The Power of Liberal International Organizations," in Michael Barnett and Raymond Duvall, eds. , *Power in Global Governance* (Cambridge: Cambridge University Press, 2005), pp. 161-184. 在国际关系研究中，"功能主义"一词亦被用作更狭义的意思，用于指代与 20 世纪 20 年代大卫·米特兰尼相关的研究路径，他强调国家间的公共利益在全球一体化中的作用。*See* David Mitrany, *The Progress of International Government* (New Haven, CT: Yale University Press, 1933).

[3] Duncan Snidal, "International Political Economy Approaches to International Institutions," in Jagdeep S. Bhandari and Alan O. Sykes, eds. , *Economic Dimensions in International Law: Comparative and Empirical Perspectives* (Cambridge: Cambridge University Press, 1997), pp. 477-512, at 494-495.

质上是国家的代理人，行使被授予的权力。然而，正如代理理论告诉我们的，代理人有其自身利益，并不必然地完全按照委托人的希望行事。国际环境机构也是如此。虽然它们为国家所创设，但它们并不总是仅仅作为国家偏好的搬运工。相反，它们是有自身权利、功能、决策规则和机构文化的行动者，并通常有自己的职员（这些人是国际公务员而非国家代表）。

在分析国际机构时，我们可以根据它们脱离国家而自治的程度来将它们依次排列。在队列的一端，是像 G8 或《南极条约》协商会议这样的国际机构，仅仅是一个政府间的论坛；而在队列的另一端，欧洲人权法院根据《欧洲人权公约》自主审理案件，有稳定的财政预算和独立的法官。国际法用"法律人格"（legal personality）的概念来表示队列中的一点，超过这一点的国际机构被认为是足够自治的，有独立的法律存在并可以为了特定法律目的独立行动——提出主张、加入条约以及行使其他为满足其功能而需要行使的暗含的权力。

大多数国际机构处在政府间造物和自主行为者这两个极端之间。它们具有双重或混合的特质，通常有体现着其政府间特色的元素，也有与之相反的体现自治或独立的元素。例如，联合国一方面有由国家组成的联合国大会和安理会，另一方面又有由国际官员组成的秘书处。同样，世界银行包括代表成员国的理事会（Board of Governors），也包括以主席为首的全体职员和执行董事会（Board of Directors）。当提到联合国或世界银行时，首先要弄清楚指的是哪一个组成部分。当评论员批评联合国没能阻止苏丹的达尔富尔大屠杀时，他们指的是秘书处、成员国，还是两者都有？再或者，当分析者说世界银行有权制定与环境相关的执行政策时，他们是指执行董事会和永久雇员可以自行决定这么做，还是需要理事会的同意？

大多数国际环境机构在这一队列中更偏向政府间的一端而非超国家的一端。一般而言，缔约方大会承担主要的决策角色。它的权力包括谈判以及接受新的议定书或附件，修改现有的条约规则，并决定对现有条约规则进行扩充或解释。而国际环境秘书处虽然很重要，却相对较弱，没有像世界银行或国际货币基金组织等金融机构的独立性和权威。相反，它们承担的是大量的行政功能，如组织会议、收集和传递信息以及进行培训和能力建设项目。

虽然没有对国际环境机构的效力进行系统研究,[1] 但仍能得出几个有理有据的直观结论。首先，虽然缔约方大会只是国家见面交流的论坛，但它们对维持人们对特定事务的关注至关重要。国际捕鲸委员会一年一度的会议有助于确保捕鲸问题仍然保留在国际政策议程中，正如《濒危物种国际贸易公约》的缔约方大会使人们关注限制象牙、犀牛角或鲟鱼贸易的努力一样。相反，1940 年《西半球公约》因为没有规定后续机构而成为被人遗忘的"睡美人",[2] 虽然公约本身制定了很多强有力的实质性规

───────────

〔1〕 *See* Frank Biermann and Steffen Bauer, "Assessing the Effectiveness of Intergovernmental Organisations in International Environmental Politics," *Global Environmental Change* 14 (2004), pp. 189-193.

〔2〕 Simon Lyster, *International Wildlife Law* ( Cambridge: Grotius Publications, 1985), p. 124 (将《西半球公约》称为"沉睡的条约")。

定，但几乎没有对国家行为产生影响。常规会议是如此的重要，以至于最初没能设置此类会议的《拉姆萨公约》为了弥补这一失误用了相当长时间去修改公约。[1]

　　虽然常规的缔约方大会处在队列中政府间的一端，但它们也 122 倾向于发展自己的身份和动态结构，用于限制国家主权，至少是最低限度地限制主权。例如，布什政府可能希望气候变化议题会在国际舞台上消失，但《联合国气候变化框架公约》的年度会议每年都针对这一议题。定期会议将国家陷于独立存在的国际过程中。出席定期会议有助于让国家代表进行社交；开始产生一种集体文化并使代表们的行为发生改变，从作为各个国家的代表单独行动变成以集团的形式行动。通过这种方式，缔约方大会可以不纯粹作为国家喜好的传达工具，并达成和国家单独行动所不同的结果。

　　对于允许投票表决（而非全体一致或无异议的决策）或者可以只由一部分缔约方组成的国际机构，它们表现出更清晰的团体特征。国家参与允许合格的多数票进行决策的国际机构或者有限成员的机构（比如环境规划署的理事会、全球环境基金的委员会，或者《濒危物种国际贸易公约》的常务委员会），就接受了一个可能会达成其反对的结果的过程。的确，大多数多边环境协定都给了反对国退出其不赞同的决定的权利。但是实践这一权利很难，尤其是对于弱势国家而言，它们害怕被其他条约缔约方疏远。因此，国家最终会勉强同意它们不赞同的决定。例如，博茨

――――――――――

　　[1] 因为《拉姆萨公约》一开始通过的时候并没有规定修订程序，缔约方必须分"两步走"，先通过一个议定书建立修订程序，然后用这一新程序去通过规定缔约方常规会议的修正案。

瓦纳和南非等非洲南部国家最终接受了《濒危物种国际贸易公约》1990 年对象牙贸易的禁令，即使它们曾强烈辩称这些禁令不该对它们适用，因为它们成功地控制了非法狩猎。

除了缔约方的定期会议，大多数国际环境制度还认识到了常设秘书处的作用。即使是长期没有建立秘书处的《南极条约》体系，[1] 最近也在打算建立。条约秘书处有一系列功能，从为政府间会议提供行政支持到更实质性的功能，例如委托研究、设置议程、编辑和分析数据、提供技术专家意见、调停国家、制定折中方案、监控遵约情况以及资金和技术援助。[2]

123　　虽然秘书处是在缔约方指导下运行的，且一般并不具有决策功能，但缔约方并不能集体决定所有事务。因此，秘书处官员不可避免地要自行作出很多决定。在这么做的过程中，他们必然要对机构的行为产生影响；他们代表着"创造并传播知识，形成如何构建并理解问题的强有力的话语和叙事方式，通过专业知识和理念影响谈判，实施已经达成一致的标准"的独立行为者。[3]例如，全球环境基金的秘书处管理着多个多边环境协定的财政机

---

〔1〕 在《南极条约》秘书处建立之前，秘书服务的提供是通过轮转模式，由预定的国家主持缔约方的下次会议。《国际珊瑚礁倡议》（International Coral Reef Initiative）也是如此。

〔2〕 Rosemary Sandford, "International Environmental Treaty Secretariats: Stage-Hands or Actors?" in Helge Ole Bergesen and Georg Parmann, eds., *Green Globe Yearbook of International Cooperation on Environment and Development* 1994（Oxford: Oxford University Press, 1994）, pp. 17-29.

〔3〕 Frank Biermann and Bernd Siebenhüner, "Managers of Global Change: The Core Findings of the MANUS Project," *Global Governance Working Paper No.* 25（Amsterdam: Global Governance Project, July 2007）, p. 25.

制，通过筛选和评估项目计划，对资助决定有着显著的影响，虽然这些决定最终是由政府间机构作出的，比如全球环境基金的理事会和《蒙特利尔议定书》的多边基金执行董事会。同样，《濒危物种国际贸易公约》授权其秘书处得以收集关于遵守的信息，以及提议由特定成员国对持续的违法行为采取措施。[1]

一些人害怕国际机构的自治权会导致一些通病，也许其中最重要的是缺乏问责。[2] 这种担忧虽然是有根据的，但需要着眼全局进行思考。和所有组织一样，国际机构也会产生机构成本。同时，即使是最强大的环境机构，也是相对弱势的。它们没有军队（虽然美国极端民族主义组织担忧联合国的"黑色直升机"）。它们没有独立的资源，依赖国家提供资金。它们甚至也没有接受有约束力的规则或决定的一般性权威。简而言之，国际机构用松散的治理模式而非等级结构来取代无政府状态。它们的影响不是基于实体性权力，而是它们被认可的中立性、专业性以及为国家提供利益的能力，这些促成了更普遍的对多边治理正当性的信念。[3]

## 三、非政府组织

非政府组织不是什么新鲜事物，它们"拥有悠久的历史，可以追溯至（中世纪的）行会"。[4] 在过去的 30 年间，非政府组

---

〔1〕 CITES art. XII.

〔2〕 *See, e. g.*, Michael N. Barnett and Martha Finnemore, "The Politics, Power, and Pathologies of International Organizations," *International Organization* 53 (1999), pp. 699-732.

〔3〕 Barnett and Finnemore, "Power of Liberal International Organizations," 169-175.

〔4〕 Wolfgang E. Burhenne, "The Role of NGOs," in Winfried Lang, ed., *Sustainable Development and International Law* (London: Graham & Trotman, 1995), pp. 207-211, at 207.

织的数量激增。迄今为止，超过 2500 家非政府组织为联合国提供咨询，还有数以千计的非政府组织在国家层面进行运作。[1]虽然分类上的困难使得我们难以获知有环保倾向的非政府组织的确切数字，但粗略地估计，1992 年地球峰会时大约有 1378 家，到 2002 年约翰内斯堡峰会时新增了 737 家，其中约有 800 多家参与了国际自然保护联盟的活动。

124

环境保护非政府组织在很多方面存在差异。大部分环境保护非政府组织的关注点集中在国内，旨在在某个特定国家内推动能源节约或栖息地保护。也有些非政府组织有更国际化的倾向，或者是可参与国际会议或网络，或者是因为在很多国家有业务。其中一些是大型的有数以万计的成员的会员制组织，比如奥杜邦学会或塞拉俱乐部（Sierra Club）；而其他的是"内部"玩家，主要在华盛顿、纽约和日内瓦等国际中心进行活动。其中有一些具有广泛的环境目标；另一些则是专注于特定的问题，比如森林退化、杀虫剂或捕鲸。还有一些，像绿色和平，实际上是行动主义者或草根的；而另一些，如世界资源研究所（World Resources Institute）和塔塔能源研究所（Tata Energy Research Institute），充当的是智库的角色；[2] 也有一些，像大自然保护协会（Nature Conservancy）和国际保护组织（Conservation International）是运营层

---

〔1〕 全球所有种类的非政府组织的总数估计有 51 509 家，虽然其中大约有 24 000 家可能属于不活跃的或非传统的。Union of International Associations, ed. , *Yearbook of International Organizations: Guide to Global Civil Society Networks*, 2005/2006, vol. 5: *Statistics, Visualizations and Patterns* (München, Germany: K. G. Saur, 2005), p. 3.

〔2〕 认识到这一事实，如今气候变化制度对环境类非政府组织和研究类非政府组织进行了区分。

面的，可以直接承担环境项目。

（一）非政府行为者的角色

出于一系列原因，非政府行为者在国际环境政治中扮演非同寻常的积极角色：

· 国际环境问题的物理特性意味着科学家在国际环境法中发挥的作用比在国际法的其他领域更加明显。

· 国际环境问题主要是由私人行为而非政府行为导致的，这一事实意味着私人部门是大多数国际环境规范的最终规制目标，因此私人部门通常在这些规范内容中占据相当大的比重。

· 国际环境问题影响到公共生活的许多不同部门以及国内政策（每个都有其相应的利益群体）的许多不同领域，这一事实意味着国际环境政治早已成为非政府群体活跃参与的领域。

在不同的事项上，非政府行为者的影响存在很大差异，而且对其积极或消极的评价取决于评价者的个人观点。国家具有广泛的非环境利益，而与之不同，环境保护非政府组织的使命更为专一，所以更愿意投身于环境问题。在议题架构和议程制定阶段，非政府组织的影响力最强，因为科学发展发现了问题，而环境组织推进其引发社会关注。相反，在制定标准的阶段，非政府主体的影响力就会下降，这是国家小心翼翼地发挥作用的阶段。虽然如此，非政府组织和企业的游说有助于政府立场的形成，非政府组织也通过私人的制定标准的倡议在规则创建的领域取得越来越

125

大的成功，比如海洋和森林管理委员会。最后，虽然通常认为非政府组织在实施中发挥着非常重要的作用，但最近一项研究发现这种重要性是非常模糊的。[1]

（二）影响力的来源

非政府组织是如何影响国际环境过程的？它们的影响力来源是什么？不同的非政府组织有不同的答案。在某些情况下，影响力基于特别的因素，比如非政府组织和政府官员间的私人关系导致了政府立场和非政府立场间的相互转化。[2] 然而，在一般情况下，非政府行为者是通过游说政府决策者或者改变他们的成本收益计算的方式产生影响力的。

**专业知识**。通常，非政府组织的影响力实际上是认知性的。非政府组织通过提供信息、政策分析和科学技术专家的意见来产生影响。例如，国际自然保护联盟的《濒危物种红色名录》（Red List of Threatened Animals，即红皮书）是关于濒危物种的科学信息的主要来源。绿色和平提供了很多关于非法捕鲸活动和危险废物贸易的信息，而国际野生物贸易研究组织作为一个非政府组织监测网络，是关于濒危物种非法贸易的信息的首要来源。未来资源研究所（Resources for the Future）等环境智库以及环境保护基金（Environmental Defense Fund）等政策导向的非政府组织分析

---

〔1〕 Kal Raustiala and David G. Victor, "Conclusions," in David G. Victor, Kal Raustiala, and Eugene B. Skolnikoff, eds., *The Implementation and Effectiveness of International Environmental Commitments*: *Theory and Practice* (Cambridge, MA: MIT Press, 1998), pp. 659–707, at 664–665.

〔2〕 例如，在克林顿执政的最后几年，美国环保署和能源署中关于气候变化问题的领导官员都有非政府组织背景。

可替代的政策选择，并通常会提出它们的政策建议。在气候变化谈判中，国际环境法与发展基金会为小岛屿国家联盟提供关于谈判和法律的专家意见，有时候直接作为小岛屿国家谈判成员参与谈判。在所有这些情况下，非政府组织的影响力都取决于它们提供信息并使人信服的能力。

**公共利益。**环境保护非政府组织也试图通过宣称代表"公共"利益而非私人利益来施加影响。有时候，这些声明是值得怀疑的。例如，批评家指责绿色和平组织反对壳牌公司将布兰特·史帕尔（Brent Spar）石油平台沉入北海的运动，是出于筹集资金而制造公众舆论支持的虚伪把戏。[1] 非政府组织禁止象牙贸易的运动也受到过类似的批评。[2] 即便如此，很多人接受了非政府组织作为无利害关系的环境保卫者的形象，正是这个形象给非政府组织提供了存在的正当性。对很多人而言，世界自然基金会的熊猫标识是认可产品环境表现的标志。非政府组织为环境代言的信念使它们能够动员公众舆论，例如，支持禁止使用持久性有机污染物的运动或禁止购买非可持续生产木材的运动。

**代表。**大型的会员制组织为了维护自身立场，有时也做出相

126

---

　　〔1〕 *See, generally* Grant Jordan, *Shell, Greenpeace and Brent Spar* ( Basingstoke, U. K.：Palgrave Macmillan, 2001). 布兰特·史帕尔是壳牌公司运营的在北海的一个废弃的石油储存和油轮装油平台。1995 年，壳牌申请将这一平台沉入苏格兰海岸外的深海中，宣称这是最安全的选择。绿色和平组织掀起一场全球范围的抵制该计划的运动，并占领了布兰特·史帕尔几个星期。最终，壳牌撤回了它的申请。

　　〔2〕 *See, e. g.*, Raymond Bonner, *At the Hand of Man：Peril and Hope for Africa's Wildlife* ( New York：Vintage, 1994).

关但更明确的声明，即声称代表它们的成员。[1] 鉴于组织的决策是由领导层而非成员决定的，这一声明并不总是正确的。加入塞拉俱乐部或者奥杜邦学会的人们也许并不太明白组织在气候变化等特定事项上的具体立场。而且大多数非政府组织控制其领导层的问责制都相对薄弱。[2] 即便如此，一位非政府组织的捍卫者的观点无疑是有些道理的，即"例如，如果一个人非常关心禁止捕鲸活动，他就会发现在国际层面上，他自己的政府有很多必须同时追求的目标，而世界自然基金会可以比他的政府更好地代表他的观点"。[3] 此外，不论如何，塞拉俱乐部、奥杜邦学会和世界自然基金会等拥有数以万计的成员这一事实使得它们在政治上不像小组织那样容易被无视。

**财政资源**。尽管大部分环境组织没有庞大的预算，但一些大型非政府组织还是掌握着可观的资源。大自然保护协会拥有超过50亿美元的资产和每年超过10亿美元的运作资金，绿色和平有近2亿美元的年度基金，而世界自然基金会有大概2.25亿美元。比起政府机构或企业，这些资金相对来说并不算多，但是它们使得非政府组织可以承担相当多的项目或对项目进行财政支持。在

---

〔1〕 例如，为反对《美国—秘鲁自由贸易协定》（V. S. -Peru FTA），一些环境组织在给国会的信中开头写道："代表我们百万成员，我们极力主张你们反对《美国-秘鲁自由贸易协定》。"Letter by Defenders of Wildlife, Friends of the Earth, Sierra Club, Center for International Environmental Law, and Earthjustice to Congress (March 10, 2006).

〔2〕 *See* Peter J. Spiro, "New Global Potentates: Nongovernmental Organizations and the 'Unregulated' Marketplace," *Cardozo Law Review* 18 (1996), pp. 957-969.

〔3〕 Daniel C. Esty, "Non - Governmental Organizations at the World Trade Organization: Cooperation, Competition, or Exclusion," *Journal of International Economic Law* 1 (1998), pp. 123-147, at 132.

20 世纪八九十年代早期，世界自然基金会（美国）向世界各地的 2000 多个项目捐助了超过 6000 万美元。[1]

### （三）影响途径

127

非政府组织可以作为局内人或者局外人施加影响。作为局内人，它们的影响路径是说服；作为局外人，它们的影响路径是施加压力。作为局内人，通过和政府或企业决策者发展出亲密的工作（有时是私人的）关系，即作为"职业赌徒"（repeat players）来发挥最大影响力。作为局外人，能发挥最大影响力的非政府组织则是那些最有能力动员公众意见比如说开展指责和羞辱活动的组织。

非政府组织试图通过一系列因果路径实现它们对不同主体的影响力。[2]

**国家政府**。非政府组织和企业通常通过影响国家政府来影响国际环境政策。它们游说本国支持某项国际政策或履行某项国际义务。或者，越来越多地，它们与其他国家的非政府组织结成联盟来影响其他国家（经常是通过跨国联合，如气候行动网络）。20 世纪 90 年代末，当我参与克林顿政府的后京都时代气候变化谈判工作时，环保组织和企业不断游说我们采纳它们的立场——比如，建立排放配额交易规则或通过造林活动消除大气中的碳的信用规则。同样，在 20 世纪七八十年代，反捕鲸组织也推动了

---

〔1〕 Thomas Princen and Matthias Finger, *Environmental NGOs in World Politics: Linking the Local and the Global* (London: Routledge, 1994), p. 34.

〔2〕 *See* Peter J. Spiro, "Non-Governmental Organizations and Civil Society," in Daniel Bodansky, Jutta Brunnée, and Ellen Hey, eds., *The Oxford Handbook of International Environmental Law* (Oxford: Oxford University Press, 2007), pp. 770-790.

美国反对商业捕鲸。

非政府组织对国家政策的影响因国而异，取决于一个国家的国内政治过程。比如说，在代议制民主国家的影响力要大于在其他政体的国家。

非政府组织对国家政策的影响力也取决于是否有重大的经济利益与之相抗衡。非政府组织一直以来对美国捕鲸政策产生重要影响，部分原因在于美国不再拥有任何捕鲸产业。同样，环保组织成功说服美国接受 1989 年象牙贸易的禁令，是因为美国缺少继续象牙贸易的经济利益。与之形成对比的是，非政府组织在美国气候政策上就几乎没有什么成功的影响。

通常，非政府组织试图直接对行政机关直接施加影响。如果不行的话，非政府组织和企业会去寻求国会或者法院的支持。[1]

---

〔1〕 关于国会游说的一个有趣的案例研究，参见 Barbara J. Bramble and Gareth Porter, "Non-Governmental Organizations and the Making of US International Environmental Policy," in Andrew Hurrell and Benedict Kinsbury, eds. , *The International Politics of the Environment: Actors, Interests, and Institutions* ( Oxford: Oxford University Press, 1992), pp. 313-353, at 325-336. 两位作者描述了 20 世纪 70 年代美国非政府组织努力推动美国政府支持世界银行的环境改革。非政府组织一开始游说国会成员组织关于世界银行环境影响的听证会。在听证会上，非政府组织提交了世界银行项目造成重大环境损害的证据。与国会成员合作，非政府组织提出了给财政部的建议（财政部在世界银行理事会中代表美国），并继续通过公布世界银行的环境问题来构建对行政部门的公众压力。它们也与发展中国家的非政府组织建立了合作，以支持世界银行的改革。不论是因为它们的这些努力还是其他独立原因，世界银行事实上已经变得更加绿色。世界银行在 1988 年成立了一个环境部门，在 1989 年确立了环境影响评价程序，并在 1993 年建立了监察组程序（可以接受个人的申诉）。2001 年，其通过了一项综合环境战略。与之类似，卡尔·劳斯蒂拉认为，环境组织成功说服克林顿当局在《北美环境合作协定》中加入公民诉讼程序，可以归因于当局需要国会批准协定的事实。Kal Raustiala, "Police Patrols and Fire Alarms in the NAAEC," *Loyola of Los Angeles International and Comparative Law Review* 26 (2004), pp. 389-413, at 401.

在 20 世纪 80 年代早期，美国鲸类协会（American Cetacean Society）等反捕鲸群体因为未能使总统就日本不接受商业捕鲸禁令的行为而对其施加制裁，在联邦法院提起了诉讼。[1] 最近，海龟保护组织试图利用法院强迫联邦政府制裁那些没有要求其捕虾渔民使用海龟逃脱装置（防止海龟被渔网捕捉到的装置）的国家。[2]

国际环境法越来越多地试图推动国家决策过程中的公众参与，因为公众参与被认为能够提供正当性基础并可以产生更好的决策。[3]《里约宣言》的第 10 项原则建议国家鼓励公众参与并提供公众参与司法和行政程序的有效路径。1998 年《奥胡斯公约》随后在区域层面进一步详细阐明了这一原则。[4]

非政府组织不仅希望通过国内政治过程影响本国政府，还希望扩展至国际层面。目前大多数主要的环境谈判都有很多非政府组织出席，它们监督其政府的立场和言论，以防止可能的倒退。在 2000 年的海牙气候会议上，一群非政府组织参与者站在走廊里向欧盟谈判者高声呼喊，要求他们坚持立场，以表明他们反对他们所看到的美国试图达到的对最终结果的削弱。最终，欧盟谈判者（大多数情况下，是与非政府组织有密切联系的环境部门官员）否定了与美国达成的初步的交易（虽然很难说这是不是因为

[1] *Japan Whaling Association v. American Cetacean Society*, 478 U. S. 221 (1986).

[2] *Earth Island Institute v. Christopher*, 20 Ct. Int' l Trade 1221 (1996), *vacated*, *Earth Island Institute v. Albright*, 147 F. 3d 1352 (Fed. Cir. 1998)（主张国际贸易法庭缺乏对环境和动物保护组织执行先前判决的行动的管辖权）。

[3] *See generally* Jonas Ebbesson, "Public Participation," in Bodansky, Brunnée, and Hey, eds., *Oxford Handbook of International Environmental Law*, 681–703.

[4] 1998 年联合国欧洲经济委员会通过了《奥胡斯公约》，联合国欧洲经济委员会的成员不止包括欧洲国家，也包括美国和加拿大，以及以前属于苏联的一些亚洲国家。

非政府组织的压力）。

在一些领域（如捕鲸）中，非政府组织的影响力很大，国家会邀请一些非政府组织作为观察员参与其国家代表团。这有时候会造成一种奇怪的伙伴关系。20 世纪 80 年代末，当我在为国际捕鲸委员会美国代表团工作时，我们不确定那个做过一周我们代表团成员的非政府组织代表会不会成为我们的下一个诉讼对手。

非政府组织也和其他意见一致的国家代表团保持着密切的关系。1991 年，国际环境法中心（现在更名为"国际环境法与发展基金会"）帮助创建了小岛屿国家联盟，并在 20 世纪 90 年代代表很多小岛屿国家参与气候变化谈判。与之形成对比的是，在同一时期的大部分时间里，全球气候联盟（Global Climate Coalition）——一个基地在美国的、和能源企业关系密切的非政府组织，支持石油出口国的代表团，反对严格的气候措施。

129　　**国际机构**。虽然国际法没有赋予非政府组织参加国际机构的一般性权利，[1] 但很多制度都允许非政府组织的参与。2005 年，《奥胡斯公约》（一个规定了国家决策参与权利的区域性协定）的缔约方通过了《阿拉木图准则》（Almaty Guidelins），试图推进国际论坛中的公众参与。[2] 在少数情况下，非政府组织在国际上有准官方的地位。国际自然保护联盟，这一既包含政府机构也包含非政府群体的独特组织是其中最为杰出的代表。它启动了《濒

---

〔1〕　See Alan Boyle and Christine Chinkin, *The Making of International Law* ( New York: Oxford University Press, 2007), p. 57.

〔2〕　Second Meeting of the Parties to the Convention on Access to Information, Public Participation in Decision-Making and Access to Justice in Environmental Matters, Almaty, Kazakhstan, May 25-27, 2005, *Decision II/4: Promoting the Application of the Aarhus Convention in International Forums*, UN Doc. ECE/MP. PP/2005/2/Add. 5 (June 20, 2005).

危物种国际贸易公约》的谈判，准备了公约草案的第一稿，并一直是关于应受保护物种信息的关键来源，而且现在还为《拉姆萨公约》秘书处提供场所。国家接受它的"内部人"地位，部分原因在于它们认为它是一个中立专家机构而非煽动组织，也有部分原因在于它的成员不仅包括非政府组织，也包括政府机构。国际野生物贸易研究组织也是由于其专业意见而获得了准官方地位，它是国际自然保护联盟和世界自然基金会的联合机构，在《濒危物种国际贸易公约》制度下监测野生物种的非法贸易。[1]

然而，非政府组织参与国际机构的最普遍的方式并不是作为完全的参与者，而是作为观察员。大多数国际协定允许非政府组织作为观察员参与缔约方年度会议，[2] 这一身份使它们能够参与公开会议，但无法参与讨论关键问题的闭门会议。一些国际制度走得更远，允许非政府组织不仅可以观察，而且可以提供信息、进行陈述、评论工作文件，甚至在一些情况下可以提交正式文件批评某一组织的行为，最突出的例子是世界银行监察组（World Bank Inspection Panel）。[3] 此外，条约秘书处还可以招募

〔1〕《濒危物种国际贸易公约》秘书处已经开始了一项与国际野生物贸易研究组织合作的正式安排，依据是第 12 条第 1 款，其授权秘书处与"合适的"非政府组织进行合作。

〔2〕《联合国气候变化框架公约》的第 7 条第 6 款非常典型。其允许非政府机构作为观察者出席缔约方大会，除非有三分之一以上的缔约方反对。

〔3〕 世界银行监察组成立于 1993 年，由三名成员组成，目的是改善世行的问责机制并确保世行坚持其社会和环境政策及程序。认为自己因世行项目受损的人可以向监察组投诉。监察组是一个事实认定机构，对所宣称的世行对自身政策和程序的违反进行调查。除了世界银行监察组，一些国际协定允许个人启动国际审查程序。根据《北美环境合作协定》第 14 条，如果缔约方没能实施其环境法律，个人可以向环境合作委员会提出。同样，根据 1998 年《奥胡斯公约》第 15 条，就不遵守事项，个人可以直接向遵守委员会提出。

非政府组织准备技术报告和研究，承担对当地官员的培训项目等等，因此为非政府组织提供了参与国际制度的另一个切入点。

**企业**。通过国家政府或者国际机构影响企业是一种迂回路径，而企业往往是非政府组织行为的根本目标。非政府组织必须说服它们的政府，接着说服国际机构制定规则，再由国家将规则适用于企业。一个简单点的方式是通过舆论和消费者压力直接影响企业。一个著名的例子是绿色和平组织反对壳牌沉没布兰特·史帕尔储油平台的运动，这一运动依赖于公众抵制。

非政府组织的努力不仅集中在简单的对特定行为的反对上，也越来越多地包括主动和企业进行合作以制定自愿性的行为规则。一个突出的例子是森林管理委员会，非政府组织最初创立它是对1992年里约峰会未能接受有约束力的森林协定（《关于森林问题的原则声明》）的回应。通过森林管理委员会，环境保护非政府组织、土著群体以及木材生产商和零售商制定了可持续发展森林的标准，并通过私人组织的森林生产证书系统加以实施。[1] 类似的机构还包括海洋管理委员会和世界水坝委员会（World Commission on Dams）。[2]

---

〔1〕 Benjamin Cashore, Graeme Auld, and Deanna Newsom, *Governing through Markets: Forest Certification and the Emergence of Non-State Authority* (New Haven, CT: Yale University Press, 2004); Errol E. Meidinger, "The New Environmental Law: Forest Certification," *Buffalo Environmental Law Journal* 10 (2002 - 2003), pp. 211 - 300; http://www.fsc.org/ (accessed 2/3/09).

〔2〕 世界水坝委员会成立于1998年，其成员来自政府、国际组织、企业、非政府组织和学界。

## 四、企业

如果说环境保护非政府组织是高度异质性的，那企业的情况可能有过之而无不及。[1] 企业可能是绿色的或是褐色的，大型的或小型的，一国的或跨国的。即使在同一经济部门，企业对环境问题的看法也存在很大差异，部分原因在于企业文化的差别。[2] 英国石油（BP）和埃克森美孚（Exxon Mobil）在气候变化问题上迥异的立场就是一例。此外，和国家一样，企业也有很多组成部分，各组成部分都有不同的价值观和利益，并因此具有不同的立场。例如，企业的高层和中层管理者间的环境观点可能存在分歧，而这些管理者是实际上实施该领域环境政策的人。[3]

企业对环境问题的产生和解决都有显著的"贡献"。例如，像丰田这样的汽车企业通过制造行为直接产生污染，同时也通过生产的汽车间接产生污染。[4] 但它也能通过清洁其生产流程和开发低排放车辆来帮助解决环境问题。

企业在很多环境问题中的关键角色有两重意思：第一，因为国际环境法通常是针对国家施加一系列的约束，所以企业虽然往往是国际环境规制的目标，但不是直接的目标，而是间接地作为

---

〔1〕 本章得益于关于企业角色的一份杰出分析，参见 Stephen R. Ratner, "Business," in Bodansky, Brunnée, and Hey, eds., *Oxford Handbook of International Environmental Law*, 807-828.

〔2〕 Gunningham, Kagan, and Thornton, *Shades of Green*.

〔3〕 Ibid.

〔4〕 当然，企业的行为并不是孤立的。其与个人的关系是共生的，既要回应公众需求又影响着公共需求的塑造。

最终政策目标。《防污公约》对油轮建造、设计、装备和运营作出了非常具体的规定。虽然这些标准并不直接适用于私人主体（实际上和所有协定一样，《防污公约》只对国家提出要求），但通过成员国的国内实施，它们最终决定着轮船建造者和运营者的行为。

第二，企业作为行为者参与国际环境过程。鉴于规制过程与它们的利益密切相关，它们积极地尝试影响国际环境法的制定和实施。

（一）作为环境规制目标的企业

一般而言，国际环境法适用于国家，而不直接适用于私人主体。[1]虽然环境错误行为的受害者试图起诉企业违反国际环境法，但直接要求企业担责的尝试至今都没有成功。相反，国际环境法以国内法为媒介间接地适用于企业。这就有了一个问题：哪些国家可以（或者必须）对哪些行为者或行为适用哪些国际环境标准？[2]

如果企业的运营范围只在一个国家，那就没有哪个国家应该规制其行为的问题了。但对跨国企业的规制存在这一选择问题。一方面，公司运营地所在国（通常被称为"东道国"）可以规制其领土内的企业行为。比如法国可以约束埃克森美孚在法国的二

---

〔1〕 对国际法不对国家施加义务的"传统"观点的批评，参见 Ratner, "Business," 812.

〔2〕 *See* Richard L. Herz, "Litigating Environmental Abuses under the Alien Tort Claims Act: A Practical Assessment," *Virginia Journal of International Law* 40（2000）, pp. 545 - 638.

氧化碳排放。或者，一国可以约束"它们的"企业在世界各地的行为。如埃克森美孚的"老家"（即"国籍国"）美国可以约束埃克森美孚在全球范围内的行为。或者东道国和国籍国都可以行使并存的管辖权，这可能使跨国公司面临互相冲突的规则要求。

国际环境制度通常推定进行属地管辖。国际环境规范适用于一国领土内的行为：温室气体排放、消耗臭氧层物质的消费、湿地保护等。所以，根据《京都议定书》，法国要为其境内埃克森美孚的排放行为负责，德国为其境内的负责，沙特阿拉伯也为其境内的负责。气候变化制度内一个主要的例外是飞行器和船舶的排放，因其难以归入某一地域，所以需要不同的管辖规则。

对于国家领土外发生的行为，国际法一般依赖于属人管辖。例如，根据《南极条约》，国家有责任规制其国民在南极的行为。同样，《防污公约》主要依赖船旗国去对船舶适用其标准，既是因为很多海洋污染的发生地在公海而不在任何国家领土范围内，也是因为担忧沿岸国严格的规制会阻碍航海自由。 132

（二）作为国际环境过程参与者的企业

在国际环境过程中，企业不是单纯的无所事事的旁观者，等待着被规制。企业也是影响国际环境法制定和实施的一个活跃的角色——有时候是积极的有时候消极的。鉴于环境规制会对企业施加成本，企业反对规制的原因显而易见。但是为什么企业会在国际环境过程中发挥支持的作用呢？

在一些情况下，环境规制可能符合企业利益。环境规制很少对所有商业主体施加平均的成本：它们造就了获益者和受损者。

二氧化碳排放限制对煤的约束要大于对天然气的；而比起太阳能风能等可再生能源，两者都更不利。所以可再生能源生产者强烈支持温室气体规制也就不奇怪了。

有时候，在政府制定规则前，公司会自发地采取环境措施。例如，很多大企业，包括英国石油、通用电气、杜邦等，都通过了它们自己的自愿温室气体减排目标。一些企业这么做是因为它们相信绿色形象在市场中对其有利，它们认为消费者会通过他们的购买决定支持自己。有些则是认为规制不可避免，从现在开始调整有助于削减长期成本，或者它们的行动可以影响政府形成最终的规章，还有一些可能反映的是公司领导层的环境价值观。例如，沃尔玛的环境行动被认为部分原因在于它们希望由此抵消公司劳工问题所带来的批评，因此改善企业在市场中的形象，并且也有部分原因在于沃尔顿家族的环境价值观。[1]

一般而言，在影响国际环境过程中，企业依赖的那些因素和非政府组织类似。像非政府组织一样，企业的影响力通常也有认知学基础。商业专家作为《蒙特利尔议定书》技术专家评估小组的关键成员，为不同政策选择的技术可行性提供信息。但不同的是，企业很难像非政府组织那样自称代表公共利益。即便如此，133 企业也会声称它的私人利益反映了公共利益，即"对通用汽车好就是对美国好"（或者反之，那些对企业不友好的政策就是损害经济并因此损害大众的政策），这种论调往往也能找到支持者。

企业也有非政府组织所缺乏的资源，这带给了它们可观的影

---

[1] Marc Gunther, "The Green Machine," *Fortune*, July 31, 2006.

响力。像沃尔玛这样的公司拥有巨大的市场力量，如果它选择接受环境标准，它可以通过供应链将这些标准施加给其他的众多行动者。[1] 企业拥有的巨大的财政资源（某些情况下超过政府）可以被用来影响政治过程。最后，因为企业的合作态度可以使环境规范更易实施，所以政府在制定新规则时往往会非常关注企业。

和非政府组织一样，企业行为者通常通过本国政府间接地活动，不管是在国内层面还是国际层面。这一部分的努力可能不需要很多，因为国家在谈判中会倾向于保护本国的经济利益。[2] 然而，通常其他产业群体或环保主义者会推行相反的立场，所以企业行为者也需要为其立场进行游说。如果企业与本国政府立场不一致，那么它可能与立场相似的其他国家政府展开密切合作。美国企业游说者和沙特阿拉伯间的密切关系就是个很好的例证，这两者都反对严格的规制。

在政府间会议中，企业和非政府组织地位一样，也在相同的基础上进行参与。更为重要的是，商业群体也在政府间过程之外作为具有自身利益的独立行为者进行活动。一些情况下，它们会通过制定自己的私人行为规则"抢跑"国际规制，以表明它们能够有效地处理问题而国际规制是不必要的。20 世纪 70 年代早期，

---

〔1〕 Michael P. Vandenbergh, "The New Wal-Mart Effect: The Role of Private Contracting in Global Governance," *UCLA Law Review* 54 (2007), pp. 913-970.

〔2〕 在捕鲸事项上，日本的企业力量非常庞大，以至于经常由一位日本捕鲸协会的成员带领国际捕鲸委员会的日本代表团。Chasek, Downie, and Brown, *Global Environmental Politics*, 89.

油轮行业曾运用这一办法，发展出"上层装载"（load on top）流程来作为独立压载舱的替代手段。即使企业通过自我规制来阻截政府规制的努力被证明是无效的，但行业标准仍可作为模板或焦点影响之后出现的公共规制手段。《油轮船东自愿承担油污染责任协议》中关于油污污染责任的规定为 1969 年《民事责任公约》奠定了基础，而防止压载水污染的"上层装载"系统为《防污公约》中的一些油污污染规则奠定了基础。国际标准化组织负责为一系列问题制定技术标准，在这样的国际论坛中，企业直接参与标准制定过程并提供了重要的技术专家意见。其他的制定私人标准的例子还包括赤道原则，60 多家银行将其作为处理项目资助中环境和社会风险的框架规则，[1] 此外还有《关于可持续发展的国际商会商业宪章》（International Chamber of Commerce Business Charter for Sustainable Development）。[2]

最后，企业在实施过程中扮演着重要角色。实际上，有人可能会说它必须扮演关键角色。为了应对环境规制，企业可以共同合作改变其行为，或者它们可以在国会、行政机构或者法庭抵制新的措施，如汽车行业曾对加利福尼亚限制汽车二氧化碳排放的努力提出法律挑战。结果是，努力将商业群体纳入并使其接受规制体系对成功的实施是至关重要的。

## 结　论

传统国际法是国家中心的，国家意志在国际环境法的制定和

---

〔1〕　www. equator-principles. com（accessed 1/30/09）.

〔2〕　www. iccwbo. org（accessed 1/30/09）.

实施中扮演着主要角色。但是这一论断有两点需要注意：

第一，为了了解国家如何行动，我们需要了解构成国家并影响其政策的众多行为者：不同部门以及不同层级的政府、企业、非政府组织和个人。国际环境政治是国内环境政治的延伸，也同样受制于国内群体间的角力。

第二，虽然国家仍然是中心，但很多其他的行为者也扮演着重要角色。缔约方大会代表着介于政府间会议和国际组织两者之间的新型国际机构。非政府组织和企业所做的不仅是影响他们自己国家的政府，他们还参与国际会议，建立自己的机构并采取直接行动。

结果，公共和私人的、国际和国内的界限变得模糊不清。私人主体有时候会参与制定标准这种典型的公共事务，例如国际标准化组织和森林管理委员会。而且它们可以通过认证程序和供应链来实施并执行这些标准。只关注国家的传统国际法的世界已经离我们很远了。在接下来的时间里，我们还要走得更远，寻找国际治理其他替代形式的。

**推荐阅读：**

Michelle M. Betsill and Elisabeth Corell, eds., *NGO Diplomacy: The Influence of Nongovernmental Organizations in International Environmental Negotiations* (Cambridge, MA: MIT Press, 2008).

Pamela S. Chasek, David L. Downie, and Janet Welsh Brown, *Global Environmental Politics* (Boulder, CO: Westview Press, 4th

135

ed. 2006).

Robin R. Churchill and Geir Ulfstein, "Autonomous Institutional Arrangements in Multilateral Environmental Agreements: A Little-Noticed Phenomenon in International Law," *American Journal of International Law* 94 (2000), pp. 623–659.

Neil Gunningham, Robert A. Kagan, and Dorothy Thornton, *Shades of Green: Business, Regulation, and Environment* (Stanford, CA: Stanford University Press, 2003).

Peter M. Haas, ed., *Knowledge, Power, and International Policy Coordination* (Columbia: University of South Carolina Press, 1997).

Andrew Hurrell and Benedict Kingsbury, eds., *The International Politics of the Environment: Actors, Interests, and Institutions* (Oxford: Oxford University Press, 1992).

Margaret E. Keck and Kathryn Sikkink, *Activists beyond Borders: Advocacy Networks in International Politics* (Ithaca, NY: Cornell University Press, 1998).

Thomas Princen and Matthias Finger, *Environmental NGOs in World Politics: Linking the Local and the Global* (London: Routledge, 1994).

Stephen R. Ratner, "Business," in Daniel Bodansky, Jutta Brunnée, and Ellen Hey, eds., *The Oxford Handbook of International Environmental Law* (Oxford: Oxford University Press, 2007), pp. 807–828.

Kal Raustiala, "States, NGOs, and International Environmental Institutions," *International Studies Quarterly* 41 (1997), pp. 719 - 740.

Jacob Werksman, ed. , *Greening International Institutions* (London: Earthscan, 1996).

# 第七章

# 克服国际合作的障碍

所有事物中治理和合作都是⋯⋯生存的法则。混乱和竞争是⋯⋯
死亡的法则。

——约翰·罗斯金《现代画家》

(John Ruskin, *Modern Painters*)

在国际法律进程脆弱的情况下，国际环境规范的扩张现象就
显得更不寻常。国际法缺少制定法律的立法机关、解释和适用法
律的司法机关和执行法律的行政机关。虽然这些观点是老生常
谈，但也反映了重要的现实。国际环境法是如何产生的？国际合
作的障碍是什么？国际环境法是如何处理这些障碍的？国际环境
法对行为有多大程度的影响，以及为什么？实施和执行国际环境
法的手段是什么？这些是国际环境法律过程面临的基本挑战。

上一章我们探讨了相关主体，现在我们可以拾起第三章遗留
下的问题，并探讨国际合作的障碍和国际环境法的功能。在研究
国际进程时，有必要将其划分为三个阶段：设定议程、创制规范
和实施规范。当然，这些阶段之间并不是遵循一个简单的顺序的
进程，而是互相重叠和循环。甚至一项规范已经被接受或者实
施，其他问题和规范又会出现并进入国际议程。

在试图解释这一进程的时候，众多的因果要素和发生作用的过程使得要给出一般性论断是十分冒险的。各种要素都有可能让一个议题更有可能出现，让一项规范更有可能被制定，或者让一项条约更有可能被实施和执行：重大事件导致危机意识的产生，造成公众关注的激增；强大的科学；强有力的国家支持；反对力量的缺失。这些因素因事件、国家的不同而发挥出不同的作用。因此，对不同条约有不同的解释，不同国家可能会基于不同的理由接受同一条约。在某些情况下，科学发挥关键的作用；而另一些情况下则不是。某些情况下，有强大国家的支持很重要；但是在有些情况下，甚至很小的国家也能成功推动一项规范的出台。与其尝试弄清楚环境规范产生和影响行为的一般理论，追溯发挥作用的各种因果过程的中层概括可能更有用。或者换句话说，历史的方法比社会科学的方法更有成效。

本章将探讨问题如何进入议程以及规范如何出现，并由此开始对国际法律进程的学习。然后，第八章和第九章关注国际环境法的三种主要渊源：条约、习惯法和一般原则。最后，第十章到第十二章将探讨实施和执行的过程。

## 一、议题设定

酸雨、臭氧层消耗或持久性有机污染物这类问题是如何进入国际环境议程的？什么原因导致了国家关注这些问题而不是其他问题？

通常，科学至少是在最初识别和架构这些问题时发挥了重要作用。20 世纪 60 年代，酸雨成为国际议题，这要归功于瑞典化学家斯万特·奥登（Svante Oden）等科学家的工作，奥登将斯堪的纳维亚半岛湖泊和森林的退化与英德两国的二氧化硫排放联系到一起。氯氟烃长期被认为是无害的化学品，直到 20 世纪 70 年代中期才被当作问题。当时，两个大气化学家马里奥·莫利纳（Mario Molina）和舍任德·罗兰（Sherwood Rowland）在《自然》杂志上发表了一篇文章，推定氟氯烃慢慢进入外层空间并和臭氧层发生催化反应，由此破坏了臭氧层。[1] 同样，全球变暖也是由于记录二氧化碳在大气层中的累积的科学工作，因而在 20 世纪六七十年代作为问题出现。

尽管科学是重要的，但要注意两个问题：第一，一些环境问题的科学基础是薄弱的。例如，在欧洲地区，尽管没有强有力的科学证据证明转基因食品［有时也被称为"基因改造食品"（Frankenfoods）］对人体健康和环境的风险，但仍引起了巨大的关注。所谓的风险预防原则，就是支持对具有科学不确定性的环境风险采取行动并将这种关注合法化。

第二，相反地，科学议题产生的问题也并不会自动转化为政治上的问题。1979 年第一次全球气候大会（World Climate Conference）的组织者没有成功地劝说政策制定者出席时，他们就认识到了这点。[2] 所以说，科学虽然是个重要因素，但既不是设定

138

---

〔1〕 Mario J. Molina and F. S. Rowland, "Stratospheric Sink for Chlorofl uoromethanes: Chlorine Atom-Catalysed Destruction of Ozone," *Nature* 249 (1974), pp. 810-812.

〔2〕 Daniel Bodansky, "Prologue to the Climate Change Convention," in Irving M. Mintzer and J. A. Leonard, eds., *Negotiating Climate Change: The Inside Story of the Rio Convention* (Cambridge: Cambridge University Press, 1994), pp. 45-74.

议题的充分条件，也不是必要条件。

　　还有哪些其他因素有助于解释为什么有些问题会成为政治上优先考虑的事项？很多时候，偶然事件发挥着关键作用。20 世纪六七十年代发生的一系列重大的石油泄漏事件——其中最著名的是托利·卡尼翁号事故和阿尔戈商人号（Argo Merchant）油轮溢油事故——导致了处理油轮石油污染问题的多边条约的谈判。[1] "臭氧层空洞"（事实上是变薄而非真的空洞）的发现引起了公众对气候变化的关注，尽管这两个问题在公众认识里是相互关联的，但它们涉及不同的原因和物理过程，因此在科学和政策上彼此并没有什么关联。[2] 1988 年夏季巨大的热浪和干旱对全球变暖进入美国国家议程起到了催化剂的作用，导致乔治·布什在 1988 年总统竞选中宣布，如果他当选总统，他会用"白宫效应"（"White House" Effect）对抗温室效应。然而，近二十年之后，科学仍然不能将 1988 年的热浪等天气事件和气候变化确切地联系起来。

　　老布什政府的美国环保署署长威廉·瑞利（William Reilly）曾把设定议题的过程比作太空侵略者游戏。"在这个游戏里，当你在屏幕上看到一艘敌船时，就向它投掷两桶炸药——通常错过目标的频率和击中的频率一样高。"他回忆在环保署的工作也是如此，"当雷达屏上出现一个光点，我们就采取一系列控制措施

---

〔1〕 R. Michael M'Gonigle and Mark W. Zacher, *Pollution, Politics and International Law: Tankers at Sea* (Berkeley: University of California Press, 1979).

〔2〕 一些消耗臭氧层物质，如含氯氟烃和氢氯氟烃，同时也是温室气体，这导致了这两个事项的部分重叠。

去消除它。"[1] 虽然他说的是国内政策进程，但国际议程设定也有这种反应性的、"月度风险"（risk-of-the-month）[2]的特征。

"政策企业家"（policy entrepreneurs）——科学家、环保主义者以及有时候是政府领导者——的工作也很重要，他们将科学问题转化为成公众能够理解的语言，并在一般意义上架构这些问题。20 世纪 70 年代中期，一个科学知识经纪人（scientific knowledge brokers）群体通过一系列的国际研讨会和国会听证，积极推动气候变化问题，这些活动有助于将气候变化问题带入政策制定者和公众的关注领域。这个群体包括科学家、环境主义者、国际官员和立法者。最近阿尔·戈尔的电影和新书《难以忽视的真相》（An Inconvenient Truth）也发挥了类似的作用。

然而政策企业家需要肥沃的土壤来播种，此时公众的认知和关注就变得十分重要。正如社会心理学家所表明的，公众并不是以一种全面的和比较的方式来评估潜在的风险。相反，他们对某些类型风险的担忧胜过其他的。他们对偶然事件的反应（如干旱或鲸鱼搁浅）比常规性问题（如不安全的饮用水）激烈的多。相对于熟悉的问题，他们更害怕不熟悉的问题；相对于潜伏的、长期的问题，他们更害怕可见的、有形的问题。这也是由公众编制的最重要环境问题的清单和由专家编制的清单差异如

---

〔1〕 Daniel J. Fiorino, *Making Environmental Policy* (Berkeley：University of California Press, 1995), pp. 3-4.

〔2〕 John D. Graham and Jonathan B. Wiener, eds., *Risk vs. Risk：Tradeoffs in Protecting Health and the Environment* (Cambridge, MA：Harvard University Press, 1995), p. 234.

此之大的原因。[1]

最后，国际环境议题的决定还取决于推动这一问题的国家的大小、强弱。伊拉克在 2002 年成为国际政治议程的头等大事是由于世界上仅存的超级大国不断地推动。同样，石油污染成为需要国际解决的首要环境问题（通过 1954 年《防止海上油污染国际公约》）是因为两大拥有漫长海岸线的强国的推动，即 20 世纪 50 年代英国的推动以及其后 70 年代美国的推动。

虽然国家的大小很重要，但导致议题确定的因素非常复杂，而有时候即使弱小的国家也能使一个问题进入国际议程。一个著名的例子是，在 20 世纪七八十年代早期，瑙鲁和图瓦卢这两个太平洋小岛国，通过一位美国律师和海洋科学家持续而有技巧的主张，让低放射性废物的海洋倾倒在 20 世纪 70 年代和 20 世纪 80 年代初成为一个重大议题。其成果是在 1983 年，《伦敦倾废公约》缔约方作出了暂停倾倒的决定。

## 二、国际合作的障碍

一个问题出现并列入国际政策议程只是制定国际对策的第一

---

〔1〕 Paul Slovic, Baruch Fischhoff and Sarah Lichtenstein, "Rating the Risks," *Environment* 21（April 1979），pp. 14-20, 36-39. 因为有时候很明显而有时候难以理解的各种原因，这些因素在不同国家发挥的作用也不同，这依事项而定。比起在美国，转基因食物问题在欧洲是个更大的问题。反之，美国比欧洲更加重视臭氧层耗损问题。See, e.g., Sheila Jasanoff, *Risk Management and Political Culture: A Comparative Study of Science in the Policy Context* (New York: Russell Sage Foundation, 1986); Norman J. Vig and Michael G. Faure, eds., *Green Giants? Environmental Policies of the United States and the European Union* (Cambridge, MA: MIT Press, 2004); David Vogel, "The Politics of Risk Regulation in Europe and the United States," *Yearbook of European Environmental Law* 3 (2003), pp. 31-42.

步。很多情况下，国家间就某一议题的重要性、国际对策是否有必要以及如果必要的话要进行怎样的应对等问题存在分歧。实际上，就气候变化问题，英国当时的政府首席科学家大卫·金（David King）爵士曾认定这比恐怖主义对人类的威胁还要严重，[1] 而小布什政府只简单地将其认定为一场斗争。是什么导致了这些分歧？怎样才能克服这些分歧？

140 　　正如我们在第一章所看到的，环境争议经常是事实问题。土壤肥力是否在下降？如果是的话，该归咎于持久性有机污染物（如 DDT）吗？是酸雨导致的森林死亡吗？是污染导致的青蛙和鸣禽的数量下降吗？那些反对对这些问题采取措施的人，通常是因为科学基础薄弱，而不是因为环境不重要或不值得保护。[2]

　　例如，关于全球变暖的问题。二氧化碳和其他温室气体显然正在大气中积聚。通过对南极洲和冒纳罗亚火山等偏远地区的大气实际取样证实了这一点。然而，对于许多其他事实问题，怀疑论者提出了疑问。

　　例如，地球正在变暖吗？地表观测表明是的。然而多年来，怀疑论者主张卫星观测带来了不同的答案，这表明我们的地表观测结果可能是我们采用的测量方式（主要在城市地区进行测量）

　　[1]　David A. King, "Climate Change Science: Adapt, Mitigate, or Ignore?" *Science* 303 (January 9, 2004), pp. 176-177.

　　[2]　E. g., Bjørn Lomborg, *The Skeptical Environmentalist: Measuring the Real State of the World* (Cambridge: Cambridge University Press, 2001); Aaron Wildavsky, *But Is It True? A Citizen's Guide to Environmental Health and Safety Issues* (Cambridge, MA: Harvard University Press, 1997).

的人为产物，而非环境的真实变化。[1]

即便我们就地球变暖的事实达成一致，是什么导致了这一变化？是归咎于人为的二氧化碳和其他温室气体排放，还是它仅仅反映了气候系统的自然变化（就如导致了冰河期到来和结束的那种变化）？政府间气候变化专门委员会 1991 年的第一份报告拒绝回答这一问题。但从那以后，人类应当为全球变暖负责的证据日益明显，而该委员会最近的一份报告指出，"自从 20 世纪中叶以来，可观测到的全球平均温度的上升，其中大部分非常可能是由于可观测到的人为的温室气体浓度的增加。"[2] 即便如此，相当一部分美国公众仍然不相信这一结论。[3] 即使是相信的人通常也不愿意采取进一步措施，也不愿将卡特里娜飓风这样的特殊天气事件归因于气候变暖。他们最可能说的是，由于气候变暖的原因，这种极端天气事件有可能变得更为频繁。

此外，真正的担忧更多的是关于未来将会发生什么而不是今

---

[1] 2000 年，美国国家科学院出具了一份报告，指出表层变暖趋势"毫无疑问是真的"且"表层和上层空气趋势的不同并不能抹消掉表层气温正在上升的结论"。National Research Council, *Reconciling Observations of Global Temperature Change* (Washington, DC: National Academy Press, 2000), p. 2. 然而，这一争论仍在继续。See, e. g., Richard S. Lindzen and Constantine Giannitsis, "Reconciling Observations of Global Temperature Change," *Geophysical Research Letters* 29 (2002), 10. 1029/2001GL014704.

[2] Richard B. Alley et al., "Summary for Policymakers," in Susan Solomon et al., eds., Climate Change 2007: The Physical Science Basis (Cambridge: Cambridge University Press, 2007), pp. 1–18, at 10 (一开始就进行了强调)。在政府间气候变化专门委员会的估算中，"非常可能"是指超出90%的可能性。Susan Solomon et al., "Technical Summary," in Solomon et al., eds., *Climate Change* 2007, 19–91, at 23.

[3] 根据拉斯穆森报告 (Rasmussen Reports) 在 2009 年 1 月进行的一份民意调查，只有41%的美国民众认为全球变暖是由于人为原因引起的，而44%的民众认为是因为全球自然趋势。www. rasmussenreports. com (accessed 2/4/09).

天正在发生什么。这里的不确定性包括：

　　·二氧化碳排放的未来比率会是多少？这取决于很多变数极大的因素，比如人口增长率、经济发展和技术进步。[1]

141　　·温室气体的增加会使温度上升多少？这种估算是基于复杂的计算机大气模型，气候怀疑论者对这种估算的可靠性持怀疑态度。

　　·如果这些不确定性还不够，他们还会再主张全球变暖对环境和健康影响的不确定性。

　　这些复杂的不确定性让人想起尤吉·贝拉（Yogi Berra）的名言："预测是困难的，尤其是关于未来的预言。"正如怀疑论者乐于指出的那样，200 年前人口的增长以及越来越多的被用于运输和能源的动物，可能会使人担心今天的人类要在齐膝深的粪便中行走。因此，或许我们应当谦逊地对待关于数百年以后的环境问题的预言。

　　我指出这些有关气候变暖的争论并不是想去为它辩护或暗示不要采取行动——在我看来，对气候变化采取行动的理由是非常明确的——而只是为了说明关于事实的争议往往是环境争议的基础。例如，在整个 20 世纪 80 年代，美国都承认它有义务不造成跨界损害，但认为酸雨对加拿大的影响过于不确定，以至于无法

―――――――――

　　[1]　例如，如果经济迅速增长，排放会上升；而如果低排放技术得到进步，排放会降低。

采取额外措施，并要求进行进一步研究。[1] 今天，有关转基因的争议本质上主要是对事实的争议。第一章中所描述的我与非政府组织志愿者的争论首先就是对事实进行的争论。不确定性问题在气候变化中尤为明显。但它在国际环境政策中无处不在。

有些怀疑论者认为他们和环保主义者有共同的目标，他们之间的斗争只关乎事实。[2] 社论作家大卫·布罗德（David Broder）在其1990年的著作中对这一观点表示了赞同。他认为，环境争议不再是关于价值的，"在这一点上，环境主义者赢了：人们现在都认同保护环境的重要性。"[3]

然而，如同对意识形态或历史终结的断言一样，[4] 关于环境政策目标达成共识的主张似乎为时过早。环境争议很少仅仅涉及事实；通常，它们反映了价值观的差异（我们在第四章讨论的）。

这些价值观差异有时涉及优先性。通常，大多发展中国家主张它们无法为环保投入大量资源，因为它们面临着其他的许多重大问题——贫穷、婴儿死亡率和饥饿，等等。它们声称，发展必

――――――――

〔1〕　William A. Nitze, "Acid Rain: A United States Policy Perspective," in Daniel Barstow Magraw, ed., *International Law and Pollution* (Philadelphia: University of Pennsylvania Press, 1991), pp. 329-343. 欧洲酸雨的输出国也是如此，坚持需要更多调查而反对污染控制。Jørgen Wettestad, "The Convention on Long-Range Transboundary Pollution," in Edward L. Miles et al., *Environmental Regime Effectiveness: Confronting Theory with Evidence* (Cambridge, MA: MIT Press, 2002), pp. 197-221, at 206.

〔2〕　*See* Lomborg, *Skeptical Environmentalist.*

〔3〕　David Broder, "Beyond Folk Songs and Flowers," *Washington Post*, April 22, 1990, p. B7.

〔4〕　*See* Daniel Bell, *The End of Ideology* (New York: Free Press, 1960); Francis Fukuyama, *The End of History and the Last Man* (New York: Free Press, 1992).

须优先于环境。正如阿尔及利亚总统在 20 世纪 70 年代所说的，
"如果改善环境对阿尔及利亚人来说意味着更少的面包，那我会
反对它。"[1] 发展中国家现在的观点较那时已经有了很大改变，
但它们仍将更多的焦点放在经济发展而非环境保护上（发达国家
其实也是如此）。

价值观的差异也可能反映在对于不确定性和风险的态度。对
气候变化的事实完全认同的两个人因为对风险的不同认识，可能
对气候变化问题的严重性得出不同的结论。《联合国气候变化框
架公约》将其最终目标定位为将温室气体浓度稳定在防止"对气
候系统产生危险的人为干扰"的水平。[2] 然而，要定义什么是
"危险"就不只是事实问题，也是价值问题。

关于未来的问题还会带来其他的疑问：与现在相比，我们应
该如何去看待将来？如果一个问题足够遥远，那我们真的需要去
担忧吗？例如，如果气候变化的危险在未来 50 年、100 年或更长
的时间内都不会出现，那关注其他更加急迫的问题不是更有意义
吗？正如约翰·梅纳德·凯恩斯（John Maynard Keynes）曾说的，
长远来看，我们都会死。

最后，像捕鲸争论的例子所说明的那样，一些环境问题反映
的是更基本的分歧，即我们看重的是环境的哪一部分。例如，动
物权利主义者在乎个体动物的待遇，而保护主义者关注的是物种
作为整体的延续。

---

[1] Quoted in Jonathan Baert Wiener, "On the Political Economy of Global Environmental Regulation," *Georgetown Law Journal* 87 (1999), pp. 749-794, at 765 note 73.

[2] UNFCCC art. 2.

尽管事实和价值的差异很重要，但利益的差异或许才是国际环境合作最大的障碍。当然，行动者对自身利益的认识也是其信念和价值的产物。当最初讨论酸雨问题时，德国对其利益的认识就不同于瑞典等其他国家，部分原因就在于德国始终质疑酸雨对森林的危害。[1] 同样，如果一个国家不珍惜生物多样性，那么它就不会将物种的丧失视为一个问题。

然而，即使是具有相似的科学和规范意识的国家，基于不同的国内环境，其对自身利益的看法也会非常不同。拥有丰富的煤或石油资源的国家和对海平面上升敏感的低海拔国家在气候变化上就有不同的利益。上游国家和下游国家的利益不同。[2] 巴西等拥有大面积热带雨林的国家和没有森林的国家的利益也不同。

所有这些情形都关涉我们在第三章中讨论的各种动机问题。和个人一样，如果国家停止污染或保护自然资源的成本和收益影响的是其他国家，它们就没有动机这么做，即这些成本和收益在一定程度上代表外部性。污染国和受害国有不同的利益，拥有珍贵自然资源的国家和全球共同体中的其他国家有不同的利益。这就是为什么在国际谈判中，受害国家倾向于做"推动者"，污染国家在"拖后腿"，而既是污染者又是受害者的国家做"中间派"。[3]

---

〔1〕　Wettestad, "Convention on Long-Range Transboundary Pollution," 205-207.

〔2〕　例如，在20世纪80年代欧洲酸雨问题的谈判中，酸雨污染的输出国，如英国和德国，最初反对污染控制并要求进行更多调查，而作为污染输入大国的斯堪的纳维亚国家支持达成相关协定。Ibid., 206.

〔3〕　Detlef Sprinz and Tapani Vaahtoranta, "The Interest-Based Explanation of International Environmental Policy," *International Organization* 48 (1994), pp. 77-105, at 80-81.

诸如气候变化等全球问题还带来了另外一个问题：即使当国家的利益是均衡的，由于国家的个体利益不同于集体利益，合作也可能难以达成。[1] 从集体角度看，只要全球收益大于成本，各国就能从停止污染中获益。然而，如公地悲剧所言，只要大部分污染损害可以被外部化，那各个国家就能从继续污染中获益。

利益的不同并不排除合作。拥有不同利益的行动者经常能通过谈判达成共赢——成果使每一方都获益。这是协议和条约的基本原理所在。而且如我们将在第八章所讨论的，各个国家已经通过谈判达成了很多旨在解决国际环境问题的条约。

然而，出于多种原因，事实证明达成协议可能很难。我们已经研究过其中一个障碍：事实的不确定性会影响国家进行利益衡量的信心。其他的合作障碍还包括分配问题、战略因素和国内政治。

在某些情况下，国家可能反对一项符合其利益的协议，因为这一协议可能是不公平的。虽然协议可以提供集体利益，但也可能因如何分配这些利益而溃败。在上下游的情形中，协议可能要求受害国为污染国停止污染付费。这一成果能使双方得到好处，只要受害国从减少污染中的获益大于让污染国停止污染而付出的成本。然而，受害国可能会拒绝这一协议，认为作为受损害的一

---

〔1〕 即使在双边情境中，个体和集体利益的这一冲突也可能出现（两人式囚徒困境如是说）。简洁起见，我这里专注于全球层面，因为在双边情境中，①国内可能存在更多的污染损害，因此国家存在停止污染的个体利益（区别于单纯的集体利益），例如，在美加酸雨问题中，美国的酸雨对美国东北部地区造成了重大损害；②如我下面会讲到，更少的当事方更容易达成协定。

方，不应该成为最终的买单者，因为这是不公平的。

"公平分配"博弈能说明谈判中分配问题的重要性。在博弈中，一个人负责分配资源（比如说一个蛋糕），另一个人选择接受或不接受这一分配。如果第二个人接受这一分配，每个人都能得到他所有份额的蛋糕。但是如果他拒绝了这一分配，谁都得不到任何东西。基于结果的逻辑，人们会认为第二个人会接受第一个人的分配，因为无论他得到多少都比没有好。然而事实上，那些参与"公平分配"博弈的人宁愿选择什么也没有，也不会选择非常不公平的分配，也就是说，他们遵从适当性逻辑而非结果的逻辑。[1]

"公平分配"博弈提出了一个可能的公平原则，即对资源的公平权利。如第四章所说，其他的公平原则还包括历史责任和支付能力。当我为克林顿政府从事气候变化工作时，我对公平的重要性有了切身的体会。为了让《京都议定书》在国内得到更广泛的认同，克林顿政府极力说服中等收入的发展中国家接受减排的目标，以便《京都议定书》能有更大的覆盖面。我们向发展中国家宣传的观点是，通过排放交易制度，发展中国家实际上是获利的，因为它们可以从出售减排配额中获益。然而发展中国家拒绝了这一理论，或许部分原因是工具主义的担忧，害怕从长远来看

〔1〕　See Steven J. Brams and Alan D. Taylor, *Fair Division*: *From Cake-Cutting to Dispute Resolution* (Cambridge: Cambridge University Press, 1996). 虽然"公平分配"博弈意味着行为者适用适当性逻辑，但仍有人试图用结果的逻辑来解释，即假设行为者更在意相对收益而非绝对收益。在这种意义上，和博弈开始之前相比，相对于第一个人，一小块蛋糕将使得第二个人的情况变得更坏。

排放目标会使成本变得很高而非有利可图。但我觉得它们的反对也反映了它们的公平意识：因为它们不对造成气候变化问题负责并且缺乏应对能力，所以它们认为它们不应该被施加任何目标。

涉及大规模参与者的环境问题引发了另一个问题：参与者越多，合作就越难组织和维系。[1] 在小群体里，分配公共资源和限制外部性的社会规范能够通过非正式的方式产生。[2] 在一个所有人彼此认识的乡土社会中，违反规则会被察觉并造成严重的声誉损失。这也是为什么在传统社会里，公地悲剧不构成地方性问题。

在更大的群体里，政治科学家将其称为"大样本"（Large-N）博弈，以共同体为基础的规范更弱且更难察觉违反的行为。如果协议带来的环境合作的收益是被所有主体共享的弥散性的公共产品，那国家就缺乏将资源投入到这一协议谈判中的动机。此外，即使它们谈判成功达成了有效的协议，国家也很难对搭便车者和违反者施加有效的惩罚。如果一项制度的收益是公共产品（比如145 说是减缓全球变暖），它们也无法通过排除违反者享有这些利益来施加惩罚。如果要这么做，就得为惩罚单个国家而搁置整个制度，那会导致非常惨烈的结果。除非可以找到其他惩罚手段，否则国家就有搭便车的动机，因为无论它们参加或遵守与否，它们

---

〔1〕 关于这一话题的经典论述，Mancur Olson, *The Logic of Collective Action* (Cambridge, MA: Harvard University Press, 1965).

〔2〕 Elinor Ostrom, *Governing the Commons: The Evolution of Institutions for Collective Action* (Cambridge: Cambridge University Press, 1990).

都能从中获益。[1]

国内政治是达成协议的最后一道障碍。即使当某协议符合一国的国家利益，该国也可能因为强有力的政治群体的反对而拒绝这一协议。环境主义者认为这实质上解释了布什政府为什么反对《京都议定书》。在他们看来，《京都议定书》的失败并不是因为它不符合美国的利益，而是因为它给一些有强大政治影响力的公用事业和能源公司带来了高昂成本。[2]

公共选择理论预言在环境法领域这种结果将十分普遍。在政治市场中，如果政策的成本被集中承担而收益分散，那么这一政策就会失败。[3] 被施加高昂成本的一小部分行动者会有强烈的动机反对这一政策，而受益的群体虽然数量巨大，但每个人获益相对较少，因而没有强烈的愿望去推行政策。对于诸如气候变化等环境问题，障碍被放大了，因为合作的收益不仅仅是弥散的公共产品，而且是不确定的且长期的收益，而合作的成本是即时而集中的。所以协议的失败也就不足为奇了。

## 三、对国际环境法产生的解释

国际合作障碍为我们描绘了一幅令人气馁的图景，以至于难以想象国际环境合作是如何产生的，然而全球环境合作确实出现

---

〔1〕　关于国际合作中战略问题的一项杰出分析，通常参见 Barrett, *Environment and Statecraft*.

〔2〕　布什政府于 2001 年 3 月退出《京都议定书》的声明是为了回应企业对政府可能准备重新就议定书进行谈判所表达的担忧。

〔3〕　Dennis C. Mueller, *Public Choice III*（Cambridge：Cambridge University Press, 2003）.

了！正如我们在第五章所看到的，国际规范无处不在。所以我们需要去研究在反对力量如此强大的情况下，国际环境法是如何出现以及为什么出现的。

在某种程度上，分析国内环境政策时也会遇上类似的问题。公共选择理论认为环境法律永远不会通过，因为它对污染者施加了集中成本而对一般公众提供了弥散的收益。[1] 但事实截然相反。事实上，国家已经通过了许多环境立法，涉及水污染和大气污染、危险化学品和废物，以及环境政策制定等问题。

我们应该如何化解这种理论和现实间的明显冲突？一种反应是，只要现实和理论相冲突，那就质疑这些现实。一些公共选择理论家认为环境立法并不反映公共环境目的，而是反映了特殊利益群体的私人"寻租"行为。[2] 然而，即使是这种愤世嫉俗的说法也无法解释国际环境协议的出现，因为在国内体系中，一些行为者可以通过多数表决对其他行为者施加成本，然而在国际上，"自愿同意"规则作为条约法的核心限制了这种能力。[3] 一

[1] See, e. g., Wiener, "Political Economy of Global Environmental Regulation," 754-758 (批评这种寻租观点)；Daniel Farber, "Politics and Procedure in Environmental Law," *Journal of Law, Economics, and Organization* 8 (1992), pp. 59-81, at 60 (同上)。

[2] 例如，一些保守派对环境规制的解释的基础是，它为环境特殊利益群体提供了集中的收益，而通过对经济的影响，将更大但更弥散的成本施加给公众。See, e. g., Michael S. Greve and Fred L. Smith Jr., eds., *Environmental Politics: Public Costs, Private Rewards* (New York: Praeger, 1992). 或者，用公共选择术语将环境规制解释成为某些行业提供变相收益而以其他行业的成本为代价。法伯（Farber）在其《政治和程序》（"Politics and Procedure"）一文中批判了这些理论。

[3] Wiener, "Political Economy of Global Environmental Regulation," 769. 当然，国家仍然在寻找符合其个体利益的结果——例如，通过采纳一种它们已经运用或者对其企业有利的规制路径——而且有时候会欺骗受蒙蔽的国家赞同自己。Ibid., 771-773.

个相关的论点是，国际环境制度对改善环境合作并没有发挥多大的影响，所以无需进行解释。[1]

然而，在我看来，对现实与理论相背离的一个更加合理的解释是环境合作的事实是真的，而预言其不可能性的理论是错误的，或者至少是不全面的。如果是这样的话，就意味着有其他因素可以解释环境政策（包括国内的和国际的）。例如，一些学者利用公民共和主义来解释国内环境立法，将政治活动不简单地看作是特殊利益群体为自身利益而寻租，而是有公共意识的公民为改善公共产品而进行的参与。[2] 同样，国际环境法的出现表明我们之前所说的障碍虽然是确实存在的，但也不代表事情的全部。

国际环境法的出现提出两个相关但截然不同的问题。首先，规范为什么出现？鉴于它们是通过有目的的过程（而非分散的、自发的方式）出现的，谁为规范的制定和推动负责？这些行为者为什么这么做？是什么导致某一行为者能否成功影响其他行为者？以及是什么导致其他行为者的追随？这些因果问题要求我们考虑更广泛的因素，包括利益、价值、知识、权力、习惯和对尊

---

〔1〕 George W. Downs, David M. Rocke, and Peter N. Barsoom, "Is the Good News about Compliance Good News about Cooperation?" *International Organization* 50 （1996）, pp. 379-406.

〔2〕 例如，法伯认为20世纪70年代前期，很多重要的美国环境法在此时被制定，这个阶段代表一个"共和时刻"，公民共和主义占据控制地位。Farber, "Politics and Procedure," 66. 混合路径试图融合公共选择和公民共和主义，将环境规制解释成"教徒和酒贩子"的联盟，即寻求提供公共产品的行为者和寻求获得私人利益的行为者的联盟。Wiener, "Political Economy of Global Environmental Regulation," 760.

重的渴望。[1] 其次，规范通过和修改的法律过程是怎样的？这些是法律问题，关注的是我们之前所说的国际法的"正式渊源"。我会在本章介绍这些因果问题，并在第八章和第九章讨论谈判和习惯这两个主要的规范制定过程。

国际环境规范的出现通常开始于环境组织、专家团体或其他"规范倡导者"对一规范的说明和推进，它们说服政府（通常是本国政府）在国际上推行这一规范。在成功的案例中，这一行为最终导致了其他国家对规范的接受。通过这一方式，行为者可能会因为规范符合他们的利益或者反映了他们支持的理念或价值观而支持规范。或者它们可能会为了得到社会认可或避免制裁而接受规范。第一个原因本质上是工具性的，第二个是规范的，第三个是文化的或社会的，最后一个是现实主义的。

非政府组织经常成为率先推动一项规范的政策企业家。例如，最早的设立碳排放目标的提议就肇始于 20 世纪 80 年代中后期在菲拉赫和多伦多举办的非政府组织会议，而不是起源于政府间谈判。同样，20 世纪 50 年代，英国的鸟类保护组织是最早提议对油轮污染进行国际规制的主体之一。

所谓的认知共同体（epistemic communities）也能发挥重要作用。[2] 例如，排放交易的建议就是由经济学家提出并推动的。

---

〔1〕 *See generally* Oran R. Young and Gail Osherenko, eds. , *Polar Politics: Creating International Environmental Regimes* (Ithaca, NY: Cornell University Press, 1993), pp. 8 - 20（分析了基于权力、利益和知识对制度构成进行的解释）。

〔2〕 Peter M. Haas, *Saving the Mediterranean: The Politics of International Environmental Cooperation* (New York: Columbia University Press, 1990)（强调"认知共同体"的作用）。

他们成功使得这一制度被美国的 1990 年《清洁空气法修正案》所采用，并在美国及其谈判同盟的大力支持下进入《京都议定书》。

非政府组织和专家对规范的支持更容易从理念和价值而非利益的角度去解释，但国家接受规范的理由则不同。政府领导人有时候可能和非政府组织、专家团体一样，出于同样的认知、理想或道德理由而接受规范。国家利益也扮演着重要角色，它使得沿岸国支持对油轮的严格规制，小岛国支持对气候变化采取更严格的行动。在民主国家中，公众观点也是重要因素。此外，如果规范得到强国的支持，那么它会对其他国家施压以一起行动。最后，一旦一项规范开始得到支持，社会因素也会发挥作用，影响其他主体接受这一规范。

这些因素以广泛而不同的方式发挥作用。每一制度都是一系列复杂因素的产物而且有其有趣的历史故事。例如油轮污染，前期是由非政府组织推动英美两国接受这一问题。而这两个国家都是拥有漫长海岸线的国家，并且作为民主国家，其国内很多公众出于环境的或经济的原因关注石油污染损害。为了应对国内政治压力（因偶然的油污泄漏事件而加剧），英国和美国将这一问题推向国际，有时候还会进行单边行动的威胁。为了应对这一情况，企业自身为了阻止或者至少影响规制过程就自行制定标准。最终，即使是航运国也接受了国际规制而不是各国国内规制拼凑出的"百衲衣"，虽然这使得国际航行变得更加麻烦。[1]

---

〔1〕　关于这一过程的历史，参见 M. Gonigle and Zacher, *Pollution, Politics, and International Law*.

148　　　在臭氧层的例子中，非政府组织也为推动这一议题的国内化发挥了重要作用。1977 年，美国国会修订了《清洁空气法》以规制消耗臭氧层物质，在 20 世纪 80 年代中期，环保组织在美国法院提起诉讼以要求更多的国内规制。这些国内规制使得美国和美国的企业为统一竞争起跑线而推动国际规制。所以，一个支持国际规制的"教徒和酒贩子"的同盟——环保主义者和企业的联盟——就在美国国内出现了。[1]

尽管每种情况都不一样，但我们还是能得出一些一般性的结论：

第一，理念和利益都很重要。单从利益的角度很难说明环保组织、专家团体和政府的立场。"共情、利他和观念"都有着重要影响，这一影响不只是直接的，也包括通过影响行为者如何定义它的利益间接地发生。[2]

第二，国内政治在决定国家立场中至关重要。[3] 20 世纪 80 年代，美国人比欧洲人更担心臭氧层问题，而更少关心全球变暖。因而，相较于欧盟，美国在臭氧层问题上主张适用更严格的规制，而在气候变化上采取较弱的行动。同样，澳大利亚对开发南极洲煤矿的禁令是在 20 世纪 80 年代末国内对环境问题的关注

---

〔1〕　Elizabeth R. DeSombre, *Domestic Sources of International Environmental Policy*: *Industry*, *Environmentalists*, *and U. S. Power* (Cambridge, MA: MIT Press, 2000), pp. 39-47. 关于臭氧层问题，通常参见 Richard Elliot Benedick, *Ozone Diplomacy*: *New Directions in Safeguarding the Planet* (Cambridge, MA: Harvard University Press, enlarged ed. 1998).

〔2〕　Martha Finnemore and Kathryn Sikkink, "International Norm Dynamics and Political Change," *International Organization 52* (1998), pp. 887-917, at 898.

〔3〕　*See generally* DeSombre, *Domestic Sources*.

日益增长的背景下作出的，而这种关注是源于臭氧层空洞的发现和埃克森·瓦尔达兹号（Exxon Valdez）油轮溢油事件。[1] 真正的问题不是国内政治是否会影响国际政治，而是为什么环境问题在不同国家产生的影响会如此不同。

第三，个人和国家可以通过申明共同的价值观和利益、展示潜在的解决方案及识别可能的妥协来发挥领导作用。[2]

第四，一旦足够多的国家和游说团体开始支持一项规范，社会因素就变得重要，在它的影响下，其他国家和群体为了获得尊重或避免批评，或者仅仅是出于模仿而加入规范。在某个特定的点就可以产生自我强化的循环，导致所谓的规范级联（norm cascade）。[3]

## 四、国际环境法的功能

我们讨论的这些要素解释了国际环境法的出现。但是国际环境法不仅仅是外部因果过程的产物，它自身也能推进更好的国际合作并导向更进一步的标准制定。学者指出国际环境法可以起到　149

---

〔1〕 Anthony Bergin, "The Politics of Antarctic Minerals: The Greening of White Australia," *Australian Journal of Political Science* 26 (1991), pp. 216-239（结论是澳大利亚的立场"主要取决于"国内政治）。

〔2〕 *E. g.*, Oran R. Young, "Political Leadership and Regime Formation: On the Development of Institutions in International Society," *International Organization* 45 (1991), pp. 281-308; Gunnar Sjöstedt, "Leadership in Multilateral Negotiations: Crisis or Transition?" in Peter Berton, Hiroshi Kimura, and I. William Zartman, eds., *International Negotiations: Actors, Structure/Process, Values* (New York: St. Martin's Press, 1999), pp. 223-253.

〔3〕 Finnemore and Sikkink, "International Norm Dynamics," 895, 902 ［从卡斯·桑斯坦（Cass Sunstein）处借用了一个术语］。

三种一般功能。[1] 首先，它可以增加国际合作需求，或者换句话说，增加国家建立有效制度的政治意愿。其次，它可以增加协议的供给，而协议能有效满足各种需求或政治愿望。最后，它可以增强国家的应对能力。

（一）构建政治意愿

成功地解决环境问题最终仰仗于国家的"政治意愿"。国家为减少温室气体排放或保护物种愿意付出多少？例如，它们对温室气体排放的量化限制接受程度如何？政治意愿是一个复合的（不是一个单位）概念，并用来避免更严肃认真的分析。虽然如此，它也是个有用的概念，可以简要地总结我们之前提到的决定国家对环境合作的需求（或者至少是接受度）的各种复杂的因果要素。

如我们已经讨论论过的，影响国家政治意愿的因素很多是国际环境法的外部（或外因的）发展：

· 例如，科技进步可以降低削减污染的成本并使合作变得更简单。杜邦公司研发出消耗臭氧层物质的替代物质，这被认为是导致美国支持《蒙特利尔议定书》的至关重要的

---

[1] Peter M. Haas, Robert O. Keohane, and Marc A. Levy, eds., *Institutions for the Earth: Sources of Effective International Environmental Protection* (Cambridge, MA: MIT Press, 1993). 在本书中，三位作者将这三种功能描述为 "3C"。他们认为国际机构，①激起对国际环境问题的关注（concern），因此发挥了设置议题的作用；②优化合意环境（contractual），使得订立协定成为可能；③构建实施解决方案的能力（capacity），尤其是在发展中国家。类似的路径也见于 Abram Chayes, Antonia Handler Chayes, *The New Sovereignty: Compliance with International Regulatory Agreements* (Cambridge, MA: Harvard University Press, 1995).

原因。

·极端事件可以引发公众关注，例如溢油事故；或者在气候变化语境下的极端天气事件，比如飓风或热浪。

·选举可能会给领导人带来环境意愿，比如澳大利亚新总理的选举带来了澳大利亚对《京都议定书》立场的转变。

然而，虽然这些因果要素通常很重要，但国际环境法本身也能增强国家合作的意愿。这种效果的达成取决于合作障碍的性质：

**构建认知共识。** 鉴于对事实问题存在的巨大分歧，国际机构 150 可以通过科学研究、监测和评估，帮助就问题性质和潜在解决办法达成共识。[1] 例如，在 20 世纪 70 年代，在各国未能根据《捕鲸公约》有效地限制捕鲸活动之后，它们同意建立一个由三位（后来发展成四位）杰出科学家组成的委员会来评估鲸鱼存量。虽然这样不会直接产生更严格的规范，但它提升了公众对于大量捕杀鲸鱼的担忧，并促成了 20 世纪 80 年代国际捕鲸委员会的振兴。同样，1979 年，在欧洲国家通过《远程越界空气污染公约》时，它们并不支持实质性排放限制，部分原因在于对酸雨是否造成显著危害的不确定性，以及如果造成了显著危害，是谁对谁造成了损害这一问题也不确定。公约激励了相关的科学研究，并解决了这两个不确定性。在 20 世纪 80 年代中期，德国因为认

---

[1] Miles et al., *Environmental Regime Effectiveness*, 467–468（总结道他们所研究的制度中有三分之二促进了跨国的学习，在一些情况中重新定义了问题并使其没那么棘手）。

识到了自身对于酸雨的敏感性，因此对自身利益的理解也发生了变化。结果，德国从排放控制的反对者变成支持者。[1] 此外，公约资助的监测项目更好地解答了污染物是如何从一地转移至其他地的问题，因此使"污染源—受害者"关系的计算成为可能，这一计算是 1994 年《硫化物议定书》的基础。

**创设并传播规范**。国际制度也有助于环境价值的发展和普及。斯德哥尔摩会议在世界范围内传播了环境规范，并且从长远来看，促成了对环境制度更大的需求。气候变化制度提供了一个更加具体的例子，一些人认为设定温室气体浓度的长期目标会成为更强的政治行动的催化剂，如同 20 世纪 60 年代肯尼迪关于登月的保证刺激了公众观念并促进了美国太空项目的发展。

**动员并赋权支持者**。包括国内的和国外的支持者。国际环境制度可以通过创造国际政策的新支持者（包括负责实施政策的官员）并动员和赋权支持者来改变一国内部的政治动态。[2] 例如，一项国际义务的存在为政府内外的国内行为者提供了支持其主张的"钩子"。同样，国家报告的准备和提交为国内行为者提供了151 额外的机会来获得宣传并参与政策过程。实际上，框架公约/议定书模式的一个基础原理就是通过使公众关注某一问题而促进政治意愿。

**问题联动**。最后，一项国际制度还能将一个事项（如气候变化）和政治讨论度更高的其他事项（如能源安全或经济发展）联

---

〔1〕 Wettestad, "Convention on Long-Range Transboundary Air Pollution," 208.

〔2〕 Chayes and Chayes, *New Sovereignty*.

系起来。酸雨问题谈判就是一个例子。在 20 世纪 70 年代末，这些谈判被用作促进东西欧缓和的工具。为了实现这一目标，这些谈判受到了包含东西欧国家的欧洲经济委员会的资助。

（二）推动协议达成

除了增加国际合作的需求，国际协议还促进了合作方案的形成：

**改变成本收益的计算**。一般来讲，国际环境制度通过降低合作成本或提高不合作成本，并因此改变战略博弈的性质，从而促进协议达成。[1]《蒙特利尔议定书》就运用了这两种手段：一方面，它通过建立多边基金（为发展中国家的执行成本提供援助）来降低发展中国家的参与成本，并且给予发展中国家十年的遵守宽限期；另一方面，它通过禁止与非缔约国的消耗臭氧层物质（以及含有此类物质的产品）的贸易以及建立对违反者的不遵守程序来提高不合作成本。[2]

**增加和减少缔约方或议题**。谈判也可以通过增加或减少缔约方或议题来扩大潜在的合意空间，以努力获得一个可通过协议实现集体收益的国家和议题的配置。[3]

**减少交易成本**。通过建立治理体系，国际环境制度可以建立国家间的互信并减少交易成本，由此使得国家更容易达成协议。

---

〔1〕　Barrett, *Environment and Statecraft*.

〔2〕　布伦顿将日本接受《蒙特利尔议定书》部分归因于对贸易制裁的恐惧。Tony Brenton, *The Greening of Machiavelli*: *The Evolution of International Environmental Politics* (London: Earthscan, 1994), p. 140.

〔3〕　James K. Sebenius, "Negotiation Arithmetic: Adding and Subtracting Issues and Parties," *International Organization* 37 (1983), pp. 281-316, at 282.

这是定期的缔约方大会和国际机构存在的主要理由之一。

152　　**监督互惠行动**。当合作依赖于互惠行动时，达成协议的一大障碍就是担忧对方会作弊。虽然国际环境制度很少提供强有力的制裁，但监测和核实机制至少为此提供了保障，即如果其他国家未能合作，它们的违反行为会被察觉到——这是我们第十一章会详细探讨的话题。

　　**对潜在的解决方案建立规范共识**。最后，国际制度有助于建立规范性共识，这些规范性共识不仅是关于基本目标和价值的，而且包括可能的结果。气候变化制度帮助社会认识到排放交易等市场手段在解决气候变化中的作用。虽然排放交易的理论至少可以追溯到 1968 年，[1] 但当 1991 年挪威率先将其引入气候变化谈判中时，它还是个相对新奇的概念。仅仅在此一年之前，美国在 1990 年《清洁空气法修正案》中建立了第一个重要的排放交易项目。而在接下来的近十年里，很多气候变化的谈判者都在抵制这一想法，将其视作富国得以逃避减排的手段。通过一系列研讨会和对话，尤其是 20 世纪 90 年代末的后京都谈判，大多数国家开始接受市场机制的正当性，并接受其作为构成议定书框架的重要元素。

　　（三）增强国家应对能力

　　最后，国际环境制度可以通过强化国内机构、提供财政援助和促进技术传播的方式来帮助国家应对环境问题。我们将在第十

---

　　〔1〕　J. H. Dales, Pollution, *Property and Prices*: *An Essay in Policy-Making and Economics* (Toronto: Toronto University Press, 1968).

一章详细探讨国际环境法的这一功能。

## 结 论

尽管一些评论家对国际环境制度的价值持怀疑的态度，但它们确实通过各种方式促进了合作。从建构主义的视角看，它们可以通过社会认知进程来改变一国对其自身利益的看法；从自由主义角度看，它们可以影响国内政治过程；而从工具主义视角，它们可以改变合作与不合作的收益对比。

任何情况下国际环境法都能成功吗？绝大多数情况下当然不 153 是。对于像气候变化这样的问题，鉴于合作的成本可能非常高而搭便车的动机相应地非常大，因此合作面临很大的挑战。为了解决这一问题可能需要其他很多因素：例如，技术进步降低了化石燃料替代物的成本；引发公众关注的突发事件的冲击；甚至可能还要通过新教的觉醒来扩大迅速行动的群众基础。不过正如我们不应嘲笑国际环境法的作用一样，我们也不应对其过度吹嘘。相反，我们应该尝试去对特定情境下其所发挥的作用有更好、更实际的了解。

### 推荐阅读：

Scott Barrett, *Environment and Statecraft: The Strategy of Environmental Treaty-Making* ( Oxford: Oxford University Press, 2003 ).

Abram Chayes and Antonia Handler Chayes, *The New Sovereignty: Compliance with International Regulatory Agreements* ( Cambridge,

MA: Harvard University Press, 1995).

Peter M. Haas, Robert O. Keohane, and Marc A. Levy, eds., *Institutions for the Earth: Sources of Effective International Environmental Protection* (Cambridge, MA: MIT Press, 1993).

Peter H. Sand, *Lessons Learned in Global Environmental Governance* (Washington, DC: World Resources Institute, 1990).

Jonathan Baert Wiener, "On the Political Economy of Global Environmental Regulation," *Georgetown Law Journal* 87 (1999), pp. 749–794.

第
八
章 | **商谈协定**

国际法的未来属于条约法，而不是习惯法。 154

——拉萨·奥本海《国际法律科学》

（Lassa Oppenheim，"The Science of International Law"）

从国际环境法发源之初，条约及其他形式的通过谈判达成的协定一直都是实现国际合作的主要方式。根据最近的一次汇编，各国就超过 990 个多边环境协定和 1500 多个双边机制进行了谈判，涉及的主题广泛：包括臭氧层保护、防止危险的人为造成的气候变化、减缓酸雨、控制危险废物出口、规制野生动物贸易、保护湿地、防止石油污染以及其他，等等。[1] 实际上，在 20 世纪 90 年代中期，环境条约的激增使得一些人开始担心"条约阻塞"。[2]

谈判达成的协定，比起相对非正式的国际合作机制具有以下优势：

---

〔1〕 Ronald B. Mitchell, *International Environmental Law Database Project*, http：// iea. uoregon. edu（accessed 2/8/09）.

〔2〕 *See generally* Edith Brown Weiss, "International Environmental Law: Contemporary Issues and the Emergence of a New World Order," *Georgetown Law Journal* 81（1993）, pp. 675-710, at 697.

·使国家以有目的的、理性的方式关注一些问题。

·通过允许国家详细地描述每个缔约方应做的行为来推动互惠。

·因为它们具有规范的形式，因此可以提供比非条约渊源更加确定的可适用的规范。

·允许国家量体裁衣，根据具体问题设计机构和制度。

155　传统的条约安排相对静态，对特定时间点协商确定的缔约方权利义务作出规定。而现在，环境协定通常是动态的安排，建立了持续的规制过程。[1] 结果，在大多数环境制度中，条约文本本身只是规范的冰山一角。规范的大部分通过更灵活的技术被接受，这使得国际环境法可以快速应对新问题和新知识的出现。

本章探讨了作为解决国际环境问题手段的谈判文件。虽然本章只关注国家间的有法律约束力的协定，即条约，但也会涉及通过谈判达成的其他文件，如宣言和行动规则，这些文件可能是没有约束力的或者涉及非国家主体。本章第一部分介绍了国际协定的基本类型：法律和非法律；国家间、私人间和公私混合的；合同性的和立法性的；构建型和规制型的。然后，第二部分会讨论为什么国家对谈判的规范作出承诺。第三个部分探讨了谈判文件形成的过程，从谈判的开始到最终文本的通过和生效。第四部分将讨论创制国际环境协定中的各种设计问题。

---

〔1〕　See generally Thomas Gehring, *Dynamic International Regimes*: *Institutions for International Environmental Governance* (Frankfurt: Peter Lang, 1994).

## 一、国际协定的分类：一些初步的区分

协定在很多维度上存在差异。一些涉及广泛的主题领域，比如海洋法；另一些则是具体地针对特定问题，如持久性有机污染物、北极熊或湿地。一些是全球性的，而一些是区域性的或双边的。一些是成文的，而另一些是不成文的。

在对国际协定进行分类时，有四个非常重要的划分：①谈判形成的文件在形式上是法律的还是非法律的；②是国家间还是包括其他主体，如公司或非政府组织；③性质上是合同性的还是立法性的；④功能上是构建型的还是规制型的。

### （一）法律形式：法律文件和非法律文件

我们通常认为谈判的最终结果是通过有法律约束力的协定。然而，谈判也可能产生不具有法律地位的文件：宣言、决议、行为规则、指南、建议以及其他。非法律文件的杰出代表包括 1972 156 年《斯德哥尔摩宣言》、1992 年《里约宣言》及《21 世纪议程》。

虽然环保主义者（不是指国际法律人）通常认为法律协定更有力，但没有法律约束力的协议也并不必然是次优选择。[1] 我们应当认识到它们相较于条约所具有的优势：因为不需要批准，相较于条约它们可以被更快更灵活地接受和修改。它们更容易进行谈判，因为它们代表了较弱的承诺。此外，它们使国家有机会

---

〔1〕 Kal Raustiala, "Form and Substance in International Agreements," *American Journal of International Law* 99（2005）, pp. 581–614, at 582–583.

对某一方式进行检验，而无需国家的完全履行——在不确定性极高时这一特质非常具有吸引力。[1] 实质上，无法律约束力的方式代表了一种风险管理策略，降低了国家受到最终被证明不可取的规范约束的风险。

一般而言，国家间有法律约束力的文件指的是条约，但有时候也被称为议定书、公约、宪章、协定或协议（accords）。重要的不是协定的名称，而是国家是否有意去创制权利和义务。缔约方偶尔会明确说明一项文件的法律性质，一般是因为它们不想创制义务而且想避免被认定为违法的可能性。[2] 但是绝大多数情况下，缔约方的意图可以从协定的文本和语言中看出。例如，条约通常使用命令式语言，但非法律协议使用劝说式的语言。[3] 条约包含关于批准、生效及其他法律程序事项的"最终条款"，非法律协议则没有。

有很多规则约束着国家间的法律协定，涉及条约的形式、适

---

〔1〕 E. g., Kenneth W. Abbott and Duncan Snidal, "Hard and Soft Law in International Governance," *International Organization* 54（2000），pp. 421 - 456, at 441 - 444; Charles Lipson, "Why Are Some International Agreements Informal?" *International Organization* 45（1991），pp. 495 - 538.

〔2〕 例如，在通过 1975 年《赫尔辛基协议》时，福特总统发表了详细的声明，解释协定不具有法律约束力。"European Security Conference Discussed by President Ford," *Department of State Bulletin* 73（1975），pp. 204 - 206, at 205（"我当强调这一文件并不具有法律约束力"）。

〔3〕 一段有趣的个人经历可以举例说明这一点。我在美国国务院做初级律师时，有一次被派去参加一个关于捕鲸问题的谈判，但是错误地没能完成获得谈判授权的恰当手续，这一授权在国务院被称为第 175 号通告（Circular-175）授权，因规定其程序的文件得名。在谈判中途，我才认识到我的疏漏。那我的解决办法是什么？我建议将文件中的"应当"改成"将"，因此这一协议的性质将是纯事实性的（是对缔约方"将要"做什么的意图的描述），因此使其不具有任何法律约束力。

用、解释、修改、废止和效力等问题。起初，这些规则来源于国家间的实践习惯，但现在已被汇总进 1969 年《维也纳条约法公约》（即众所周知的"条约的条约"）。相比之下，并没有明确的规则来约束宣言或行动准则等非法律协议。制定非法律文件的国际组织可能有其内部的规则以约束决定的通过和修改。然而，《维也纳条约法公约》规定的很多问题都无法在非法律协议中找到对等的存在——比如，关于生效和失效的规定。其他问题则可能根本没有规定，比如非法律文件的解释问题。

除了"协议必须遵守"原则，条约法最基础的规则还包括条约取决于国家同意。[1] 这也许是为什么条约规范通常与"承诺"而非"义务"相联系——强调条约的自我约束特质。条约规范不是强加给国家的义务，而是国家自愿遵循的承诺。条约法的细节规定解决的是国家如何表明其同意、谁有权表达同意等问题。在一些情形中，同意可能是正式的，而非真实的；我们可以看到，强国有时会为了让其他国家加入而对其施压。[2] 然而，同意为我们提供了一个有用的分析起点。相反，无约束力的文件没有任何明确的基于同意的限制；它们既不约束支持它们的国家，也不排除那些不支持它们的国家。

（二）参与者：国家和非国家主体

虽然传统上国际谈判达成的文件都是国家间的，然而涉及非国家主体的文件数量也在增长。它们实际上涵盖了所有可以想到

---

〔1〕 Vienna Convention on the Law of Treaties art. 34.

〔2〕 虽然基于强迫的条约是无效的，但条约法定义的强迫非常狭义。Ibid., arts. 51-52.

的缔约方的形态：国际组织和政府；国际组织和国际组织；政府和企业；非政府组织和企业；企业和企业。以市场为基础的思想的传播催生了对公私伙伴关系的兴趣，这也是 2002 年约翰内斯堡峰会的亮点。为了应对非政府组织的压力，企业也与非政府组织合作制定不具有法律约束力的行动准则，比如森林管理委员会建立的关于森林管理的原则和标准。[1] 这些文件性质上都不是法律，而且即使当它们采取具有法律约束力的形式，它们也仍受自治规范而非国际法的约束，因为国际条约法并不涵盖包含非政府主体的协议。

（三）合同性文件和立法性文件

传统条约被理解为国家间的协议。[2] 虽然条约和合同法有很大的区别，[3] 但它们在很多方面很相似：双方都依赖于合意；都规定了当事方之间相互的义务；都确立了基本的须遵守的义务以及有相似的无效理由（欺诈、胁迫、不可能等）。当然，对于双边条约来说，将它们看作创制当事方间私人的、合同的义务似乎是恰当的。

条约也有立法性的一面。即使是双边条约也经常建立持续的

---

〔1〕 *See* www. fsc. org（accessed 2/10/09）.

〔2〕 *See*, *e. g.*, Trans World Airlines, Inc. v. Franklin Mint Corp., 466 U. S. 243, 253（1984）（"条约本质上是国家间的协议"）。在区分法律和非法律协议时，劳斯蒂拉使用了协议和承诺这些术语来反映条约的合意特征。Raustiala, "Form and Substance," 581.

〔3〕 例如，条约法并不包含关于对价的教义。*See generally*, *e. g.*, Friedrich Kratochwil, "The Limits of Contract," *European Journal of International Law* 5（1994）, pp. 465-491; Evangelos Raftopoulos, *The Inadequacy of the Contractual Analogy in the Law of Treaties*（Athens: Hellenic Institute of International and Foreign Law, 1990）.

普遍性规则，而非只是缔约方间的交换。[1] 在面对解决臭氧层
空洞和全球变暖等公共产品问题的多边协议时，协议模式更是分 158
崩离析。这些协议并不是在特定国家间创设互惠义务，而是创设
对作为整体的国际共同体的义务——国际法上将其称为"对一切
义务"——而且通常具有更强的集体决策和控制。[2] 尽管把它
们比作"混血儿"可能更容易理解，因为它们通常不像具有多数
决过程的法律过程，而是像合同一样依赖各个参与国各自的同
意，但在某些方面，它们是"立法性的"而非"合同性的"。

（四）构建型文件和规制型文件

国际环境协定可以发挥两个截然不同的功能：其一，它们可
以设定主要的行为准则来起到规制功能——比如油轮建造的规
则、排放油污量的规则、一国可以生产和消费多少消耗臭氧层物
质的规则、国家可以排放多少二氧化碳的规则或者国家必须采取
什么行动来控制危险废物和濒危物种进出口的规则。其二，条约
可以建立解决特定问题的治理体系，发挥构建型功能。构建型条
约的典型代表是那些创造了诸如联合国、世界贸易组织和国际海
事组织等机构的条约。克拉托赫维尔（Kratochwil）巧妙地捕捉到
了这一分类，即建立"持续性谈判框架"的协定和在"特定时间
点定格缔约方'一致意愿'"的"历史性"文件。[3]

---

〔1〕 *See* Pamela S. Chasek, *Earth Negotiations: Analyzing Thirty Years of Environmental Diplomacy* (Tokyo: United Nations University Press, 2001), pp. 30-31.

〔2〕 *Cf.* Joost Pauwelyn, "A Typology of Multilateral Treaty Obligations: Are WTO Obligations Bilateral or Collective in Nature?" *European Journal of International Law* 14 (2003), pp. 907-951 （对多边条约和双边条约进行了区分）.

〔3〕 Kratochwil, "Limits of Contract," 472.

虽然国际环境协定有时具有规制元素，但大多数具有根本的构建性质。它们通过创制机构，建立对特定问题领域的持续治理体系；规定机构的权力和决策制定规则；建立通过和修改实质性监管规则的程序；规定争端解决方法。其成果是随着时间发展而不断变化的动态安排。

《濒危物种国际贸易公约》就是个例子。在公约本身相对保守的遵约规定的基础上，公约缔约方建立了一套复杂的不遵守程序，在某些情况下这些程序对有持续遵守问题的国家进行暂停贸易的制裁。理解这一制度不仅需要阅读公约本身，还要查阅公约

159 手册——这是一本汇编了缔约方做出的关于列入名录的程序、报告、遵约等问题的各种决定的厚厚的手册。

## 二、为什么国家要谈判并接受国际协定？

条约代表了国家的自我限制，其取决于国家的合意。那国家为什么会接受这些限制主权的规则？为什么国家会作出承诺？

研究这一问题的一种常见方法是成本收益分析。当国家认为加入协定的收益超过成本时就会加入，反之就不会加入。德国作家约翰斯·哈勒尔（Johannes Haller）曾作出一个虽然有些夸大但令人难忘的论述："国家不会为了除自身利益之外的任何原因加入条约。有其他意图的政治家都应该被绞死。"[1] 假如全世界的政治家都不想被绞死，那我们就可以认为只有在协定使所有缔约

---

　　[1] Reinhold Niebuhr, *Moral Man and Immoral Society：A Study in Ethics and Politics* (New York：Charles Scribner's Sons, 1932), p. 84（引用了哈勒尔）。

方都获益的情况下才有可能达成——即当协定能提供经济学家所称的"帕累托改进"时。[1]

对"为什么承诺"问题的工具主义的回答带来了一系列其他问题。加入一项国际环境协定的成本和收益是什么？谁承担成本收益，由谁界定？哈勒尔的名言意味着国家的利益可以被客观确定。然而，正如我们在第六章探讨过的，国家是个抽象概念，其政策是一系列政府和非政府主体的产物——参与协定谈判的行政机关官员、批准协定的立法者、环保组织、企业以及政府（至少是民主政府）最终对其负责的民众。要了解为什么国家加入国际协定，我们需要了解这些主体是如何认定相关成本收益的以及它们是否被除自身利益外的其他因素所影响。

（一）参与条约的成本与收益

为了举例说明这种工具主义路径，可以设想涉及污染外部性的一个简单例子。两个国家排放的烟雾都能穿越国境到达对方国家，每个国家都因为对方停止污染获得环境利益并因为继续本国污染行为获得经济利益。假如环境利益超过了经济利益（原文此处为"假如经济利益超过了环境利益"，系作者笔误，此处予以修正——译者注），两国都愿意采取高成本的措施来减少其自身污染，来换取另一国互惠行动所带来的利益，协定的达成就成为

160

---

〔1〕 虽然，如本章下一部分会讲到的那样，当多边条约不需要广泛的参与即可生效且对非缔约方有消极影响时，情况会更加复杂。在这种情况下，国家可能更希望没有条约，但是既然条约已经存在，国家就更希望成为缔约方而不是非缔约方。关于该问题的分析，参见 Lloyd Gruber, *Ruling the World: Power Politics and the Rise of Supranational Institutions* (Prince ton, NJ: Princeton University Press, 2000).

可能。[1]

协定的成本和收益与承诺的严格性有关。假如其他条件都一样，承诺条款越严格，要求国家越多越快地改变其行为，每个参与方遵约的经济成本就越大，当然其他国家遵约带来的相应的环境收益也越大。假如遵守的边际成本随着承诺条款愈严格而上升，同时边际环境收益下降，那代表两国集体的成本收益曲线会在某点交叉，更严格的承诺条款就不再有成本效益。这就是为双方提供最大共同收益的严格性水平。使协定达到这一水平就是经济学家所称的整合性谈判（integrative bargaining）的目标，商定如何分配这一收益是分配性谈判（distributive bargaining）的成果。[2]

不是所有环境协定都必须包括交换环境承诺。设想一个稍微不同的情况，即单向的而非相互的外部性。工业国产生的烟雾穿越国境到达邻近的世外桃源国。这种情况下，两国的利益是不对称的：停止工业国的污染，世外桃源国可以获得环境利益；工业国可以因继续污染获得经济利益。

然而，这种情况的逻辑依然一致。在第一个例子中，如果协定能够产生集合的利益并以双赢的方式分配这一收益，那协定就是可能的。[3] 如果世外桃源国的环境利益大于工业国的经济利

---

[1] 可实现共赢的可能的协议的范围通常被称为合意区间（contract zone）或协议区间。See generally Howard Raiffa, *The Art and Science of Negotiation: How to Resolve Conflicts and Get the Best out of Bargaining* (Cambridge, MA: Harvard University Press, 1982).

[2] Ibid., 33, 131.

[3] Scott Barrett, *Environment and Statecraft: The Strategy of Environmental Treaty-Making* (Oxford: Oxford University Press, 2003), pp. 79–80.

益，那世外桃源国为工业国停止污染付费的协定能使双方都得利：世外桃源国是因为协定的环境利益高于其支付的成本；而工业国是因为世外桃源国的支付高于其停止污染的成本。[1]

然而，这不是这一分析的终点。既然国家间协定具有持续性特征，就会涉及第二种成本收益。通过承诺要进行持续的行为过程——例如，减少污染或支付费用——每个国家都对它作出承诺的国家承担着主权成本并对其他参与国带来相应的收益。

首先，需要考虑做出承诺的国家所承担的主权成本。在上述的外部性例子中，每个国家决定是否接受环境协定取决于它们事先的成本收益分析。但是如果后来的行为证明国家的分析是错误的呢？比如说，如果一国认为遵守《京都议定书》很简单并加入议定书，但是事实却证明这是个沉重的负担呢？或者如果国内对条约的支持力量消失或者条约变得让国家不喜欢（如《捕鲸公约》之于日本）呢？如果没有国际承诺，当政策成本超过收益，国家可以随意改变其观点。但一旦加入国际协定，国家的这种自由就受到了一定程度的限制。因此，在考虑是否加入公约时，国家不仅要考虑预期的成本和收益，还要考虑计算错误的风险。我们需要认识到，一系列设计因素影响着条约承诺的强度并因此影响着风险水平。

---

[1] 我们在第三章讨论科斯定理时曾验证过这一结果。例如，根据 1976 年《防止莱茵河化学污染的协定》，在减排成本中，最下游的国家（荷兰）承担了最高的份额，而最上游的国家（瑞士）支付的最少，二者比例大致为 6：1。Ibid., 129-131. 同样，《蒙特尔议定书》中也包括向发展中国家的转移支付（财政援助）以鼓励它们参与。

一个国家的成本可能对其他国家来说是收益。这里不仅包括经济成本和环境收益的对价，还包括承诺成本和收益的对价。1991 年《美加空气质量协定》就是个例子。在这一制度下，加拿大承诺减少作为酸雨诱因的二氧化硫和二氧化氮的排放，以此交换美国减排的承诺，但这些行为是美国早已准备进行的，因为美国在该年早些时候已经制定了《清洁空气法修正案》。如果美国早已决定进行此行为，那加拿大从中得到了什么？加拿大做出这一国际承诺的收益可能是限制了美国行动自由。这一条约使美国的减排从国内立法决定转变为国际承诺。[1]

承诺的成本和收益有多大？这一答案取决于我所称的承诺的强度——即其限制国家主权的程度。协定约定的强度和严格程度共同决定了其深度。在本章接下来的一节，我将探讨影响承诺严格程度和强度，并因此影响国家决定是否加入协定的成本收益分析的各种设计因素——比如承诺的形式是法律或非法律，精确或模糊，以及所受的国际监督。

目前为止，我们发现国家对条约的支持首先受其经济和环境利益影响。对环境高度敏感且减排成本低的国家会乐意加入条

---

〔1〕 最近关于《美国—哥伦比亚自由贸易协定》（U. S. -Colombian FTA）的争论也是如此。协定将提供双方的关税及其他贸易障碍的减免。乍一看，这种争论非常奇异。一方面，哥伦比亚目前对美国的商品施加关税，另一方面，美国已经取消了对哥伦比亚商品的大部分关税，也就是说已经在做协定将要求的事项。所以，正常来说，我们可以设想美国会支持这一协定而哥伦比亚会反对。然而，事实恰恰相反，哥伦比亚强烈地支持这一协定，而国会中的民主党人对此表示反对，坚持称只有哥伦比亚同意改革其劳动法，他们才会同意这一协定。如何解释这种看起来十分奇怪的立场？一个颇有道理的解释是国会中的民主党人反对协定是因为协定将会限制美国未来重新施加关税的能力，而哥伦比亚也是出于同样的原因支持这一协定。

约, 而敏感度低且减排成本高的国家在缺乏受害国转移支付 (side payment) 的情况下会变得不情愿。[1]

是否加入一项国际环境协定的决定还与其他利益有关。例如, 国际环境协定可能影响国家的竞争力。在全球市场上, 国家不仅关注其绝对的收益和损失 (条约使他们获益或受损), 也关注相对于其他国家其自身所处位置。如果一项条约对一国施加了比他国更高的遵约成本, 那就给遵约成本较低的国家带来了竞争优势。这种可能性使人们担心, 表面上关于环境的协定实际上是为经济利益服务。比如美国的保守主义者就从这种角度批评《京都议定书》, 称欧洲企图借此对美国产业施加负担并因而提高自身竞争地位。

此外, 国际环境协定还可以促进一国的外交政策和安全利益。比如, 加入一项环境协定可以:

- 通过解决环境争端促进与邻国的友好关系。
- 有利于提高国家作为良好世界公民的国际声誉。
- 通过减轻他国的环境压力而促进稳定并防止冲突。

这些推论所得的国际利益当然还值得讨论。但是在解释国家为什么加入国际协定时, 重要的不是国家是否实际拥有这些利益, 而是有影响力的国内主体是否相信存在这些利益。

(二) 搭便车问题

在考虑条约制定的成本和收益时, 人们通常会认为存在有条

---

[1] Detlef Sprinz and Tapani Vaahtoranta, "The Interest-Based Explanation of International Environmental Policy," *International Organization* 48 (1994), pp. 77-105.

162

约和没有条约这两个选择并比较两种情况下的收益和成本。国家
会因为有气候条约还是没有条约而获益？多样性条约呢？在之前
的简单的双边例子中，这种视角是有意义的，因为条约要生效离
不开两个国家的参与。

163 　　然而，多边条约的生效并不要求全体的参与。结果是国家往
往还有第三个选择：不加入现有的条约。在它们的成本收益分析
中，它们必须考虑作为缔约方或不作为缔约方这两种选择哪个对
自己更有利。简单的经济学认为，当条约同时为缔约方和非缔约
方提供收益时，就是在破坏国家加入的动机。只要参与的国家足
以使条约生效，[1] 即使是非参与者的国家也可以得到条约的收
益；它就能搭其他国家努力的便车。反之，如果一个条约为非缔
约方和缔约方都施加了成本，就有了相反的效果：它会削弱国家
不参与的动机。

　　虽然大多数作者都在关注搭便车问题，但是第二种情况也很
重要。[2]《京都议定书》的排放目标通过降低对石油的需求，使
得石油生产国无论是否参与都被施加了成本。因此，虽然石油生
产国可能更希望不要有任何气候变化协定，但它们还是具有加入
《京都议定书》的动机，因为这样它们能在谈判桌前享有一席之
地并有机会影响条约的发展。

　　然而更普遍的情况是环境协定存在积极的而非消极的外部
性：它们为非缔约方提供收益而非施加成本。解决气候变化、臭

---

〔1〕　我将在下一节讨论这些生效问题。
〔2〕　*See* Gruber, *Ruling the World.*

氧层空洞等全球问题的条约提供的公共产品,一个国家即使是拒绝参与也能享有。这就给了国家很强的动机去搭便车。这么做的话,它们不仅可以享有协定产生的环境收益,还能通过免除自身行动的成本来享有相对于其他参与国的竞争优势。因此,多边协定就有了第三个任务:除了产生集合的收益并以共赢的方式分配收益,还要使得未参与者比参与者承担更多成本来制止搭便车行为。[1]

搭便车问题有多大?目前来看,这还不是个大问题。在实践中,大多数环境条约吸引到的参与者都比生效的最低要求多得多。然而,随着国际环境协定的要求增多、搭便车的动机增加,搭便车将会成为潜在的对促进参与的重大挑战。

有一些因素可以限制搭便车并解释为什么搭便车至今还没带来更大的问题。第一,长远来看,一些国家(尤其是大国)可能没有搭便车的选择,因为它们拒绝参与一项条约制度可能会最终导致条约的崩溃。虽然《京都议定书》在美国退出后仍然继续运行着,但如果美国(和其他排放大国)继续旁观,那其继续运行的可能性就不大了。[2] 所以,长远来看,关键参与者不可能坐在边线以外继续收获利益。它们可能会被迫在有条约和没有条约的选项间进行选择。

第二,按照协定的要求行动不仅能带来全球环境收益,还可

---

〔1〕 Barrett, *Environment and Statecraft*, 33-37.
〔2〕 根据博弈论,《京都议定书》目前的参与无法构成"最小可行联盟":如果没有美国和中国的参与,《京都议定书》就无法提供充分的环境效益以正当化缔约方的实施成本。

能带来国家收益，这就使得不管其他国家怎么做，国家自身的参与都是正当的。根据美国环保署的判断，美国参与《蒙特利尔议定书》就是如此。[1] 此外，即使协定带来的环境收益是公共产品，但其他收益可能是基于参与的"俱乐部"产品，比如说参与条约的声誉收益。我们接下来要深入讨论条约设计的各种因素，国家可以通过扩大参与的收益，或者对非参与者施加成本，以此来制止搭便车。

（三）规范性因素

虽然工具主义在解释国家如何行动的方面走得够远，但并没有完全解释国家行为。规范和国内政治因素也参与塑造了国家行为，使得国家即使在不参与看起来更有利的情况下，也会参与协定。比如，政府政策制定者可能相信国家对邻国负有保护共享资源的道德义务，或者对未来世代负有防止多样性丧失的道德义务。在这些信念的基础上，他们可能认为加入关于跨界资源或生物多样性的条约是"正确"的事情。无论条约是否产生了环境收益，加入都发挥着表达的功能，即表示国家对环境价值的支持。参与的决定反映出适当性逻辑而非结果的逻辑。

澳大利亚 2007 年 12 月当选的总理陆克文（Kevin Rudd），他上任后的第一个官方举动就是加入《京都议定书》。这一决定不会为澳大利亚带来短期的收益，因为议定书已经生效而澳大利亚（作为搭便车者）已经得到了议定书提供的环境收益。相反，批准《京都议定书》的决定显然是基于或者至少部分基于，新任政

---

〔1〕 Barrett, *Environment and Statecraft*, 228.

府关于"什么是正确"的信念。

同样，在20世纪80年代欧洲为减少硫化物排放的努力中，国家参与到时事评论者所说的"拖板外交"（tote board diplomacy）。正如公益组织用记录捐献情况的拖板来鼓励其他善意人士提供捐赠，一些国家以单方面承诺减少硫化物排放来鼓励其他国家做"正确"的事。[1]

正如我们在第七章所看到的，适当性逻辑也有助于解决之前所说的工业国和世外桃源国的例子中的单向外部性。这种工具主义模型表明在此种情况下，受害者通常愿意为污染者停止污染付费，因为结果对双方都有利。然而事实上，解决跨境水污染的协定通常是基于两国的相对富裕程度来分配减排成本。它们将成本分配给国民个人收入更高的国家，有可能是污染国也有可能是受害国。[2] 怎么解释这一结果？一个看起来可信的解释是，这反映了非工具主义规则在条约制定中的作用——在这种情况下，非工具主义规则是规定防止污染的责任应由更有能力的国家承担的社会规则。这一规则构成了两国间谈判的背景，并暗示着让贫穷的受害国为富裕的污染国停止污染而付费的非正当性。

（四）国内政治

我们目前的讨论还是把国家作为一个整体，思考协定对作为

---

〔1〕 Marc A. Levy, "European Acid Rain: The Power of Tote-Board Diplomacy," in Peter M. Haas, Robert O. Keohane, and Marc A. Levy, eds., *Institutions for the Earth: Sources of Effective International Environmental Protection* (Cambridge, MA: MIT Press, 1993), pp. 75-132

〔2〕 Scott Barrett（与笔者的私人交流）。

整体的国家的成本和收益并适用一系列规范原则。然而，国家是由很多不同的政府和私人行为者构成的，他们看待条约的方式经常很不相同。一些组织有强烈的环境价值观并坚定地支持一项条约，其他的则不是。同样，一项环境条约可能对一些行为者来说意味着收益而对其他行为者则意味受损。例如减少二氧化碳排放的协定为石油和煤炭公司施加了成本，但为太阳能生产商带来了利益。解决酸雨问题的协定可能对生态敏感的地区有利而对煤炭生产地区施加了成本。所以国家内部就会有一些组织支持一项国际环境协定而也有其他组织反对。

国家在国际谈判中的立场通常反映了这些国内因素。[1] 实际上，国内成本收益分配对国家最终决定是否加入国际协定的影响可能不亚于算计"国家利益"的影响，甚至更大。如果受益者更能影响国家政治体系，那么国家就可能加入，反之亦然。[2] 这可能是欧洲国家比美国更容易加入《京都议定书》的一个原因：
166 欧洲联合政府的传统使得绿党有可观的杠杆调节作用。相比之下，美国的两党体系就没有为环境组织产生影响提供那么大的空间。[3]

---

〔1〕 因此，帕特南将国际谈判解释成"双层博弈"，包括国际和国内两个层面。Robert D. Putnam, "Diplomacy and Domestic Politics: The Logic of Two-Level Games," *International Organization* 42（1988），pp. 427-460.

〔2〕 对于个人偏好向政府行为者的输送，国内政治的不同理论提出了不同的机制假想。在民主国家中，民选官员可能占上风因为他们和选民有共同的价值和偏好。即使没有，他们也可能相信他们有义务反映选民的观点或可能简单地出于希望再次当选的私人利益而如此行事。

〔3〕 这种假想至多只能做部分的解释，而且无法解释在《蒙特利尔议定书》谈判中美国对欧洲的引导。

值得一提的是，对受益于国际协定的那些国内组织，条约对国家主权的限制是收益而非成本。一项国际承诺限制了在这些组织影响变弱的情况下国家开倒车的能力，因此锁定了他们的收益。[1] 这种对锁定的渴望也许能部分地解释国家为什么会做出单边承诺。为什么国家会在没有回报的情况下在国际上承诺采取行动？例如，为什么国家会根据《拉姆萨公约》将一块湿地列入国际名录？如果保护湿地有国内意义，假设没有国际承诺，国家也会自行这么做。国家为什么希望限制其行动的自由？如果我们把国家看成单一的主体，这一问题很难回答。但如果我们通过国内政治的视角来观察国家的行为，那么将湿地列入国际名录这一决定后的原理就很清晰了。对于希望保护湿地的国内组织来说，条约对国家行动自由的限制不是消极的，而是他们希望将湿地列入国际名录的原因。实质上，国际协定使得一个组织可以约束其他组织，或者一代人或政府来约束其继任者。[2]

## （五）力　量

最后，一些情况下，政府主体可能为回应其他国家（尤其是更强大的国家）的压力而接受条约（或条约决定）。虽然我们没有将国际环境政治看作是角逐权势的重要舞台，但国家有时候会使用权力来促使其他国家同意。例如，20世纪70年代美国威胁

---

〔1〕　关于这一锁定理论在人权法中的适用，参见 Andrew Moravcsik, "The Origins of Human Rights Regimes: Democratic Delegation in Postwar Europe," *International Organization* 54 (2000), pp. 217-252.

〔2〕　关于预先承诺理论，参见 Steven R. Ratner, "Precommitment Theory and International Law: Starting a Conversation," *Texas Law Review* 81 (2003), pp. 2055-2081.

要单方面采用油轮标准的行为促使了其他国家同意《防污公约》中的国际标准。同样，20世纪70年代末和80年代初美国施压要求暂停商业捕鲸，促使暂停捕鲸决定的正式通过，并进而使得日本和大多数捕鲸国家接受了这一决定。

### 三、条约缔结过程

我们已经讲了国家为什么会加入条约，而了解国际协定产生的过程也非常重要。条约缔结过程是怎么展开的？从开始到结束有哪些阶段？[1]

（一）谈判前阶段

即使在某一事项进入国际议程后，在正式谈判开始前还要经历相当长的一段时间。例如气候变化在1985—1988年间作为重要的政府间事项出现，而直到1990年末国家才开始了达成《联合国气候变化框架公约》的正式谈判。在这一干预阶段，国家开始在国内进行组织，确定它们在国际上的立场，和志同道合的国家组成联盟，并且试图通过定义事项的变量和目标来设计这一事项。

表8.1　条约缔结过程的不同阶段

| 谈判前 | 架构议题 |
| --- | --- |
|  | 形成国家立场 |

---

〔1〕 关于条约谈判不同阶段的一份杰出分析，参见 Chasek, *Earth Negotiations*. 关于一份综合的分析，参见 Bertram I. Spector, Gunnar Sjöstedt, and I. William Zartman, eds., *Negotiating International Regimes: Lessons Learned from the United Nations Conference on Environment and Development (UNCED)* (London: Graham and Trotman, 1994).

续表

| | |
|---|---|
| 谈判开始 | 选择谈判场合 |
| | 通过谈判授权 |
| 谈　判 | 组织结构问题：全体成员、联盟 |
| | 程序：决策规则、透明度、参与 |
| | 形成初稿 |
| 通过和生效 | 通过 |
| | 国家同意：签署、批准或加入 |
| | 生效 |

## （二）谈判开始

条约缔结过程的第一步是开始谈判的决定。这涉及两个基础问题：首先是选择谈判场合，其次是通过谈判授权。谈判场合的选择，往往是偶然的结果而非有意识的深思熟虑的结果，但这一问题非常重要。例如，假设一群国家想要就一项新的森林公约进行谈判，[1] 那谈判场合应该是现有的联合国森林论坛（UN Forum on Forestry）、粮农组织（承担关于森林事项职能的联合国专门机构）、联合国环境规划署、联合国贸易和发展会议［UN Conference on Trade and Development，《国际热带木材协定》（International Tropical Timber Agreement）的发起组织］还是其他国际组

---

[1] 这一情景是假设的，因为联合国大会已经决定将森林公约的讨论推迟到 2015 年后。Non-legally Binding Instrument on All Types of Forests, G. A. Res. 62/98, UN Doc. A/RES/62/98（January 31, 2008）.

织？或者它们应该选择自己建立一个专门的谈判组织？它们的选择会影响由哪个国内机构主导谈判，由谁代表各个国家，协定的整体走向，甚至当该组织没有广泛的会员国时，会影响到有哪些国家可能参与谈判。例如，在联合国大会的主持下进行气候变化谈判的决定，意味着这些谈判对所有联合国成员国开放，并由各国的联合国代表团来主导，就较小的发展中国家而言，其联合国代表团通常作为独立实体来运转。如果如最初设想，由世界气象组织推进气候谈判，那么其导向会更专业而不那么政治性；或者气候变化事项最初是由西方工业国家提上国际议程，如果它们决定由经合组织主持谈判，那谈判最初可能只会包括发达国家。谈判场合可能的选择不止包括现有的组织，如联合国环境规划署、国际海事组织或经合组织，也可以包括专门的谈判组织甚至是非政府组织，比如主持了《拉姆萨公约》和《濒危物种国际贸易公约》的世界保护联盟。

谈判的授权决定可能给予谈判者大致明确的授权，解决的事项涉及谈判范围、预期成果的法律地位、拟条款的类型、完成的目标时间以及关于决策及参与的规则等。（例如，决策是否需要一致通过？会议是公开还是秘密进行？以及如果有非政府组织参与的话，它们应该扮演什么角色？）因为这些授权描绘了最终的协定的轮廓，所以经常需要进行艰难的谈判。例如，在起草对《京都议定书》谈判的授权时，发展中国家成功地引入了一项条款，明确排除它们新的承诺，因此有效地解决了谈判中的一项中

心议题。[1] 相比之下，发达国家在后《京都议定书》气候谈判
中则更为成功。2007 年 12 月通过的《巴厘岛行动计划》（Bali
Action Plan）建立了结果开放的进程，明确说明发展中国家采取 169
额外行动的可能性而没有排除任何事项。[2]

（三）谈 判

虽然每一谈判都有其独特性，但它们也有相类似的特征。首
先，因为国家对程序性事项进行争论并不断重申它们的最初立
场，而非寻找折中的方案，因此很少会取得明显的进展。虽然那
些希望快速推进的人对此十分失望，但争论过程可以使国家表达
它们的观点和忧虑，了解、评估其他国家观点的力度，并试探相
关的反应。无论如何，只有到了预定的谈判总结阶段前最后几个
月（甚至几个小时），当国家认识到它们如果不想失败就得妥协
时，真正的谈判才开始。

国际共同体目前有近两百个国家，制定国际法律也变得日
益复杂和难以进行。为了简化谈判任务，谈判的最后阶段通常
只包括为数不多的关键代表团。此外，国家通常并不单独行动，
而是作为更大群体的一员。[3] 有时候基于共同的利益和立场，
志同道合的国家会组成联盟。例如船舶污染标准谈判中造船业发

---

〔1〕 Berlin Mandate, Conference of the Parties to the UN Framework Convention on Climate Change on its First Session（COP-1）, Berlin, March 28-April 7, 1995, *Final Report*, Dec. 1/CP. 1 para. 2（b）, UN Doc. FCCC/CP/1995/7/ Add. 1（June 6, 1995）.

〔2〕 Bali Action Plan, Conference of the Parties to the UN Framework Convention on Climate Change on its Thirteenth Session（COP-13）, Bali, December 3-15, 2007, *Final Report*, Dec. 1/CP. 13 UN Doc. FCCC/CP/2007/6/ Add. 1（March 14, 2008）.

〔3〕 如查塞克所说，"群体或联盟的架构是对大型多边谈判固有复杂性进行管理的一种手段。" Chasek, *Earth Negotiations*, 139.

达的国家组成的联盟、气候谈判中的石油生产国联盟、《濒危物种国际贸易公约》谈判中的持保护主义立场的国家联盟等。联盟对小国家而言尤其重要，因为集体行动要比单独行动的影响力大得多，因而即使当国家利益开始出现分化时，国家也会继续参与其联盟。[1] 即使像美国这样的超级大国也经常发现有必要参与与其志趣相投的国家联盟。例如，在气候变化谈判中，美国是"伞形集团"的一员，这一松散的联盟是用以对抗欧盟的。

当现有的国际组织主持谈判时，经常由这一组织的秘书处内部或在外部专家的帮助下准备初始谈判草案。一些情况下也会有非政府组织的参与，比如《拉姆萨公约》。但是当某一事项具有政治敏感性时，国家通常会保留对其掌控权，坚持条约文本应该通过自下而上的归纳的程序进行，即先由国家提议可能的条款，最终（由谈判主席）组合成复合文本。

170    虽然大多数谈判组织的程序规则都允许在不可能达成合意的情况下进行投票，但实践中盛行的是协商一致的决策程序。当然并不总是这样。20 世纪 70 年代国际共同体就《防污公约》进行谈判时，它们通过投票解决了很多困难议题。如今，当更多国家参与国际谈判，进行投票所必需的信任基础就没那么常见了，因

---

〔1〕 在联合国谈判中，发展中国家通常作为一个联盟进行谈判，即所谓的 77 国集团（G-77），得名于最初的 77 个参与者。为了保证其集合影响力，它们通常一起陷于气候变化谈判中，即使它们的利益迥异，从因海平面上升有毁灭风险的小岛屿国家，到抵制所有可能减少石油需求的行动的石油输出国家。

此就出现了对协商一致的强烈偏爱。[1] 在这种语境下，一致同意并不必然代表没有异议，而是没有正式的反对。与存在获胜方和失败方的投票相比，协商一致的目标是解决异议并寻找共同立场。这也是为什么协商一致决策制定的成果通常代表共识的最低平均水平，或者为什么它们总是小心而含糊地通过维护所有方立场的表达来掩盖分歧，或者是把事项推到以后解决。[2]

条约拥有重要的实践成果，然而事实上大部分谈判过程本质上是关于用语的，对用语的象征意义和政治意义的讨论和对其实践意义的讨论一样多。有时候，特定的表达具有特殊意义，和其普通含义相距甚远。为什么看起来国家对用语的关注和对实质的关注一样多？部分情况下，对用语的担忧体现了在很多谈判中信任普遍的缺失，使得国家担心一些看起来无害的用语会隐藏一些潜在的含义。[3] 一些情况下，对用语的争论代表了更实质的争议，不止实体结果可以导致成功或失败，一些特定用语的引入或排除也能达到此类效果。最后，对用语的关注还反映了多边环境谈判反复、持续的特征，用语是为未来谈判回合服务的记号。

---

　　[1]　*See* Arnold N. Pronto, "Some Thoughts on the Making of International Law," *European Journal of International Law* 19 (2008), pp. 601-616, at 607 [讨论了在现代国际法中对协商一致通过程序的强调, in Alan Boyle and Christine Chinkin, *The Making of International Law* (New York: Oxford University Press, 2007)].

　　[2]　关于每种手段的例子，参见 Daniel Bodansky, "The United Nations Framework Convention on Climate Change: A Commentary," *Yale Journal of International Law* 18 (1993), pp. 451-558, at 492-493.

　　[3]　例如，在《联合国气候变化框架公约》谈判中，国家甚至无法同意被要求"报告"，因为一些人认为"报告"一词暗示着某种侵入式的、干涉主义的过程。因此，公约用了"信息交流"一词来代替。

国际环境法特别强调参与和透明度,[1] 但谈判的实际做法却南辕北辙。回溯至 20 世纪 50 年代和 60 年代,谈判会议和投票记录通常是逐字逐句记录的。然而随着国际会议越来越大、越来越公开,谈判中对实质事项的讨论却关起门来秘密进行。在里约进程中,谈判委员会向非政府组织的公开导致所谓的非正式会议的产生,这种非正式会议只有国家代表可以参加,并且其后随着这些会议也变为公开,又出现了"正式的非正式会议"。如今,大多数此类谈判不是在公开场合进行,而是在不进行记录公开的会晤小组或"主席之友"会议进行。官方报告只说举办了一项会议。因此,参与者或观察者的说明就成了信息泄露的重要来源:谁提议了什么条款、为什么提,以及结果如何。

(四) 通过、签署、批准和生效

谈判的最后,条约被通过、签署,并在大多数情况下被批准然后生效。而在双边协定的情形中,尤其是处理技术问题而不需要法律批准的情况下,双方对协定的签署就是谈判的结束,条约也就此生效。然而通常条约谈判的结束分很多步骤。首先,谈判主体接受条约,这一般是通过协商一致的决策,从而对条约文本进行定稿并结束谈判。其次,条约开放签署,这一步骤意味着国家对条约的初步同意。那些想受条约约束的国家通过批准表示对条约的同意,这一决定可能需要立法机构批准。最后,在足够多的国家给出同意决定后,条约开始生效,国家成为缔约国。

---

〔1〕 Jonas Ebbesson, "The Notion of Public Participation in International Environmental Law," *Yearbook of International Environmental Law* 8 (1997), pp. 51-97.

即使是公认的权威来源，比如美国最高法院或《纽约时报》，都会犯的一个常见的错误就是把"签署方"和"缔约方"混同。然而在大多数情况下，这两个词并不相同。签署既不是成为缔约方的必要条件，也不是充分条件。国家可以加入它们没有签署的条约，也可以不批准它们签署的条约。（比如美国是《京都议定书》和《生物多样性公约》的签署方，但不是它们的缔约方。）签署只是通向缔约方身份的一个站点，并只产生"避免采取违背条约目标和意图的行动"的有限的义务，[1] 这是一种不具同意意思的措辞。

条约接受和生效之间的那段时间可能是有实际意义的。例如，《蒙特利尔议定书》用了 2 年的时间生效，《巴塞尔公约》用了 3 年，而《京都议定书》用时超过了 7 年。实际上，最极端例子有可能是——联合国《海洋法公约》1982 年被通过，而直到 14 年后的 1996 年才生效。为了不浪费这段时间，国家可能在条约生效之前同意暂时地实施条约。[2] 在这一过渡时期，国家也 172 可能继续通过会谈来对协定进行细化和完善，以使其能够在最终开始生效时就迅速展开。在《京都议定书》的实践中，直到制定出关于议定书如何运行的详细规则后，国家才愿意批准议定书。所以议定书的通过并不意味着谈判的结束。相反，在协定完成前还必须有额外的谈判回合。例如在《京都议定书》中，这些回合持续了四年，比议定书文本本身的谈判还多了两年。

---

〔1〕　Vienna Convention on the Law of Treaties art. 18（a）.

〔2〕　Peter H. Sand, *Lessons Learned in Global Environmental Governance*（Washington, DC: World Resources Institute, 1990）, pp. 15-16.

## 四、设计问题

国际协定的发展带来了大量的设计问题。有些是常见的，比如：

· 一项协定应该包含哪些承诺？当然，这答案取决于环境问题的性质。《濒危物种国际贸易公约》使用许可证制度来控制濒危物种的贸易；《防污公约》确立了油轮的建造和设计要求；《蒙特利尔议定书》限制了消耗臭氧层物质的消费和生产；《京都议定书》对照国家的历史排放基线水平为其设置了有约束力的目标。我们在第四章中曾讨论过政策工具选择的相关设计问题。

· 条约应该建立什么样的机构，这些机构应该具有什么特征？如我们在第六章所分析的，最常见的条约机构包括缔约方大会、秘书处、财政机制以及科学团体。

· 条约应如何促进其实施和效力？条约应建立何种机制来生成有关条约遵守和效力的信息，比如报告要求、监测计划或者审评程序？以及条约应如何应对不遵守情况？我们将在第十一章分析这些问题。

本部分分析了一些关键的，但不常见的条约设计问题，这些问题在最近几年受到了更多的关注：

· 首先，条约的广度或范围，包括成员和议题两方面。

· 其次，条约的深度，即条约要求国家背离其常规行为的程度。

·最后，条约对新信息和情景变化的灵活反应能力。

我们将从几个方面来分析这些设计要素。首先，可选择的设计有哪些？这实质上是个教义学或者说是描述性的问题。其次，这些选项的优劣势以及可能的权衡有哪些？这些是政策问题。最后，为什么国家选择在某一具体条约中包含某些设计要素，以及，一般而言，什么能解释条约间设计要素的分配？现在，我们开始进行解释。

（一）广 度[1]

1. 谁参与条约制度？

哪些国家应当被允许（或授权）参与一项国际协定，例如关于气候变化、捕鲸或者南极的国际协定？条约对这一问题的回答是多种多样的。[2] 有一些对任何国家开放，因而在范围上可能是全球性的，例如《蒙特利尔议定书》《气候变化框架公约》以及《捕鲸公约》。还有一些对参与国设置了地域上的要求，如1983年《大加勒比地区海洋环境开发与保护的卡塔赫纳公约》等区域协定。[3] 还有一些根据功能确定其成员，例如《南极条

---

〔1〕 关于广度问题的一份谈判理论分析，参见 James K. Sebenius, "Negotiation A-rithmetic: Adding and Subtracting Issues and Parties," *International Organization* 37 (1983), pp. 281–316; *see also* Barrett, *Environment and Statecraft*, 153–158.

〔2〕 一般而言，条约通过签署条款来决定谁能参与，即定义哪些国家有资格签署条约的条款。

〔3〕 Cartagena Convention arts. 25, 27 (2).

约》要求其成员必须是参与南极研究的国家。[1]

参与问题带来了规范性和实用主义两方面的问题。从规范角度而言，谁有权参与关于特定事项的决策？《捕鲸公约》允许任何国家参与。但为什么整个国际共同体都被允许发声，甚至包括蒙古国这样的内陆国家？既然《捕鲸公约》的目的之一是"使捕鲸业的有序发展成为可能"，[2] 那为什么不是授权真正参与捕鲸的少数国家参与控制其行为的规则的制定？[3]

一种解决成员问题的观点认为受到决策影响的任一方都有权参与决策制定程序。以此为根据，条约应当对任何与环境问题有因果关系的国家开放，或者换句话说，条约的范围应该取决于其希望控制的外部性的范围。双边性的外部性需要双边条约，如美加边境的污染问题；区域性的外部性需要区域性条约，比如欧洲的酸雨问题；全球的外部性需要全球性条约，比如气候变化。[4]

然而，确定环境外部性的范围也并不容易。当20世纪80年代早期首次提出酸雨问题时，它被认为是一个区域问题。而如今科学家发现亚洲部分地区的大气污染可能影响加利福尼亚的环境。如果凡事都是相互联系的——假如像混沌理论（chaos theory）

---

〔1〕 Antarctic Treaty art. IX（2）（将完全参与限制在那些能够"通过在南极的实质科学研究活动"证明其利益的国家）。虽然条约是用"证明其利益"来描述这一要求，但这也可以用专业技术的说法来定义。

〔2〕 Whaling Convention preamble, para. 8.

〔3〕 这是北大西洋海洋哺乳动物委员会的路径，该委员会最初由挪威、冰岛和格陵兰岛于1992年建立。

〔4〕 博弈论学者将受到某一外部性影响的国家数量称为"N"，而将不同的博弈称为"N元博弈"。Barrett, *Environment and Statecraft*, 153-155.

所说的，亚马逊一只蝴蝶翅膀的扇动会带来地球另一边的飓风——那么所有环境协定都应该对所有国家开放。

此外，什么才算是外部性可能也是有争议的。1995 年《鱼类种群协定》规定区域性渔业条约应该对相关渔业有"实际的利益"的所有国家开放。[1] 但是什么构成"实际的利益"？很多人将南极洲当作是全球共有物的一部分，因此关乎所有国家利益。然而，《南极条约》规定如果国家要充分参与南极体系，必须通过实质的研究活动来"证明其利益"。[2] 20 世纪 80 年代，在马来西亚主导下，一些发展中国家试图通过把南极事项交由联合国大会主持来扩大其参与，而这一尝试最终被证明是不成功的。相比之下，《捕鲸公约》认识到了"为未来世代保护鲸鱼种群所代表的重要自然资源是世界上所有国家的利益"。[3] 这反映了一个更宽广的视角，认识到了国际共同体作为一个整体对鲸鱼"存在价值"所拥有的利益。

有关参与范围的务实的问题也是需要仔细权衡的。一方面，广泛的参与带来了重要的环境和经济利益。在其他条件不变的情况下，它减少了从缔约方到非缔约方的污染"泄漏"（leakage），减少对竞争力的影响，并带来更显著的环境效果。然而，更广泛的参与也有代价：参与国家越多，谈判并维持合作就越难。

所以，比起广泛的参与，把成员限制在拥有共同价值观和利益的较小群体有时候会有更大的进步空间。比如《南极条约》制

---

〔1〕　Fish Stocks Agreement art. 8.

〔2〕　Antarctic Treaty art. IX（2）.

〔3〕　Whaling Convention preamble, para. 2.

度的成功很大程度上归功于其受限的成员资格。这使得参与国形成更强的凝聚力，并确保它们都在南极问题上有专业知识和相关利益。我们有理由认为气候变化制度也可以从更受限的成员资格中获益。气候变化问题有超过 180 个参与国，其中一些国家拥有迥异的利益，这使得达成共识异常困难。较少成员的制度可能简化谈判过程，而只有 12 个国家对超过 80% 的全球温室气体排放负责，那么解决气候变化问题就不必然需要广泛的参与。一个成员相对较少的更小的体系仍然具有有效解决问题的可能性。

2. 什么是最低参与要求？

现在我们已经研究过谁应当被允许参与条约，也就是说，条约可能的潜在的最大参与者范围。另一个迥异的问题关注的是条约生效所必需的参与国家。最低参与要求被规定在条约生效条款中。

在规制型条约中，最低参与要求有助于确保能达到充分的互惠。这不要求所有的国家参与条约，而只要求国家能从互相合作中获益。

设想一个简单的例子：有一个涉及 30 个国家的区域性污染问题。假设条约有一项环境要求，会给每个参与国带来一千万美元的成本，但是会给 30 个国家带来三千万美元的集体的环境利益（每个国家一百万美元）。虽然从集体的角度，条约规则会带来显著的收益，但各个国家缺乏动机去付出一千万美元来获得仅仅一百万美元的收益。然而，如果国家参与协定的行动能够交换其他 10 个国家的互惠行动，国家就可能参与，因为现在其一千万美元

的投资事实上可以收获一千一百万美元的收益——一百万美元由
其自身行动带来，还有由其他 10 个参与国家每个国家行动提供
的一百万美元。所以，如果生效要求被设定为 11 个国家，批准
实质上就不存在风险了。它可以使一个国家受益而非受损。如果
其他 10 个国家批准，进而条约生效，比起没有条约的情况每个
国家都受益了。而如果其他 10 个国家不批准，条约就不会生效，
也没有国家会受损。当然，在这一设定中，如果不加入协定的 19
个国家也和批准条约的国家一样收获一千一百万美元，那么它们
就有了搭便车的动机。即便如此，11 个参与国也没有退出的动
机，因为比起没有条约的情况它们是受益的。[1] 这些国家代表
了博弈论者所称的"最小可行联盟"（minimum viable coali-
tion）。[2]

当然，在现实世界中，规制型协定的成本和收益都受大量不
确定性因素的影响。所以，国家无法精确计算最小可行联盟所需
的生效要求；它们必须以更粗糙和预先准备的方式来设定要求。
此外，因为一些国家比其他国家对环境问题的"贡献"更大，所
以生效要求不能简单基于国家的数量，还要考虑不同国家对环境
问题"贡献"的量级。比如《京都议定书》要求占全球发达国家

<sup>176</sup>

---

[1] 这一讨论得益于一篇优秀的分析，Scott Barrett, "An Economic Theory of Inter-
national Environmental Law," in Daniel Bodansky, Jutta Brunnée, and Ellen Hey, eds., *The
Oxford Handbook of International Environmental Law* (Oxford: Oxford University Press,
2007), pp. 231–261, at 247–249.

[2] 在所谓的倾覆条约（tipping treaty）的情形中，最小生效要求应该被设置为
倾覆点，即网络外部性开始生效而给予其他国家加入的动机。Ibid., 254–255.

温室气体排放量 55%以上的至少 55 个国家的批准。[1] 而《防污公约》要求占全球船舶吨位至少 50%的 15 个国家的批准。[2] 这种生效要求通过要求对环境问题产生负重大责任的国家的参与来保证互惠。

与规制型条约相比，构建型条约没有施加高成本的规则。因此国家在考虑是否加入时不用考虑保证最小可行联盟。相反，生效要求反映了其他的考虑——政治信用。

构建型条约意图为特定事项建立治理体系。为了足够可信，这些治理安排需要相当多的参与者。举例来说，如果《气候变化框架公约》只有 5 个参与国，那就是不可信的。

此外，鉴于国家愿意去做一项制度的"宪章成员"，由此可以在程序、财政安排等规则的初始决定中拥有话语权，那么宽松的生效要求可能会破坏这种加入的动机，因为它允许一项条约的迅速生效，只有少数参与者能参与开始的最初决定。在气候变化公约的情形中，国家最终选择将生效要求设定在一个比较高但非压倒性的批准数量——50，这是最初提议的各种数字的中间值。[3]

3. 实质范围

和参与范围一样，国际协定的实质范围的变化幅度很大，从广泛的综合的协定，如《海洋法公约》和《生物多样性公约》，

---

〔1〕 Kyoto Protocol art. 25. 1.

〔2〕 MARPOL art. 15 （1）.

〔3〕 UNFCCC art. 23. 1.

到非常专门的协定，如保护北极熊或控制船舶上防污涂料使用的协定。每一种方式都有其优势和劣势。综合的协定可以考虑到不同环境问题的相互联系并可以使国家以全局性的、适当的权衡和联系的方式解决问题。相比之下，关注面更窄的协定可能产生碎片化、重复劳动，甚至是冲突。一个环境问题的解决，可能使另一个环境问题恶化。但是专门的协定也有重要的、补充的优势：它们允许国家专注目标问题并进行专门的、有意义的应对。 177

气候变化的早期谈判可以说明这些不同。在 20 世纪 80 年代末，当气候变化首次进入国际议程，一些人建议模仿《海洋法公约》制定综合性的"大气层法"，为后续的关于全球变暖、酸雨和臭氧层空洞等更专门的问题提供伞形的覆盖。里约峰会期间谈判形成的另一条约接受了这一综合模式，即《生物多样性公约》。气候变化问题的紧迫性要求国家采取更为专业的路径，它们认为这会更容易管理并产生更多的重要成果。

（二）深　度

1. 严格性

条约设计中的第二个事项是深度，如之前所说，关系到两个变量——严格性和强度。承诺的严格性是指"要求国家背离无条约状态下其行为的程度"。[1] 当其他条件一样，减排 20% 的要求比减排 10% 的要求更有深度。然而其本身的绝对数额并不一定是决定性的，因为严格性是由区别于往常行为的程度决定的。在只

---

[1] George W. Downs, David M. Rocke, and Peter N. Barsoom, "Is the Good News about Compliance Good News about Cooperation?" *International Organization* 50 (1996), pp. 379-406, at 383.

有少量捕鲸船的今天，严厉的捕鲸配额比起 40 年前所谓的 "捕鲸奥运会" 时期宽松的配额，其严格性程度其实小得多。

因其性质决定，构建型协定是浅层的；它们旨在建立普遍的治理体系，并施加少量要求或几乎没有要求。相比之下，规制型协定的严格性变化幅度很大。如卡尔·劳斯蒂拉（Kal Raustiala）所说，"一些协定很有深度：它们要求国家在政策上有重大转变；一些很浅：它们只是把国家现有行为汇编成法，或者只要求行为上的较小的变更。"[1] 1985 年《硫化物议定书》要求国家减排 30% 就是个浅层要求的例子，因为排放已经因为其他原因降低了。[2] 相比之下，《蒙特利尔议定书》要求国家淘汰甲基溴的规定相对来说就较深，因为至少像以色列这样的国家仍非常广泛地将甲基溴用作熏剂。

一些条约设计特征会影响协定的严格性：

·灵活的/情境式的承诺——通常条约承诺越灵活，主权和遵约成本就越低。要求国家推进湿地 "尽可能"[3] 的明智利用，就给了国家很大的裁量权来决定适当的保护水平，也意味着条约缺乏确定的严格性水平。同样，在《远程越界空气污染公约》下，《氮氧化物议定书》通过允许国家裁量选择计算排放削减的基准年，比《硫化物议定书》提供给国家

---

〔1〕 Raustiala, "Form and Substance," 584.

〔2〕 Barrett, *Environment and Statecraft*, 8-11.

〔3〕 Ramsar Convention art. 3（1）.

更大的灵活性。[1]

·差别标准——条约可能会为不同层级的国家设置不同的严格性规定，对一些国家的规定更严格，而另一些较弱。比如《蒙特利尔议定书》给予发展中国家额外十年的宽限期。[2]《京都议定书》则走得更远，对发达国家设置排放限额指标，而发展中国家则没有。通过避免给发展中国家施加新的要求，《京都议定书》实际上使得发展中国家的加入是没有成本的。

·保留——相比于直接设置区别标准，条约也允许国家通过单方面的保留而区别其义务。[3] 然而，很少有多边环境条约这么做，也许是因为保留意味着与构建普遍的治理安排的创制功能不符。[4]

## 2. 强度

与严格性关注现状和国际承诺间的差距相比，强度考虑的是承诺的强烈程度。协定的严格性和强度都会提高协定的成本，但

---

〔1〕 *Compare* 1985 Sulphur Protocol art. 2（将 1980 年定为基准年）with 1988 NO$_x$ Protocol art. 2（1）（允许国家将 1987 年前的任意一年定为自己的基准年）；*see* Barrett, Environment and Statecraft, 162（在此基础上解释了美国参与《氮氧化物议定书》而没参与《硫化物议定书》）。

〔2〕 Montreal Protocol art. 5（1）. 为了得到这十年的宽限期，发展中国家每年的人均消耗臭氧层物质消费量也需低于特定的水平。

〔3〕 Edward T. Swaine, "Reserving," *Yale Journal of International Law* 31（2006），pp. 307–366.

〔4〕 *See* M. H. Mendelson, "Reservations to the Constitutions of International Organizations," *British Yearbook of International Law* 45（1971），pp. 137–171（构建型协定一般不允许保留）。

它们作用的方式不同：条约的严格性增加的是遵守的预期成本；
179 而协定的强度增加的是不遵守的潜在成本。协定越严格，就要求
行为改变越大，因而遵守成本就变得越高。相比之下，承诺的强
度越大，对主权的限制就越大，国家的违反成本就越高。

实质上，限制协定承诺强度的设计因素代表了风险管理策
略，因为这些因素可以在协定没有如预期一样发挥作用的情况下
为国家的行动自由提供更多保护。[1] 这些因素包括：

·法律形式——其他条件一样的情况下，有法律约束力
的协定比没有法律约束力的协定更有深度。[2] 首先，它体现
了更高的强度以及意图的严肃性，因此也有更高的可信度。
尽量做某事和承诺做某事是有区别的，尤其是在承诺是由政
府最高层做出时。其次，在条约需要立法机关批准的国家
中，法律协定比非法律的形式需要更广泛的国内认可，因此
更能抵制开倒车现象。比起条约，卡特总统归还巴拿马运河
的承诺更容易被里根总统推翻。最后，鉴于争端解决的法律
方法的存在，比如由国际法院进行裁判，法律形式的协定拥
有这些国际程序提供的好处。

·精确性——承诺强度的第二个因素是其精确性。其他
条件一样的情况下，精确的规范要比含糊的规范对国家的约
束性更强，因为违反的行为变得更加明显。例如，比较一下

---

〔1〕 See generally Richard B. Bilder, *Managing the Risks of International Agreement*
(Madison: University of Wisconsin Press, 1981).

〔2〕 See generally Abbott and Snidal, " Hard and Soft Law," 427 – 430; Raustiala,
"Form and Substance," 598.

减排 20% 的要求和"显著地"减少排放的要求；或者要求汽车每加仑汽油要行驶 30 英里和要求国家接受"合理的"燃料效率标准。

·退出条款——建立了持续的规制制度的多边环境条约带来了特别的主权风险，因为存在该规制制度接受某个国家不同意一些决定的风险。比如日本在加入《捕鲸公约》时认为它是在加入一项推进捕鲸产业的协定，直到 30 年后才发现，国际捕鲸委员会已经发展成一个鲸鱼保护机构。[1] 大多数环境协定允许国家在不同意的情况下退出协定来降低这一风险。然而，这是个一次性权利；如果国家不在特定时间内退出，协定就会对其产生约束力。

·持续时间——协定持续的时间越长且越确定，强度就越高。持续时间不确定的协定通过延长其辐射的时间，来限制短期的违反行为并促进更强的合作。[2] 然而比起只持续几年或允许国家在发出通知后退出的协定，这么做的主权成本更高。[3] 虽然大多数环境协定的持续时间都不确定，但只有部分协定对成本特别高的条款设置了时间限制。比如《京都议

180

---

〔1〕 *See generally* M. J. Peterson, "Whalers, Cetologists, Environmentalists, and the International Management of Whaling," *International Organization* 46 (1992), pp. 147–186.

〔2〕 *See* John K. Setear, "Ozone, Iteration, and International Law," *Virginia Journal of International Law* 40 (1999), pp. 193–309, at 200–203.

〔3〕 Barbara Koremenos, "Loosening the Ties that Bind: A Learning Model of Agreement Flexibility," *International Organization* 55 (2001), pp. 289–325. 如赫尔弗所说，退出条款"起到了保险政策的作用，可以对抗不确定性，允许国家在合作的预期利益被证明是夸大了的情况下宣布放弃其承诺"。Laurence R. Helfer, "Exiting Treaties," *Virginia Law Review* 91 (2005), pp. 1579–1648, at 1591.

定书》的排放目标只适用于 2008—2012 年 5 年的时间,[1]
而《南极环境议定书》暂停矿藏开发的决定可能在 50 年后
被修改。[2] 此外,大多数环境协定(如果不是所有的话)
都赋予了国家在最低期限届满后退出的权利,通常只需要发
出通知。这一制度使得国家可以用一种比违反声誉成本更低
的方式避免履行协定。[3] 然而实践中,退出的权利可以说是
理论上的而非实际的,因为退出的政治成本可能很高。因
此,很少有国家利用环境协定中的退出条款。[4] 即使日本大
肆批评国际捕鲸制度并威胁要退出,但它仍留在公约内。

·国际监督和执行——最后,存在国家监督和执行的条
约体现了强度更高的承诺。我们将在第十一章进行讨论,通
过增加被发现的可能性并在有些情况下有助于组织国际社会
进行应对,国际监督提高了不遵守的成本。

## (三) 促进参与

如我们在第七章所说,很多外部因素影响了对国际环境制度
的参与——例如,石油泄漏等极端事件唤醒了公众意识并增加了
加入条约的国内压力;[5] 国内政治因素,比如选举会带来新的

---

〔1〕 Kyoto Protocol art. 3. 1.

〔2〕 Antarctic Environment Protocol arts. 7, 25(第 7 条中对矿产资源开发活动的禁
止只有在议定书生效至少 50 年后举办的审查会议上才能被修订)。

〔3〕 Helfer, "Exiting Treaties," 1621-1629.

〔4〕 冰岛暂时撤回《国际捕鲸管制公约》的行为是一个值得注意的例子。在赫
尔弗的条约退出研究中,他没有提供环境协定中的明确数据,但是引用了几个例子。
*See* Helfer, "Exiting Treaties."

〔5〕 《防污公约》可作为一例。

掌权的政治党派;[1] 或者技术进步降低了遵守的成本。[2] 但条约也可以通过降低参与成本或增加不参与成本等设计因素来改变 181 国家决定是否参与的成本收益分析,因而从内部促进参与。

定义参与问题的一个通常的途径是在协定的广度和深度之间进行折中:条约对国家的要求越高,愿意加入的国家就少;条约越希望保证广泛的参与,目标就得越低。[3] 事实上,国家真的会在协定的广度和深度间进行这种权衡吗?比起深层协定,国家更愿意参与浅层协定吗?以及在深度的维度内,他们会对承诺的严格性和强度进行权衡吗?国家更可能去承担弱的严格的承诺,还是强的松散的承诺?

这些问题的答案并不是不证自明的。一方面,浅层协定比严格的协定对参与的国家施加了较低的遵守成本,但提供的收益也更低。同样,较弱的承诺降低了潜在的遵守成本,但其保证其他国家采取互惠行动的能力也越低,而这决定了协定的收益。所以成本收益分析是复杂而不确定的。

关于强度和严格性之间的权衡,英国国际环境法部门的前任负责人曾对国家在评审机制的强度和实质承诺的严格性之间的权

---

〔1〕 例如,如前所述,2007 年澳大利亚大选,工党上台执政,并导致了澳大利亚对《京都议定书》的批准。

〔2〕 例如,杜邦公司研发出消耗臭氧层物质的低价替代品有助于《蒙特利尔议定书》的实现。

〔3〕 关于这种论点的一个例子,参见 George W. Downs, David M. Rocke, and Peter N. Barsoom, "Managing the Evolution of Multilateralism," *International Organization* 52 (1998), pp. 397–419.

衡进行了总结：遵约制度越强，实体承诺就越浅，反之亦然。[1]
如果真的是这样，这一权衡就意味着国家更关心保留其遵守的灵
活性，而非其他国家的互惠行动。[2] 但是世界贸易组织争端解
决程序反映了三种非常不同的动态，即世界贸易组织新的遵守制
度越强，实体条款就越严格。同样，欧盟实体规则的强度也是伴
随着执行机制严格性的上升而增强的。在《京都议定书》谈判
中，大多数评论家称如此野心勃勃的条款需要更强的遵守制度，
以确保国家的行动会换来其他国家的互惠行动。最近的一项比较
研究表明，当承诺要求进行不可逆的投资时，严格性和强度之间
是正相关而非负相关的：国家越愿意承担不可逆的成本，承诺的
可信度就越强，因而相信其他国家也会如此做的确信就越强。[3]

182　　如果说在严格性和强度之间的权衡是不确定的，那么传统的
关于广度和深度之间权衡的认识看起来是对的。比起深层协定，
国家更愿意参与浅层协定，因为即使是相对更强的国际协定，也
无法提供国家更强的互惠确信来使得采取高成本行动合理化。[4]

---

〔1〕 Patrick Szell, "The Development of Multilateral Mechanisms for Monitoring Compliance," in Winfried Lang, ed., *Sustainable Development and International Law* (London: Graham & Trotman, 1995), pp. 97-109, at 107. 赫尔弗指出，国家得以越早退出条约，它们就将越愿意就严格的承诺进行谈判。Helfer, "Exiting Treaties," 1599.

〔2〕 Raustiala, "From and Substance," 602-603.

〔3〕 Boockmann and Paul W. Thurner, "Flexibility Provisions in Multilateral Environmental Treaties," *International Environmental Agreements* 6 (2006), pp. 113-135.

〔4〕 最值得注意的反例是《蒙特利尔议定书》，其可能是这一规则的一个例外。虽然承诺颇有深度，但它仍吸引了近乎广泛的参与。根据臭氧层秘书处的网站，截至2009 年 1 月 29 日，该议定书有 194 个缔约方，只有 2 个非缔约方：圣马力诺和东帝汶。http://ozone.unep.org (accessed 2/10/09). 有助于解释这种宽度和深度间不寻常的组合的一个因素是议定书遵守制度的强度。关于《蒙特利尔议定书》制度的遵守和参与之间的关系，参见 Barrett, *Environment and Statecraft.*

国家不情愿加入深层协定，因为协议收益的不确定性太高而不愿承担成本。相比之下，浅层协定的风险更小，因而增加了吸引力。其他国家更愿意遵守浅层协定是因为这么做的成本更低。所以，参与的国家可能获得协定收益。此外，即使其他国家没有遵约而国家无法从参与中获得收益，至少也没有太多损失。

国际协定试图通过我们之前探讨的各种设计因素来促进参与，即降低承诺的严格性或强度。这些因素有的让协定对缔约方提出较低的要求——比如，灵活和宽泛的标准（会通过"尽可能的程度""条件允许的话"等语句来表达承诺）、弱的审查机制以及退出和撤回条款。另一些则通过建立有区别的（不对称的）标准来促进特定国家群体的参与。[1] 比如，一些协定，包括《蒙特利尔议定书》和《气候变化框架公约》，为发展中国家设置有区别的标准来鼓励它们参与。此外，一些协定还为个别国家设置了特别条款，以照顾其特定国情。[2]

一些情况下，国际环境协定还通过直接补贴参与成本或施加不参与成本来鼓励参与。比如印度被说服加入《蒙特利尔议定书》的条件是发达国家建立多边基金，为发展中国家的遵守提供资助。同样，《气候变化框架公约》规定发展中国家可以根据它们对特定承诺的遵守，即提交国家报告，来获得西方国家的全额

〔1〕 有趣的是，多边环境协定一般并不允许国家通过保留单向地使它们的承诺差异化，而是为不同国家指定不同的标准。

〔2〕 例如，《蒙特利尔议定书》第2条第6款为苏联的在建设施创设了"祖父权利"。迈克尔·吉利根认为，一般而言，在包含差异化而非同一化承诺的制度中，并不存在深度和宽度间的权衡。Michael J. Gilligan, "Is There a Broader-Deeper Trade-off in International Multilateral Agreements?" *International Organization* 58 (2004), pp. 459-484.

基金资助。[1] 在这些情况中，有强大条约利益的国家为了降低其他国家成本，实质上自身做出了更多的承诺。在建立了排放交易制度的体系内，一个对参与进行补贴的有效方式是将可出售的
**183** 配额分配给国家。这一想法的提出很大程度上是为了说服发展中国家加入气候变化制度。[2]

相反，协定也可以通过增加不参与成本来鼓励参与。虽然国际环境法更依赖于胡萝卜而非大棒，但一些协定也通过贸易手段来鼓励参与。比如《巴塞尔公约》只在非缔约方拥有与公约类似的控制制度时，才允许缔约方与其进行交易。[3]《濒危物种国际贸易公约》也有类似的限制与非缔约方的濒危物种贸易的规定，要求非缔约方需有与公约类似的证明文件。[4] 最后，《蒙特利尔议定书》禁止与非缔约方就消耗臭氧层物质及含有此类物质的产品进行贸易。[5]

### 五、逐步建立条约制度的战略

我们目前都是从静态层面来探讨设计因素，从条约谈判中特定的单个时间点来考虑就宽度和深度可能进行的权衡。但是环境

---

[1] UNFCCC arts. 4. 3, 12. 5.

[2] *See* Jonathan Baert Wiener, "Global Environmental Regulation: Instrument Choice in Legal Context," *Yale Law Journal* 108 (1999), pp. 677-800.

[3] Basel Convention arts. 4 (5), 11 (1).

[4] CITES art. X. 相比之下，虽然《生物安全议定书》也规定了和非缔约方间的交易，但对此类交易的标准要低一些，只需要与议定书的"目标"相一致。Biosafety Protocol art. 24 (1).

[5] Montreal Protocol art. 4.

制度不是静态的，其展示出显著的动态性。大多数制度开始时很谨慎，但有一些制度发展成了高效率的制度。因此，也许更重要的问题是，各国如何在时间维度上权衡广度与深度，以促进更强有力的国际合作？

我们之前关于广度和深度的讨论提供了两个一般性战略：

· 第一，以渐进的方式推进，为了鼓励参与，以比较温和的承诺开始，然后再提高目标的水平。

· 第二，基于志同道合的联盟从一开始就设置高目标，然后随着时间推移通过吸引更多的参与者来进行扩展。

这些战略并不互斥。一项制度可以逐步推进，有时候是通过加强现有成员的承诺，另一些时候是通过扩大其成员。这实质上就是欧盟的路径，从少数国家之间的相对有限的协定开始，然后在广度和深度上进行了明显的转变。

（一）有深度地开始，然后增加广度

184

建立制度的一个途径是从有类似想法的国家间相对较深的协定开始，然后通过增加新成员和新议题领域来扩宽协定。有时候，从区域性安排展开很有意义，因为区域内国家想法比较类似。其他情况下，有共享的社会经济利益或者价值观也可以成为意愿联盟的基础。

狭窄但有深度的路径有几个好处：其一，最初的集团可以以喜欢的方式设计条约。参与者只需要在它们中间达成协议，而无需尝试去满足更多的国家，后者可能导致削弱或降低成果的妥协。其二，相对较少的成员使得决策程序更加可控并且提高了可能的成果的质量。这一制度成员的增多不是通过作出妥协削弱自身，而是通过证明其确实有用。

欧盟可能是这一路径最好的范例。其开始是 20 世纪 50 年代少数国家（6 个）间只关注经济联合的相对较深的协定。如今，欧盟已拥有 27 个成员国，覆盖经济、社会和环境政策等领域。虽然即使在只有 6 个成员国时达成协定也并不总是很容易，但相较于如果当初参与者试图引入其他的西欧国家，初始协定有限的广度下，达成更深的协定更为可能。[1]

同样，虽然《关贸总协定》或《蒙特利尔议定书》都不曾试图去排除某些国家，但它们早年都受益于较小的成员国规模，这有助于协定的达成及发展。《南极条约》制度也是如此。它从相对较少的国家对少数关键问题作出规定的协定开始（尤其是关于南极的疆域状态），但是随着时间推移在成员和功能范围上都进行了拓宽。

狭窄但有深度的路径对于解决包含"俱乐部产品"的问题很有效，即使协定只有有限的成员国，参与的国家也可以收获协定的收益并积极参与。然而，对于气候变化等公共产品问题，这一路径就是有问题的。在这些情况下，为什么国家决定去组建志同道合的联盟并自行根据较深的协定去推进，即使这意味着一开始

185

---

〔1〕 关于欧盟深化与扩宽的历史和分析，参见 Richard E. Baldwin, "Sequencing and Depth of Regional Economic Integration: Lessons for the Americas from Europe," *World Economy* 31 (2008), pp. 5–30; *see also* Downs et al., "Managing the Evolution"（讨论了这一路径的优势）。

会有更少的参与者？一个可能的答案是一些国家认为这一协定是"正确"的，它们遵从适当性逻辑而非结果的逻辑。另一个答案是这一群体虽然规模有限，但仍代表着一个最小可行联盟，而且能使得每一国家都获益。也许最重要的是，参与的国家将其行动看作是长期进程的一部分，而不是一个一次性的活动。它们可能相信如果它们现在发挥领导作用，其他国家最终会跟随。实际上，发挥领导作用并不只是做正确的事，还能通过以有利的方式塑造制度来收获长期的好处。当然，这一算计是否正确还是不确定的。欧盟推动了《京都议定书》的完成和生效，因为欧盟相信如果它发挥领导作用并证明议定书有效，美国最终会改变观点并加入。然而，即使现在布什政府已经下台，这种情况也未必会发生。

（二）宽泛地开始，然后增加深度

比起有深度地开始然后扩宽，国际环境法更常用另一种方式推进。由相对保守的宽泛而浅层的协定开始，然后逐步深化。有两条不同的路线：其一，从软法到硬法，其二，从框架公约到议定书。

第一条路线是从没有法律约束力的文件开始，然后将其转化为有约束力的文件。比如在规制化学品、农药交易的问题上，各国最初谈判的是粮农组织《关于农药销售与使用的国际行为准则》以及《关于化学品国际贸易资料交换的伦敦准则》，它们成为 1998 年《鹿特丹公约》的基础。正是因为软法对国家来说主权成本更低，所以深具吸引力，尤其是在不确定性很高的情况下。[1] 实质上，非法律文件使得国家可以观察特定方法是否有效，且即使之后改变想法也不会承担高额成本。出于同样的原因，非法律手段可以降低不遵守的潜在成本，从而使各国更容易像《北海宣言》（North Sea Declarations）中的那样做出有雄心的、准确的承诺。

从浅到深的第二条路线是框架公约—议定书路径，这一路径被用作解决酸雨问题、臭氧层空洞、气候变化以及保护区域海域的海洋环境。[2] 最初，国家谈判形成框架公约，建立这一制度的总体框架，包括目标、原则、基本义务和机构等。然后，在现有协定的基础上通过扩充更专业（且成本更高）的承诺，协商形成议定书。在环境领域，第一个框架公约是在联合国环境规划署主持下谈判形成的 1976 年《巴塞罗那公约》。这一公约及其议定书涉及危险废物的倾倒、陆源海洋污染、石油泄漏的紧急应对以及特殊保护区域等。[3] 其他著名的框架公约—议定书路径的例子包括《远程越界空气污染公约》及其 7 个议定书，[4]《维也纳

---

[1] E. g., Abbott and Snidal, "Hard and Soft Law," 441; Raustiala, "Form and Substance," 593.

[2] 关于框架公约—议定书路径的一篇分析和批评，参见 George W. Downs, Kyle W. Danish, and Peter N. Barsoom, "The Transformational Model of International Regime Design: Triumph of Hope or Experience?" *Columbia Journal of Transnational Law* 38 (2000), pp. 465–514.

[3] *See* www.unepmap.org (accessed 2/11/09) (载有《巴塞罗那公约》及其议定书的历史和文本)。

[4] *See* www.unece.org (accessed 2/11/09) (载有《远程越界空气污染公约》及其议定书的历史和文本)。

臭氧层公约》和《蒙特利尔议定书》,《气候变化框架公约》和
《京都议定书》,以及 1979 年《保护迁徙野生动物物种的波恩公
约》及其 7 个次级协定和 17 个谅解备忘录(MOU)。[1]

框架公约—议定书路径允许国家一步步解决问题,而非立即
解决。国家倾向于加入框架公约,因为其中不含必须立即履行的
义务。因此,它们无需等待就适当地应对措施达成共识就能着手
解决问题。比如,当《远程越界空气污染公约》和《维也纳臭氧
层公约》通过时,很多国家尚对行动的必要性存在怀疑。然而,
即使是怀疑的国家也同意了这些公约的通过,因为这些公约并没
有要求它们采取特定行动。

虽然框架公约本身是浅层的,但它们可以产生积极的反馈
环,通过含有实体规定的议定书来促进制度的深化。首先,框架
公约可以要求国家提交国家报告并鼓励专业研究和评估,这有助
于减少不确定性并产生对相关事实的一致意见——关于谁对谁在
做某事。框架公约建立的机构通过收集信息、提供技术援助并作
出报告,通常在此过程中充当催化剂的作用。其次,框架公约
(尤其是定期的缔约方大会)可以提供讨论和谈判的长期场所,
引起国际公共意见的关注并建立参与者的信任,这有助于产生规
范共识。最后,当国家最终决定行动时,框架公约通过提供基本 187
的机构和决策流程,增强了各国的行动能力。

理论上,框架公约一旦被通过,国际环境立法过程就开始形

---

〔1〕　*See* www.cms.int(accessed 2/11/09)(载有《保护迁徙野生动物物种的波恩
公约》及其次级协定和谅解备忘录的历史和文本)。

成自身的发展势头。国家最初不愿意承担实体性要求，但是默认了框架公约设置的看起来无害的不间断进程，然后各国会发现，随着这一进程的发展势头，国家为了不掉队会感到越来越大的压力。框架公约在多大程度上实际取得这一效果并导向更强的国际合作存在争论。[1] 然而，即使是批评家也同意框架公约—议定书路径是很有吸引力的模型。实践中，它是发展国际环境法的主要战略。

（三）确保协定与时俱进

无论选择哪一发展路径，环境协定都对灵活性有着不同寻常的需求，以应对我们对环境问题的专业认知的发展和环境问题本身性质的变化。曾经很庞大的种群因过度捕猎或栖息地的丧失而变得濒危，曾经"安全"的化学品被证明是危险的，科技的发展带来了新的风险。就 1987 年《蒙特利尔议定书》而言，对问题的认识改变得如此迅速，以至于如一位博学的观察者所言，"1987 年 9 月确定的消耗臭氧层物质减排率到了公约（1989 年）生效时就已经过时了。"[2] 为了避免过时，国际协定需要能灵活应对新信息和新问题。

非法律协议通常在这方面比条约有优势，因为它们可以通过成员国的简单决定进行修订。相比之下，条约需要缔约方批准新的修正案。关于危险化学品交易中的事先知情同意程序，其要求出口商得到进口国的事先知情同意。国家最初是在一个自愿的文

---

[1] Downs, Danish, and Barsoom, "Transformational Model," 503-506.
[2] Sand, *Lessons Learned*, 15.

件中接受了这一程序，这一文件可以被联合国环境规划署管理委员会投票修改。而既然《鹿特丹公约》把这一程序转化为条约规定，对其进行修订就需要条约缔约方的三分之二多数通过，而且只能适用于通过的国家。[1]

为了保障与时俱进，国际环境协定经常会加入两个设计要素：第一，一些协定规定定期的审评。《蒙特利尔议定书》基于可获得的专业、环境、技术和经济信息，对其控制措施进行四年一次的评估。[2] 同样，《联合国气候变化框架公约》在第一次缔约方大会时规定了对承诺的充分性进行审评，[3] 这种审评导致了《京都议定书》谈判的启动。

第二，大多数国际环境协定将可能需要定期更新和修订的具体规制条款区隔出来，将其规定在比条约其他部分更容易进行修订的附件或时间表里。比如，国际捕鲸委员会通过把对捕鲸活动具体规则——设置捕捞限制、设备要求、开放和封闭的时节等等——规定在《捕鲸公约》的时间表里，使得其可以通过四分之三多数投票进行修订。[4] 同样，《濒危物种国际贸易公约》把禁止交易的濒危和受威胁物种名录规定在附录中，因此，为了回应环境和信息的变化，有资格的三分之二多数投票可以修改该名录。[5] 因此，如果某一物种成为濒危物种，公约缔约方可以简

188

---

[1] Rotterdam Convention art. 21.

[2] Montreal Protocol art. 6.

[3] UNFCCC art. 4.2 (d).

[4] Whaling Convention art. III (2).

[5] CITES art. XV (1) (b).

单地通过投票将其加进附录 I（禁止商业贸易）里，而不用等待全部缔约方的肯定性合意。

实质上，这些灵活的修订程序赋予了条约制度持续的规制权威。虽然这样做使得条约制度对新信息和新危险进行应对，但同时也增加了潜在的危险。如果没有适当的保护措施，它是对国家主权的威胁并会逐渐破坏国际环境法的合意基础。

为了抵制这一可能性，很多环境协定都包含一项保护措施，要求技术附件的修订需要有专业基础。然而，《捕鲸公约》证明各国很容易忽视这一要求。[1] 更近期的一些协定，如《关于持久性有机污染物的斯德哥尔摩公约》（又称《持久性有机污染物公约》），尝试将对提议增加的新化学品进行详细科学评估作为将新化学品加入公约的程序的第一步，以此使科学的角色制度化。[2]

然而，最终真正保障国家主权的保护措施是国家有退出那些它不同意的管制决定的权利。除了《蒙特利尔议定书》的调整程序（以及区域渔业管理条约建立的特别的程序）外，大多数灵活的修订程序都含有这项权利。[3] 实际上，这些程序表现了一种平衡，即取消了对国家明示同意的需求，但至少确保了默示的合意。

189

---

〔1〕《捕鲸公约》的科学委员会多次就目前商业捕鲸禁令的必要性提出疑问。1993 年，科学委员会的主席在抗议声中辞职，他问道，"如果科学委员会在重大问题上的一致建议被如此轻蔑对待，那它存在的意义在哪里？" Letter of Resignation by Philip Hammond, Chairman of the Scientific Committee of the International Whaling Commission, to Dr. Ray Gambell, Secretary of the International Whaling Commission (May 26, 1993).

〔2〕 POPs Convention art. 8.

〔3〕 一些渔业管理区域制度如今允许由缔约方决定通过有法律约束力的渔业行为规则。

## 结　论

国际环境法主要是条约法。当新问题产生，国家通过谈判解决它们，谈判通常会带来一项国际协定。

虽然大多数国际环境规范都有条约基础，但不是所有都规定在条约文本中。实质上，很多环境条约作为小宪法，创制了具有持续的复杂制度结构的监管制度。条约为这一制度提供了基础，但制度的核心要素是由缔约方后续的决定发展出来的。这些决定中有些具有法律的形式，比如《濒危物种国际贸易公约》附件中新增物种的添加，或者《蒙特利尔议定书》管制要求的提升。有些决定则是非法律或类法律的形式。为了《京都议定书》的操作而制订的详细规则，文本总计有几百页，是根据《京都议定书》缔约方的简单决定通过的，它们的法律地位至今仍不明确。同样，对有普遍执行问题的国家给予暂停贸易惩罚的《濒危物种国际贸易公约》遵守程序是由缔约方大会制定的。《拉姆萨公约》下明智地利用湿地的指南和世界遗产名录的准则亦皆如此。

尽管公约的发展是动态的，但一些人认为以合意为基础的谈判最终会被证明无力解决诸如气候变化或生物多样性丧失等环境问题。在他们看来，需要更强的、非合意的决策方法。[1] 从政治角度来看，这种发展看起来不太可能。然而，更有趣的是，它可能带来关于正当性的严肃问题。在国内层面，民主是正当性的试金石。

---

〔1〕　*E. g.*, Geoffrey Palmer, "New Ways to Make International Environmental Law," *American Journal of International Law* 86 (1992), pp. 259-283.

少数服从多数的民主决策取决于共同体意识，这种意识已经扩展到国际层面。除非能找到其他正当性基础，基于国家合意谈判达成协定仍将作为国际立法程序的决定性特征。[1]

**推荐阅读：**

Scott Barrett, *Environment and Statecraft: The Strategy of Environmental Treaty-Making* (Oxford: Oxford University Press, 2003).

190    Richard B. Bilder, *Managing the Risks of International Agreement* (Madison: University of Wisconsin Press, 1981).

Pamela S. Chasek, *Earth Negotiations: Analyzing Thirty Years of Environmental Diplomacy* (Tokyo: United Nations University Press, 2001).

George W. Downs, Kyle W. Danish, and Peter N. Barsoom, "The Transformational Model of International Regime Design: Triumph of Hope or Experience?" *Columbia Journal of Transnational Law* 38 (2000), pp. 465-514.

Thomas Gehring, *Dynamic International Regimes; Institutions for International Environmental Governance* (Frankfurt: Peter Lang, 1994).

Andrew T. Guzman, "The Design of International Agreements," *European Journal of International Law* 16 (2005), pp. 579-612.

Barbara Koremenos, Charles Lipson, and Duncan Snidal, "The Ra-

[1] Daniel Bodansky, "The Legitimacy of International Governance: A Coming Challenge for International Environmental Law?" *American Journal of International Law* 93 (1999), pp. 596-624.

tional Design of International Institutions," *International Organization* 55 (2001), pp. 761-799.

Kal Raustiala, "Form and Substance in International Agreements," *American Journal of International Law* 99 (2005), pp. 581-614.

Peter H. Sand, *Lessons Learned in Global Environmental Governance* (Washington, DC: World Resources Institute, 1990).

Bertram I. Spector, Gunnar Sjöstedt, and I. William Zartman, eds., *Negotiating International Regimes: Lessons Learned from the United Nations Conference on Environment and Development (UNCED)* (London: Graham and Trotman, 1994).

# 第九章

# 习惯法的名与实*

大多数我们坚持认为的习惯法不仅不是习惯法，它们甚至和习惯法一点也不像。

——罗伯特·詹宁斯《认识国际法》

（Robert Jennings，"The Indentification of International Law"）

过去30年间缔结的国际环境条约爆发式的增长意味着习惯法和一般法律原则等其他类型的国际法的作用减弱。然而，很多作者仍然认为非条约规范是国际环境法的重要渊源，而且这种主张并非罕见。例如，很多人认为：

· 国家必须采取预防行动对抗环境风险，而不是等待科学确定性。[1]

· 国家有义务预防重大跨界损害并且对可能的损害进行

---

* 本章内容参考了 Daniel Bodansky，"Customary（and Not So Customary）International Environmental Law，"*Indiana Journal of Global Legal Studies* 3（1995），pp. 105-119.

〔1〕 *See generally* Arie Trouwborst，*Evolution and Status of the Precautionary Principle in International Law*（The Hague：Kluwer Law International，2002）.

通知和协商。[1]

· 国家必须采取措施保护濒危物种[2]（或者更加空想主义地认为依据习惯法，鲸鱼有一种正在形成的生命权）。[3]

· 当代人对未来世代负有保存和留传地球自然资产的义务。

同时，专家们也花费了大量的时间和努力，试图将他们认为的国际环境法的一般（非条约）规范汇编成典。[4]

与符合实证主义法理论的条约不同，习惯法和一般法律原则  192
这两种主要的非条约规范不是通过有目的的立法过程所创设，也没有标准的形式。相反，它们是经过更加不好定义、更非正式的过程出现的，并带来了一系列理论难题：

· 非条约规范是如何出现的？例如，在多大程度上，习惯规范是国家理性的、自利的、深思熟虑的结果？在多大程

---

〔1〕 *See, e. g.*, Rüdiger Wolfrum, "Purposes and Principles of International Environmental Law," *German Yearbook of International Law* 33 (1990), pp. 308-330, at 313; Restatement (Third) of the Foreign Relations Law of the United States § 601 (1987), comment e; *compare* Daniel G. Partan, "The 'Duty to Inform' in International Environmental Law," *Boston University International Law Journal* 6 (1988), pp. 43-88, at 83 (指出"根据一般国际法通知的义务最终成为所有国家的法律义务"，虽然其习惯法地位还值得商榷)。

〔2〕 Michael J. Glennon, "Has International Law Failed the Elephant?" *American Journal of International Law* 84 (1990), pp. 1-41, at 30-32.

〔3〕 Anthony D'Amato and Sudhir K. Chopra, "Whales: Their Emerging Right to Life," *American Journal of International Law* 85 (1991), pp. 21-62.

〔4〕 *See, e. g.*, Experts Group on Environmental Law of the World Commission on Environment and Development, *Environmental Protection and Sustainable Development: Legal Principles and Recommendations* (London: Graham & Trotman, 1987). 关于国际环境法原则的综合讨论，参见 Philippe Sands, *Principles of International Environmental Law* (Cambridge: Cambridge University Press, 2d ed. 2003).

度上它们是由强国所强加的？在多大程度上它们反映了对秩序和规则的心理需求？这些因果性问题关注的是能够解释国际习惯法发展的社会、经济、心理和政治过程。

· 非条约规范对行为有影响吗？如果有，如何影响以及为什么？这也是一个因果性问题。

· 如果说一项规范是国际习惯法的组成部分或者是一般法律原则，这意味着什么？这些规范的"约束力"特征是从何而来的？这些是关于非条约规范法律效力的条件的法律问题，关注的是法的"形式渊源"。

· 最后，非条约规范应当被遵循吗？它们是义务的正当来源吗？与解释规范如何产生和影响行为的问题不同，这是规范性问题而非经验问题，要求探究法律义务的基础。

## 一、什么是国际习惯法？

尽管国际习惯法的概念通常被认为非常神秘，[1] 但是通过非

---

〔1〕 *See, e. g.,* Anthony A. D'Amato, *The Concept of Custom in International Law* (Ithaca, NY: Cornell University Press, 1971), p. 4（"习惯如何产生、如何改变或被修正的问题都被包裹在神秘和无逻辑之中"）; G. J. H. van Hoof, *Rethinking the Sources of International Law* (Deventer, Netherlands: Kluwer, 1983), p. 85（指出"在开始讨论国际习惯法的性质时，先向读者近乎哀告地指出他要做的是一项极端错综复杂的工作，这已经几乎成了一项习惯"）; Karol Wolfke, Custom in Present International Law (Dordrecht, Netherlands: Martinus Nijhoff, 2d rev. ed. 1993), p. xiii（指出"国际习惯和习惯法仍然是带来最多困惑和争论"的国际法类型）。根据曼利·哈德逊（Manley O. Hudson）的说法，即使国际法院和国际法委员会法规的起草者都"不十分清楚什么构成国际习惯"。*Summary Records of the Second Session*, Yearbook of the International Law Commission 1 (1950), p. 6, UN Doc. No. A/ CN. 4/Ser. A/1950.

正式的分散过程出现和适用的社会规范并不罕见。[1] 语言是个很好的例子。我们每次说话，都在运用语法和用法的一系列复杂的习惯规则。这些规则并不是由任何集中的机构进行立法并执行的［尽管存在法兰西学术院（French Academy）的尝试］。[2] 相反，这些规则是在语言使用者的日常实践中出现并发展，并且通过一系列分散的社会惩罚得到执行的。正如其他社会规范一样，如果人们要有效地参与社会，就必须认识并学习这些可以看得见的事实。

在国内层面，我们区分社会规范和法律的基础通常是社会规范是通过非正式的、自发的过程出现的；社会规范没有标准的形式；以及社会规范依赖于分散的、共同体的处罚。但是这些用以区分社会规范和许多国内法律规范的特征，恰恰也是国际习惯法的典型特征。所以，社会规范理论可以为我们研究习惯法提供一个有用的出发点。

人类学家和社会学家早就认识到通过共同体的压力来执行社会规范的重要性。最近，政治学家，尤其是理性选择理论家，也开始对社会规范产生兴趣，运用博弈论来解释在缺乏中央集权政

---

〔1〕 *See generally* Michael Hechter and Karl‐Dieter Opp, eds., *Social Norms*（New York: Russell Sage Foundation, 2001）.

〔2〕 法兰西学术院于 1635 年由黎塞留（Cardinal de Richelieu）创办，并发行了一本法语的"官方"字典，即《法兰西学术院字典》（*Dictionnaire de l'Académie française*）。

府时非正式规范是如何产生的。[1] 更近一些时候，肇始于罗伯特·埃里克森（Robert Ellickson）的《无需法律的秩序》（*Order without Law*），这种规范在现代社会中的持续作用也成为法学家们的重要关注点。[2]

在个人间或者国家间形成社会规范的原因机制还不十分清楚。其中可能牵扯很多不同的因素：

· 在某些情况下，一项规范产生于在"规范市场"上追逐其个人利益的理性行为者之间的互相作用。[3] 外交豁免权的规则也许可以用这些术语来解释。

· 一些规范可能有心理根源，反映了对秩序和规律性的需求。

· 此外，"规范倡导者"（norm entrepreneurs）可能扮演

---

〔1〕 *E. g.*, Edna Ullmann-Margalit, *The Emergence of Norms* (Oxford: Oxford University Press, 1977); Robert Axelrod, *The Evolution of Cooperation* (New York: Basic Books, 1984), pp. 73-87; Jon Elster, *The Cement of Society: A Study of Social Order* (Cambridge: Cambridge University Press, 1989).

〔2〕 Robert C. Ellickson, *Order Without Law: How Neighbors Settle Disputes* (Cambridge, MA: Harvard University Press, 1991); *see generally* Richard H. McAdams, "The Origin, Development and Regulation of Norms," *Michigan Law Review* 96 (1997), pp. 338-433. 法社会学学者在此之前就已研究过社会规范，如麦考利颇有影响力的关于契约的社会规范的著作，Stewart Macauley, "Non-Contractual Relations in Business: A Preliminary Study," *American Sociological Review* 28 (1963), pp. 55-67.

〔3〕 *See, e. g.*, Axelrod, *Evolution of Cooperation*, 73-87（运用博弈论来解释一战时期阵地战非正式规则的产生）; *see generally* Robert C. Ellickson, "The Evolution of Social Norms: A Perspective from the Legal Academy," in Hechter and Opp, eds., *Social Norms*, 35-75.

着重要角色,[1] 出于自利的、利他的或者理想的原因提出规范建议。例如, 19 世纪的宗教领袖相信奴隶贸易是不道德的; 1945 年杜鲁门政府代表美国主张大陆架资源; 20 世纪90 年代环保主义者关心持久性有机污染物的风险。这些规范倡导者如何成功地让他人追随可能还取决于其他的因素, 不仅包括规范对其他人的吸引力, 还包括规范倡导者自身的权力和声誉。例如, 大陆架理论是由世界上最强大的国家提出的这一事实大概有助于其被接受。

· 最后, 知识可以通过识别需要规范加以应对的新的威胁来影响规范的制定, 尤其是在环境等领域。

所有这些都是合理的有助于解释社会规范产生的理论。然而, 除非能够完成更加经验性的工作,[2] 否则它们就仍是理论, 并且在某些情况下"仅仅是理论而已"。[3]

如果说解释习惯产生的原因具有挑战性, 那么习惯的约束力 194 问题也是如此。什么使习惯性规范构成"法"? 正如我们在第五章讨论过的, 这个问题关涉法的效力的基础, 或者说是我们在第五章所称法的"正式"渊源, 这是个与法律如何发展这一因果问题截然不同的问题。后者关注的是风险预防原则或污染者付费原

---

〔1〕 Martha Finnemore and Kathryn Sikkink, "International Norm Dynamics and Political Change," *International Organization* 52 (1998), pp. 887-917, at 895-898.

〔2〕 Hechter and Opp, eds. , *Social Norms*, xiii ("因为缺少关于社会规范产生的实证研究, 很多相关理论都只是推论")。

〔3〕 Jon Elster, *Nuts and Bolts for the Social Sciences* (Cambridge: Cambridge University Press, 1989), p.8 (将功能主义解释描述为"确实如此"的故事)。

则为什么会出现，而前者着眼于是什么让它们成为有效的法律规范。

根据国际习惯法的传统观点，习惯法律规范制定过程包含两个要素：一是一贯的国家实践，二是法律义务感（或者法律确信）。[1] 当在相当长一段时间内许多国家都以一贯的方式行动，而这一贯的、长期的实践表明存在一种法律所要求的信仰时，国际习惯法就产生了。例如，国家通常赋予外交官豁免权；会主张对特定领域和人口的控制；会避免在他国领土上行使执法职能；不干预公海上的外国船舶。这些代表了在国家间极其复杂且特别的互动中的重要行为规律——显然是有规范性基础的。

在讨论习惯法形成过程时，国家实践和法律确信的相对重要性一直是争论的中心。一些作者认为形成国际习惯法的核心要素是国家实践；[2] 一些则认为是法律确信；[3] 也有一些认为是两

---

[1] See, e. g., Asylum Case, 277（将习惯描述为"被作为法律接受，持续一致地运用"）; Restatement（Third）of the Foreign Relations Law of the United States § 102（2）（1987）（"国际习惯法产生于国家出于一种法律义务感而遵从它们的普遍而持续的实践"）。

[2] E. g., Lazare Kopelmanas, "Custom as a Means of the Creation of International Law," *British Yearbook of International Law* 18（1937）, pp. 127 - 151; Paul Guggenheim, "Les deux éléments de la coutume en droit international," *La Technique et les Principe du Droit Public: Études en l' Honneur de Georges Scelle* 1（1950）, pp. 275 - 280.

[3] E. g., Andrew T. Guzman, *How International Law Works: A Rational Choice Theory*（Oxford: Oxford University Press, 2008）, pp. 194 - 201; Harlan Grant Cohen, "Finding International Law: Rethinking the Doctrine of Sources," *Iowa Law Review* 93（2007）, pp. 65 - 129; Bin Cheng, "United Nations Resolutions on Outer Space: 'Instant' International Customary Law?" *Indian Journal of International Law* 5（1965）, pp. 23 - 48.

者的结合，即一个要素越多，另一个要素的需求就越少。[1] 然而，无论采纳哪一个观点，大多数作者都认为习惯的创制需要受国家和其他国际主体接受的"次级"规则的约束，次级规则明确地说明了有效的习惯如何产生。[2] 虽然他们没有就次级规则的内容达成共识，但他们都同意衡量风险预防原则是否构成习惯法就是测试其是否符合公认的约束习惯法制定的次级规则。

然而，如果习惯只是社会规范的一种，那么这种传统的习惯法学说看起来就是有问题的。正如不应问创制时尚或礼仪规范的次级规则是什么一样，从次级规则角度分析国际习惯法也是错误的。时尚或礼仪规范的有效性并不是因为根据某种规则、通过"正确的方式"被采纳。事实上，对于这些规范，"有效性"一词并没有什么意义。相反，时尚规则和礼仪规范只是取决于相关行 195 为者共同体的接受。如果习惯也是一种社会规范，那么它也代表哈特所说的"初级的"法律制度，它并不是根据公认的具有法律创制效果的确定规则创造的，而是通过对习惯规范的直接接受而

---

〔1〕 *E. g.*, Frederic L. Kirgis, Jr., "Custom on a Sliding Scale," *American Journal of International Law* 81 (1987), pp. 146-151; *compare* Anthea Elizabeth Roberts, "Traditional and Modern Approaches to Custom: A Reconciliation," *American Journal of International Law* 95 (2001), pp. 757-791; John Tasioulas, "Customary International Law and the Quest for Global Justice," in Amanda Perreau-Saussine and James Bernard Murphy, eds., *The Nature of Customary Law: Legal, Historical and Philosophical Perspectives* (Cambridge: Cambridge University Press, 2007), pp. 307-335.

〔2〕 *See, e. g.*, Thomas M. Franck, *The Power of Legitimacy among Nations* (New York: Oxford University Press, 1990), p. 189 ("国家普遍地接受了一个概念，即经过实践和时间形成的血统纯正的行为习惯有约束国家的能力，即使当国家更想违背这一习惯规则时也是如此")。

创设的。[1]

根据此类习惯观，国家实践的地位是什么？既然习惯的规范地位只取决于它是否被如此对待，那么国家实践就不像传统习惯观点所认为的那样，构成习惯的正式来源。相反，国家实践的重要性在于因果性和证据作用。首先，国家实践为习惯的产生提供了历史背景，或者说是原始素材。正如一位社会学家所观察到的，"当许多人采取相同的行为，那么这一行为就开始和应然性联系到一起。"[2] 描述意义上的规律往往成为评价意义上的规范。[3] 因而，即使一贯的国家实践不是接受义务的理由，却能够导致一种法律义务感。

此外，国家实践扮演着证据的作用。要辨认一个共同体的习惯规范，通常要从辨认其行为的规律性开始。虽然任何特定的行为规律性反映的可能仅仅是习惯，或者是对共同刺激的独立反应（正如下雨时人们都打伞），但行为的规律性至少暗示着它可能是受规则调整的。[4]

---

[1] H. L. A. Hart, *The Concept of Law* (Oxford: Clarendon Press, 2d ed. 1994), pp. 54-61 [区分了习惯 (habits) 和规则]。

[2] Christine Horne, "Sociological Perspectives on the Emergence of Social Norms," in Hechter and Opp, eds., *Social Norms*, 3-34, at 6.

[3] 然而，将普遍的实践转化为法律规则的，并不是实践的数量或一致性，而是相关行为者是否将这一规则作为法律义务接受——是否存在法律确信。

[4] 一些人批评《国际法院规约》第 38 条第 1 款第 2 项关于习惯法的表述，习惯法作为国际法的一种渊源，被定义为"作为通例之证明而经接受为法律"。批评的根据是这一表述说反了，被接受为法律的通例是习惯的证明，而非相反。*E. g.*, Rosalyn Higgins, *Problems and Process: International Law and How We Use It* (Oxford: Oxford University. Press, 1994), p. 18. 但是我们的分析暗示着《国际法院规约》并没有错："被接受为法律之通例"构成一项法律规范，而习惯是该规范存在之证明。

这两种相反的观点哪种是正确的？传统观点是将习惯看做是通过有规律的国家实践和法律确信创设的法的正式来源，另一种观点认为习惯是一种社会规范。是否如传统路径所说，存在一个被接受的习惯法创制过程，其产物就构成有效力的规范？如果说对某项习惯法存在争议，比如说反对捕鲸的习惯规范，我们是否可以基于次级规则给出法律理由，说明为什么将该规范视为习惯法？或者习惯仅仅是社会事实，取决于诸如国家等特定行为者共同体的接受度？

这一问题的答案不是非此即彼的。正如我们在第五章所说，任何规范的约束力最终取决于行为者共同体对其约束力的接受，不论是直接地接受（社会规范也是如此），还是间接地因为规范是通过公认的法律制定过程产生而接受。因此，哪种观点是正确的最终取决于国家或其他国际主体接受哪种观点；换言之，取决于哈特所说的社会事实。因为不同行为者群体接受习惯法的方式 196不同，所以对特定群体而言每一种说法都可能是对的。

尽管习惯通常被作为单一现象对待，但多元视角或许更准确。[1] 多元视角认为习惯规范在不同的行为者共同体中以不同的方式运行，在一些情况下是正式渊源，而在另一些情况下是社会规范。例如，国际法学者明确相信习惯是根据次级规则创制的，次级规则决定了一项规范是否具有习惯法地位。用其他方式解释国际法院（或者其他国际的和国内的法院）的实践都是不可

―――――――――――

[1] *See* Paul Schiff Berman, "Global Legal Pluralism," *Southern California Law Review* 80（2007）, pp. 1155–1237.

能的。一般而言，如果传统观点是"国际法律人隐形联盟"所秉持的通说，[1] 那我们就可以期待这种观点能准确地描述这个共同体的实践。然而，更值得怀疑的是，国家是否接受存在习惯法制定的次级规则，其产物即为它们认可的法律。[2]

我们接受关于习惯的哪种观点有什么影响呢？一个原因是这一问题的答案决定了可以援引关于习惯的何种法律论据。如果一个国家拒绝承认一项所谓的习惯规范，比如说反对捕鲸的规则，人们可以用何种论据进行回应？如果传统观点是正确的，即认为习惯是由公认的立法程序制定的，那么人们就能够对禁止捕鲸的规则提出一个内容独立、基于程序的论据。也就是说，我们可以说禁令是通过公认的程序，经由有法律确信的一贯的国家实践被接受的。然而，如果认为习惯规则是社会规范，那么这种基于过程的论据就不能用了。相反，人们必须基于实质性理由证明禁止捕鲸的正当性，例如，基于其反映了正义原则或促进了经济效率。其他国家对普遍接受该规则的事实可能导致不接受的国家遵从这一规则，以避免共同体的惩罚（包括声誉损失）。但是一贯的国家实践不能提供接受这一规则的理由。在这一方面，习惯法区别于条约法，对"为什么我要接受规则"这一问题的答案，后者可能给出一个基于程序的答案，即"因为你同意了"。

---

〔1〕 Oscar Schachter, "The Invisible College of International Lawyers," *Northwestern University Law Review* 72（1977），pp. 217-226.

〔2〕 我曾经听国务院的法律顾问说他从不曾基于国际习惯法而向国务卿做出某一论断，因为这样的论断没有任何分量。而这发生在民主党执政期间，理论上民主党是忠诚于国际法规则的！

无论何种观点是正确的，一般而言遵守应当都是不存在问题的，并非一个需要解释的谜团。显著的规律性行为出现这一事实暗示着行为者已经完全内化了该规范（这种情况下它们甚至不认为规范是对其行为的约束），或者接受规范作为行为的指引。通常，我们并不决定是否遵守礼仪或时尚或语法的规则，我们仅仅是遵守。

在某些情况下，行为者可能会违反一项规范，因为他可能弄错了规范的要求。例如，一个国家可能错误地认为外交豁免的习惯规范不涵盖家佣。或者可能是因为规范作为行为指引的角色被其他考量因素推翻了，比如要求惩罚藐视法律的外交人员的国内压力。或者是因为国家一开始就不接受规范，如 1979 年伊朗在德黑兰逮捕了美国大使并将美国的外交人员扣作人质。习惯法规范的存在并不意味着完美的行为一致性。[1] 错误和违反都是可能的，但是这些仅是例外而非规则。如果它们变得普遍，那么就意味着规范正在崩溃而且不再作为行为标准为共同体所接受。

## 二、国际环境规范本质上是习惯法吗？

不论国家实践是否代表习惯的正式来源，它都在确定国际法习惯规则中发挥着重要的证据功能。为弄清楚习惯法，我们的工作既与那些想弄清楚陌生社会是如何运行的法律人类学家的工作类似，也与那些想要弄懂一个新奇的游戏或者一门外语的人们的

---

[1] *See Case Concerning Military and Paramilitary Activities in and Against Nicaragua*, 98（"本院并不认为对于习惯法规则，相应的实践必须与规则完全地、严密地保持一致……本院认为，国家的行为与规则大体一致便已足够"）。

工作类似。我们必须观察行为者如何行动。[1] 例如在观看足球比赛时，我们可能会发现运动员们的动作看起来可以被划分为具体的单元，一队通过一系列单元取得球，在每个单元中，可以通过运球、传球或踢球来使球向前，等等。同样，在学习外国语言时，我们可能试图去观察当地人如何有规律地使用和组合单词。婴儿大概也是这么学习词汇的（如果不是语法），即通过观察来入门。

社会（习惯）规范的发展与环境保护的关联程度有多大？所谓的国际环境习惯规范，比如防止跨境损害的义务或风险预防原则，它们能代表国家行为的规律性吗（如果不是完美的一致性）？如果传说中的火星人来到地球，[2] 他们能通过观察国际行为者的行为归纳出这些规范吗？

在很大程度上，真正的答案是我们并不知道。为了得出答198 案，我们需要对国家行为进行系统的观察。例如，就国家有义务对可能产生跨境损害的行为进行评估并通知可能受影响的国家这一规则，我们需要找出存在重大跨境损害风险的一系列行为，然后研究国家是否对其进行评估并通知。同样，就国家有义务防止重大的跨境污染这一规则，我们需要确定国家是否经常采取行动限制越境的污染。

不用说，试图直接从国家实践中总结出国际习惯法规则将是

---

〔1〕 *Compare* Georg Schwarzenberger, "The Inductive Approach to International Law," *Harvard Law Review* 60（1947），pp. 539-570（强调了对司法和仲裁决定的研究）。

〔2〕 *See* Franck, *Power of Legitimacy*, 41-42.

项艰巨的"赫拉克勒斯"式任务。[1] 我们需要确定何种主体的何种行为有意义,然后就世界上 190 多个国家的此类行为进行观察。一般而言,即使是坚持传统观点的国际环境法学者,他们的主张都不是建立在系统化研究国家实践的基础上。[2] 他们作为法律人的训练也没有为完成这一任务提供支持。因而,即便有一些对国家行为的观察(比如由国际法学会委员会开展的调查等),这些尝试的可靠性也都值得怀疑。如果我们真的想要系统化地对国家实践进行实证研究,人类学家或者历史学家有可能会做得更好。

当我在国际法学会委员会从事关于海洋污染的沿岸国管辖权研究时,我切身地感觉到了这一点。作为美国的成员,我负责报告美国实践。最初,我认为这是一项相对简单的任务。沿岸国管辖问题是老生常谈的,政府官员很明白这一点,而且可能会保有详细的记录。然而,事实证明,获取外国船舶在美国沿岸水域造成的污染事件的系统信息出乎意料得困难。如果美国都无法得到这些信息,其他大多数国家的获取难度就可想而知了。不得已,我仅使用了一些关于实际事件的轶事信息,将报告的焦点集中于美国的立法。

---

〔1〕 *Compare* Ronald Dworkin, *Taking Rights Seriously* (Cambridge, MA: Harvard University Press, 1977), p. 105(将他理想中的法官命名为"赫拉克勒斯")。萨莫拉评论道,只有国际法委员会"变为常设,拥有研究者军团,才能收集并筛选相关证据,以社会学者接受的方法,确立一条国际环境习惯法规则的存在"。Stephen Zamora, "Is There Customary International Economic Law?" *German Yearbook of International Law* 32 (1989), pp. 9–42, at 38.

〔2〕 施瓦岑贝格曾经评论,"国际法律工作者仍然无法接触到可能从中收集'国际习惯'的大量材料",如今依然成立。*See* Schwarzenberger, "Inductive Approach," 563–564.

如果我们要冒险地就国际环境法原则是否反映行为的规律性进行回答，答案似乎是否定的。[1] 例如，防止跨境污染的义务被称为国际环境法的基石，[2] 而且通常被看作已确立的最牢固的国际环境习惯法规则。虽然对此问题我没有任何系统性的实证研究，但跨境损害在国家间关系中看起来更像是规律而非例外。污染物随着空气、河流和洋流持续不断地越过边境。即使是最极端的跨境污染的例子，如切尔诺贝利核事故，都没有受到法律的挑战。[3] 正如斯坎特（Schachter）总结的，"国家没有权利损害其他国家环境的说法在每天发生的大量跨境损害事实面前看起来是不切实际的。"[4]

如果所谓的国际环境习惯法规则能反映行为的规律性，那么我们就可以据此预测，当一项活动可能产生跨境影响时，国家通常会如何做：国家会进行评估，对潜在受害国发出通知并进行商议，并且在存在重大损害风险时停止活动。事实上，根据风险预防原则，我们还可以期待国家停止进行可能引起重大的、不可逆损害的行动，即使损害存在重大的不确定性。这些是对国家行为

---

〔1〕 *See, e. g.*, Thomas W. Merrill, "Golden Rules for Transboundary Pollution," *Duke Law Journal* 46（1997），pp. 931-1019, at 937（"除了个别的例外，跨境污染几乎不受有效规制"）；Oscar Schachter, "The Emergence of International Environmental Law," *Journal of International Affairs* 44（1991），pp. 457-493, at 462-463（承认只有零散的证据表明国际原则受到国家实践和法律确信的支撑）。

〔2〕 Günther Handl, "Transboundary Impacts," in Daniel Bodansky, Jutta Brunnée, and Ellen Hey, eds., *The Oxford Handbook of International Environmental Law*（Oxford：Oxford University Press, 2007），pp. 531-549, at 548.

〔3〕 Merrill, "Golden Rules," 958-959.

〔4〕 Schachter, "Emergence of International Environmental Law," 463.

的合理预测吗？恰恰相反。如果向政策制定者提供建议的政府法律工作者基于所谓的国际环境习惯法规范做出他的预测，那可能构成玩忽职守。

越来越多的国际法学家认识到，强调统一且一贯的国家实践的传统习惯法理论，和公认的"习惯法"规则之间存在差距。[1]国际法院前主席罗伯特·詹宁斯曾说："大多数我们坚持认为的习惯法不仅不是习惯法，它们甚至和习惯法一点也不像。"[2]尽管酷刑在全球广泛存在，[3]但禁止酷刑仍被认为是国际习惯法规则。[4]即使在缺乏条约规定的情况下，国家很少在实际的征收案例中适用进行及时、充分、有效的补偿的规则，[5]但这一

---

〔1〕 *See, e. g.*, Hiram E. Chodosh, "Neither Treaty Nor Custom: The Emergence of Declarative International Law," *Texas International Law Journal* 26 (1991), pp. 87 – 124; N. C. H. Dunbar, "The Myth of Customary International Law," *Australian Yearbook of International Law* 8 (1978-1980), pp. 1–19; J. Patrick Kelly, "The Twilight of Customary International Law," *Virginia Journal of International Law* 40 (2000), pp. 449–543; Zamora, "Is There Customary International Economic Law?" 9.

〔2〕 Robert Y. Jennings, "The Identification of International Law," in Bin Cheng, ed., *International Law: Theory and Practice* (London: Stevens, 1982), p. 5 (一开始就进行了强调)。

〔3〕 *See* Bruno Simma and Philip Alston, "The Sources of Human Rights Law: Custom, Jus Cogens, and General Principles," *Australian Yearbook of International Law* 12 (1988-1989), pp. 82-108, at 91-92.

〔4〕 *See, e. g.*, Filartiga v. Pena-Irala, 630 F. 2d 876, 884 (2d Cir. 1980) ("在审查了习惯国际法的来源、国家的运用、司法意见和法学家著作后，我们得出结论认为官方的酷刑现在已被国家法律所禁止")。

〔5〕 一般而言，征收案件是通过一次性结算解决，其中支付的赔偿金远低于全额赔偿金。Richard B. Lillich and Burns H. Weston, *International Claims: Their Settlement by Lump Sum Agreements* (Charlottesville: University of Virginia Press, 1975)。

规则仍被认为是国际习惯法的规定。[1] 同样，即使实际的国家行为几乎没有为其提供支持，学者们仍将防止跨境损害的义务和预防原则看作是习惯法义务。正如詹宁斯总结的那样，"或许是时候直面这一事实了，习惯法的传统检验方法——实践和法律确信——对今天很多新的法律来说，不仅是不充分的，甚至是不相关的。"[2]

## 三、一般原则

如果防止跨界损害义务和风险预防原则等原则不能反映行为的规律性，因而不能被称为习惯法规范，那它们的地位是什么？它们真的对行为有影响吗？我们应该关注它们吗？在我看来，最后两个问题的答案是肯定的。尽管这些原则不反映行为的规律性，但它们体现了国家及其他国际主体态度上的规律性。它们阐明了持久地发挥着重要作用的集体愿望，涵盖了关于国际法发展的讨论和制定更精确的规范的谈判。

从确认国际环境法原则所用的方法就能明显看出其代表的是态度而非行为上的规律性。在描述这些原则时，国际法律人论争的基础通常是国家及国际主体是如何说的而非它们是如何做的。他们探究的书面和口头文本，有的是由国家作出的，然而更多的

---

〔1〕 Patrick M. Norton, "A Law of the Future or a Law of the Past? Modern Tribunals and the International Law of Expropriation," *American Journal of International Law* 85 (1991), pp. 474-505, at 488.

〔2〕 Robert Y. Jennings, "What Is International Law and How Do We Tell It When We See It?" *Annuaire Suisse de Droit International* 37 (1981), pp. 59-88, at 67.

是由非国家的主体，比如国际法院或仲裁庭、[1] 政府间或非政府间组织，[2] 以及法学家作出的。他们的方法是收集这些文本，以此来观察是否有足够多的权威来支持某一规范。在大多数情况下，学者会援引一到两个重要的事件，但对这些事件是否代表国家行为几乎不进行分析。例如，国际法学会只引用了七个国家实践的例子来支持其结论，即通知义务是习惯法规范，[3] 而事实上有无数的关于国家进行具有重大跨境损害风险的活动的实例。相反，国际法学会的分析强调了出现此"习惯规范"的各种决议和条约。[4]

对防止跨境污染义务的讨论也是如此。在分析这一义务时，作者们通常一开始就援引特雷尔冶炼厂的例子，[5] 这一案例在发生五十多年后仍然是国家承担跨境环境损害国际责任的唯一案例。[6] 然后，作者们会援引《斯德哥尔摩宣言》第 21 项原则，以及重复了这一原则（修改幅度非常小）的 1992 年《里约宣言》

---

〔1〕 *See* Norton, "Law of the Future," 498〔伊朗—美国索赔法庭的近期裁决意见中，几乎全部（判决）主要依据了司法和仲裁先例〕。

〔2〕 例如国际法学会和国际法研究所。

〔3〕 *See* Partan, "Duty to Inform," 51. 其中三个例子基于条约。即使是四个非基于条约的通知的例子，按照帕坦的话说，是否是出于国际法律义务感，也是"有问题"且"全然属于推论的"。Ibid., 54.

〔4〕 Ibid., 51-53.

〔5〕 *Trail Smelter Case*, 1965（仲裁庭指出"任何国家也没有权利这样地利用或允许利用它的领土，以致其烟雾在他国或对他国领土或该领土上的财产和生命造成损害，如果已产生后果严重的情况，而损害又是证据确凿的话"）。

〔6〕 大多数法学家还援引了科孚海峡案（Corfu Channel Case）来支持防止跨境环境损害的义务。但该案中并不包括跨境污染。相反，它阐述的是一个更一般性的原则，即国家不得故意允许其领土被用来损害其他国家。

和《国际法院就核武器威胁或使用合法性咨询意见》（虽然国际法院在此意见中只将这一义务视作一般国际法而非习惯法）。[1] 此外，援引的材料通常还包括经合组织关于跨境污染的理事会建议、联合国大会决议、国际法学会《关于适用于跨界污染的国际法的蒙特尔尔规则》（Montreal Rules of International Law Applicable to Transfrontier Pollution）、一系列条约，以及大量的主张该义务构成习惯法的法学家意见。[2]

所有这些援引的资料构建起的是什么？当然不是行为的规律性。相反，它们构建起的顶多是国家和其他国际行为者对其他行为者所持的说辞。它们为评价标准提供证据，而这些评价标准被国家和非国家行为者用来正当化它们的行动并批评其他行为者的行动。一些作者倾向于坚持将这些规范定义为"习惯"，"习惯"这一术语是可以普遍适用于任何非条约规范的笼统的称谓。然

---

〔1〕 *Nuclear Weapons Advisory Opinion*, 241-42（将防止跨境损害的义务描述为"现已成为有关环境的国际法规则的一部分"，而没有表明这一规则是否属于习惯法或一般法律原则）。

〔2〕 *See*, *e. g.*, Patricia W. Birnie and Alan E. Boyle, *International Law and the Environment* (Oxford: Oxford University Press, 2d ed. 2002), pp. 104-109. 例如，迪普伊援引了特雷尔冶炼厂案、科孚海峡案、斯德哥尔摩第 21 项原则、经合组织理事会建议、《赫尔辛基协议》和联合国环境规划署《关于共享自然资源的环境行为原则草案》(Draft Principles of Conduct on Shared Natural Resources). Pierre-Marie Dupuy, "Overview of the Existing Customary Legal Regime Regarding International Pollution," in Daniel Barstow Magraw, ed., *International Law and Pollution* (Philadelphia: University of Pennsylvania Press, 1991), pp. 61-89 at 63-65. 然而，就国家实践的"具体案例"而言，他指出，各国"似乎部分地忽略了"这一规则。Ibid., 66.

而，把它们描述成国际法的一般法律原则更确切一点，[1] 或者如一位作者建议的，称其为"宣言性法律"。[2]

这些规范在多大程度上影响行为？或者只是没有任何效力的空口白话（cheap talk）？在思考这一问题时，要先说两个初步的观察：

第一，因为一般法律原则不是经由任何被接受的立法过程产生的，因此它们的正当性是基于文本而不是基于来源的。国家和国际法庭适用一般法律原则，不是因为这些原则存在有效的来源，而是因为它们坚信这些原则本质上是正确的。例如在特雷尔冶炼厂案中，仲裁庭几乎没有援引任何实际的国家实践或法律确信的证据来支持其结论，即国家有义务防止跨界损害。相反，仲裁庭支持这一义务是因为它认为这是正确的结论（并且用每个人都同意的、高度的一般性来表达其结论）。同样的道理，如果对此有所怀疑的政府官员问"为什么我们要遵循风险预防原则？"，我们不能回答说因为这一原则在某某会议上被接受，而是应该回答：因为风险预防代表了解决不确定性问题的正确路径。[3]

第二，防止跨境损害义务和风险预防原则等原则主要在于引

---

〔1〕 对国际环境规范构成《国际法院规约》第38条含义上的"一般法律原则"这一说法的削弱，是大多数国际环境原则都不符合任何拟议中的"一般法律原则"理论。它们不是法律逻辑的原则，它们似乎也不代表大多数国家法律制度的通用原则。尽管美国和欧洲的环境法中可以找出预防原则的痕迹，但由此推及世界其他地方反映了一种欧洲中心主义的观点。最后，它们也不代表自然法的原则。

〔2〕 Chodosh, "Neither Treaty Nor Custom," 89.

〔3〕 实际上，我倾向于认为，即使将该原则纳入条约，如《联合国气候变化框架公约》，也并不会产生显著的差异。

导未来的决策，而不是直接规范行为；也就是说，它们是标准而非规则。[1] 我们曾在第五章谈过标准和规则的区别。规则详细界定了什么样的行为是允许或不允许的；而标准提出了更开放式的分析，其适用依赖于裁判或裁量权的实践。实质上，规则要求事前决定什么样的事实应当导致什么样的结果，而标准允许事后决定，将有意义的决定交由后来的决定者做出。[2]

202 　　像风险预防原则这样的规范就是标准而非规则。它鼓励国家以谨慎的方式行动而非等待科学上的确定性，但是对很多事项留有裁量空间。比如，判断风险预防行动的正当性需要什么水平的信息？什么程度的风险会引起该原则的适用？国家应当采取什么样的应对措施？这些问题都留待后续的详细说明。[3]

　　国际环境法原则的影响力有多大？在这里有必要区分三种不同的影响：首先，对国家行为的直接影响；其次，对法院行为的影响；最后，对通过谈判制定法律的持续过程的影响。

　　就第一个层面而言，即一般原则对国家行为的影响，虽然回答这一问题需要更多实证研究，但答案似乎没什么影响。国家承认有义务防止重大跨境损害但仍然在造成这类损害。它们接受推荐进行评估和通知的决议，但它们并不必然进行相应的行动，如

--------

〔1〕　关于规则和标准之间区别的详细讨论，见第五章。

〔2〕　*See generally* Louis Kaplow, "Rules Versus Standards: An Economic Analysis," *Duke Law Journal* 42 (1992), pp. 557-629.

〔3〕　*E. g.*, Christopher D. Stone, "Is There a Precautionary Principle?" *Environmental Law Reporter* 31 (2001), pp. 10790-10799; Daniel Bodansky, "Deconstructing the Precautionary Principle," in David D. Caron and Harry N. Scheiber, eds., *Bringing New Law to Ocean Waters* (Leiden: Martinus Nijhoff, 2004), pp. 381-391.

此等等。即使国家行为者有内生的义务感去防止跨境损害或采取预防性措施，这些原则也为国家留下了巨大的灵活性来决定其行为。比如说，国际环境法要求国家防止重大的跨境污染，但是什么构成"重大的"？国家应当采取预防性行动，但是在什么样的情况下以及在多大程度上采取行动？事实上国家出于自利原因希望采取的任何行为，都可以与这些非常一般性的标准相一致。因此，国家可以用自利的方式解释这些规范，而无需承担声誉成本。

国际环境法原则也可以对法院或其他第三方争端解决机构产生影响。国内法院拥有巨大的权力，正当程序和平等保护等原则通过法院在个案中的适用发挥着强大的作用。事实上，奥利弗·温德尔·霍姆斯（Oliver Wendell Holmes）在其著名的文章《法律之道》（"The Path of Law"）中曾指出，法律只不过就是预测法院如何判决而已。[1] 在这种意义上，只要说服法院某一规则构成法律，法院就可以适用并执行这一规则。

在我看来，大多数作者在讨论国际环境法时本能地假定了一种状态，即由第三方解决争端是可行的，并且潜意识地向法院仲裁庭等裁决者陈述其论断。这些法律裁决者是卷帙浩繁的国际习惯环境法著作的目标读者。问题是法院和仲裁庭在解决国际环境问题中只扮演着微小的角色。这也是为什么迄今作出裁决的少数几个案例，如特雷尔冶炼厂案，要在国际习惯法的学术写作中承担如此重的任务的原因。新的国际法庭的建立以及随之上升的裁

───────────

〔1〕 *Harvard Law Review* 10（1897），pp. 457-478, at 461.

判案例数量，可能标志着更强大的司法力量的产生。然而目前来讲，以司法人员作为目标读者的法律论述是在对着空房子表演。

在国际上，谈判是将宽泛的标准转化为具体规则的主要路径。这也是防止跨境污染等一般标准可能产生最大影响的场合。这些原则作为边界规则发挥作用，即确立了为制定更具体的规范（通常是条约）进行谈判的边界。它们为可能的提议和论断设置边界。虽然它们不决定结果，但可以通过确立讨论议题、提供评价标准以及作为批评其他国家提议的基础而引导谈判的方向。例如，在美国和加拿大的酸雨争端中，防止跨境损害的义务并不直接约束美国，而是通过提供共享的谈判规范框架来发挥间接作用，谈判最终达成了 1991 年《美加空气质量协定》。[1] 它们就是通过这种间接方式来影响国家行为。

## 结 论

国际环境法规范发展过程既包括具体行为规则的制定，也包括宽泛的共同伦理框架的发展。习惯法的形成所具有的分散的、未经协调的性质使其无法很好地适应第一项任务的要求。特定行为规则的制定（比如规制温室气体排放、危险物质或濒危物种贸易）是通过有目的的谈判进行的，最终形成条约或其他种类的协议文件。相较而言，更宽泛的原则，比如预防原则和防止跨境污染的义务，是通过更分散、非正式的方式产生的。这些原则并不

---

〔1〕 See Don Munton, "Acid Rain and Transboundary Air Quality in Canadian-American Relations," *American Review of Canadian Studies* 27 (1997), pp. 327-358.

直接引导行为。相反，它们为更加具体的行为规则设置边界条件。它们架构谈判框架而非规范行为。虽然比起条约来说，这一作用更加无形且难以测量，但并不意味着它的真实性有所降低。

**推荐阅读:**

Pierre-Marie Dupuy, "Overview of the Existing Customary Legal Regime Regarding International Pollution," in Daniel Barstow Magraw, ed. , *International Law and Pollution* ( Philadelphia: University of Pennsylvania Press, 1991), pp. 61-89.

Amanda Perreau-Saussine and James Bernard Murphy, eds. , *The Nature of Customary Law: Legal, Historical and Philosophical Perspectives* ( Cambridge: Cambridge University Press, 2007).

Nicolas de Sadeleer, *Environmental Principles: From Political Slogans to Legal Rules* ( Oxford: Oxford University Press, 2002).

Oscar Schachter, "The Emergence of International Environmental Law," *Journal of International Affairs* 44 ( 1991), pp. 457-493.

G. J. H. van Hoof, *Rethinking the Sources of International Law* ( Deventer, Netherlands: Kluwer, 1983).

204

# 第十章

# 国家如何及为何实施其承诺?

实施过程有着卡夫卡式的一面……这是一个至关重要的领域,但人们的行为就好像它不存在一样。

——沃尔塔·威廉姆斯《政策分析》

1975 年第 1 卷第 458 页

(Walter Williams, *Policy Analysis*, 1975)

过去数十年间立法的爆炸式增长很容易让人误认为国际环境协议本身的发展就代表了进步,即文本很重要且越完备的文本代表越好的环境保护。但是纸上的文字是不够的。尽管它们代表了环境保护重要的第一步,但从本书的最终分析中可以看出,重要的不是谈判甚至也不是批准了多少条约,而是其改善环境质量的效果。

国际环境法的效果是很多因素作用的结果,但是实施是首要的,也是最重要的。因此本章将聚焦于国家如何且为何实施,并由此开始考虑效果问题。其后第十一章会探讨国际制度在实施过程中的角色。我们将看到,虽然国家行动仍占据最主要的位置,但国际环境制度不仅越来越多地关注新的规范的通过,也关注对现有规范的实施。第十二章将通过更一般的术语来思考有效性问题,并进行总结。

## 一、实施面临的挑战

实施是将政策转化为行动的过程。[1] 其中包含着很多措施，比如通过更具体的法律或规章使政策更加明确，教育人们了解规则的要求，建设新的排放更少的电厂，以及监测和促进遵约行为。206 从广义上讲，这些措施都可以被认为是实施过程的组成部分。[2]

一些情况下，实施相对简单。当国家本身就是规制目标时，可以简单地通过履行（或不履行）规定的行动来实施规范。比如，国家可以简单地通过避免行为来实施《南极条约》关于禁止在南极洲建立军事基地或进行武器实验的规定。国家可以通过编写和提交所需的报告来履行报告本国关于濒危物种贸易的立法义务。[3] 在这些情形下，实施涉及的仅仅是遵守问题，而我们甚

---

〔1〕 "实施"作为动词被定义为"实行；完成；尤其是通过具体措施赋予实践效力并确保实际的完成。" Merriam-Webster Online Dictionary, www. merriam-webster. com（accessed 2/5/09）.

〔2〕 联合国环境规划署发布的《多边环境协定遵守和执行准则》（Guidelines on Compliance with and Enforcement of Multilateral Environmental Agreements）将"实施"定义为"为与一项多边环境协定下的国家义务相一致，缔约方调整或采取的所有相关的法律、规章、政策，以及其他措施和行动"。UNEP, *Manual on Compliance with and Enforcement of Multilateral Environmental Agreements*（Nairobi: UNEP, 2006），Annex I, para. 9. The UNEP Governing Council at the Seventh Special Session/Global Ministerial Environment Forum adopted the Guidelines in Decision SS. VII/4 on February 13–15, 2002. See UNEP/GCSS. VII/6（March 5, 2002）.

〔3〕 这种说法代表了过度简化，因为他们将国家看作一个一元主体，而不是一个由个体和组织化实体（部门、机关等）组成的复杂系统。在某些情况下，国家甚至可能需要采取某些措施来实施《南极条约》下对军事行为的禁令——比如，确保每个军事单位都知晓这一禁令且防止个别违规军官的行动。同样，报告的义务也需要一些实施行为，包括指派机构（以及最终落实到哪些人）对准备和递交报告负责，且确保这些机构拥有充足的激励和资源。

至不认为"实施"是一个独立的部分。

"实施"一词通常适用于这些情形：国际规则与其想要改变的行为之间的联系较弱。两者间的差距越大，越需要通过进一步的政策设计加以填补。比如《京都议定书》要求日本在2008—2012年承诺期内较1990年水平减少6%的温室气体排放。[1] 日本不能像遵守《联合国宪章》禁止使用武力的要求那样来遵守这一要求，那样日本只需简单地不进行禁止的活动即可。大多数温室气体排放是公司以及个人活动的产物，而公司和个人并不直接受议定书约束。因此，为了将6%的减排目标转化为现实，日本必须精心设计一系列国家（也可能是国际的）政策，比如和企业的自愿协议、家用电器的能耗标准以及对可再生能源的投资。

将政策转化为现实非常困难。很多政策具有理查德·艾尔摩尔（Richard Elmore）嘲讽的那些特征："宏大的抱负，错误的执行，微不足道的结果。"[2] 批评家们也常常惋惜国际环境法缺乏实施，宛如这些问题是国际法所特有的。然而，实施问题也困扰着国内法，就算是像美国这样拥有很强的法治传统和广泛行政资源的国家也是如此。根据一项评估：

> 1990年间，环保署设法满足国会就环境改善设定的限期目标，但只达到了14%……1970年《清洁空气法修正案》通过11年之后，全国87%的综合钢铁厂、54%的主要冶炼厂

---

〔1〕 Kyoto Protocol annex B.

〔2〕 Richard F. Elmore, "Organizational Models of Social Program Implementation," *Public Policy* 26 (1978), pp. 185-228, at 186.

以及 19% 的石油精炼厂仍无法达到联邦和州的排放限额。[207] 1972 年《清洁水法》通过 10 年之后,只有一半的湖泊和河流达到了该法确立的水质标准。[1]

正如另一项研究所说,"在很多情形下,实施进程看起来永不停止。接受承诺,努力实施,调整承诺。问题被控制而不是被消除——实施是永不停止的政策循环的一部分,受新的信息、经验和政治压力所驱动。"[2]

国际环境法的目标一般不仅仅是控制国家行为,而且要规制私人行为,因此其实施面临特别的挑战。成功取决于非常多的因素,包括:

· 承诺的深度或严格性——对现状改变的要求越高,实施越有可能成本高昂且与固有利益发生冲突。

· 承诺的种类——从事特定行为的承诺(比如,接受一项油类倾倒标准)比达到某些一般结果的承诺(比如上文提

---

〔1〕 David Vogel and Timothy Kessler, "How Compliance Happens and Doesn't Happen Domestically," in Edith Brown Weiss and Harold K. Jacobson, eds. , *Engaging Countries*: *Strengthening Compliance with International Environmental Accords* (Cambridge, MA: MIT Press, 1998), pp. 19-37, at 19; *see generally* Jeffrey L. Pressman and Aaron Wildavsky, *Implementation*: *How Great Expectations in Washington Are Dashed in Oakland*; *Or Why It's Amazing that Federal Programs Work at All*, *This Being a Saga of the Economic Development Administration as Told by Two Sympathetic Observers Who Seek to Build Morals on a Foundation of Ruined Hope* (Berkeley: University of California Press, 1973).

〔2〕 David G. Victor, Kal Raustiala, and Eugene B. Skolnikoff, "Introduction and Overview," in David G. Victor, Kal Raustiala, and Eugene B. Skolnikoff, eds. , *The Implementation and Effectiveness of International Environmental Commitments*: *Theory and Practice* (Cambridge, MA: MIT Press, 1998), pp. 1-46, at 6.

到的《京都议定书》要求的特定数量的减排，或者使国家通航水域"可钓鱼""可游泳"的要求）更直接受缔约方控制，因为后者取决于众多可能难以改变的因素。

· 国家能力——实施通常要求有起草法律、监测行为、执行许可方案、准备报告、提起诉讼等方面的资源和专业知识。

· 实施与其他国内政策目标的契合程度——举例来说，如果减少碳排放也可以同时减少城市空气污染或者有助于保障能源安全，国家就更可能实施这一承诺。

虽然实施过程非常重要，但是直到最近大家才对实施进行持续的研究。而且迄今大部分工作都是由政治学家[1]而非法律人完成的。[2]

本章后续的部分关注三个问题，这三个问题可以简单地用"谁""如何""为什么"实施来进行概括。首先，谁对实施国际环境法负首要责任？其次，这些主体如何履行国家的国际义务？有哪些可供选择的措施？最后，如果这些主体做了实施的努力，它们为什么要这么做？哪些因素可以解释它们的行为？

---

[1] See, e. g., Weiss and Jacobson, eds., *Engaging Countries*; *Edward L. Miles et al.*, *Environmental Regime Effectiveness*: *Confronting Theory with Evidence* (Cambridge, MA: MIT Press, 2002); Victor et al., eds., *Implementation and Effectiveness*.

[2] 如凯瑟琳·雷德韦尔所说，大多数国际环境法文本中都没有详细规定实施问题。Catherine Redgwell, "National Implementation," in Daniel Bodansky, Jutta Brunnée, and Ellen Hey, eds., *The Oxford Handbook of International Environmental Law* (Oxford: Oxford University Press, 2007), pp. 922-946, at 923. 在法律工作者处理实施问题的情况下，他们侧重于其中的司法实施。See, e. g., Michael Anderson and Paolo Galizzi, eds., *International Environmental Law in National Courts* (London: British Institute of International and Comparative Law, 2002).

## 二、谁对实施国际环境法负责？——国家实施的首要地位

与国际法的大多数领域一样，国家是实施国际环境法的主要传送带。国际环境协议对国家施加义务并依赖国家履行其承诺。[1] 基于这一原因，《蒙特利尔议定书》《京都议定书》和《濒危物种国际贸易公约》等条约的成功取决于其被"国内化"的程度。[2] 一些条约明确规定了实施的义务。[3] 即使没有明确的规定，"条约必须遵守"作为国际条约法的基础，也要求国家采取必要措施来履行其条约义务。[4]

对国家实施的依赖看起来如此自然，以至于人们很容易忘记这是一种选择而非国际环境制度的必要特征。理论上，一项条约可以像一些双边安排和私人行为规则那样，将实质的实施义务施

---

[1] 欧盟是这一一般原则的一个例外。欧盟在实施国际环境协定中发挥着重要作用，即使它并不具有缔约方地位的《濒危物种国际贸易公约》。*See, e. g.*, Council Regulation 338/97, 1997 O. J. (L61) 1 (EC) (implementing CITES). 本章中提到"国家"时，意味着包括欧盟。

[2] Kenneth Hanf and Arild Underdal, "Domesticating International Commitments: Linking National and International Decision-Making," in Arild Underdal, ed., *The Politics of International Environmental Management* (Dordrecht, Netherlands: Kluwer, 1995), pp. 149-170.

[3] *E. g.*, Espoo Convention art. 2 (2); London Convention art. 7; Basel Convention art. 4 (4); *see also* World Charter for Nature, G. A. Res. 37/7, preamble, UN Doc. A/RES/37/7 (October 28, 1982) (认识到国家实施的重要性).

[4] Vienna Convention on the Law of Treaties art. 26 ("凡有效之条约对其各当事国有拘束力，必须由各该国善意履行").

加给非政府组织。[1] 或者，条约也可以通过把各种实施任务（包括制定技术规则、进行检查以及启动执行程序等）分派给如联合国环境规划署这样的国际机构来绕开国家而直接约束私人行为。或者像《濒危物种国际贸易公约》一样，直接在国际机构的管理下建立国际的许可程序来限制濒危物种的贸易，而不是要求国家建立国内的许可程序。[2]

美国和欧盟的联邦制度可以说明集中与分散的实施机制之间的潜在选择。在美国，一些联邦环境法遵循着国际环境法那样的分散模式。这些法律提出广泛的要求，然后要求各州制定自己的必要的实施措施。比如《清洁空气法》建立了联邦空气质量标准，然后要求各州制定州实施计划以实现联邦标准。[3] 然而，随着 20 世纪 70 年代环境法在美国的出现，联邦政府并不全然依靠州的实施。反而，联邦创建了环保署，不仅赋予环保署监督州实施情况的职权，还授权其通过行政规则的制定、监督和执行来

209

---

　　[1]　例如，所谓的第一代债务换自然（debt-for-nature swaps）给予了非政府组织重大的实施责任。Michael S. Sher, "Can Lawyers Save the Rainforest? Enforcing the Second Generation of Debt-for-Nature Swaps," *Harvard Environmental Law Review* 17 (1993), pp. 151-224. 同样，私人公司也有义务实施私人行为准则，如森林和海洋管理委员会的规则。事实上，像沃尔玛这样的大型企业不仅可以通过自身的行为实施环境标准，还能通过供应合同影响整个供应链。Michael P. Vandenbergh, "The New Wal-Mart Effect: The Role of Private Contracting in Global Governance," *UCLA Law Review* 54 (2007), pp. 913-970. 然而，联合国环境规划署的遵守准则通过其对实施的定义，明确排除了非政府的行动。Redgwell, "National Implementation," 924.

　　[2]　国际法的几个领域已经朝着这一方向演化了，其中最值得注意的是国际刑法，其使得可以在国际刑事法院直接起诉个人。然而即使是国际刑法也继续将国家起诉看作常态，而只在例外情形下当国家无法起诉时才允许国际起诉。

　　[3]　州实施计划必须包括可执行的排放限制、遵守时间表、监测程序和执行措施。Clean Air Act, 42 U. S. C. § 7410 (2006).

直接实施联邦环境规范。[1]

相较而言，国际环境法至今尚未发展出有类似实施职责的集中性机构。尽管很多环境制度建立了实施制度（第十一章将展开论述），但这些制度只发挥了次要的作用，促进并（有限地）监督着国家的实施。它们并不改变国际法的基本特征——即一个对国家施加义务并依赖国家将其同意的国际政策付诸实践的、分散的、平均的系统。

对国家实施的依赖部分地反映了一个长久的、根深蒂固的国际法观念，即国际法是适用于国家的。然而即使当国际环境法直接规范私人行为时，鉴于国际机构的软弱性，其仍然很大可能要依赖国家实施。实施依赖于控制个人和企业行为的能力——比如，诱导捕鲸者停止捕鲸，使消耗臭氧层物质的消费者接受替代品，或者使电力行业转向可再生能源。这需要立法、行政、司法的权力，而国际组织没有这些权力，国家也不愿意让渡这些权力。一直存在的消耗臭氧层物质的走私表明，即使是对像美国一样拥有可观的行政资源的政府而言，实施都不是件容易的事，更不用说国际组织了。

国际环境法对国家实施的依赖带来了一个疑问：哪个国家应当负责实施与哪些主体和活动有关的哪些义务？一般而言，国际法以属地管辖为基础；一个国家的义务限于该国疆域范围内的活动。美国必须减少其领土内的消耗臭氧层物质的消费，而德国为其领土内的负责。但是对公海和南极这样的超出国家领土范围的区域的环境问题该怎么办呢？这些环境问题带来了更难回答的难题。

---

〔1〕 欧盟立法对指令和规章进行了类似的区分，前者的生效需要成员国的实质实施，而后者可以直接适用。

如果没有管辖的领土基础，那么接下来国际法通常会考虑国籍。比如，船源污染标准和渔业规则的实施通常是船旗国的义务。同样，《南极条约》要求缔约国负责控制其国民的行为。

210    除此之外，国际法有时候允许国家基于临时停留（temporary presence）行使管辖权。例如，《海洋法公约》允许港口国通过检查和扣留船舶来实施海洋污染标准，[1] 1995 年《鱼类种群协定》要求船旗国、港口国和沿岸国实施更有效的国际保护措施。[2] 同样，南极旅游船驶离的国家承担实施和执行南极旅游国际标准的职责。

国家对实施国际环境法负首要责任，这仅仅是故事的开始而非结束。这是对两个重要方面的过度简化。第一，如前文所说，国家不是单一的行为者，其横向可被分为立法、行政和司法等部分，纵向可被分为中央和地方政府。在联邦制国家中，中央政府的权力有限，所以存在其是否能胜任实施条约工作的问题，以及如果不能的话，看国家的宪政制度是否给予中央政府实施国际协定的特殊能力。[3] 如我们在下一节要探讨的，在立法、行政和

〔1〕 UNCLOS art. 218.

〔2〕 Fish Stocks Agreement preamble, para. 4.

〔3〕 例如，在密苏里州诉霍兰德案中，美国最高法院认为联邦政府有权实施与加拿大达成的一项迁徙鸟类协定，即使在没有条约的情况下，联邦政府是否有权规制迁徙鸟类是不确定的。*Missouri v. Holland*，252 U. S. 416（1920）. 在澳大利亚联邦政府诉塔斯马尼亚州案〔*Commonwealth of Australia v. State of Tasmania*（1983）158 C. L. R. 1〕中，澳大利亚高等法院得出了类似的结论，认为联邦政府有权实施《世界遗产公约》。但是在女王诉加拿大克朗泽拉巴克有限公司案（*R. v. Crown Zellerbach Canada Ltd.*（1988）1 S. C. R. 401〕中，加拿大最高法院得出了相反的结论，否认联邦有实施国际协定的任何特殊权限。

司法权力分立的国家，国家实施还提出了各个分立的机构在实施进程中的特定作用的问题。

第二，实施不仅仅是一个涉及政府指令的技术性的、自上而下的过程。实施还是一个政治过程，在这个过程中，行业组织和环境保护组织都在不同程度上进行参与。企业可以在技术设计的可行性和成本效益方法上提供专业知识来发挥积极作用，但它也可能会为了降低自身的调整成本而削弱实施措施。

公众参与是国家实施过程中一个正在增长的有机组成部分，并且在《奥胡斯公约》中得到了国际立法认可。[1] 在一些国际协定中，比如《防污公约》和《濒危物种国际贸易公约》，非政府组织发挥了特殊的实施功能。在石油污染制度中，国际船级社协会（检查船舶）和保险公司在实施旨在限制石油污染的《防污公约》的设计和建造标准中发挥了重要作用。[2] 同样，《濒危物种国际贸易公约》非常依赖非政府组织（即 TRAFFIC）的监测和报告功能。约翰内斯堡峰会鼓励非政府组织和企业之间建立自愿（第二类）伙伴关系，这一关系有时候可能会完全绕开国家。[3] 211 将实施定义为国家驱动的过程可能是有用的简化，但是我们必须记得，对大多数义务而言，实施最终取决于各种国内和跨国行为者。

〔1〕　Aarhus Convention art. 1（承认在环境决策中的公众参与权）。

〔2〕　Ronald B. Mitchell, *Intentional Oil Pollution at Sea：Environmental Policy and Treaty Compliance*（Cambridge, MA：MIT Press, 1994）。

〔3〕　*See* Carl Bruch and John Pendergrass, "Type II Partnerships, International Law, and the Commons," *Georgetown International Environmental Law Review* 15（2003）, pp. 855-886.

### 三、实施的方法

假如一个国家成为一项国际环境协定的缔约方，比如《京都议定书》《濒危物种国际贸易公约》或《巴塞尔公约》。实施这些国际承诺的选择有哪些？答案取决于两个因素的互相作用：条约本身的要求和国家自身的法律制度。

条约施加的实质性义务是我们分析的起点。例如，《濒危物种国际贸易公约》要求各个缔约方：

· 对列入名录的物种的进出口建立许可证制度。

· 委派国家的科学和管理机构来决定出口是否不利于受保护物种的生存，以及濒危物种的进口是否主要是出于商业目的。

· 对出入境的运输进行检查，以确定其是否携带公约名录所列物种，如果是的话，其是否符合公约规定。

· 禁止违反公约的贸易并对其进行处罚。

· 没收非法贸易的标本。

这些要求具体说明了各种实施任务，但是对实施的方法保持开放。比如，许可证制度可以通过立法或行政活动建立。同样，对违法行动也可以通过刑事诉讼或行政程序加以惩罚。

在给予国家选择实施方法的自由度上，条约间差别很大。在序列的一端，一些协定设定了非常具体的行为义务，几乎没有自由裁量的余地。例如《防污公约》要求船旗国为油轮的建造和设计制定非常明确的规则，禁止在其管辖下的船舶违反这些标准并对违法行为进行惩罚。[1] 同样，1993 年粮农组织《渔业遵守协定》和 1995 年《鱼类种群协定》都非常细致地规定了国家的实施责任。[2]

　　然而，国际法通常并不详细说明特定的实施方法，而是交由各个国家决定如何根据国内法履行国际义务。很多条约对实施的典型阐述是只简单地要求国家采取"适当"措施。[3] 这允许国家在决定什么是"适当"措施时考虑各自的法律制度、规制文化和其他国情。在序列的另一端，条约规定了实现某些总体结果的义务（如《京都议定书》下的国家减排目标），留给国家完全的灵活性来决定如何实现这些结果——无论是通过税收手段、产品标准、排放限额、与企业的自愿协定、补贴、教育还是其他手段。

　　实施方法的选择不仅取决于条约的规定，还取决于一个国家的国内法律制度。比如三权分立原则为特定的部门或特定层级的政府配置了特定的任务。一些国内法律制度允许法院直接实施国际协定；其他的则要求司法实施必须依赖于事先将条约转化为国

　　212

---

〔1〕　MARPOL art. 4（1）（"任何违反本公约要求的事件，不论其发生在何处，根据有关船舶主管机关的法律，应予禁止，并有相应的制裁措施"）。

〔2〕　*See* William Edeson, David Freestone, and Elly Gudmundsdottir, *Legislating for Sustainable Fisheries: A Guide to Implementing the 1993 FAO Compliance Agreement and the 1995 UN Fish Stocks Agreement*（Washington, DC: World Bank, 2001）.

〔3〕　*E. g.*, London Convention art. VII（2）.

内法。[1] 同样，一国的宪法可能给予行政机关特定的权力，也可能要求对特定的措施进行立法，比如征税、划拨款项或将某一行为规定为犯罪。因此，在各国的国家宪法制度下，不同国家为了实施同样的条约义务可能需要采取不同方式。

（一）立法实施[2]

条约实施的一个基础问题是实施是否需要立法。[3] 出于各种原因，有时候这个问题的答案是"否"。一项条约可能关注的是政府行为，比如报告，这可由行政机关依其职权作出，不需要立法的批准。或者，在一国宪法制度下，条约有直接适用的国内法效力，也就不需要额外的立法实施。或者，现有立法已经提供了特定条约义务实施的必要权能。[4]

---

〔1〕 然而，实践中，这种宪法上的差异看起来并没造成太大的差别。例如，不论一国的宪法制度如何，国内法院都很少直接适用国际环境规则。Daniel Bodansky and Jutta Brunnée, "Introduction: The Role of National Courts in the Field of International Environmental Law," in Anderson and Galizzi, eds., *National Courts*, 1-22.

〔2〕 关于国家实施立法的一份优秀讨论，参见 section on "National Laws and Regulations" in UNEP's online *Manual on Compliance with and Enforcement of Multilateral Environmental Agreements* (Nairobi: UNEP, 2006), www. unep. org (accessed 2/4/09).

〔3〕 在美国，向参议院提交条约以征求意见和同意批准的文件通常明确地解决了这个问题，分析是否根据现行法律实施条约还是要求实施立法。

〔4〕 例如，美国对《伦敦倾废公约》的批准就不需要实施立法，因为《海洋倾废法》〔Ocean Dumping Act, Pub. L. No. 92-532, 86 Stat. 1060 (1972), 33 U. S. C. § § 1401-1445 (2007)〕已经生效，且只需要微小的调整就能实施公约对在海洋处理有害废物的许可要求。同样，假如美国还未加入《生物多样性公约》而计划加入的话，《美国濒危物种法》〔Endangered Species Act, 16 U. S. C. § 1531-1544 (2007)〕就可以提供充分的实施权能。See The Convention on Biological Diversity, S. Treaty Doc. No. 103-20 (1994). See generally Christian L. Wiktor, *Treaties Submitted to the United States Senate: Legislative History*, 1989-2004 (Leiden: Martinus Nijhoff, 2006) 〔讨论了不需要实施立法的条约，包括《南太平洋公约》和《防治荒漠化公约》〕。

比如，美国 1992 年批准了《联合国气候变化框架公约》。加入公约后，美国并没有制定实施公约的立法，一部分原因在于公约的大部分义务属于非常一般性的义务，不需要具体的实施活动，部分原因则在于那些更具体的规定，比如定期提交国家温室气体排放报告，可以直接由行政部门实施。即使美国决定批准《京都议定书》，也可以依据现行法实施其规定。因为根据最高法院在马萨诸塞州诉美国环保署案（*Massachusetts v. EPA*）中的决定，《清洁空气法》授予了环保署监管汽车排放二氧化碳的职权。[1]

虽然不是所有国际环境协议都要求立法实施，但也有很多协议需要，尤其是当它们试图去控制私人或次国家行为者时。例如，《濒危物种国际贸易公约》要求国家禁止个人在没有许可的情况下进出口濒危物种。所以，除非一国的国内法已经对濒危物种贸易作出规定，否则就需要制定新的法律。[2] 同样，《防污公约》要求国家制定国内法来禁止违反公约的行为。[3] 在这两个例子中，公约设定的行为义务本质上是立法的，所以需要立法实施。

即便条约没有要求立法实施，国家也经常选择立法来为遵约

---

〔1〕 *Massachusetts v. EPA*, 549 U. S. 497（2007）.

〔2〕 例如，美国在 1973 年 3 月 3 日签署《濒危物种国际贸易公约》后，于 1973 年 12 月 28 日通过了《美国濒危物种法》。Endangered Species Act, Pub. L. No. 93-205, §§8A, 9（c）-（d）, 87 Stat. 884, at 892-895（1973）. *See* 16 U. S. C. §§1531-1544（2007）.

〔3〕 MARPOL art. 4（1）.

提供更强有力的保证。[1] 比如《京都议定书》并不要求立法实施。其减排目标建立的是"结果的义务",因此国家原则上可以通过非规制的手段来实现,比如教育和劝导。虽然一些国家(比如日本)强调自愿的措施,但大多数国家依靠规制(和其他强制手段如征税)来改变私人主体的行为。同样,美国为实施《蒙特利尔议定书》规定的逐步淘汰消耗臭氧层物质的消费和生产义务,并没有通过劝说手段,而是制定了两部法律:1990年《清洁空气法修正案》第6条设定了逐步淘汰消耗臭氧层物质的生产和消费的时间表,[2] 以及1989年《综合预算调节法》(Omnibus Budget Reconciliation Act)对消耗臭氧层物质征收消费税。[3]

人权领域的例子说明了放弃立法实施的弊端。《欧洲人权公约》要求成员国"保护其管辖范围内的每个人"的各种人权,但并不要求国家通过立法手段实施。一直到最近,英国都选择不通过立法实施公约,因为英国相信它的国内法已经包含了足够的人权保护。结果,个人就不能在英国的法院中提起违反公约的诉讼主张,而只能诉诸成本高且费时的国际申诉程序。虽然存在这些成本,针对英国提起的控告数量仍非常多,这不是因为英国人权

---

〔1〕 雷德韦尔列举了立法实施的几项其他优点:国家法律和规章倾向于比行政和司法实施更加透明,而且可以采取一种防止(preventive)乃至风险预防(precautionary)的路径。Redgwell, "National Implementation," 929.

〔2〕 Clean Air Act Amendments, Title VI, Pub. L. No. 101-549 §§601-618, 104 Stat. 2399, at 2648-2672 (November 15, 1990), 42 U. S. C. § 7671 (2006). 该部分还建立了配额交易制度;规定了标识、监测和报告要求;并要求 EPA 发布关于回收和政府采购的规章。

〔3〕 Pub. L. No. 101-239, Title VII, § 7506 (a), 103 Stat. 2106, at 2364 (December 19, 1989), 26 U. S. C. § 4681-4682 (2000).

保障情况堪忧，而是因为国内立法的缺位意味着国际诉讼是唯一的对违反公约行为提起诉讼的方式。为了减少对国际实施的需求，英国最终进行了立法，在国内法中赋予了公约直接的效力。[1]

虽然通过国内立法实施通常只是实施过程的第一步，而且立法自身不能保证遵约，但事实证明甚至连完成第一步都很难。例如，2007 年《濒危物种国际贸易公约》秘书处发现超过半数的公约缔约方仍缺乏充分有效的立法实施。[2] 在一些情况下，国内立法实施的困难可能推迟甚至阻止条约的批准。例如美国一般不愿意在必要的立法就位之前批准国际环境协定。因此，虽然美国参议院表示建议和同意批准，但美国仍然无法加入《巴塞尔公约》，因为《巴塞尔公约》的立法实施因国内关于危险物质规制的广泛争议而陷入困境。

为了避免加剧这些问题，给予实施条约的立法以灵活的修改程序可以将条约修正内容直接地编入国内法，取消了进一步立法行动的需要。例如，美国的《清洁空气法》授权环保署根据《蒙特利尔议定书》下的消耗臭氧层物质淘汰时间表来调整其时间表。[3] 这种授权就避免了在每次条约出现新的受规制的污染物时进行新的立法实施的需要（或者在《濒危物种国际贸易公约》

---

〔1〕　Human Rights Act, 1998, ch. 42（UK）.

〔2〕　CITES Secretariat, Fourteenth Meeting of the Conference of the Parties to the Convention on International Trade in Endangered Species of Wild Fauna and Flora, The Hague, June 3-15, 1997, *National Laws for Implementation of the Convention*, CoP14 Doc. 24, pp. 4-5.

〔3〕　Clean Air Act Amendments, Pub. L. No. 101-549, § 606（a）（3）, 104 Stat. 2399, at 2660（November 15, 1990）, 42 U. S. C. § 7671e（2006）. *But see Natural Resources Defense Council v. Environmental Protection Agency*, 464 F. 3d 1（D. C. Cir. 2006）（主张根据《清洁空气法》，EPA 不必须实施《蒙特利尔议定书》关于关键用途豁免的决定）。

中，出现新的保护物种），并因此成为第八章所说的灵活修正程序的重要补充。

（二）执法/行政实施

立法的通过通常只是实施过程的第一步。大多数条约要求各种行政实施，如进一步制定规则来细化一般立法要求，监测和评估，准备报告，颁发许可证，以及调查和起诉违法行为。因此，如最近一项关于实施的研究表明，"不能通过简单地阅读国家立法来判断其是否在遵守……遵守包括评估政府为遵约采取措施的程度。"[1]

在协定所要求的行政实施类型上，不同的协定差别很大。例如：

· 根据《防污公约》，成员国必须对悬挂其旗帜的油轮进行检查并对不符合标准的船舶提起诉讼。

· 根据《拉姆萨公约》，成员国必须对其领土内的湿地进行充分的管护。

· 根据《埃斯坡公约》，成员国必须对可能造成重大跨界损害的活动进行环境影响评价。

· 根据《伦敦倾废公约》，成员国必须建立海上危险废物倾倒的许可制度。

· 根据《气候变化框架公约》，成员国必须准备其温室气体排放清单。

---

[1] Harold K. Jacobson and Edith Brown Weiss, "A Framework for Analysis," in Weiss and Jacobson, eds., *Engaging Countries*, 1-18, at 2, 4.

这些行政功能一般不是由国家外交部门承担，而是由对相关事项负有国家职责的政府机构承担。在美国，环保署对实施《蒙特利尔议定书》负首要责任，鱼类和野生动物管理局（Fish and Wildlife Service）负责实施《濒危物种国际贸易公约》，国家科学基金会（National Science Foundation）负责实施《南极环境议定书》。国家能否有效实施条约很大程度取决于负责条约实施的行政部门的能力及其优先事项。对《濒危物种国际贸易公约》等条约来说，有效的行政实施要求大量的资源和专业知识，比如海关官员要确定特定标本是否属于受保护物种。行政实施相较于立法实施而言，为条约的效力带来了更大的挑战。

实施国际环境协定有时候需要国家行政机构之间的合作——比如，环境执法人员的培训项目，国际刑事警察组织（International Criminal Police Organization）分享的违反石油污染标准的犯罪行为的信息，《濒危物种国际贸易公约》下进出口许可的相互承认，《港口国管制的巴黎谅解备忘录》（Paris MOU on Port State Control）下港口国船舶检查的配合。[1] 这是更广泛的政府间规制　216

---

〔1〕　1985年《巴黎谅解备忘录》是欧洲和北美的27个航海国家为协调和统一它们对船舶的检查而订立的协定，目的是确保对国际安全和环境标准的遵守。See www. parismou. org（accessed 2/5/09）. 关于国家行政机构之间的协调，通常参见 Peter H. Sand, *Lessons Learned in Global Environmental Governance*（Washington, DC: World Resources Institute, 1990）.

网络的一部分,[1] 也有人称之为正在出现的全球行政法。[2]

### (三) 司法实施

在大多数情况下,法院通过适用国内法在实施过程中发挥作用。例如,假设国家认定一艘油轮违反《防污公约》规定倾倒油污,或者一个废物处理公司向海洋倾倒医疗废物,或者承运人在没有必需许可的情况下进口象牙。在这些情况下,国家可能根据其国内的立法进行实施活动,通过在其国内法院提起诉讼的方式履行条约义务。实际上,一些协定要求国家以这种方式执行其国家的立法实施。

在适用国内法时,法院在实施过程中发挥了重要但只是辅助性的作用。法院和国家的官僚一样,有助于增进国家实施国际法的能力。无论如何,实施过程的首要步骤是国内立法和行政机关执行法律。一旦它们已经这么做,法院的作用就和实施任何国内法时没有什么不同。实质上,司法是国家控制私人行为的工具之一。

相较而言,当法院直接适用国际法或用其解释国内法时,就在实施过程中发挥了更加独立的作用。特别是在非政府主体控告政治性分支部门未能实施国际环境法的案例中尤其如此。[3] 在

---

〔1〕 Anne-Marie Slaughter, *A New World Order* (Prince ton, NJ: Prince ton University Press, 2004).

〔2〕 Benedict Kingsbury et al. , "The Emergence of Global Administrative Law," Law and Contemporary Problems 68 (3) (Summer/Autumn 2005), pp. 15 - 61 (讨论了"平行的"和"网络的"行政)。

〔3〕 国内法院在实施国际环境法中的角色应与其在通过适用国内法解决跨境环境纠纷时的纠纷相区别。在 20 世纪七八十年代,在经合组织和美国—加拿大的情境中,它们在跨境纠纷中的角色已经被广泛地研究过了。*See, e. g.* , OECD, *Problems in Transfrontier Pollution* (Paris: OECD, 1974).

这些情境下，国内法院就不仅仅是实现国家政策的工具，而且正如理查德·福尔克（Richard Falk）所说的，是"正在形成的国际秩序的代理人"。[1] 比如：

· 在韦洛尔市民福利论坛诉印度联邦案中，印度最高法院认为制革厂未经处理的排污违反了法院认为构成国际习惯法的风险预防原则、污染者负担原则以及可持续发展原则。[2]

· 在未成年的奥博萨案中，菲律宾最高法院适用了代际公平原则，允许一群孩子质疑伐木许可证。[3]

· 在野生动物保护公司诉濒危物种科学管理局案中，美国上诉法院认为政府出口山猫许可证的管理指南与《濒危物种国际贸易公约》相违背。在此案中，法院驳回了"在缺乏进一步的国会立法实施的情况下，对条约的遵守留给政府的行政机关决定"的说法。[4]

· 在塔斯马尼亚大坝案中，澳大利亚法院支持了联邦政府驳回塔斯马尼亚建造大坝请求的行为，理由是大坝可能摧

---

〔1〕 Richard A. Falk, "The Interplay of Westphalia and Charter Conceptions of International Legal Order," in Richard Falk and Cyril E. Black, eds., *The Future of the International Legal Order*, *vol. 1*: *Trends and Patterns* (Princeton, NJ: Prince ton University Press, 1969), pp. 32-70, at 69.

〔2〕 (1996) 5 *Supreme Court Cases* (S. C. C.) 647.

〔3〕 *Minors Oposa v. Secretary of Environment and Natural Resources*, *Supreme Court Reports Annotated* (G. R.) No. 101083, (S. C. July 30, 1993), reprinted in 33 I. L. M 174 (1994).

〔4〕 659 F. 2d 168, at 175 (D. C. Cir. 1981).

毁一处澳大利亚有义务保护的世界遗产地。

·在加拿大的一个案例中，环保组织主张联邦环境与健康部违反了加拿大在《京都议定书》下承担的义务。[1]

·在关于《保护地中海免受陆源和陆上活动污染的雅典议定书》（Athens Protocol for the Protection of the Mediterranean Sea against Pollution from Land-Based Sources）的决定中，欧洲法院主张协定具有直接的效力，因此"任何利益相关方都有权在国内法院援引这些条款"。[2]

这些例子说明了国内法院在直接适用国际环境法中可能扮演的角色。然而，到目前为止，这种角色很大程度上都没有成为现实。司法实施的情况相当少，尤其是比起法院在实施中扮演核心角色的人权法而言。[3] 迄今为止，在数目惊人的环境裁决中，法院甚至没有指出它们如何运用国际法——不管是间接地帮助解

---

〔1〕 *Friends of the Earth v. Canada*（*Governor in Council*），2008 F. C. 1183（Fed. Ct. Canada 2008），para. 45（根据《〈京都议定书〉实施法》驳回了这一主张，认为是不可审理的，引用了早先的意见认为所提出的问题"具有内在的政治性质，应该在政治论坛上解决而非在法庭中解决"）。关于加拿大法院对国际环境法的适用，参见 Jerry V. DeMarco and Michelle L. Campbell，"The Supreme Court of Canada's Progressive Use of International Environmental Law and Policy in Interpreting Domestic Legislation," *Review of European Community and International Environmental Law* 13（2004），pp. 320-332.

〔2〕 Case C-213/03，*Syndicat professionnel coordination des pêcheurs de l'etang de Berre et de la région v. Électricité de France*，2004 *Report of Cases Before the Court of Justice of the European Communities*（E. C. R.）I-07357，at ¶ 47（Eur. Ct. Just. 2004）；*see* Redgwell，"National Implementation," 928.

〔3〕 *See* Harold Hongju Koh，"Why Do Nations Obey International Law?" *Yale Law Journal* 106（1997），pp. 2599-2659（解释在国内法律过程中的国际法内化方面的遵守情况）。

释国内法，还是直接地作出决定的规则。[1]

　　有几个因素阻碍了国内法院对国际环境法的适用。其一，在明显区分国际法和国内法的所谓的二元论国家中，国内法院只能适用国内的立法成果，而不能直接适用国际法。即使是像美国这样名义上的"一元论"国家，宪法宣称条约是"这片土地上最高法律"的组成部分，法院也倾向于达到同样的结果，但结果是环境协定"不能自动生效"且不能被法院直接适用。在美国一个关于《伦敦倾废公约》的案例中，甚至原告都承认公约没有独立的效力，环保署的义务只来源于美国的国内立法。[2] 其二，法院不愿意适用诸如预防原则和可持续发展原则等国际环境规范，因为它们是高度不确定的，且没有"提出任何具体的禁令"。[3] 最后，在为实施国际环境法而对非国家主体提起的诉讼中，法院一般认为国际环境法只为国家创设义务，而不为私人创设义务。[4]

　　这些说法最后的结果是限制了法院在实施国际环境法中发挥独立的作用。国内法院的决定"太过偶发"以至于无法发挥"重要的震慑作用"。[5] 相反，行政机关在将国际规范转化为行动的活动中占据主导，而法院只发挥辅助的功能。

218

---

〔1〕　Bodansky and Brunnée, "Role of National Courts," 12.

〔2〕　Daniel Bodansky and Mary Manous, "International Environmental Law in US Courts," in Anderson and Palizzi, eds. , *National Courts*, 233-246, at 239 ( *National Wildlife Federation v. Costle*, 629 F. 2d 118 [ D. C. Cir. 1980] ).

〔3〕　*Amlon Metals*, *Inc. v. FMC Corp.* , 775 F. Supp. 668, at 671 (S. D. N. Y. 1991).

〔4〕　*See*, *e. g.* , *Beanal v. Freeport - McMoRan*, *Inc.* , 969 F. Supp. 362, at 371 ( E. D. La. 1997).

〔5〕　Bodansky and Brunnée, "Role of National Courts," 21-22.

## 四、国家为什么实施国际环境法?

当国家实施其国际承诺时，就是在自我遵守。当然，有时候国家没有这么做，这就造成了国际遵守机制的必要性（这是我们下一章讨论的主题）。但是国际环境法通常不依赖国际执行，相反，其依赖国家的自我实施和自我遵守。[1] 例如，美国遵守《蒙特利尔议定书》的规定不是因为害怕国际制裁。反而，美国通过《清洁空气法》第 6 条对消耗臭氧层物质的规制进行自我遵守，而且为了回应议定书通过的新的控制手段，美国不断提高自己的规制要求。[2] 如 2009 年前期，食药管理局（Food and Drug Administration）为了履行《蒙特利尔议定书》规定的美国应承担的义务，禁止哮喘吸入器中使用消耗臭氧层物质，即使替代的吸

---

〔1〕 自我遵守国际法的比例一直是争论的主题。国际法律工作者倾向于假定自我遵守代表着一种常态。如路易斯·亨金（Louis Henkin）所说，"大多数国家在大多数时候会遵守大多数国际承诺"，*How Nations Behave*（New York：Columbia University Press, 2d ed. 1979），p. 47. 现实主义者汉斯·摩根索（Hans Morgenthau）赞同"在没有实际强迫的情况下，所有国家都普遍遵守绝大多数国际法规则"，*Politics among Nations*, rev. Kenneth W. Thompson（New York：Alfred A. Knopf, 6th ed. 1985），p. 312. 但是一些政治学家回应说自我遵守主要出现在简单的情形中，即条约不要求国家显著地改变其行为。George W. Downs, David M. Rocke, and Peter N. Barsoom, "Is the Good News about Compliance Good News about Cooperation?" *International Organization* 50（1996），pp. 379-406. 卡尔·劳斯蒂拉和大卫·维克多同意亨金的陈述，因为"大多数国家对待它们接受的国际承诺都非常保守。"Kal Raustiala and David G. Victor, "Conclusions," in Victor et al. , eds. , *Implementation and Effectiveness*, 659-708, at 661.

〔2〕 在一份重要的比较研究中，魏斯和雅各布森发现了强化实施的趋势，即便《蒙特利尔议定书》等条约已经变得更加深入。Harold K. Jacobson and Edith Brown Weiss, "Assessing the Record and Designing Strategies to Engage Countries," in Weiss and Jacobson, eds. , *Engaging Countries*, 511-554, at 513.

入器平均成本要高出三倍。[1]

国家为什么通常会自我遵守？它们为什么不加入国际环境协定，然后在符合其利益时违反协定？尤其是当实施成本很高时，国家为什么不简单地搭其他国家的便车？

很多因素导致了自我遵守，原因由国家的不同、事项的不同而不同。所有因素最终都建立在我们之前所说的两种基本行为模式的组合上：适当性逻辑和结果的逻辑，义务的规范感和对自身利益的工具主义分析。在一定程度上，我们可以在国家的层面上进行思考。然而，为了了解实施，我们还需要透视国家内部并考虑不同的行为者，这有助于判断国家是如何行动的。也就是说，我们应该考虑国内政策过程。[2]

(一) 预先存在的原因

219

首先，对自我遵约的一个简单的解释是，国家这么做的原因和它们最初决定参与的原因一样：

> ·要求采取的行动可能是国家已经采取或计划采取的行动。比如，1991 年《美加空气质量协定》只是将美国和加拿大已经决定采取的国内行动汇编成协定。[3] 所以，就不需要

---

〔1〕 Laurie Tarkan, "Rough Transition to a New Asthma Inhaler," *New York Times*, May 13, 2008, p. D5.

〔2〕 Adil Najam, "Learning from the Literature on Implementation: A Synthesis Perspective," Working Paper WP 95-61 (Laxenburg, Austria: International Institute for Applied Systems Analysis, 1995), p. 32.

〔3〕 *See* Don Munton, "Acid Rain and Transboundary Air Quality in Canadian-American Relations," *American Review of Canadian Studies* 27 (1997), pp. 327-358.

额外的实施。[1]

· 国家可能相信不管其他国家怎么做，要求采取的行动都符合自身利益；也就是说，有单方遵约的利益。例如，一国可能认为其享有独立的利益，保存能源可以减少依赖外国石油，保护湿地因为其能提供生态服务。虽然没有条约，国家也可能做这些事，但条约制定过程帮助国家更好地认识到其利益，成为克服惰性的催化剂，或者为克服国内利益集团的反对提供杠杆作用。

· 国家可能相信要求采取的行动带来的其他国家的互惠行动符合其利益，并且担心无法实施协定会导致其他国家报复性违反协定，并导致交换利益的丧失。也就是说，在实施中存在罗恩·米切尔（Ron Mitchell）所说的"相互依赖的"而非"独立"的利益。[2]

· 国家可能相信条约符合其价值观。它们可能相信，它们对未来世代（或者穷人、脆弱国家）负有防治气候变化的

---

〔1〕 同样，如唐斯及其合著者所说，国家发现很容易遵守《南极条约》关于武器的禁令是因为在条约通过时，没有国家计划这么做。Downs et al. , "Good News," 389. 默多克和桑德勒甚至对《蒙特利尔议定书》也做出了类似的陈述，也就是，它仅仅"是把污染者已经自愿准备完成的消耗臭氧层物质排放削减给成文化了而已"。James C. Murdoch and Todd Sandler, "The Voluntary Provision of a Pure Public Good: The Case of Reduced CFC Emissions and the Montreal Protocol," *Journal of Public Economics* 63 (1997), pp. 331-349, at 332.

〔2〕 Ronald B. Mitchell, "Compliance Theory: A Synthesis," *Review of European Community and International Environmental Law* 2 (1993), pp. 327-334, at 328-329. 在一本即将出版的关于人权协定遵守状况的书中，贝思·西蒙斯在她所说的"偶然"和"单方面"遵守间做出了类似的区分。Beth A. Simmons, *Mobilizing for Human Rights: International Law in Domestic Politics* (Cambridge: Cambridge University Press, forthcoming 2009).

道德义务。所以它们可能加入并遵守减少排放的条约，因为这是"正确"的事情。

　　·最后，环保组织、科学专家以及其他国内主体会推动决策制定者接受协定然后实施。一项研究表明，公众意识"往往是决定国际制度是否有效的最重要因素"。[1]

在所有这些情形中，国家都善意地加入条约；它们是贝思·西蒙斯（Beth Simmons）所说的"真诚的批准者"。[2] 它们为了实施并遵守协定而加入，因为这反映了它们的利益和（或）价值观。只要国家事先的观点得到证实，它们的实施也就不足为奇了。[3]

有趣的是，这些解释国家为何加入条约的因素，并不必然取 220 决于协议的法律状态。不管出于什么原因，只要国家相信以特定的方式行动有意义，我们就可以期待其继续如此行动，不管这是否构成义务。这就是为什么在有些情形下，国家比条约规定走得更远（比如过度遵守）或者甚至实施没有法律约束力的协定。

通常，过度遵守被认为暗示着即使没有协定，主体也会同样行动。也就是说，协定是一种假象。然而，事实并不必然是这样的。即使行动并不是出于法律承诺而做出的，协定也在促进行动

---

　　〔1〕　Victor et al. , "Introduction," 13.

　　〔2〕　Simmons, *Mobilizing for Human Rights*.

　　〔3〕　Raustiala and Victor, "Conclusions," 662（认为"具有法律约束力的协议通常是对已经发生的事情进行编纂，或者反映缔约方有信心可以实施的行动"）。哈撒韦对人权协定做出了类似的评论，即"各国是否会对条约作出承诺在很大程度上取决于它们是否希望在加入后遵守该条约"。Oona A. Hathaway, "Why Do Countries Commit to Human Rights Treaties?" *Journal of Conflict Resolution* 51（2007），pp. 588-621, at 590.

中发挥了重要作用。例如，即使美国不再是《京都议定书》的缔约方，且城市在议定书下并不承担义务，但美国很多城市承诺实施议定书下美国的排放目标。虽然这些城市不是出于法律义务感而如此行动，但无法想象在没有议定书的情况下，它们还会如此行动。议定书创建了恰当行为的规范，而这一规范被这些城市所接受。通过承诺达成议定书目标，这些城市证明了它们是愿意在对抗气候变化中承担相应份额的一类主体。

（二）法律承诺的存在

正如我们看到的，导致国家加入协定的原因通常也导致了实施。然而，当情况发生改变，导致国家加入协定的原因不再适用时会怎样？如果协定的成本比预期更高，或者收益更低时会怎样？或者当新掌权的领导人对协定的分析有不同的观点时呢？正是在这些情况下，法律义务的存在就变得重要。义务改变了实施的公式，并帮助"锁定"了要求的行为。[1]

首先，出于适当性逻辑，国家可能觉得"应当"实施其国际义务（或者更确切地说，领导者可能这么认为）。例如，国家根据《远程越界空气污染公约》减少二氧化硫排放，或者根据《巴塞尔公约》规制危险废物的进口，因为国家承诺了这么做且认为同意构成义务的正当基础。换句话说，它可能非常严肃地对待"条约必须遵守"这一条约法的基本原则，并且相应地将制定实

---

[1] 参见第五章。

施立法作为加入多边环境协定过程的一部分。[1]

随着时间推移，协定中的规范可以产生更深层的规范性效果。[2] 通过社会化进程，一国内的主体会内化协定的规范。因此，它们可能不再将规范视为出于法律义务感而遵循的外部约束，而是认为规范为行为提供了适当性标准。

或者国家可能基于结果的逻辑实施承诺。[3] 例如，国家可能相信如果承诺被世界上的国家普遍地遵守并因而产生重要性，国家就能获得长期利益。或者，国家可能相信能从良好的声誉中获益，并担心如果不能实施条约，其作为良好公民的声誉会受损，未来很难加入合作。这些工具主义因素是义务的存在改变实施公式的第二条基本路径。

适当性逻辑和结果的逻辑作为实施的两个理由，通常被描述成竞争关系，事实上它们是互相依赖、互为补充的。[4] 遵守的

---

〔1〕 Detlev F. Vagts, "The United States and Its Treaties: Observance and Breach," *American Journal of International Law* 95 (2001), pp. 313-334, at 324-326 (认为荣誉感有助于解释条约遵守)。艾布拉姆·蔡斯和安东尼亚·蔡斯所说，"在共同的经历中，无论是社会化还是其他方面的结果，人们同意他们有义务遵守法律。在没有强力的抗衡力量下，对大多数情况下的大多数行为者而言，法律义务的存在可以转化为遵守的推定。国家也是如此。" Abram Chayes and Antonia Handler Chayes, *The New Sovereignty: Compliance with International Regulatory Agreements* (Cambridge, MA: Harvard University Press, 1995), p. 8.

〔2〕 这种政治学流派通常被称为"构成主义"。

〔3〕 安德鲁·古兹曼 (Andrew T. Guzman) 在其新书中对这些工具主义的遵守原因进行了最详细的解释, *How International Law Works: A Rational Choice Theory* (Oxford: Oxford University Press, 2008).

〔4〕 E. g., Arild Underdal, "Explaining Compliance and Defection: Three Models," *European Journal of International Relations* 4 (1998), pp. 5-30; Derek Beach, "Why Governments Comply: An Integrative Compliance Model that Bridges the Gap Between Instrumental and Normative Models of Compliance," *Journal of European Public Policy* 12 (2005), pp. 113-142, at 135.

工具主义理论中的一个关键要素是声誉。国家实施协定的一个工具主义原因是害怕不这么做会导致声誉的丧失。但是声誉丧失有一部分本身就取决于其他国家认为国家必须履行承诺的信念。鉴于一些国家（或公众）严肃地对待国际义务，它们可能会严厉地批评不遵约的国家。所以对遵约秉持着规范信念的国家会带给没有规范信念的国家遵守的工具主义理由。

（三）国内因素

现在我们已经将国家作为有法律义务感和进行利益衡量的一元主体进行了分析。为了简化用语，这有时候很有用，比如说美国禁止进口象牙是因为《濒危物种国际贸易公约》施加的义务。但是，国家当然只是抽象的概念，事实上它是由有利益和法律义务感的个体组成的。所以更深入地研究实施必须探究实施过程中发挥作用的不同主体。

例如，行政部门的义务感有时候可能是最强的，因为他们切实地参与了国际协定的谈判，并因而涉及其自身的个人声誉。义务感最弱的可能是那些因国际环境协定而受损的主体，他们可能将国内实施程序看作是重新作战的新机会。立法者可能坚信国家应当遵守承诺，但由于他们普遍没有参与条约谈判，他们对承诺的规范感可能不强。在任何情况下，立法者都受国内政治考虑因素的强烈影响，而这些因素被私主体所驱动，这些主体有的基于结果的逻辑（比如要承担高昂调整成本的公司），有的是基于适当性逻辑。

正如是否加入条约的决定部分地反映了国内获益者和受损者

的相对政治力量对比，实施和遵约的决定也是如此。即使一项国际环境协定对国家整体施加成本，这也会让某些国内团体受益，比如环境行动主义者和绿色产业。如果这些获益者比受损者在国内政策制定和实施的过程中有更大的影响力（比如他们数目更多或资金状况更好），国家就更有可能实施条约承诺。[1]

对实施的影响力不仅受政治因素影响，也受专业知识影响。正如一项研究表明，"在实施阶段成为有影响力的参与者是项成本高昂的事业，在多年的投资后才能得到成果。"[2] 出于这一原因，专家网络或者有时候被称为"认知共同体"（epistemic communities），通常在实施过程中具有特别大的影响力。[3]

立法实施导致的国际承诺的国内化也在发挥作用。在拥有强大的、专业的官僚政治的国家，实施通常是惯例化的。官员们简单地将实施作为理所应当的事而进行活动，而不需要对此进行利益的工具主义计算。一段时间过去，随着规范因素被内化，"遵守文化就形成了"。[4] 正如一项研究总结道，"遵守是自动的反

---

〔1〕 Xinyuan Dai, "Why Comply? The Domestic Constituency Mechanism," *International Organization* 59 (2005), pp. 363-398.

〔2〕 Raustiala and Victor, "Conclusions," 669. 戴的国家遵守博弈论模型也得到了类似的结论，即一个国家的遵守决定不仅反映了国内选民的"选举杠杆"，而且反映了它们的"信息状态"，也就是它们对国内政策过程的了解程度。Dai, "Why Comply?" 365.

〔3〕 Peter M. Haas, *Saving the Mediterranean: The Politics of International Environmental Cooperation* (New York: Columbia University Press, 1990).

〔4〕 关于这种遵守的管理理论的经典论述，参见 Chayes and Chayes, *New Sovereignty*; *see also* Tom R. Tyler, "Compliance with Intellectual Property Laws: A Psychological Perspective," *NYU Journal of International Law and Politics* 29 (1996-1997), pp. 219-235 （讨论了"遵守文化"）。

应，而不是需要进行个案成本收益评估的事项。"[1]

同样，鉴于国际环境规范可以有限地被法官适用，无论是直接适用还是通过立法实施，国内支持者们都有了额外的促进遵守的路径。此外，在司法实施的过程中，因为法官适用规则是因其作为规则的地位而不是作为利益的工具主义考量因素，所以规范因素占据主导地位。

## 结　论

国际环境规范要有效，就必须被实施。实施并不保障有效性，弱的规范即使被完美地实施，对改善环境也不会有多大作用。然而，实施虽然不是有效性的充分条件，但是必要条件。在国际机构比较弱小的情况下，必须尽力提升国家层面实施的地位。

实施包括很多不同的任务：将国际法并入国内法，将国际法转化为规制企业和个人的规则，监控行为，培训官员，裁决案例，以及起诉并惩罚违法行为。在大多数情况下，国际法给予了国家选择实施方法的巨大裁量权。国家被允许选择与其国内法律和行政体系相协调的实施方法。

即使在没有国际执行的情况下，许多国家甚至是所有国家都会将实施国际环境义务作为理所应当的事：它们依据《伦敦倾废

---

〔1〕　Helmut Breitmeier, Oran R. Young, and Michael Zürn, *Analyzing International Environmental Regimes: From Case Study to Database* (Cambridge, MA: MIT Press, 2006), p. 187.

公约》和《濒危物种国际贸易公约》建立许可证制度，依据《巴塞尔公约》规制危险废物的出口，依据《蒙特利尔议定书》逐步淘汰消耗臭氧层物质。很多因素可以解释这一自我实施的过程：自身利益的衡量、规范承诺感，官僚常规事务，或者环保组织的压力（甚至诉讼）。这些解释实施的因素的重要性因国家、条约的不同而不同。实施是一个散乱的、复杂的过程，我们无法通过简单的模型来进行解释，至少目前而言是这样的。[1]

**推荐阅读：**

Michael Anderson and Paolo Galizzi, eds. , *International Environmental Law in National Courts* ( London: British Institute of International and Comparative Law, 2002 ).

Abram Chayes and Antonia Handler Chayes, *The New Sovereignty: Compliance with International Regulatory Agreements* ( Cambridge, MA: Harvard University Press, 1995 ).

Kenneth Hanf and Arild Underdal, " Domesticating International 224 Commitments: Linking National and International Decision – Making," in Arild Underdal, ed. , *The Politics of International Environmental Management* ( Dordrecht, Netherlands: Kluwer, 1998 ), pp. 149–170.

---

〔1〕 最近一项对欧盟实施的研究得出结论，许多不同的因果因素导致了预计的成功。正如该研究所指出的那样，"当说到对为什么国家遵守，或不遵守其实施多边环境协定的条约义务的理解时，可以公平地说，理论化已经超前于实证检验……被用来检验（学者们）各自的预测的研究相对较少。" Richard Perkins and Eric Neumayer, "Implementing Multilateral Environmental Directives: An Analysis of EU Directives," *Global Environmental Politics* 7 (3) (August 2007), pp. 13–41, at 34.

Kal Raustiala and Anne-Marie Slaughter, "International Law, International Relations and Compliance," in Walter Carlsnaes, Thomas Risse, and Beth A. Simmons, eds. , *Handbook of International Relations* (London: Sage, 2002), pp. 538-557.

Catherine Redgwell, " National Implementation," in Daniel Bodansky, Jutta Brunnée, and Ellen Hey, eds. , *The Oxford Handbook of International Environmental Law* ( Oxford: Oxford University Press, 2007), pp. 922-946.

Alexei Roginko, "Domestic Compliance with International Environmental Agreements: A Review of Current Literature," Working Paper WP-94-128 ( Laxenburg, Austria: International Institute for Applied Systems Analysis, 1994).

UNEP, *Manual on Compliance with and Enforcement of Multilateral Environmental Agreements* ( Nairobi: UNEP, 2006), www. unep. org ( accessed 2/4/09).

David G. Victor, Kal Raustiala, and Eugene B. Skolnikoff, eds. , *The Implementation and Effectiveness of International Environmental Commitments: Theory and Practice* ( Cambridge, MA: MIT Press, 1998).

Edith Brown Weiss and Harold K. Jacobson, eds. , *Engaging Countries: Strengthening Compliance with International Environmental Accords* ( Cambridge, MA: MIT Press, 1998).

第
十
一
章

# 国际环境法的遵守机制

没有武力，信约便只是一纸空文，完全没有力量使人们得到安全 225
保障。

——托马斯·霍布斯《利维坦》第二部分第 17 章

（Thomas Hobbes, *Leviathan*）

国际捕鲸委员会在 1949 年确立了捕杀座头鲸的限额，并在 20 世纪 60 年代中期，完全禁止了对座头鲸的捕杀。然而，座头鲸的数量非但没有恢复，反而急剧下降。有什么可以解释这一现象？这个谜团直到 20 世纪 90 年代苏联解体后才得以解开，解密的档案表明苏联捕鲸者有组织地违反国际捕鲸委员会的限额，在 1948—1987 年间捕杀了超过十万头座头鲸。[1]

苏联对《捕鲸公约》限额的违反有些过分但并不新鲜。虽然如路易斯·亨金（Louis Henkin）所说，大多数国家在大多数时候会遵守大多数国际承诺，[2] 但违反仍然是一个问题。比如：

---

〔1〕 Virginia M. Walsh, "Illegal Whaling for Humpbacks by the Soviet Union in the Antarctic, 1947-1972," *Journal of Environment and Development* 8 (1999), pp. 307-327.

〔2〕 Louis Henkin, *How Nations Behave: Law and Foreign Policy* (New York: Columbia University Press, 2d ed. 1979), p. 47.

·2001 年，阿富汗"塔利班"炸毁了巴米扬大佛，尽管根据《世界遗产公约》，它们有保护的义务。

·2002 年，加拿大批准了《京都议定书》，议定书要求加拿大在 2008—2012 年承诺期内将其二氧化碳及其他温室气体排放量较 1990 年水平减少 6%。然而，加拿大的排放量仍在持续上升，且明显将超出《京都议定书》确立的排放目标。

·2007 年，在《濒危物种国际贸易公约》生效 30 年后，仍然有超过半数的缔约方没有制定符合公约要求的国内法律。[1]

这些例子提醒我们，我们不能依赖成员国去履行它们的国际环境承诺。即使是相对容易的程序性承诺，诸如编写报告的义务，国家也经常选择不履行。因此，通过一系列的国际措施来保障国际环境法的有效性是很有必要的。

强调不遵守问题的重要性，并不是简单的因为违反会直接损害环境，而是因为其通过降低信任从而更一般性地侵蚀了国际合作能力。环境协定基于互惠而产生：每个国家采取行动是以其他国家的行动作为交换。然而，如果一个国家不能相信其他国家会按他们说的那样做，那他就没有动力去采取行动。加拿大对《京都议定书》的违反本身可能并不否定议定书的互惠收益，因为加拿大的排放只占较小的一部分。然而如果加拿大违反其《京都议

---

〔1〕 CITES Secretariat, Fourteenth Meeting of the Conference of the Parties to the Convention on International Trade in Endangered Species of Wild Fauna and Flora, The Hague, June 3–15, 1997, *National Laws for Implementation of the Convention*, CoP14 Doc. 24, pp. 4–5.

定书》的承诺却因为侥幸而未被发现，那如何保证其他国家会遵守呢？

虽然一些观察者批评国际环境法像一个"谈判系统"，对实施没有给予足够的重视，[1] 然而事实上，国际环境制度已经发展出多种多样的机构和机制来解决遵守问题。[2] 这些机构和机制，有的规定在条约文本中，有的则是通过缔约方决定加以详细规定，还有一些是随着时间在实践中非正式地发展出来的。[3]

国际实施措施带来了很多理论性、解释性和政策性问题。国际社会在促进更好的实施中扮演着什么角色？有什么手段可供选择？这些手段哪个最有效？国际环境制度使用了哪些手段以及为什么使用这些手段以及如何改进这些手段？

对不遵守问题的一个可能的应对是强制执行，但是强制执行从来不是国际法的强力手段。[4] 相较于通过实施惩罚来执行规则的国内法律制度，国际法是一个非集中的体系，传统上依赖受

---

〔1〕　Adil Najam, Mihaela Papa, and Nadaa Taiyab, *Global Environmental Governance: A Reform Agenda* (Winnipeg, Canada: International Institute for Sustainable Development, 2006), p. 15 (指出"实施赤字"的存在)。

〔2〕　*See generally* Kal Raustiala, *Reporting and Review Institutions in 10 Multilateral Environmental Agreements* (Nairobi: UNEP, 2001); *see also* UNEP, *Compliance Mechanisms under Selected Multilateral Agreements* (Nairobi: UNEP, 2007), www. unep. org (accessed 2/4/09)。

〔3〕　由于这一原因，在学习国际实施制度时，我们"应该不限于条约文本，也要关注后续决定，尤其是实际实践"。Raustiala, *Reporting and Review Institutions*, 3.

〔4〕　如尤塔·布鲁内所说，大多数国际环境条约甚至没有将"执行"一词包含在索引中。Jutta Brunnée, "Enforcement Mechanisms in International Law and International Environmental Law," in Ulrich Beyerlin, Peter-Tobias Stoll, and Rüdiger Wolfrum, eds., *Ensuring Compliance with Multilateral Environmental Agreements: A Dialogue Between Practitioners and Academia* (Leiden: Martinus Nijhoff, 2006), pp. 1-23.

损害国家的自助行动。在解决对特定国家造成集中损害的问题时，这些"私的"执行是成功的，因为这些国家有报复的动机。[1] 然而，在缺乏国际监管时，这些私的执行容易被滥用并使紧张关系恶化。此外，它也不适合诸如气候变化或者臭氧层耗损这样的全球性环境问题，因为这些问题损害的是整体意义上的国际社会。在这些情况下，单个国家没有行动的动机，因为强制执行的大部分收益流向国际社会而非采取行动的国家。实质上，强制执行提供了一种公共产品，而正如经济学理论指出的那样，公共产品通常是产出不足的。

在国际法的一些领域，存在用公的执行代替私的执行的尝试，比如安理会或世贸组织的争端解决机制。然而，到目前为止，很少有多边环境协议包含强制执行机制。而且，一些关于提供更强大的执行机制的建议遭到了试图保护其主权的国家的反对。

国际环境制度没有把焦点放在执行上，而是采取了不同的路径，即尝试去鼓励并促进遵守，而非制止和防止不遵守。比如：

· 《濒危物种国际贸易公约》秘书处帮助一些国家起草国内立法，以使其满足公约的规定。

· 《世界遗产公约》秘书处制作了一个150多页的手册，为公约的实施提供了操作性的指南。[2]

---

〔1〕 贸易制度可提供一个例证。因贸易限制受损的国家有动机采取执行行动。

〔2〕 UNESCO Intergovernmental Committee for the Protection of the World Cultural and Natural Heritage, *Operational Guidelines for the Implementation of the World Heritage Convention* (Paris：UNESCO，2008)，www. whc. unesco. org（accessed 2/6/09）.

·《蒙特利尔议定书》多边基金提供资金支持以支付臭氧层友好型技术的额外成本。

甚至最近很多协议所建立的识别和应对不遵守程序的作用都主要是促进功能而非执行功能。对违规者的惩罚最多也就是国际曝光和因此产生的尴尬。相反，不遵守程序试图确定不遵守的原因，从而与相关国家合作一起纠正不遵守问题。[1]

那么是不是有这些促进手段就足够了呢？目前来看，它们有助于促进国际环境规范更好的实施。但是怀疑论者将这一成功归结于国家谈判达成的承诺的软弱无力，而非这些遵守制度的作用。[2] 他们认为，促进性手段对鼓励相对浅层承诺的实施可能是足够的，因为这些浅层承诺无需行为发生重大改变。深层的、要求更高的承诺则依赖于有"牙齿"的执行制度，通过惩罚的威胁迫使国家遵守承诺。在他们看来，目前强有力的执行机制的缺乏是国际环境法的阿喀琉斯之踵（Achilles' Heel）。[3]

虽然不能轻易忽视这种担忧，但是它所依赖的对国家行为的假设至少是值得推敲的，这种假设认为对条约的违反反映了国家基于对国家利益的工具主义分析而作出的慎重决定。基于这一理由，我会首先对不遵守国际环境法的可能原因进行分析。然后，

228

---

〔1〕 正如我曾经听过一个遵守机构国际官员所说的那样，遵守机构的座右铭可以表述为"嘘，别咬人"。

〔2〕 *E. g.*, George W. Downs, David M. Rocke, and Peter N. Barsoom, "Is the Good News about Compliance Good News about Cooperation?" *International Organization* 50 (1996), pp. 379-406.

〔3〕 *E. g.*, Scott Barrett, *Environment and Statecraft: The Strategy of Environmental Treaty-Making* (Oxford: Oxford University Press, 2003).

我会考察可能的国际应对，关注一些熟悉的问题，即"为何""谁""如何"：为何有国际应对——目的和目标？谁是可能的行为者？以及他们应该如何应对——可供选择的手段？

## 一、不遵守的原因

为什么国家有时不遵守它们的国际义务？为什么它们做出承诺后又不履行承诺？可能有很多原因：恶意、情况发生变化、规划不周、国内政治以及能力不足。

在一些情况下，国家可能在一开始批准时就无意遵守协议。毋庸讳言，它们会撒谎。[1] 那么，国家希望从说谎中得到什么？其一，它的批准决定可能是要欺骗更多有信誉的国家也去批准，从而使协议生效并为恶意的批准者带来环境收益；其二，即使不真诚的批准者无法从条约中获得环境收益，如果实施成本高昂，那么它也能获得相较于真诚的批准者的竞争优势；其三，批准通常会带来好的宣传效果，因而能带来声誉收益。如果国家违反协议的行为变得明显，那么这些收益会是短暂的。然而，正如前述苏联捕鲸和倾倒废物的例子，国家可能希望它们的违反行为不会被发现。或者，其领导者偏爱直接的批准收益而不顾更长远的不遵守成本。此外，国家可能希望其行为即使被发现，也不致引发他国退出。毕竟，即使存在加拿大的预期违约，大多数国家也都会坚持《京都议定书》。

---

[1] Beth A. Simmons, *Mobilizing for Human Rights: International Law in Domestic Politics* (Cambridge: Cambridge University Press, forthcoming 2009). 该作者更为礼貌地将这样的国家称为"不真诚的批准者"。

国际法的批评者通常假定恶意批准是普遍的。在对囚徒困境 229
的课堂模拟中，学生通常会采取这种恶意行为：他们承诺在下一
轮博弈中合作，但这只是为了背叛。然而，我们要注意是否太倚
重于这些课堂模拟，因为学生们行为的基础是他们知道他们在玩
游戏而这种习惯性欺骗不会真的损害他们的声誉。实证研究表
明，在现实世界中，国家通常倾向于实施它们批准的协议。也就
是说，不真诚的批准只是例外而非常态。[1]

即便国家是怀着善意批准协议，但随后也可能改变其想法。
这比不真诚的批准更为常见。毕竟，如果导致国家批准的因素发
生了变化，那么国家遵守倾向的改变也就是自然而然的了。新掌
权的领导人可能有不同的价值观。或者一项环境协议是以国家视
为非法的方式发展起来的，这就削弱了国家的规范义务感。如果
日本通过恢复商业捕鲸违反《捕鲸公约》，这会是一个可能的解
释。或者仅仅由于违反的利益非常诱人，胜过任何遵守的义务感。

人们可以通过平衡支持和阻碍遵守的因素来概念化这些情
形。前一个范畴的因素就是我们在上章讨论的支持实施的因素：
国家的环境价值观、可预知的协议收益、国家的规范义务感、国
内政治和官僚程式。除此之外还有国家规避的违约带来的成本，

---

〔1〕 *E. g.*, ibid.; Kal Raustiala and David G. Victor, "Conclusions," in David
G. Victor, Kal Raustiala, and Eugene B. Skolnikoff, eds., *The Implementation and Effectiveness
of International Environmental Commitments: Theory and Practice* (Cambridge, MA: MIT
Press, 1998), pp. 659–708, at 682; David Vogel and Timothy Kessler, "How Compliance
Happens and Doesn't Happen Domestically," in Edith Brown Weiss and Harold K. Jacobson,
eds., *Engaging Countries: Strengthening Compliance with International Environmental Accords*
(Cambridge, MA: MIT Press, 1998), pp. 19–37.

比如声誉的损失等。这些因素共同决定了国家的遵守意愿。

另一范畴的因素则是遵守的成本（或者同一事物的另一算法——违约的收益）。这些因素包括实施协议的直接成本，比如改造油轮、安装污染控制设备、培训管理员和海关人员，以及不能从事生产性活动的机会成本，如售卖象牙、捕杀鲸鱼、开发湿地。随着遵守成本上升，或者遵守意愿的减弱，不遵守的可能性就增加了。

如果出现了违规的结果，它可能代表的是不作为而非作为；也就是说，它是源于缺乏足够的遵守意愿，而非积极地、故意地违反。试想一种常见的情景。国家秉持着遵守的一般意图批准协定，但没有如何遵守协议的计划。其后，当事实证明遵守比预想的更加困难——也就是当真实成本变得显而易见——国家就缺乏采取高成本实施措施所必需的政治意愿。对于批准来说，足够充分的因素在对抗实施的国内阻碍时就显得太过软弱。一个国家从未故意违反协议，但以违反协议的结果告终，这是因为糟糕的计划或误估。从广义上讲，这可以解释加拿大在《京都议定书》下的表现。[1] 根据一项比较研究，大多数不遵守案例都可以用这种方法解释。它们是"计划不全面和误估的产物，而非有意的行为"。[2]

这种情形还能进一步复杂化，在一个国家内，不同行为者有

---

〔1〕 一些作者区分了有意和无意的不遵守。*See* Jacobson and Weiss, "Assessing the Record," in Weiss and Jacobson, eds., *Engaging Countries*, 538-539. 正如这个例子所说，两者之间的界限是模糊的，而且用同一类的因果因素进行分析。

〔2〕 Raustiala and Victor, "Conclusions," 661.

不同的遵守意愿和遵守成本。因此国家是否遵守不止取决于成本和收益的大小，还取决于其分配。行政机关抱着遵守的意图批准协定，但可能后来无法说服立法机关颁布必要的国内法律，这可能是因为强大的国内团体的反对。或者国内的法院以一种会导致违反条约的方式对案件作出判决，如虾龟案（Shrimp/Turtle Case）中，美国法院要求国务院采取最初被认为违反《关贸总协定》的海龟保护措施。[1] 在这些情况下，不遵守反映的不是违约收益超过成本这一慎重的国家决定。相反，这是国内政治和法律制度的产物。

不遵守的另一个原因是能力不足。即便一个国家希望去遵守其国际承诺，它可能缺乏遵守的必要能力。例如，它可能没有足够的专业知识和人员去起草国内法律、准备报告、进行检查或者起诉有责的主体。[2] 或者国家可能缺乏采用新技术或建造新的绿色设施所需要的资金来源。

有些评论家建议应区别对待能力不足和其他不遵守原因，因为其代表了一种"善意"或者非故意的不遵守。[3] 然而，除了

---

[1] *Earth Island Institute v. Christopher*, 20 Ct. Int'l Trade 1221（1996），*vacated*, *Earth Island Institute v. Albright*, 147 F. 3d 1352（Fed. Cir. 1998）（认为国际贸易法庭没有管辖权来裁决环境和动物保护组织执行先前判决的动议）。

[2] 例如，CITES 秘书处在 20 世纪 80 年代初编写的一份研究报告显示，由于在确定物种和填写表格方面的错误，年度报告的内容一般"非常不足以至于提交的报告的价值非常不可靠"。Simon Lyster, *International Wildlife Law*（Cambridge：Grotius Publications, 1985），p. 269.

[3] *See*, *e. g.*, Abram Chayes, Antonia Handler Chayes, and Ronald B. Mitchell, "Managing Compliance：A Comparative Perspective," in Weiss and Jacobson, eds., *Engaging Countries*, 39−62, at 40.

我们上文所说的第一种原因，即战略性的无意遵守的批准，其他不遵守原因都无法很好地用"善意"或"恶意"概括。如果一个国家没有任何实施的计划就批准协议，或者它进行了一些遵守的努力，却在情况变得艰难时就无法做出更多努力，这构成恶意吗？当行政部门希望实施条约却无法使其建议的措施被立法部门通过时呢，或者行政部门被法院要求进行某些违反条约的行为时呢？相反，国家因为能力不足而违反协议就是全然无辜的吗？国家批准一项它无法遵守的协议时，它是善意的吗？

正如这些问题所表明的，能力不足和其他不遵守原因的基础并不全然不同，它也是我们之前所说的一般的不遵守行为。当国家真的想做到足够好时，甚至是资源相对贫乏的贫穷国家都可以遵守许多环境规范。遵守通常不是简单的能力问题，而是受能力和意愿的共同影响。

再以日本对《京都议定书》的实施为例。根据议定书，日本需要在 2008—2012 年承诺期内较 1990 年水平削减 6% 的温室气体排放量。[1] 如果日本无法完成这一目标（这看起来非常可能），[2] 违反表明的是能力不足还是遵守意愿不足？所有迹象表明，日本是秉持着遵守意图加入《京都议定书》的，而且在遵守成本不算太高的情况下，日本也是会遵守的。事实上，日本已经采取了一些实施条约的措施，并且在某种程度上试图去遵守。但是它的尝试足够吗？鉴于日本历史上的高能效和低排放率，实现

---

[1] Kyoto Protocol annex B.

[2] *See* David Kestenbaum, "Japan Wrestles with Kyoto Accord Promises," *National Public Radio*, October 1, 2007, www. npr. org（accessed 2/6/09）.

6%的减排目标在技术上是可行的，但也很困难。如果最后日本无法遵守，这是能力不足和意愿不足的共同结果。

最后，国家有时是非故意地违反协定——或者说是失误。国家采取的实施措施可能不能对私人行为产生预期的效果。例如，出乎意料的寒冬增加了家庭燃油采暖的需求，并因此增加了二氧化碳排放，使得国家不能完成《京都议定书》的目标。或者条约条款规定得不清楚，导致国家自认为在遵守，其后却发现条约的要求并非如此。在这些情况下，"善意"不遵守这一表达看起来才是真正恰当的。

## 二、关注不遵守问题的目的

关注不遵守问题时，我们的目的应当是什么？一般而言，有三种（通常互为补充的）可能性：惩罚违规者、补偿受害者以及促进未来的遵守。对于国家（或个人）恶意的行为，比如没有实施意愿而加入协议，一个有吸引力的办法是惩罚犯错者。国际法有时候会听任这种对报复性正义（或者，根据个人的观点，将其定义为报复）的愿望。一战后的《凡尔赛条约》（Versailles Treaty）和二战后的纽伦堡审判对德国施加的惩罚是两个主要的例子。然而，到目前为止，国际环境法对不遵守的所有应对手段中都不包括刑罚，1991 年海湾战争时期伊拉克在退出科威特时故意造成了大量的环境损害，然而就算在诸如此类的极端情况下也是如此。有些人建议把"生态灭绝"定义为环境犯罪，但是目前而言，《国际刑事法院规约》确立的环境损害刑事责任仅仅针对战争期间非常有限的情形。[1]

国际救济的另一个可能的目的是补偿受害者。和惩罚一样，补偿是事后的。然而和惩罚不同的是，补偿针对的是帮助受害者而非惩罚作恶者。1992 年《石油污染基金公约》（Oil Pollution Fund Convention）为石油污染损害的受害国提供资金，其目的就是补偿性的，[2] 很多国际协定建立的责任制度也是（部分）如此。[3]

除了这些例子，国际环境法一般旨在促进未来的遵守而非救济过去的不遵守。在非常有限的范围内，国际法进行惩罚（比如贸易限制），这么做是出于震慑性或预防性目的，而非报复性目的。其旨在影响未来行为而非解决过去的问题。一些国际制度通过规定遵守制度而非不遵守制度，反映了这一积极的、前瞻性的倾向。

然而，遵守仅仅是基础。正如我们在第十二章会讨论的，国家遵守条约这一事实并不必然代表条约正在改变行为或者事实上有益于环境。可能对某一环境问题负主要责任的国家并不是条约

---

〔1〕　Rome Statute of the International Criminal Court art. 8（2）（b）（iv）（将战争罪定义为，除其他事项外，"故意发动攻击，明知这种攻击将……致使自然环境遭受广泛、长期和严重的破坏，其程度与预期得到的具体和直接的整体军事利益相比显然是过分的"）。

〔2〕　*See generally* Organisation for Economic Cooperation and Development（OECD），*Compensation for Pollution Damage*（Paris：OECD，1981）.

〔3〕　包括 1969 年《民事责任公约》、1996 年《国际海上运输有毒有害物质的损害责任和赔偿公约》，以及 1999 年《巴塞尔责任议定书》。截至 2009 年 3 月，上述《有毒有害物质公约》和《巴塞尔责任议定书》都还未生效。通过提高事故的成本，责任制度同时有预防未来损害的作用，而不仅仅是赔偿功能。

的缔约方，或者退出了重要的规制决定，比如暂停商业捕鲸的决定。或者，条约的义务不能确保其环境目标的实现。例如，依据《濒危物种国际贸易公约》建立许可制度是控制野生动物非法贸易的第一步，但也仅仅是第一步。如果国家不能充分地培训其海关检查人员或者给予他们足够的报酬，他们就会因为能力不足或者腐败而不能发现非法贸易。

基于这些原因，国际努力的目标不限于简单的遵守：它们更 233 多地谋求促进有效性。这个意图在美国的《佩利修正案》（Pelly Amendment）中有明显的体现，修正案授权总统对那些"减损"国际保护项目"有效性"的国家施加贸易制裁，即使没有发生法律上的违法行为。[1] 在 20 世纪 80 年代，美国威胁对日本和挪威适用该条款，这不是为了应对已经存在的违反《捕鲸公约》的行为，而是劝阻它们不要行使退出国际捕鲸委员会暂停商业捕鲸决定的法律权利。同样，国际资金支持、培训项目和其他形式的能力建设的目标通常都是促进制度的总的有效性，而不仅仅是遵守。

## 三、国际遵守机制的基本任务

为促进实施和遵守，国际制度有三个基本任务：

· 获取国家和其他行为者（如油轮运营者或捕鲸者）履行情况的准确信息。

· 通过资金和技术援助鼓励并促进未来的遵守。

---

〔1〕 Pelly Amendment to the United States Fishermen's Protective Act, 22 USC § 1978.

·识别和应对不遵守情形或缺乏有效的后续实施的情形。

在更加深入地讨论这些任务之前，有必要讨论承担任务的主体和国际实施的两种一般模式。

### 四、国际实施的主体

在提供信息、启动国际程序、提供帮助以及应对不遵守情形中，有很多行为者发挥着重要作用。其中包括国际机构、非政府组织、私人主体以及其他国家。其中一些主体的角色性质是官方的。例如《联合国气候变化框架公约》指派全球环境基金管理其财政机制，以及《北美自由贸易协定》允许个人对不执行国家法律的行为提起诉讼。也有很多行为者发挥着非官方的作用。例如，在捕鲸制度中，美国威胁对破坏捕鲸制度有效性的国家实施单边贸易措施；非政府组织为了迫使冰岛停止捕鱼行为，组织了一场全球性的对冰岛鱼类产品的联合抵制。

**其他国家**。当环境问题对特定国家造成重大影响时，比如跨境污染，受影响国家有明确的动机去采取促进遵守的行动。但是当环境问题损害全球公共利益而执行产生的主要是公共产品时，国家偶尔才会采取执行措施。这意味着除了自身利益因素外，还有很多因素影响国家行为。例如，美国为了执行暂停捕鲸的命令而做出的贸易措施威胁，就很难用自身利益解释。反而，这些例子体现了国内政治的作用，尤其是非政府组织对国家行为的影响。[1]

〔1〕 尽管总统未能根据《佩利修正案》实施制裁，这表明了非政府组织的影响力有限，而且国家利益的看法仍然很重要。

**国际机构**。因为国际实施和执行所具有的公共产品特性，国家通常选择通过国际机构进行集体行动而非单独行动。总的来说，国际机构的执行措施被认为比国家的单边行动更具正当性，因为国际机构受到一定程度的共同体控制。很多条约制度建立了实施或遵守委员会，由委员会检查不遵守问题并提出建议或决定。大多数制度还建立了一些资金机制，这些资金机制通常依赖于国际资金机构，如全球环境基金。虽然遵守委员会等众多关键机构主要由政府官员组成，但条约秘书处有时候也在实施过程中发挥着重要作用。例如，《濒危物种国际贸易公约》秘书处评估国家层面实施立法的充分性、组织国家访问并准备报告。

**非政府行为者**。环保组织通常比政府的关注点更为专一，并因而更愿意对实施和执行程序进行投资。它们监控行为、曝光违法行为、动员舆论以对付违反的国家，并提供技术和资金支持。非政府组织的这些角色通常是非正式的，但也有一些国际制度赋予非政府组织和个人在实施过程中的官方角色。例如，国际野生物贸易研究组织为《濒危物种国际贸易公约》提供濒危物种贸易的信息。[1]《北美环境合作协定》走得更远，它建立了公民诉讼（citizen suit）程序，允许私人主体对没有实施其环境法律的国家

235

---

〔1〕　如第十章所说，发展中国家承诺用自然保护换取外债免偿的债务换自然项目，经常也将实施责任分配给非政府组织。Michael S. Sher, "Can Lawyers Save the Rainforest? Enforcing the Second Generation of Debt-for-Nature Swaps," *Harvard Environmental Law Review* 17 (1993), pp. 151-224.

提起诉讼。[1]

如何解释这些非国家机制的创立？可以想象，国家允许个体的遵守程序是因为它们认识到非政府组织和个人比它们有更大的动力采取执行行为。例如，这种功能主义理论可以帮助解释人权法中的个人诉讼程序。相较而言，在环境法领域，国内因素，尤其是国内非政府组织的游说，看起来在个人诉讼程序和其他非国家机制的创立中发挥了更大的作用。[2]

## 五、执行模式和管理模式

为了促进遵守和提高有效性，国际环境法应采取何种措施？冒着过度简单化的风险，我们可以从两种一般模式来思考可能的答案，这两种模式通常被称为执行模式和管理模式。这些模式反映了对国家行为、不遵守原因和国际制度在应对中的作用的不同假设。

如果国家有意地违反其国际承诺，这意味着需要执行手段迫使国家遵守。执行包含两种方式。按照理想的方式，执行包含强制：例如，警察制服罪犯并给他戴上手铐，或者当局查封某人的银行账户。虽然国际环境法没有建立如此强有力意义上的执行制度，但是一些国际环境制度通过限制国家违反的能力以相同的方式运作。《濒危物种国际贸易公约》对有长期遵守问题的国家采

---

[1] John H. Knox, "A New Approach to Compliance with International Environmental Law: The Submissions Procedure of the NAFTA Environmental Commission," *Ecology Law Quarterly* 28 (2001), pp. 1-122.

[2] Kal Raustiala, "Police Patrols and Fire Alarms in the NAAEC," *Loyola of Los Angeles International and Comparative Law Review* 26 (2004), pp. 389-413, at 399-402.

取贸易暂停措施就是这种方式的一个典型例证。这些贸易措施的目的是阻止有遵守问题的国家继续违反。[1]

然而，很多我们认为的执行措施并不是强迫遵守。它并没有剥夺行为者的自由意志，而是通过增加不遵守成本，令不遵守成本高于遵守成本，从而影响行为者的决策过程。例如，在20世纪80年代早期，因为日本不接受暂停捕鲸的决定，美国威胁对日本采取贸易限制。这些威胁手段并没有强迫日本停止捕鲸，而是试图提高日本因不接受决定所要承担的成本，以促使日本改变主意。国际环境制度运用的限制会员资格等其他惩罚措施，都有类似的震慑功能。条约的承诺越多、违反的诱惑越大，就需要越强的惩罚来有效地震慑违反行为。

表 11.1 国际实施的两种模式

| 执行模式 | 管理模式 |
| --- | --- |
| 对国家行为的假设 ||
| ·国家是理性的效用最大化者<br>·当违反的收益超过成本时国家就会违反 | ·各国正在参与合作<br>·国家将条约规范内化，而且除非有强有力的对抗情形的出现，国家倾向于遵守条约<br>·不遵守通常源于能力不足或规定不明确，而不是故意 |

---

[1] 关于《濒危物种国际贸易公约》的遵守制度的一篇讨论，参见 Rosalind Reeve，"The CITES Treaty and Compliance: Progress or Jeopardy?" Royal Institute of International Affairs Briefing Paper BP 04/01 (London: Chatham House, 2004).

续表

| 执行模式 | 管理模式 |
|---|---|
| 遵守理论 | |
| · 强制遵守以防止违反<br>· 条约必须通过施加制裁来提高违反条约的成本 | · 条约制度在调整国家偏好中发挥着积极作用<br>· 不遵守问题可以通过多边协商和仔细商讨解决<br>· 通过促进透明度以及帮助国家能力建设，条约可以鼓励遵守 |

来源：Daniel Bodansky, *What Makes International Agreements Effective? Some Pointers for the WHO Framework Convention on Tobacco Control*, WHO/NCD/TF/99. 4（Geneva：WHO, 1999），p. 33.

值得一提的是，在国际环境政治中，一些最强大的执行手段并不是国际机构做出的，而是由单个国家和非政府组织做出，它们可以在没有协议的情况下做出单边行动。美国威胁对日本采取的贸易措施就属此类。同样，绿色和平等非政府组织为了报复冰岛恢复捕鲸的决定，威胁对冰岛的鱼类产品进行联合抵制，甚至采取直接行动阻止捕鲸活动。这些单边行动，尤其是国家做出的单边行动，会导致冲突，并因此破坏国际制度。然而，鉴于多边执行机制的软弱性，单边行动发挥了重要作用。在促进性措施被证明不充分且没有可行的多边执行选择的情况下，这不是在多边行动和单边行动间进行选择，而是在单边行动和没有行动间进行选择。[1]

---

〔1〕 Daniel Bodansky, "What's So Bad about Unilateral Action to Protect the Environment," *European Journal of International Law* 11（2000），pp. 339-347.

　　不同于执行模式，遵守的管理模式源于对国家行为的不同假设。[1] 执行模式将国家看作一元的、理性的参与者，而且认为在违反对其有利的情况下，国家就会违反协议。相反，管理模式将国家看作复杂的组织，除非出现了强有力的对抗情形，国家倾向于遵守条约。这一路径将大多数不遵守行为解释为失误、情形发生变化或能力不足的结果，而非故意违反的结果。[2] 根据此种观点，遵守制度的功能不是惩罚不遵守行为，而是鼓励并促进遵守。在很大程度上，遵守的管理路径在国际环境法中占主导地位。[3] 在 20 世纪 90 年代中期对俄罗斯不遵守《蒙特利尔议定书》的应对就是一例。其他成员国（通过议定书实施委员会）并没有建议进行惩罚，而是和俄罗斯谈判达成了一个逐步的淘汰计划，计划包括由世界银行提供补贴以关闭俄罗斯生产氯氟烃的设施。[4] 最终，俄罗斯在 2002 年关闭了最后一台生产设备，以此实现了对议定书的遵守。

　　虽然管理模式有时候被认为是反映了适当性逻辑而非结果的逻辑，但其实它是折中的且涵盖了很多因果机制。例如，国际机

〔1〕 关于管理模式的一篇讨论，参见 Abram Chayes and Antonia Handler Chayes, *The New Sovereignty: Compliance with InternationalRegulatory Agreements* (Cambridge, MA: Harvard University Press, 1995).

〔2〕 Ibid, 3-10.

〔3〕 最近的一项实证研究得出的结论是，在所研究的案例中，近 95% 是由管理方法占主导地位，"比起执行，那些创建和管理国际制度的人表现出对管理特征的压倒性偏爱。"

〔4〕 O. Yoshida, "Soft Enforcement of Treaties: The Montreal Protocol's Noncompliance Procedure and the Functions of Internal International Institutions," *Colorado Journal of International Environmental Law and Policy* 10 (1999), pp. 95-141, at 135-139.

构促进实施的办法包括：

238

　　•为国家提供资金和技术支持，从而降低遵守成本。这是一个工具主义的、成本收益的解释。

　　•明确国际义务内容，例如通过制定典型的实施立法，从而强化了成员国的规范承诺意识。

　　•要求国家编制报告并准备国家实施计划，这有助于动员并授权国内团体。这一机制关注的是国内政治。

　　•在评审国家报告的背景下，就实施问题与政府进行建设性对话。这一过程给予条约的国内支持者影响政府政策的另一个杠杆。

　　管理模式和执行模式并不必然是不兼容的。这两种模式的前提不同，但并不互斥。可能如管理理论所说，国家普遍倾向于遵守国际义务；但也可能如执行理论所说，国家可能会在诱惑足够大时违反义务。管理模式对制裁作用的淡化确实使其不同于执行模式，[1] 但它并不排除制裁的作用。事实上，曝光这一软制裁手段在管理理论中占有重要地位。管理模式和执行模式的区别仅在于管理模式认为遵守通常不依赖于额外的、更严格的惩罚。执行发挥一部分作用，但只是例外而非规律。

## 六、评估实施和遵守：信息的来源

　　如同苏联捕鲸的例子所示，不管采取哪种遵守路径，获取准

────────────

〔1〕 *See*, *e. g.*, Chayes and Chayes, *New Sovereignty*, 2（"提出并加入制裁的努力……大部分是在浪费时间"）。

确的信息都是至关重要的第一步。只有在国家害怕被发现的情况下，故意违反协定的国家才会被惩罚所威慑。执行措施的效力不仅受惩罚的量级影响，也受到被察觉的可能性的影响。

一般而言，国家报告是关于实施和效力的信息的主要来源。在许多制度中，其他来源的信息和国际核查制度是国家报告的补充。

（一）国家的自行报告[1]

在多边环境协定中，国家报告要求几乎是最普遍的义务。[2]一些情况下，报告是对国家具体行动的唯一要求。报告通常聚焦于国家采取的实施其国际承诺的步骤，包括立法实施的信息以及实施和执行这一立法的国家措施的信息（颁发许可证、进行调查、提起诉讼等）。

自行报告可能看起来是个古怪的甚至蹩脚的评估遵守的手段，但是谎报比看上去要难得多，尤其是在那些有公开的和参与式政治过程的国家以及有对政治压力相对隔绝的职业官僚的国家。即使当国家的报告不够明确时，向国际机构正式提交的报告也为非政府组织和其他批评者提供了便利的靶子。它通过提供信

[1] *See generally* Kamen Sachariew, "Promoting Compliance with International Environmental Standards: Refl ections on Monitoring and Reporting Mechanisms," *Yearbook of International Environmental Law* 2 (1991), pp. 31–52. 本节内容取材于 Daniel Bodansky, "The Role of Reporting in International Environmental Treaties: Lessons for Human Rights Supervision," in Philip Alston and James Crawford, eds. , *The Future of UN Human Rights Treaty Monitoring* (Cambridge: Cambridge University Press, 2000), pp. 361–380.

[2] 联合国环境规划署对 19 项多边环境协定进行的研究发现，只有 3 项不包括对国家报告的要求，其中 2 项包括对更具体事项的报告要求。UNEP, *Compliance Mechanisms*, 105.

息以供其他人评价和批评来促进对国家履行情况的评估。

虽然国家报告主要发挥的是信息功能，但也有其他作用。在国家善意加入协议的情形中，国家报告通过鼓励自我检查发挥了政策改良的功能。即使在国家没有诚意的情况下，准备国家报告的过程也可能发挥催化剂的作用，因为它通过动员并赋权政府内外的行为者来促进内部的政策改良。通过报告的信息共享，国家也可能学习到之前未曾想到的政策选项或技术。

国家报告也可以发挥立法的功能。环境制度的一个显著特征是其不断变化的特性。报告在两个方面有助于规范制定过程：首先，我们会加深对某一问题的科学理解（例如，国家的温室气体排放清单更清楚地描述了大气发生的变化）；其次，了解并评估一项制度在实现其目标中的总体表现（有时候被称为制度审查）。

总之，报告要求追踪的是协议中加以具体规定的实质义务。确立履行标准的协定要求国家报告其履行情况；要求建立许可证制度的协定要求国家提供关于其发放许可证的信息；要求国家惩罚违法行为的协定要求国家提供关于其提起诉讼的数量的信息。[1] 制度中相应的基础义务越具体，报告的要求就越具体。一般性义务对应一般性的报告要求。[2] 反之，具体的义务通常

240

---

〔1〕 *E. g.*, London Convention art. VI（4）；CITES art. VIII（7）.

〔2〕 例如，《维也纳臭氧层公约》要求缔约方"采取适当措施，以保护人类健康和环境，使免受足以改变或可能改变臭氧层的人类活动所造成的或可能造成的不利影响"，并仅仅规定了一项一般性的报告要求，以报告"就实施本公约所采取的行动"的信息。Arts. 2（1）and 5.

伴随着更具体的报告要求。[1]

为了确保报告的质量和可比性，大多数国际环境制度都制定了报告准则或标准格式，有时候非常详尽，如气候变化制度就是一例。虽然国家仍然可能提交不完全或不准确的数据，但详细的准则和通用模板至少使得谎报更容易被发现，并因此变得没那么有吸引力。

（二）其他信息来源

虽然国家报告仍然是大多数环境制度的主要信息来源，但很多制度也可以从其他信息渠道获得信息。这些信息对执行模式尤为重要，因为执行模式假定国家有时候会恶意地行动。如果国家故意决定违反其实质义务，那么就很难相信其国家报告中所提供的信息。更需要注意的是，国家会试图隐藏它的违规行为，正如苏联在捕鲸和海洋倾废例子中所做的那样。因此，执行模式依赖于独立信息来源的可得性。

关于环境义务履行的各种信息来源可从两个维度进行评价：

· 第一，这一来源是公共的还是私人的，是集中的还是分散的。条约秘书处等国际机构是集中的、公共的主体，反映的是国家共同体。而非政府组织和个人是分散的、私人的主体。

· 第二，信息收集是源于例行的还是偶然的收集。例如，

---

〔1〕 例如，1985 年《硫化物议定书》要求国家减少 30% 的硫化物排放，并报告"国家的年度硫化物排放以及计算基础"。Art. 4.

它可以产生于正在进行的监测项目，如为侦查石油泄漏而对航道进行的空中监视，或者产生于对过往船只的随机检查。

一些分析者所说的警察巡逻和火警之间的区别[1]关注的是这些因素之间的两种可能的组合：公共—例行与私人—偶然，但也可能存在其他的组合。

**国际监测与检查**。在某些领域，比如军备控制，国际检查是主要的信息来源。或许最有力的例子是国际原子能机构在核不扩散制度中所发挥的作用。虽然环境协定没有授予国际机构广泛的检查权力，但有一些协定建立了监测或观察项目。或许其中最具系统性的是欧洲监测和评估项目，它监测的是引起酸雨的污染物的排放和跨境流动。[2] 也有一些制度信息的来源更为偶然，如一些渔业制度建立了国际观察员项目，而《濒危物种国际贸易公约》授权其秘书处组织国家访问并准备国家履行情况的报告。

**独立专家**。在人权领域，联合国人权委员会（现在的人权理事会）等国际机构经常委派独立的专家承担特定议题（如酷刑或死刑）的大会报告起草工作。报告起草人对这一议题进行研究，收集各个国家履行情况的信息，并且准备报告。尽管国际环境制度也用一些独立专家去核实国家报告（下文将会讨论），但是至今它们还没有使用独立专家来进行更开放式的研究和报告。

**企业参与者**。企业参与者往往是国际环境规范的最终目标，

---

〔1〕 Raustiala, "Police Patrols and Fire Alarms."

〔2〕 Co-operative Program for Monitoring and Evaluation of the Long-Range Transmission of Air Pollutants in Europe, www. emep. int（accessed 2/8/09）.

并且他们最能接触到大部分相关数据。然而，只有一些国际环境协定要求私人参与者的直接报告。一个罕见的例子是《防污公约》，它要求油轮安装油类排放监测设备并就一次航行期内所有排放建立油料记录簿。

**非政府参与者**。实践中，非政府组织往往是实施和遵守信息的主要的独立来源。例如，绿色和平组织对捕鲸活动和危险废物贸易进行监测，而国际野生物贸易研究组织对野生动物产品的非法贸易的信息进行收集。[1] 一些协定为非政府组织参与准备国家报告提供机会，但大多数协定并不对非政府组织的信息进行官方认可。例如，在国际捕鲸委员会会议上，绿色和平组织因为缺少官方地位，所以必须依靠一个友好的政府来提交其关于违约的数据。该一般规则的一个例外是《濒危物种国际贸易公约》，其允许秘书处直接从国际野生物贸易研究组织处获得信息。[2]《北美环境合作协定》下的公民提交程序（citizen submission procedure）同样允许个人提交关于国家履行情况的信息。如劳斯蒂拉所说，在收集环境信息上，个人可能比分散的机构更具优势，因为这一信息传播范围非常广泛。[3]

（三）国际评审

很少有国际环境协定规定正式的国家报告评审程序，但很多

242

---

〔1〕　国际野生物贸易研究组织是 1976 年由国际自然保护联盟和世界自然基金会成立的野生物种贸易监测网络。

〔2〕　《濒危物种国际贸易公约》第 12 条第 1 款授权秘书处"在其认为合适的方式和范围内"，可与"适当"的非政府组织合作。

〔3〕　Raustiala, "Police Patrols & Fire Alarms," 404-406.

协定都有更非正式的机制来评审国家报告中信息的准确性（这一过程通常被称为核实）或使用这些信息评估履行情况。总的来说，国际评审可以发挥三个功能：[1]

·实施评审评估的是国家为实施做出的努力。国家颁布了哪些法律和规章？国家对违法行为施加了什么刑事处罚？哪些机构承担哪些实施责任？国家为执行法律采取了什么行动？国家进行了多少检查？提起了多少诉讼？这个清单还可以一直列下去。

·遵守评审通常包括对实施的评审，但更专注于国家对其法律义务的遵守。

·有效性评审是最广泛的功能，更一般性地检查协定的充分性，包括其承诺的充分性，而不是关注个体国家的履行情况。

传统上，多边环境协定只进行有效性评审，而不进行实施或遵守评审。例如，《远程越界空气污染公约》规定执行机构（相当于缔约方大会）应当"评审本公约的实施"，但并没有授权执行机构对国家报告进行评审或要求其他额外的信息。[2] 检查成员国在条约目标实现中的总体表现对于评估是否需要调整或修改是非常有用的，并因此发挥着重要的立法性功能。[3] 但它并不

---

〔1〕 对此的一项杰出讨论，参见 Raustiala, *Reporting and Review Institutions*.

〔2〕 LRTAP art. 10（2）（a）.

〔3〕 例如，根据《濒危物种国际贸易公约》提交的报告中的统计数据可用于计算物种的贸易总量，这反过来又可用于评估物种的状况和对其他保护措施的需求。

允许对每个国家的表现进行评估。

　　越来越多的环境制度开始允许由专家或其他国家实施和遵守评审。例如，从 1979 年开始，《濒危物种国际贸易公约》秘书处向缔约方大会提交违法报告。基于这些报告，公约常务委员会建议暂停与持续违法者的贸易。1994 年《核安全公约》（Nuclear Safety Convention）采取了一个稍微不同的方法，建立了同行评审程序（peer review process）以考虑参与国如何改善其核设施的安全性。气候变化制度建立的评审程序或许是目前为止最详细的——由专家评审团队对各个发达国家的报告进行评审，其中包括国别访问。[1] 这些实施评审程序不仅增加了透明度并为应对可能的不遵守提供了事实基础，而且也"将政治权力重新分配给国内那些赞成完全实施和遵守的行为者"并促进国家自身的理解。[2]

## 七、通过资金和技术援助促进遵守

　　多边环境协定通常采取积极的手段：它们不仅对不遵守进行事后的应对，也积极地通过资金和技术援助条款促进事前的遵守。为 1992 年地球峰会进行的一项研究粗略地估计，发展中国家实施《21 世纪议程》所必需的总成本每年接近 6000 亿美元。[3] 相较于现有的发展援助（现在每年大概总计 1000 亿美

243

---

　　〔1〕　迄今为止，气候变化制度下的专家审查程序仅适用于发达国家的报告。

　　〔2〕　Raustiala, *Reporting and Review Institutions*, 11.

　　〔3〕　Edmund Jan Ozmańczyk, *Encyclopedia of the United Nations and International Agreements*, vol. 1, ed. Anthony Mango（New York：Routledge, 3d ed. 2003）, p. 42.

元）来说，这是个大数目，[1] 但是相较于 2006 年总计 48 万亿的全球 GDP 而言，这仍算不上太多。[2]

实施援助不仅可以采用资金援助的形式，也可以是技术支持的方式——帮助起草立法、培训人员、开发环境管理工具、结合当地环境改造技术、提供信息，并对当地机构进行能力建设。很多机构提供类似援助：如美国国际开发署（U. S. Agency for International Development）等双边发展机构，世界银行等国际金融机构，联合国环境规划署、联合国开发计划署以及联合国培训研究所（UN Institute for Training and Research）等专门机构。

全球环境基金是专门面向环境的主要国际金融机构，它是1991 年在世界银行主持下由一些捐赠国建立的，但已经发展成为拥有全球会员和自己的管理协议的独立机构。自 1991 年起，全球环境基金提供了超过 80 亿美元的捐赠并产生了超过 330 亿美元的共同融资——虽然比起需求量来说这还只是个小数目，但相对于其他来源来说已经十分庞大了。[3]

244　　　事实上所有多边环境协定都提供了实施援助。在一些情况下，协定只提供非常有限的支持，比如帮助准备报告或进行培训；而在其他情况下，协定对减少污染或保护环境等实质性义务的实施给予了更多的帮助。从 1972 年《世界遗产公约》开始，多边环境协定经常建立帮助实施的专门基金。世界遗产基金规模

[1] 该数据包括国家和世界银行等多边机构的官方发展援助。

[2] World Bank, Key Development Data and Statistics, http：//web. worldbank. org.

[3] Global Environmental Facility, www. gefweb. org（accessed 2/8/09）.

不大，每年只有 400 万美元的预算用以帮助国家确定并提出列入世界遗产名录的地点，同时还需准备管理计划以及培训人员。[1]相比之下，《蒙特利尔议定书》多边基金每年能提供超过 1.5 亿美元（1990 年以来超过 20 亿美元），用以支持淘汰消耗臭氧层物质的具体项目，其中包括技术转让的方式。[2]

援助不仅能使国家有能力实施并遵守其现有的承诺，也能通过降低预期遵守成本来刺激国家加入协定。例如，印度同意批准《蒙特利尔议定书》的必要条件就是发达工业国家建立多边基金。同样，将资金机制纳入《气候变化框架公约》也是发展中国家的核心诉求之一。

实施援助带来了一系列设计问题：谁付费给谁，为何事支付，为什么以及如何支付（即通过何种制度）？另外，谁来决定这些问题？其中"为什么"的问题驱动着其他所有问题。援助的理论基础是什么？要决定谁为谁提供什么样的援助、通过何种制度以及通过什么样的治理安排进行援助，这一问题的回答是至关重要的。

不同于传统的发展援助，环境援助使作为整体的全球共同体受益，而非只有接受国收益。例如，环境援助有助于保护世界遗产地、保护臭氧层，并防止气候变化。[3] 所以，它不应当被看作是慈善。相反，它代表了捐赠国对生产全球公共产品的贡献，

---

〔1〕　*See* http：//whc. unesco. org（accessed 2/8/09）.

〔2〕　*See* www. multilateralfund. org（accessed 2/8/09）.

〔3〕　这仅适用于关于全球公共产品问题的援助。解决当地问题的援助，例如适应气候变化或荒漠化，如其他形式的发展援助一样，提供的是私的利益。

它给予发展中国家采取行动对抗环境问题的机会。

环境援助这一明显特征对资金机制的设计有着重要意义：

245
·治理——传统上，捐赠国对正式的发展援助有决定权。正如个人决定支持哪一个慈善机构一样，捐赠国决定着如何花费他们的发展援助。举例来说，世界银行就是根据捐赠国捐款的多少来分配投票权。然而，鉴于环境援助有助于提供公共产品，那么可以认为所有国家都应当在决策过程中享有话语权。全球环境基金和《蒙特利尔议定书》多边基金体现了这一新奇的治理安排，决定的作出取决于捐赠国和受援国的双重多数票。

·符合条件的成本（eligible costs）——如果环境援助是用以生产全球公共产品，那就有必要区分提供全球收益并因此有资格受援的项目成本，以及提供国家收益并因此不具有受援资格的成本。例如，全球环境基金只资助"增量成本"，即与"将有国家收益的项目转变为有全球环境收益的项目"相关的成本。[1]

·强制或自愿基金——传统上的发展援助一直是自愿的。每个国家自主决定捐款的数额。然而，因为所有国家都从全球公共产品的生产中受益，那么可以认为所有国家都有义务为其做出贡献。[2] 虽然全球环境基金仍是通过自愿认捐程序

---

〔1〕 GEF, "Incremental Costs," www. gefweb. org（accessed 2/8/09）.
〔2〕 按照同样的逻辑，各国通过征税要求公民为国防等公共产品的生产做出贡献。

获得资金，但《蒙特利尔议定书》多边基金在起草过程中通过创设"贡献大小"来"传达一种至少是默示承诺的印象"。[1]

## 八、应对不遵守

### （一）传统的争端解决

历史上，国际法试图通过由受害国针对加害国提起争端解决程序的方式来解决不遵守问题。例如，在特雷尔冶炼厂案中，美国声称加拿大违反了其不得造成跨境损害的义务。更近些时候，在盖巴斯科夫大坝案（Gabčíkovo Dam Case）中，匈牙利声称斯洛伐克沿多瑙河建设的大坝可能会造成不可逆转的生态损害并危及动植物的生存。此外，在 MOX 工厂案（MOX Case）中，爱尔兰针对英国提起了一项仲裁程序，声称依据一项东北大西洋地区的区域性协定，英国违反了其应向爱尔兰提供关于潜在有害的核设施的信息的义务。

争端解决有时候被看作是执行手段，[2] 但这一描述可能有些 246
误导。在国内法中，我们将争端解决和执行放在一起是因为司法裁决本身可以通过扣押财产、蔑视法庭程序并最终由警察来执

---

〔1〕 Richard Elliot Benedick, *Ozone Diplomacy: New Directions in Safeguarding the Planet* (Cambridge, MA: Harvard University Press, 1998), p. 187; *see also* Barrett, *Environment and Statecraft*, 348.

〔2〕 例如，菲利普·桑兹指出，执行包括"对于没有得到履行的义务……有权获得合适的国际法院、法庭或其他机构的裁决"。Philippe Sands, *Principles of International Environmental Law* (Cambridge: Cambridge University Press, 2d ed. 2003), p. 182.

行。同样，世贸组织的争端解决制度也可以称为执行制度，因为其决定可以通过由胜诉国对败诉国采取贸易限制的方式得到执行。相比之下，国际争端解决程序很少建立特别的执行机制。相反，它们依赖于败诉国对裁决的自愿遵守。这些程序的地位不是因为它们代表着额外的惩罚，而是因为它们强化并扩大了违反国际法的声誉成本。在争端解决缺位的情况下，违法者可以狡辩说自己实际上是在遵守，因此把水搅浑并减弱其应承受的声誉成本。争端解决机构关于不遵守的权威裁决排除了这个可能。此外，如果争端解决程序本身有约束力，那么国家没有遵守该约束程序的结果就构成了对国际法新的违反，也就是造成了额外的声誉成本。那么在这种情况下，国家就不仅违反了作为基础的环境义务，还违反了其遵守国际法庭决定的义务。

国家责任法为国家之间的争端解决提供了理论支持。[1] 虽然国际法委员会花了超过 40 年来研究其细则，但国家责任的基本规则可以被简单地概括为：

- 国家对可归咎于自身的违反国际义务的行为负责。
- 国家责任产生了补救的义务，通常是提供补偿。
- 受害国可以通过争端解决程序援引国家责任。
- 如果应负责任的国家没有停止其错误行为，受害国可以进行自力救济（或者说是反制措施）。

---

〔1〕 *See generally* James Crawford, *The International Law Commission's Articles on State Responsibility: Introduction, Text and Commentaries* (Cambridge: Cambridge University Press, 2002).

事实上所有多边环境协定都规定了某些类型的争端解决方式（通常是仲裁），而在近些年，国际仲裁庭也在激增。[1] 除了国际法院，还有《海洋法公约》建立的国际海洋法法庭，和采用特殊规则解决环境争端的常设仲裁法院（Permanent Court of Arbitration）（国际法律人喜欢开玩笑说，它既不是常设的也不是法院）。 247

尽管特雷尔冶炼厂案一直备受称赞，在最近十年环境诉讼也有了些微的增加，[2] 但是传统争端解决机制在国际环境法实施中的作用仍然是微不足道的。国家责任法主要针对受害国家和不遵守国家间的双边执行。这在理论上有意义，因为受害国在应对中享有最大收益。然而，在实践中受害国很少诉诸争端解决方式。即使是像切尔诺贝利核事故这样的环境灾难也没有导致任何法律诉讼。提起诉讼的成本很高，不只包括经济成本，也包括和被诉国的关系成本。尽管有特雷尔冶炼厂案的例子，但几乎没有国家愿意为了不确定的诉讼收益来承担这些成本。

在解决臭氧层耗损或气候变化等全球公共产品问题时，国家就更不愿意使用传统的争端解决办法了，因为这些问题的损害广泛地分布着，因而没有哪个单个国家可能存在足够的动机采取执行行动。因此，尽管人们努力将国家责任法则现代化，用以解决对作为整体的国际共同体的损害，但是多边环境协定中关于传统

---

〔1〕 *See generally* Cesare P. R. Romano, *The Peaceful Settlement of International Environmental Disputes: A Pragmatic Approach* (London: Kluwer Law International, 2000).

〔2〕 在整个 20 世纪，只审理了几个案件——白令海海豹仲裁案、特雷尔冶炼厂案、拉努湖仲裁案以及盖巴斯科夫大坝案，而 21 世纪的前十年就已经有了两例，混合氧化物核燃料厂案和国际法院正在审理的阿根廷和乌拉圭之间就其边界线上的一家纸浆厂引发的纠纷。*See* www. icj-cij. org (accessed 2/8/09).

争端解决的条款大多数都处于完全闲置状态。[1]

我们应当为传统争端解决方法的缺失而担忧吗？或许不用。即使是国家责任法的改良模式，都很难适用于全球环境问题。

· 国家责任法是法律，关注的是国家是否做了"国际错误行为"，而不是国家是否有效地履行其承诺。

· 国家责任法倾向于从静态的角度看待世界，关注的是恢复事物的先前状态而非促进未来的环境有效性（虽然存在特雷尔冶炼厂案这一例外，它建立了减少未来空气污染的救济制度）。

· 最后，国家责任法是形式主义的，关注的是国家违反国际义务的事实，而不是国家这么做的原因。

### （二）多边不遵守程序

相比于依赖传统争端解决办法来解决不遵守问题，促进国际
248 环境法有效性的一个更好的方法是灵活的、政治的方法，这些方法涉及很多参与者，调查特定案件中的不遵守原因并寻找适当的应对方法。这已成为国际环境法中的趋势。越来越多的国际环境协定建立起基于条约的遵守制度，每个都有其专门的遵守或实施

---

[1] 2001 年时，卡尔·劳斯蒂拉报告说，多边环境协定的争端解决条款从未被使用过，并且"实际上已经被废弃"。Raustiala, *Reporting and Review Institutions*, 12. 那一年，爱尔兰成为第一个援引争端解决条款的国家，根据《奥斯陆巴黎保护东北大西洋海洋环境公约》提起针对英国混合氧化物设施的案件。该案件于 2003 年由仲裁庭作出了不利于爱尔兰的裁决。*See* Daniel Bodansky, "Introduction to the MOX Plant Dispute," in Belinda MacMahon, ed., *The Arbitration (Ireland-United Kingdom) Award of* 2003 (The Hague: Asser Institute, 2009), pp. 1-22.

委员会。《蒙特利尔议定书》的不遵守程序一开此类程序的先河，[1] 就为其他几个协定所仿效。或许做出最精细安排的是《京都议定书》的遵守委员会，它包含促进机构和执行机构。如今，大多数多边环境协定要么已经采用了不遵守程序，要么就正在打算这样做。[2]

这些基于条约的遵守制度和传统争端解决有着不同的运作方式：

· 它们是政治的、实用主义的，而不是法律的。[3]

· 它们是事前的而非事后的。它们的目标是为了实现未来的合理水平的遵守而管理环境问题，而不是创设权利义务或校正过去的违法。

· 它们的性质是非对抗性的而不是争论性的。至今为止在很多情况下，是由不遵守国家自己启动程序。

· 它们将遵守和不遵守看作连续统一体的组成部分，而不是全有或全无。对这个统一体来说，细微的违反行为和重大的违反行为间的区别，或者基本遵守和过度遵守间的区

---

〔1〕 最初的程序于 1990 年通过，最近一次修订发生在 1998 年。

〔2〕《远程越界空气污染公约》《埃斯坡公约》《京都议定书》《巴塞尔公约》《奥胡斯公约》《生物安全议定书》和《伦敦议定书》都制定了遵守程序。《鹿特丹公约》和《持久性有机污染物公约》也正在谈判或考虑遵守程序。*See generally* UNEP, *Compliance Mechanisms*; *see also* Jan Klabbers, "Compliance Procedures," in Daniel Bodansky, Jutta Brunnée, and Ellen Hey, eds., *The Oxford Handbook of International Environmental Law*（Oxford：Oxford University Press, 2007），pp. 995-1009.

〔3〕 值得注意的是，桑兹在其书中关于"解决争端的外交手段"的部分中讨论了遵守程序，而不是关于"解决争端的法律手段"的部分。Sands, *Principles*, 205-210.

别，可能比遵守或不遵守之间的区别更为重要。

传统争端解决办法和以条约为基础的遵守制度间的这些基本差异体现在很多有趣的方面。其一，遵守机构通常由政府谈判人员组成，而不是由独立的专家组成，这反映了它们的政治性质。其二，这些程序的性质是集体的而不是双边的。任何国家都可以启动程序，而不需要表明它受到损害。其三，遵守制度关注的不仅仅是现实的不遵守，也包括潜在的不遵守。其四，既然目的是使国家重新回到遵守的轨道上，那么对不遵守的一个主要应对方法是提供援助[1]——从传统争端解决的视角看，这个方法可能有些怪异，因为它似乎是对国际错误行为的奖励。

比起对不遵守的惩罚，大多数多边遵守程序都更依赖对遵守的积极激励。根据联合国环境规划署最近的一份研究，含有惩罚条款的协定不足四分之一。[2] 国际环境制度通常施加的最重要的"制裁"是曝光。虽然曝光可能看起来是个不痛不痒的惩罚，但它能带来巨大的成本。它使国家遭受到国内外两方面的不利名声，使未来的条约谈判变得更加艰难，而且它会"损害与缔约方之间在其他方面的关系"，[3] 而且甚至会影响国家作为国际共同

---

〔1〕 这种援助有时被称为"不遵守应对援助"，以使其与上文所讨论的实施援助相区分。See UNEP, *Compliance Mechanisms*, 11.

〔2〕 Ibid., 117-118.

〔3〕 Chayes and Chayes, *New Sovereignty*, 152.

体内良好成员的地位。[1] 除了曝光，一些国际环境制度还要求有过错的国家制定遵守计划，详细说明它们将如何重回遵守轨道。这一制度建立在假设不遵守通常是因为计划不周和能力不足导致的。

是否还有其他的制裁机制？贸易措施提供了一个潜在的可能，而《蒙特利尔议定书》将贸易限制作为对不参与和不遵守的应对。然而，事实证明为促进参与和遵守而使用贸易措施存在很大争议，而且至今都没有其他国际环境协定仿效《蒙特利尔议定书》的这一路径。

罚款有时也被建议作为一种制裁，但事实证明它们在政治上是不可接受的。在任何情况下，它们都不能解决执行问题，因为它们自身也需要执行。如果国家违反了一项环境承诺，有什么理由可以认为它会遵守支付罚款的义务呢？不遵守至多会导致现有受助资格的丧失，而不是施加惩罚。但是即使是这种惩罚都不常见，因为国家害怕削减援助会进一步加剧而非解决不遵守问题。所以实践中，不遵守往往导致更多的而非更少的援助——这恰恰与执行模式相反。

---

〔1〕 正如奥兰·扬所指出的那样："对潜在的违法者来说，被发现的前景与成为传统或实质惩罚的目标的前景同样严重，有时甚至更严重。换句话说，在许多情况下，即使他们知道他们的违规行为遭受制裁的可能性很低，那些考虑进行违规行为的人如果认为他们的违规行为会被暴露，就不会违反规则。"Oran R. Young, "The Effectiveness of International Institutions: Hard Cases and Critical Variables," in James N. Rosenau and Ernst-Otto Czempiel, eds., *Governance Without Government: Order and Change in World Politics* (New York: Cambridge University Press, 1992), pp. 160-194, at 176-177, *quoted in* Chayes and Chayes, *New Sovereignty*, 152.

最后一种可能的办法是直接对违反国际环境法的个人而非国家进行制裁。然而，因为大多数环境问题都是由于日常活动而非"恶"的行为造成的，所以刑事惩罚是否恰当仍有争议。即使对于可能需要受到刑事惩罚的故意的、大范围的环境损害，将"生态灭绝"规定为国际犯罪的建议也未获得多少支持。即便在国内法中，个人对环境犯罪承担刑事责任也很少见，在国际层面也不太可能很快发生。

不同于这些制裁手段，一些国际环境制度试图预先使国家不能违规，方法是暂停国家参与潜在有害的行为的特权。例如，《濒危物种国际贸易公约》对缺乏充分的立法实施或处于长期违法状态的国家采取暂停贸易的手段。这些贸易措施使目标国家不能从事可能的濒危物种的违法贸易。虽然这些措施不含强制色彩，但它们产生作用的方式类似，都独立于违约者的意志，防止违规国家继续破坏条约基础。《京都议定书》规定，国家如果缺乏充分的评估排放的国内制度或者没有达到其排放目标，就会丧失参与排放交易的资格，议定书试图以此控制不遵守的结果。[1]实质上，议定书是将充分的国家报告制度作为交易的前置条件（如同通过驾驶考试得到驾照是驾驶的前置条件）。这样的制度设计是为了确保排放交易不会破坏议定书目标的完整性。在《濒危物种国际贸易公约》和《京都议定书》的例子中，限制交易措施

---

〔1〕 在第一次对不遵守《京都议定书》的审查中，议定书遵守委员会于2008年4月发现希腊未遵守议定书的要求，并暂停了希腊参与市场机制的资格，其中包括排放权交易。在那之后，希腊已证明符合议定书的要求，并再次有资格参与排放权交易。

对违约的抑制源于交易本身。[1]

《防污公约》采取了类似的方法，只不过它关注的是私人主体（尤其是油轮运营者和所有者）的遵守。与《濒危物种国际贸易公约》和《京都议定书》的贸易限制相类似，《防污公约》试图预先防止违规行为的发生，根据其规定，除非油轮被证明符合公约的建造、设计和设备要求，否则很难进行投保。[2]

## 结 论

比起惩罚真正恶意的国家，国际遵守制度在鼓励一般国家的遵守中更为成功。这样的成就不是由于对违法行为进行了法律制裁，而是由于其提高了国家的规范承诺意识、鼓励国家更好地进行规划，并给予国家遵守所需的资本。

有的人从负面的角度看待从传统争端解决办法到更政治性的遵守程序这一趋势。如詹·克莱伯（Jan Klabbers）所说，在遵守程序中"灵活性是博弈的代名词——灵活的规范、灵活的基线价值、灵活的实施和灵活的援助"。[3] 批评者害怕这种灵活性会侵蚀法律作为社会秩序模式的特殊地位。[4]

---

〔1〕 如果各国在野生动植物贸易或排放权交易中存在利益，贸易暂停不仅可以防止问题蔓延，而且还可以通过让各国有动力遵守协定以恢复其贸易地位来发挥威慑作用。

〔2〕 Ronald B. Mitchell, *Intentional Oil Pollution at Sea: Environmental Policy and Treaty Compliance* (Cambridge, MA: MIT Press, 1994).

〔3〕 Klabbers, "Compliance Procedures," 996-997.

〔4〕 Martti Koskenniemi, "Breach of Treaty or Non-Compliance? Reflections on the Enforcement of the Montreal Protocol," *Yearbook of International Environmental Law* 3 (1992), pp. 123-162.

然而控制行为的法律和非法律路径构成了一个连续统一体。这一统一体内的不同点适用于不同种类的问题。例如，人权法在本质上倾向于法律的方法。一旦从权利的角度考虑问题，它就脱离了利益角逐和政策竞争的政治范畴。也许是出于这一原因，人权条约建立的典型机构是主要由法律人组成的专家委员会。典型的不遵守机制是个人申诉程序，其目标是在个案中实现公平的结果而非可接受的总体遵守水平。

相比之下，国际环境法根本上是平衡各种竞争性利益的政治过程，法律和政治的边界模糊不清。因此，对不遵守问题采取更政治性、实用主义的方法也就不足为奇了。这一灵活的方法反映了国内法的发展，即在解决遵守问题时更加强调谈判的解决办法而非纯粹地执行法律。[1] 国际环境法的目标是形成可接受的遵守水平，而非完美的遵守——从根本上讲，这一目标在性质上也是更政治性的而非法律的。[2]

**推荐阅读：**

Ulrich Beyerlin, Peter-Tobias Stoll, and Rüdiger Wolfrum, eds. , *Ensuring Compliance with Multilateral Environmental Agreements: A Dialogue Between Practitioners and Academia* (Leiden: Martinus Nijhoff,

---

〔1〕 Raustiala and Victor, "Conclusions," 684.

〔2〕 Chayes and Chayes, *New Sovereignty*, 17-22. 正如他们所总结的："选择是否加强（或放松）国际执行努力是一个政治决定。它涉及的所有利益、优势与劣势都与条约最初制定时所涉及的利益、优势与劣势相同……在遵守方面可接受的内容反映的将是参与者在持续政治过程中的观点和利益，而不是一些外部的、科学或市场验证的标准。" Ibid. , 20.

2006）.

James Cameron, Jacob Werksman, and Peter Roderick, eds. , *Improving Compliance with International Environmental Law* ( London: Earthscan, 1996）.

Abram Chayes and Antonia Handler Chayes, *The New Sovereignty: Compliance with International Regulatory Agreements* ( Cambridge, MA: Harvard University Press, 1995）.

Martti Koskenniemi, "Breach of Treaty or Non-Compliance? Reflections on the Enforcement of the Montreal Protocol," *Yearbook of International Environmental Law* 3 ( 1992）, pp. 123-162.

Kal Raustiala, *Reporting and Review Institutions in 10 Multilateral Environmental Agreements* ( Nairobi: UNEP, 2001）.

Cesare P. R. Romano, *The Peaceful Settlement of International Environmental Disputes: A Pragmatic Approach* ( London: Kluwer Law International, 2000）.

UNEP, *Compliance Mechanisms under Selected Multilateral Agreements* ( Nairobi: UNEP, 2007）, www. unep. org ( accessed 2/8/09）.

Rüdiger Wolfrum, "Means of Ensuring Compliance with and Enforcement of International Environmental Law," *Recueil des Cours* 272 ( 1998）, pp. 9-154.

# 第十二章 国际环境法是有效的吗？

## 252

失败只是重新开始的机会，而这次你会更加聪明。

——亨利·福特（Henry Ford）

1992 年里约峰会过后不久，一位环境科学家就表达了他的担忧："20 世纪 90 年代可能会作为空洞承诺的十年而被铭记，各国开会、对环境问题发表武断的意见、签订协议，然后各自回家，但是接下来几乎没什么行动。"[1] 有事实证明这种担忧是正确的吗？国际环境保护仅仅是附带性的，还是甚至更糟，通过造成进步的幻觉从而减少作出真正改变的压力，因此产生相反的作用？[2] 或者它已经解决了，或者至少是改善了一些重大问题，如生物多样性丧失、臭氧层的耗竭以及全球变暖？

自里约峰会以来，政治学家和法律人对这些问题给予了相当多的关注，但仍然没能对这些问题的答案形成共识。[3] 对国际

---

〔1〕 Mark Simmonds, "New International Agreements or Empty Pledges?"（存档于作者处）。

〔2〕 *Compare* Oona A. Hathaway, "Do Human Rights Treaties Make a Difference?" *Yale Law Journal* 111（2002）, pp. 1935-2042.

〔3〕 *See*, *e. g.*, Edward L. Miles et al., *Environmental Regime Effectiveness: Confronting Theory with Evidence*（Cambridge, MA: MIT Press, 2002）; David G. Victor, Kal Raustiala, and Eugene B. Skolnikoff, eds., *The Implementation and Effectiveness of International Environmental Commitments: Theory and Practice*（Cambridge, MA: MIT Press, 1998）.

环境制度有效性的评估带来了重大的方法论挑战。关于基本事实的可靠证据通常难以获取，例如，船舶石油污染的数量、亚马逊地区的毁林面积或者物种灭绝的数量。因此，我们可能不确定条约通过后环境质量是否有所改善。即使环境问题出现改善迹象，也很难确定其原因。例如，在 1979 年《远程越界空气污染公约》通过之后，欧洲的二氧化硫排放量显著下降。然而，许多分析家认为，排放量的降低与公约无关，而且由于各国经济和政治的变化，包括国内能源从煤炭到天然气的转型，排放量无论如何都会降低。[1]

253

在探讨了国际环境规范的国内和国际实施之后，本章将在更一般的意义上讨论有效性问题。首先，我们所说的"有效性"是什么，以及衡量它的不同方法有哪些？其次，国际环境制度在多大程度上有效？最后，为什么一些协议比其他协议更有效？如何解释不同制度的相对有效性（或者无效性）？

## 一、有效性的三种含义[2]

思考有效性问题时，有必要先区分这一术语的三种不同含义：[3]

---

〔1〕　Evan J. Ringquist and Tatiana Kostadinova, "Assessing the Effectiveness of International Environmental Agreements: The Case of the 1985 Helsinki Protocol," *American Journal of Political Science* 49 (2005), pp. 86-102, at 86（主张《赫尔辛基协议》"对排放量没有什么可见的影响"）。

〔2〕　本部分选自 Daniel Bodansky, *What Makes International Agreements Effective? Some Pointers for the WHO Framework Convention on Tobacco Control*, Doc. No. WHO/NCD/TFI/99.4 (Geneva: WHO, 1999).

〔3〕　*See generally* Oran R. Young, *International Governance: Protecting the Environment in a Stateless Society* (Ithaca, NY: Cornell University Press, 1994), pp. 140-160（讨论了"有效性"的多种含义）。

·法律的有效性的焦点在于遵守，即效果是否符合法律规定的要求。如果一项条约规定了行为义务，比如建立濒危物种贸易许可制度或提交温室气体排放报告的义务，那么国家行动与条约要求一致就是法律的有效性。相比之下，如果它规定了结果义务，例如削减10%二氧化碳排放量的义务，那么排放量降低到规定的水平，这就是有法律的有效性。

·行为的有效性关注的是国际环境法在引导国家和个人向"正确"方向，即向着制度目标实现的方向修正其行为方面的作用。[1] 即使参与者没有完全遵守条约的义务，如果条约能够影响参与者的行为，那就具有行为的有效性，即如果没有条约，参与者会采取不同的行为。

·最后，问题解决的有效性关注的是条约目标实现的程度，或者更一般而言，是其解决环境问题的程度。

有效性三种含义之间的区别可以用一个简单的例子说明。1987年《蒙特利尔议定书》限制了消耗臭氧层物质的消费和生产。如果各国按照规定的数量减少消耗臭氧层物质的消费和生产，该议定书就具有法律的有效性。如果这些削减是议定书的结果，并且在没有议定书的情况下不会发生，那么议定书在行为上

254

---

〔1〕 Miles et al., *Environmental Regime Effectiveness*, 6. 注意行为改变必须朝着"正确的方向"，也就是说，有助于促进制度的目标，这一点很重要，因为国际制度可能会产生意想不到的、错误的影响，加剧而不是改善问题。例如，在第一轮战略武器限制谈判（SALT I）中，在限制核武器发射器方面的成功，意想不到地增加而非减少了不确定性，因为它导致了多弹头系统（MIRV）的发展，这种系统很难以阻止。

就是有效的。如果它阻止并逆转了臭氧层的消耗，那议定书就具有问题解决的有效性。

（一）法律有效性：遵守

法律人倾向于关注法律有效性问题。他们经常认为，如果一个条约得到了遵守，那么它就是有效的，而在国家未能履行其义务的情况下则是无效的。

遵守是两个因素共同作用的结果：其一，规则确立的义务（规则要求国家或其他行为者采取的行动或达成的结果）；其二，履行这些义务的实际行为或结果。例如，《京都议定书》要求欧盟在2008—2012年承诺期内将其温室气体排放量较1990年水平削减8%。[1] 因此，我们可以将欧盟的实际排放量与议定书的义务进行比较，以确定欧盟是否遵守了义务。

如果规则规定的义务不明确，那么可能很难确定，或者甚至不可能确定规则所要求（或禁止）的行为，以及进而将行为归类为"遵守"或"不遵守"。例如，《联合国气候变化框架公约》第4.1（b）条要求各国制定国家气候变化方案。然而，这项义务是如此笼统，受制于如此多的限定条件（"考虑其具体的国家和地区发展优先事项、目标和情况"），[2] 以至于很难想象缔约方的何种行为会构成不遵守。因此，在这种情况下，"遵守"的概念是不太周延的。

虽然法律人倾向于关注遵守，但遵守本身并不能说明条约的

---

〔1〕 Kyoto Protocol annex B.

〔2〕 UNFCCC art. 4. 1.

价值，因为它不是行为或解决问题的有效性的必要条件或充分条件。高水平的遵守（或者甚至是完美的遵守）可能仅仅意味着一项国际环境制度是平庸无为的而且不需要国家在行为上做出太多的改变。[1] 反之，低水平的遵守可能是因为过于雄心勃勃的条约目标，而不是由于条约缺乏积极影响。

例如，《捕鲸公约》授权国际捕鲸委员会制定保护规则，包括鲸鱼捕杀数量配额。在 20 世纪 60 年代，捕鲸国参加所谓的"捕鲸奥运会"，每年杀死的鲸鱼达 5 万到 6 万头，此时它们的行为完全符合国际捕鲸委员会的配额要求。遵约率高表明了《捕鲸公约》的松弛，而不是公约的力量。[2]

路易斯·亨金有句备受赞誉的名言："几乎所有国家在几乎所有时间都在遵守……几乎所有的义务。"[3] 即使真是如此，也不能表明如亨金所想的，国际法是有效的。相反，这与国际关系现实主义学者所支持的观点一致，即国际法仅仅是附带性的，它

---

[1] 法国一村庄（Chateauneuf-de-Pape）为回应不明飞行物目击事件而制定的法令（或许真实性存疑）说明了这一点，该法案禁止飞碟在村内降落。Robert V. Percival et al., *Environmental Regulation: Law, Science, and Policy* (Boston: Little, Brown, 1992), p. 141. 虽然该条例已达到令人羡慕的遵守记录，据我所知，飞碟从未落入该村，但其因果效果值得商榷。

[2] 有趣的是，旨在促进野生种保护的美国佩利修正案允许美国对那些"减损"国际保护协定"有效性"的国家施加贸易制裁，即使没有发生法律上的违法行为。See Pelly Amendment to the United States Fishermen's Protective Act 22 U. S. C. § 1978.

[3] Louis Henkin, *How Nations Behave: Law and Foreign Policy* (New York: Columbia University Press, 2d ed. 1979), p. 47.

255

反映行为而非影响行为。[1]

（二）行为的有效性

为了使遵守的概念更有意义，政治学家经常区分"纯粹的"遵守和"条约诱导"的遵守。后者使我们从纯粹的法律的有效性转向行为的有效性。为了使遵守成为"条约诱导"下的遵守，条约必须具有一定的因果效应：它必须影响国家，使国家的行为不同于没有条约情况下国家会采取的行为。例如，它必须导致一个国家减少捕杀鲸鱼的数量或减少消耗臭氧层物质的消费。

从根本上讲，评估国际环境法的贡献是一个因果问题：国际环境法造成了多大影响？它在多大程度上改善了现状？正如麦里克·弗里曼（Myrick Freeman）在水污染问题上所指出的那样，"相关的问题并不是在某个地点随着时间的推移水质发生了多少变化，这是一个前后对比的问题。真正的问题是有或无的问题：在经济条件、天气、降雨量等条件相同的情况下，比起在没有清洁要求的情况下的水质，实际的水质改善了多少？"[2] 这一答案

---

〔1〕　*See* George W. Downs, David M. Rocke, and Peter N. Barsoom, "Is the Good News about Compliance Good News about Cooperation?" *International Organization* 50（1996），pp. 379-406. 如卡尔·劳斯蒂拉所解释的，"政府启动条约谈判，确定其范围，并集体确定其国际承诺的内容。通过这样做，政府在很大程度上，尽管不是完全地，确定了对由此产生的国际义务的遵守水平……由于遵守水平通常是所采用的法律标准的结果，因此对任何给定的多边环境协定，其高或低的遵守水平的显著性都不是不证自明的。" Kal Raustiala, *Reporting and Review Institutions in* 10 *Multilateral Environmental Agreements*（Nairobi：UNEP, 2001），p. 7.

〔2〕　A. Myrick Freeman III, "Water Pollution Policy," in Paul R. Portney and Robert N. Stavins, eds., *Public Policies for Environmental Protection*（Washington, DC：Resources for the Future, 2d ed. 2000），pp. 169-213, at 180.

不仅取决于遵守情况，还取决于国际环境法要求国家在多大程度上偏离其往常行为。

行为的有效性比法律的有效性更难以衡量。法律的有效性仅仅要求我们将规范要求与实际发生的事情进行比较。例如，如果《京都议定书》要求8%的减排量，我们可以简单地看看排放量削减是否达到了这一数量。相比之下，行为的有效性要求我们比较实际发生的事情和在没有条约的情况下会发生的事情。这就要求我们进入反事实的虚拟世界。我们可以阅读诸如《京都议定书》之类的条约，以确定它的要求；我们可以观察排放情况，看看发生了什么（即使只是间接地通过各种指标）；但我们无法观察到在不存在《京都议定书》的另一个世界会发生什么。因此，怀疑论者甚至可以质疑像《蒙特利尔议定书》这样明显成功的事例，理由是消耗臭氧层物质可能无论如何都会被逐步淘汰。[1]

（三）问题解决的有效性

行为改变是有效性的一个必要的前置条件。然而，最终我们是从其改善环境的方面评估国际环境法的。例如，《捕鲸公约》是否使鲸鱼免于灭绝？《拉姆萨公约》是否使湿地免遭破坏？《远程越界空气污染公约》是否减少了欧洲的酸雨？《蒙特利尔议定

---

[1] See James C. Murdoch and Todd Sandler, "The Voluntary Provision of a Pure Public Good: The Case of Reduced CFC Emissions and the Montreal Protocol," *Journal of Public Economics* 63 (1997), pp. 331-349, at 332 (认为《蒙特利尔议定书》可能 "更具象征意义，而非一个真正的合作均衡的实例")。同样，一些人将北海海洋倾倒的降低归结于陆上焚烧技术的创新，而非《关于北海倾废的奥斯陆公约》。George W. Downs, Kyle W. Danish, and Peter N. Barsoom, "The Transformational Model of International Regime Design: Triumph of Hope or Experience?" *Columbia Journal of Transnational Law* 38 (2000), pp. 465-514, at 499.

书》是否有助于修复臭氧层? 这些都是关于结果的问题。

评估规范对问题解决的有效性当然取决于我们如何定义问题。《濒危物种国际贸易公约》解决的问题是濒危物种的非法贸易还是从更广泛的意义上保护生物多样性? 如果问题是濒危物种的非法贸易, 那么公约将在问题解决有效性上取得很高的分数, 因为它成功消除了非法贸易。而如果我们将问题更一般性地定义为保护生物多样性, 那么即使公约完全终结了非法贸易, 它仍然可能是无效的, 因为贸易只是物种灭绝这一更普遍的问题的一小部分。事实上, 对于大象来说, 丧失栖息地的问题比偷猎问题更严重。

就《捕鲸公约》而言, 公约本身将其目标定义为 "为后代保护以鲸鱼种群为代表的重要自然资源",[1] 并试图通过限制捕鲸来实现这一目标。但是, 如果公约关于通过限制捕鲸就能拯救鲸鱼的假设是错误的呢? 例如, 如果鲸鱼死于某些其他威胁, 如海洋污染或与船只的碰撞 (这是目前对露脊鲸的主要威胁) 呢? 在这种情况下, 即使公约完全消除了捕鲸行为, 其问题解决的有效性也很低。

问题解决的有效性的概念要求我们更深入地探究因果链。我们不仅要考虑国际规范如何影响行为, 还要考虑这些行为变化如何影响环境效果 (图 12.1)。[2] 例如, 《京都议定书》要求发达

---

〔1〕 Whaling Convention preamble, para. 2.

〔2〕 为了区别短期和最终效果, 政治学家使用了不同的名词: 效果 (outcomes) 和影响 (impacts)。*See* Ronald B. Mitchell, "Compliance Theory: Compliance, Effectiveness, and Behavior Change in International Environmental Law," in Daniel Bodansky, Jutta Brunnée, and Ellen Hey, eds., *The Oxford Handbook of International Environmental Law* (Oxford: Oxford University Press, 2007), pp. 893-921, at 896.

257 国在 2008—2012 年承诺期内完成特定数量的减排量（欧盟比 1990 年水平减少 8%，日本减少 6%，等等）。如果发达国家完成所要求的减排量，《京都议定书》就具有法律的有效性。如果减排源于条约义务，《京都议定书》就有行为的有效性。但是，如果议定书所规定的排放产业转移到不受排放限制的国家，那么议定书可能对全球总体排放量不会产生任何影响；也就是说，它可能对解决气候变化问题没有任何贡献。

国际环境规范 ——→ 行为改变 ——→ 环境改变

**图 12.1 从规范到环境成果**

同样，《濒危物种国际贸易公约》要求参与国建立濒危物种的进出口许可制度。如果各国回应条约的要求，通过并实施了所要求的许可制度，那么公约就会有法律和行为上的有效性。然而，如果贸易商能够非法偷运动物过境，从而逃避公约的控制，那么公约问题解决的有效性可能仍然很低。正如这些例子所说明的那样，问题解决的有效性不止取决于遵守甚至行为改变。它也取决于我们在第八章中所探讨的问题：首先，协议承诺的深度和性质（它们的目标行为是否正确，是否足够雄心勃勃）；其次，对问题"贡献"最大的国家的参与程度问题。

我们应该如何衡量国际环境法的问题解决的有效性？评论家

提出了几种可能性（图 12.2）：[1]

| 无制度 | 现实情况 | 集体最优 | 环境目标 |

现状的相对改善

与目标的距离

开发可用机会上的成功

**图 12.2 衡量环境有效性**

·我们已经走了多远？——衡量成就的一个方法是对存在制度和没有制度情况下的环境后果进行比较。这里的问题是：与没有这项制度的情况相比，这项制度产生了多少收益？例如，《生物多样性公约》在多大程度上减缓了物种灭绝的速度，或者《气候变化框架公约》在多大程度上减少了温室气体排放？这要求进行我们之前在讨论行为有效性时所说的反事实的评估，不同之处是侧重于环境后果而不是行为改变。

·我们有多接近我们要到达的地方？衡量制度成就的另一种方法是将其结果与我们为了解决问题需要的结果进行比较。我们有多接近我们要实现的目标？我们减少的温室气体排放是否足以防止危险的气候变化？我们是否使物种免于灭绝？我们是否修复了臭氧层？在这一点上，即使是显然已经扭转了

———————

[1] Arild Underdal, "The Concept of Regime 'Effectiveness'," *Cooperation and Conflict* 27（1992）, pp. 227-240; *see also* Arild Underdal, "One Question, Two Answers," in Miles et al., *Environmental Regime Effectiveness*, 3-45, at 8-9.

臭氧层耗减的《蒙特利尔议定书》，都仍然有很长的路要走，并且可能永远不会将臭氧层完全恢复到破坏前的水平。[1]

·我们在利用现有机会方面取得了多大成功？第三种方法介于另外两种方法之间，就是问：这项制度从合作中获得了多少潜在收益？在既有的知识和价值观条件下，制度是"把钱留在了桌子上"，还是充分地开发了可利用的合作机会？[2] 回答这个问题需要我们确定假设完美合作［所谓的集体最优（collective optimum）］可以实现的结果，然后将这个最优结果与制度实际取得的成果进行比较。[3] 这种对成功的定义充满了概念和经验上的困难，取决于无法客观确定的规范性选择。[4] 而且，它是从静态的角度评价制度，没有考虑制度对知识和价值观的动态影响，而这种影响可以通过改变行为者对自身利益的认知来扩大合作范围——即集体最优。

## 二、国际环境制度有效性的评估

国际环境法已经经历了较长的发展过程，一些大型实证研究

〔1〕 *E.g.*, E.-S. Yang et al., "Attribution of Recovery in Lower-Stratospheric Ozone," *Journal of Geophysical Research Atmospheres* 111, D17309 (2006); Elizabeth C. Weatherhead and Signe Bech Andersen, "The Search for Signs of Recovery of the Ozone Layer," *Nature* 441 (2006), pp. 39-45.

〔2〕 Underdal, "One Question, Two Answers," 8.

〔3〕 *See* Jon Hovi, Detlef F. Sprinz, and Arild Underdal, "The Oslo-Potsdam Solution to Mea sur ing Regime Effectiveness: Critique, Response, and the Road Ahead," *Global Environmental Politics* 3 (3) (August 2003), pp. 74-96.

〔4〕 对此的批评，参见 Oran R. Young, "Determining Regime Effectiveness: A Commentary on the Oslo-Potsdam Solution," *Global Environmental Politics* 3 (3) (August 2003), pp. 97-104, at 99-100.

项目试图以更系统的方式评估其有效性。这项任务带来了重大的方法论难题。理论上，使用回归分析法等统计技术可以对有效性进行定量分析，从而可以确定不同因果因素在解释行为或环境变化中的作用。[1] 但是，这种方法不仅需要识别和量化相关行为和环境结果的变化（回归分析中所谓的因变量），还要识别和确定引起这些变化的因果要素的范围（自变量）。这样的任务极难严格执行。

另一种方法不是直接量化相关变量，而是依靠专家评估。[2] 但是这种方法也存在严重的问题，因为即使是专家也可能无法可靠地了解一个制度的有效性。正如我们所看到的，专家经常对同一制度的有效性做出不同的评估。[3] 因此，他们的有效性评估（以量化的尺度做出）是否能为定量分析提供可靠的基础是值得怀疑的。

也许是认识到了这些困难，迄今为止大部分有效性的研究都是定性的，涉及的案例数量有限。一项研究比较了九个政治体（八个国家加欧盟）如何实施五项国际协议。[4] 另一项研究采用了"过

---

〔1〕 西蒙斯将要出版的关于人权制度的研究采用了这一路径。Beth A. Simmons, *Mobilizing for Human Rights: International Law in Domestic Politics* (Cambridge: Cambridge University Press, forthcoming 2009).

〔2〕 *E. g.*, Helmut Breitmeier, Oran R. Young, and Michael Zürn, *Analyzing International Environmental Regimes: From Case Study to Database* (Cambridge, MA: MIT Press, 2006). 该研究汇集了一个关于23项环境制度的数据库，研究了150多个变量。

〔3〕 例如，比较以下两者中对油污制度有效性的不同评价。Miles et al., *Environmental Regime Effectiveness*, 331-356; Ronald B. Mitchell, *Intentional Oil Pollution at Sea: Environmental Policy and Treaty Compliance* (Cambridge, MA: MIT Press, 1994).

〔4〕 Harold K. Jacobson and Edith Brown Weiss, "A Framework for Analysis," in Edith Brown Weiss and Harold K. Jacobson, eds., *Engaging Countries: Strengthening Compliance with International Environmental Accords* (Cambridge, MA: MIT Press, 1998), pp. 1-18, at 15-17.

程追踪"模型来确定因果关系——这实质上是历史的方法。[1]

总之,这些研究显示的结果喜忧参半。国际环境法既不是完全的胜利,也不是彻底的失败。在某些情况下,其成效显著:

· 1972 年,当《关于北海倾废的奥斯陆公约》通过时,"在大多数情况下,关于倾倒和许可程序的国家立法完全缺位……任何人都可以向北海倾废而不会受到国家当局或国际机构的干预"。[2] 而 30 年后,北海已不再是危险废物的处置场所。

· 自《防污公约》通过以来,常规油轮作业产生的石油污染已从 1975 年的 108 多万吨下降到 1990 年的 15.86 万吨,再到 2002 年的约 3.6 万吨。[3] 尽管这一下降可归功于很多原因(包括海运石油贸易的减少和石油价格的上升),但公约设定的设备和建造标准显然是一个重要因素,尤其是油轮隔离压载舱和原油清洗设备的规定。[4]

· 1986 年至 1995 年期间,消耗臭氧层物质的全球消费

---

〔1〕 David G. Victor, Kal Raustiala, and Eugene B. Skolnikoff, "Introduction and Overview," in Victor et al. , eds. , *Implementation and Effectiveness*, 1–30, at 26–28.

〔2〕 Jon Birger Skjærseth, "Toward the End of Dumping in the North Sea: The Case of the Oslo Commission," in Miles et al. , *Environmental Regime Effectiveness*, 65–85, at 65.

〔3〕 National Research Council, *Oil in the Sea III: Inputs, Fates and Effects* (Washington, DC: National Academies Press, 2003), p. 76.

〔4〕 Ronald Mitchell, "Intentional Oil Pollution of the Oceans," in Peter M. Haas, Robert O. Keohane, and Marc A. Levy, eds. , *Institutions for the Earth: Sources of Effective International Environmental Protection* (Cambridge, MA: MIT Press, 1993), pp. 183–247.

量和生产量下降了 75% 以上，[1] 而且平流层臭氧层消耗速度开始放缓（见图 12.3）。科学家现在认为，到 21 世纪中叶，臭氧层将恢复到 1980 年以前的水平。[2]

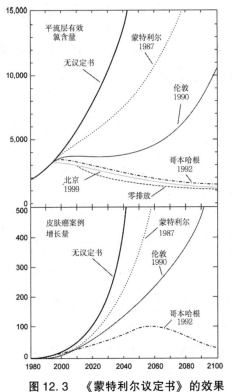

**图 12.3 《蒙特利尔议定书》的效果**

来源：WHO, Scientific Assessment of Ozone Depletion（2006）.

〔1〕 Jørgen Wettestad, "The Vienna Convention and Montreal Protocol on Ozone-Layer Depletion," in Miles et al., *Environmental Regime Effectiveness*, 149-170, at 151.

〔2〕 World Meteorological Organization, *Scientific Assessment of Ozone Depletion*: 2006（Geneva: WMO, 2006）, p. xxiv. 中纬度地区上层的臭氧层将比南极洲上层的更早恢复，南极洲上层臭氧层的"空洞"预计在 2070 年左右才会消失。

·在 19 世纪末和 20 世纪初，北太平洋海豹的数量从 200 多万只下降到不到 15 万只。而 1911 年通过《北太平洋海豹条约》后，其数量迅速恢复，在 6 年时间内增长了 2 倍，到 1940 年，其数量已经恢复到了捕杀前水平。[1]

与这些成绩相对应的是，国际环境法未能在解决其他问题方面发挥很大作用：

·尽管 1992 年通过了《生物多样性公约》，但估计每天仍有 50~150 个物种灭绝。[2] 世界自然保护联盟估计，在不久的将来，几乎四分之一的哺乳动物和八分之一的鸟类都面临着高度的灭绝风险。[3]

·在全球变暖作为重要政治议题出现 20 年后，全球温室气体排放量继续以大概每年 1.9% 的速度增长，2005 年 2 月生效的《京都议定书》对减缓这一趋势作用甚微。[4]

·尽管 1994 年通过了《防治荒漠化公约》，但估计每年

---

〔1〕 Scott Barrett, *Environment and Statecraft: The Strategy of Environmental Treaty-Making* (Oxford: Oxford University Press, 2003), pp. 31-32.

〔2〕 United Nations Development Programme, "Biodiversity for Development CDROM," www. undp. org (accessed 1/22/09).

〔3〕 *E. g.*, Millennium Ecosystem Assessment, *Ecosystems and Human Well-Being: Biodiversity Synthesis* (Washington, DC: World Resources Institute, 2005), p. 36（对下个世纪物种灭绝和濒临灭绝的速率进行了估计）; International Union for the Conservation of Nature (IUCN), "Red List of Threatened Species," www. iucnredlist. org (accessed 1/22/09)（估计将近 1.7 万种已知物种濒临灭绝）。

〔4〕 Energy Information Administration, *International Energy Outlook 2004*, p. 13, www. eia. doe (accessed 1/22/09)（估计 2000 年至 2025 年间的排放量增长速率将高于 20 世纪 90 年代）。

仍有 1200 万公顷的土地退化为荒漠。[1]

尽管仍然存在很多问题，但从迄今为止的研究中可以得出一些初步结论。首先，虽然没有全部遵守，但总的趋势是更高程度的遵守。根据一项研究，"比起对国内法律和规章的遵守……国际上的情况是相当的或做的更好。"[2]

其次，各国为履行其国际承诺做出了越来越多的努力，这表 262 明了某种程度的行为的有效性。可以肯定的是，遵守可能部分地反映了国家谈判达成的协议的浅薄，因为这些协议通常不需要重大的行为改变。然而，在过去的 30 年间，尽管越来越多的国家成为条约缔约方，条约承诺的深度也有所增加，但实施和遵守的情况仍有所改善。[3] 一项研究总结道："制度确实产生了重大影响。"[4]

最后，国际环境法在问题解决的有效性上表现最差。它取得了一些显著的成就，最突出的是《蒙特利尔议定书》，该议定书

[1] Global Environment Facility (GEF)–International Fund for Agricultural Development (IFAD) Partnership, *Tackling Land Degradation and Desertification*, www. ifad. org (accessed 1/ 24/ 09). 一公顷约等于 2.5 英亩，1200 万公顷约等于 4.6 万平方英里。然而，对荒漠化率的评估差异很大，并且不被认为是可靠的。Millennium Ecosystem Assessment, *Ecosystems and Human Well–Being: Desertification Synthesis* (Washington, DC: World Resources Institute, 2005), p. 7.

[2] Harold K. Jacobson and Edith Brown Weiss, "Assessing the Record and Designing Strategies to Engage Countries," in Weiss and Jacobson, eds., *Engaging Countries*, 511–554, at 512.

[3] Ibid., 512–513. 两项其他的比较研究对国际环境法的有效性得出了类似的结论。Miles et al., *Environmental Regime Effectiveness*; Victor et al., eds., *Implementation and Effectiveness*.

[4] Edward L. Miles and Arild Underdal, with Steinar Andresen, Elaine Carlin, Jon Birger Skjærseth, and Jørgen Wettestad, "Epilogue," in Miles et al., *Environmental Regime Effectiveness*, 467–474, at 467.

已经对大气中氯的富集度产生了可观的影响。但国际环境法迄今无法解决气候变化、生物多样性丧失等其他问题。

### 三、为什么有些国际环境制度比其他制度更有效?

国际环境制度喜忧参半的表现引发了一个关键问题:为什么某些制度比其他制度更成功?哪些因素有助于解释不同的成功率?这一答案不仅仅从解释的角度来看非常重要,从工具的角度来看也是如此。只要我们能够通过更好的法律设计来"内在地"提高条约有效性,那么这可以帮助我们谈判达成更有效的条约。即使结论是条约的有效性是由条约谈判者无法控制的"外在"因素决定的,例如要解决的环境问题的性质或所涉及的国家类型,[1] 这一结论也有重要的启示。它有助于我们将注意力集中在国际环境法可能有所作为的问题上,而不是集中在无法用法律手段解决的问题上。

各种因素可能导致国际环境协议的有效性或无效性:[2]

**问题的性质**。首先,一些问题比其他问题更容易解决。[3] 例如,根据博弈论,解决所谓协调问题的制度比解决"合作"问题

---

〔1〕 例如,要解释为什么《关贸总协定》设定的对贸易障碍的限制比《联合国宪章》设置的禁止使用武力的限制更加有效,结论可能和两者本身没什么关系,影响更多的是贸易问题本质上比战争更容易受法律规制所影响的事实。

〔2〕 *See generally*, *e. g.*, Breitmeier et al., *Analyzing International Environmental Regimes*; Jacobson and Weiss, "Framework for Analysis," 6-8.

〔3〕 *See* Underdal, "One Question, Two Answers," 15-23.

的制度更为有效。[1] 原因在于，在协调博弈中，参与者没有欺骗的动机，而在合作博弈中，国家可以通过搭其他国家努力的便车来获得好处。其他学者试图找出"良性"和"恶性"问题之间 263 更多的差异。[2] 当存在强有力的科学共识时，当解决问题的成本很低并且不会影响一个国家相对于其他国家的竞争力时，当涉及的国家相对较少（其行为易于监控）时，以及当各国利益一致时，问题通常更容易解决。从这一点来看，气候变化是一个极其难以解决的问题：它涉及大量的国家，国家间往往利益迥异；它要求各国立即采取高成本的行动来避免长期和不确定的损害；而且高昂的行动成本会给国家带来巨大的作弊动机，引发人们对竞争力的极度担忧。而船舶导致的石油污染是一个相对容易解决的问题，因为存在管理油轮建造和设计的共同国际标准的刺激，以及污染源的移动特征使得在油轮从一个港口移动到另一港口的过程中，有大量的国家可以进行执法。

**国际政治体系。** 国际政治体系的特点也可能对国际环境制度的成功产生重要影响。例如，一项制度如果得到美国这样强大的国家的支持，就更有可能成功，而如果它被一个强大的国家所反

---

　　[1]　决定靠路哪边行驶是协调博弈的一个例子。只要交通规则确定下来，人们就没有靠错误边行驶进行作弊的动机。同理，遵守民用航空和邮政交流的国际协定也是没有问题的。相比之下，囚徒困境则是合作博弈的一例。在合作博弈中，当其他行为者进行遵守而自身不遵守时，行为者可以得到最大的利益。在解决合作问题的环境制度中，如果国家可以使本国置身事外而由别国继续合作，它们就有了作弊的动机。 *See generally* Arthur A. Stein, *Why Nations Cooperate*: *Circumstance and Choice in International Relations* (Ithaca, NY: Cornell University Press, 1990).

　　[2]　*See*, *e. g.*, Arild Underdal, "International Cooperation: Transforming 'Needs' into 'Deeds,'" *Journal of Peace Research* 24 (1987), pp. 167-183.

对，就不太可能成功；捕鲸和石油污染制度属于第一类，《生物多样性公约》属于后者。如果制度涉及的国家被一种共同体的意识、共同的价值观念、共同的历史以及其他领域的合作所共同约束，则更有可能成功。欧盟的显著发展就是如此。

**所涉国家的特点**。一项制度涉及的各个国家的特点也会影响其实施和有效性。由于改变行为通常成本高昂，因此比起贫穷国家，对于有行政和财政能力来履行承诺的富有国家，国际制度可能产生更大的影响。一些作者认为，一个国家的政治制度也会产生影响，自由民主国家的公众参与和问责制特征使它们比非民主国家更有可能实施和遵守国际承诺。[1] 同样，积极的非政府组织运动可以帮助动员舆论，充当监督者，宣传信息，并向政府行为者施加压力，改善遵约前景。如果一项制度能够利用这些因素，将实施责任分配给那些最有可能遵守的国家，那么这将改善其成功的前景，而我们将在下面作进一步探讨。

**制度设计**。国际法律人倾向于存在一种信念，认为制度的结构和法律特征发挥着重要作用。具有制度主义倾向的政治学家越来越认同制度设计问题的重要性。[2] 我们在前几章已经谈论了很多设计问题。它们包括：

---

〔1〕 *E. g.*, Anne-Marie Slaughter, "International Law in a World of Liberal States", *European Journal of International Law* 6 (1995), pp. 503–538.

〔2〕 *See, e. g.*, Barbara Koremenos, Charles Lipson, and Duncan Snidal, eds., *The Rational Design of International Institutions* (Cambridge: Cambridge University Press, 2004); Mitchell, *Intentional Oil Pollution at Sea*; Victor et al., eds., *Implementation and Effectiveness*.

·合法性——正如第八章所讨论的，大多数条约谈判背后的假设是有约束力的文件对国家行为的影响力大于不具约束力的文件。它们表现出国家强烈的承诺意识，违反成本也更高。然而，法律认可和有效性之间的关系并不是固定不变的。在某些情况下，不具有约束力的文件可能比具有约束力的文件更为有效，允许各国在即使不确定它们是否能够遵守的情况下，也可以做出明确且雄心勃勃的承诺。在一项制度的早期阶段尤其如此，那时各国可以从"边做边学"中获利。[1]

·精确性——国际文件的有效性也可能取决于其规则的精确性，我们在第五章中探讨过这个因素。通过减少协议的含糊性，精确的规则为各国提供了更多指导，并使违规行为更加明显因而成本更高。

·正当性——关于参与和决策的规则是另一个重要的设计要素。一般而言，如果一项协议产生于国家认可的程序，包含国家认为公平的规则，国家就更有可能感觉有义务遵守该协议。

·承诺的类型——正如我们在第四章中探讨的那样，规制工具的选择也很重要。例如，在石油污染制度中，实践证明设备和设计标准比排放标准更有效，因为它们只需要在单一时间点（船舶建造时）的遵守，并且很容易被查证。[2]

---

〔1〕 Kal Raustiala and David G. Victor, "Conclusions," in Victor et al., eds., *Implementation and Effectiveness*, 659–707, at 685–688.

〔2〕 Mitchell, *Intentional Oil Pollution at Sea*.

·实施责任的分配——在某些类型的国家具有更强的遵守能力和倾向的情况下，将更多的实施负担分配给它们，可能会改善有效性。例如，关于濒危物种的贸易。对犀牛角或象牙等产品的需求大部分来自相对富有的国家，这些国家监管边境的能力高于濒危物种所在的贫穷的发展中国家。因此，《濒危物种国际贸易公约》要求进口国建立许可制度可能会改善遵守和有效性。相反，《巴塞尔公约》的推动力主要来自对发达国家向发展中国家转移危险废物的担忧。尽管理论上发展中国家可以通过控制进口来保护自己，但它们可能缺乏这样做的能力。因此，将实施负担分配给出口国可以改善《巴塞尔公约》的有效性。[1]

·赋权国内支持者——如果一项制度能够提高国内利益相关者的能力，例如赋予他们在国内政策过程中的参与权，则制度更可能有效。

·机构——正如第六章所讨论的那样，建立机构，例如定期的缔约方大会，有助于对某一问题保持关注，建立信任，并将国家纳入集体期望的网络中。[2]

·国际实施程序——最后，正如我们在第十一章中所讨

---

[1] 在联合国气候变化制度下，要求排放配额的购买者对违反国家排放目标的行为承担责任的建议具有类似的理由。See Robert O. Keohane and Kal Raustiala, "Towards a Post-Kyoto Climate Change Architecture: A Political Analysis," ssrn.com (accessed 5/24/09). 由于排放配额的购买者很可能来自西方国家，这些国家具有强大的国内执法力度，因此对它们课以责任可以给予它们谨慎行事的动机，使它们仅从可能达到其排放目标的国家购买配额。

[2] 最近的一份研究得出结论，相比之下，条约秘书处对遵守和有效性的影响就很微弱。Breitmeier et al., *Analyzing International Environmental Regimes*, 86.

论的，许多制度建立了促进实施和有效性的具体机制和机构。这些措施包括旨在提高透明度、动员国内支持者和令搭便车者尴尬的报告和审查程序；鼓励并帮助国家遵守的资金援助机制；劝阻不遵守行为的惩罚机制，如贸易制裁；以及争端解决和不遵守程序。

虽然决定有效性的重要因素绝不只是这些制度设计问题，但它们是最直接受我们控制并因此对制定政策影响最大的因素。因为它们是内在关联的，所以不能孤立地考虑。在某一处的改善可能会导致另一处的削弱。出于这个原因，必须全面地研究法律设计的问题，我将在结论章节回顾这一点。

## 结　论

国际环境制度是否重要？虽然这个问题仍然存在很多争议，但证据表明答案是肯定的。正如一项研究所总结的，大多数国际环境制度都存在"显著影响"，[1] 尽管它们尚未取得完美的解决 266 方案。即使在问题解决的意义上它们并不完全有效，但仍然具有行为的有效性。

什么决定了制度的有效性？这一答案很复杂而且没有被充分地认识。有效性是许多因素的产物，一些是问题本身固有的，有些则是一定时期内国际政治体系所决定的。国际法律人特别感兴趣的是制度的设计如何通过改变国家的成本利益计算、动员国内

---

〔1〕　Miles and Underdal, "Epilogue," 467.

支持者、促进社会学习和改变价值观、建立被认为具有正当性并可以给予国家遵守的规范性理由的规则等方式，提高制度的行为和问题解决的有效性。

**推荐阅读：**

Thomas Bernauer, "The Effect of International Environmental Institutions: How Might We Learn More," *International Organization* 49 (1995), pp. 351–377.

Helmut Breitmeier, Oran R. Young, and Michael Zürn, *Analyzing International Environmental Regimes: From Case Study to Database* (Cambridge, MA: MIT Press, 2006).

George W. Downs, David M. Rocke, and Peter N. Barsoom, "Is the Good News about Compliance Good News about Cooperation?" *International Organization* 50 (1996), pp. 379–406.

Edward L. Miles, Arild Underdal, Steinar Andresen, Jørgen Wettestad, Jon Birger Skjærseth, and Elaine M. Carlin, *Environmental Regime Effectiveness: Confronting Theory with Evidence* (Cambridge, MA: MIT Press, 2002).

Ronald B. Mitchell, "Compliance Theory: Compliance, Effectiveness, and Behavior Change in International Environmental Law," in Daniel Bodansky, Jutta Brunnée, and Ellen Hey, eds., *The Oxford Handbook of International Environmental Law* (Oxford: Oxford University Press, 2007), pp. 893–921.

Kal Raustiala, "Compliance and Effectiveness in International Regulatory Cooperation," *Case Western Reserve Journal of International Law* 32 (2000), pp. 387-440.

Edith Brown Weiss and Harold K. Jacobson, eds., *Engaging Countries: Strengthening Compliance with International Environmental Accords* (Cambridge, MA: MIT Press, 1998).

Jørgen Wettestad, *Designing Effective Environmental Regimes: The Key Conditions* (Cheltenham, UK: Edward Elgar, 1999).

Oran R. Young, ed., *The Effectiveness of International Environmental Regimes: Causal Connections and Behavioral Mechanisms* (Cambridge, MA: MIT Press, 1999).

Oran R. Young, "Evaluating the Success of International Environmental Regimes: Where Are We Now?" *Global Environmental Change* 12 (2002), pp. 73-77.

# 结论：盘点

当国际社会继续与气候变化等环境问题作斗争的时候，重要的一点是我们要回头看一看并反躬自问：我们一直在正确的轨道上行走吗？国际环境法的现有范式是足够的吗？或者我们还需要做出更激烈的改变吗？我们要往哪里走？

一些作者在概观国际环境法的发展历程后看到的是失败。耶鲁大学森林与环境研究学院院长兼世界资源研究所所长格斯·斯佩思（Gus Speth）认为，尽管存在数量众多的条约的谈判，但是"从全球环境退化趋势没有得到改善和我们没有能够及时终结一个前所未有的环境退化时代这两个意义上来看，保护地球环境的努力大部分是失败的"。[1]

在我看来，这是一个过分苛刻的评价。确实，正在逼近的全球变暖的威胁、许多生态系统的退化以及物种的高灭绝率使得我们不再对前景过于乐观。与此同时，国际环境法已经取得了重大成绩，《蒙特利尔议定书》和《北太平洋海豹公约》就是两个例

---

〔1〕 James Gustave Speth, *Red Sky at Morning*: *America and the Crisis of the Global Environment* (New Haven, CT: Yale University Press, 2004), p. xi.

子，所以我们也不应该认为它们是无足轻重的。

在国际环境法存在不足的情况下，如何解决这些问题？一种可能的方案是建立一个新的全球环境机构来整合现有的不同制度。[1] 这种方法假定国际环境法的软弱至少部分来源于其碎片化和分散的特征。根据这种观点，不同的条约制度与国际组织之间缺乏协调会造成潜在的冲突、空白、重叠、无效或所谓的"条约拥堵"的情况。正如一份报告所观察到的："有太多的机构在太多不同的地方按照重复的命令参与环境治理。"[2] 一个新的国际环境组织有助于上述问题的解决，因为它能够确保以整体的方式解决环境问题，即不同的协议相互补充和加强，成员国不会承担重复的义务。[3] 这是一个相对温和的方案，有助于提高国际环境法的效率，但是牺牲了当前条约制度的多样性所产生的创造力。鉴于现有机构内部存在惯性（如联合国令人不悦的改革记录所反映的那样），[4] 是否有必要为这种方法的好处投入必要的政治资本是值得怀疑的。

---

〔1〕 欧盟 2005 年提出的建立新的联合国环境组织的建议就是沿着这样的思路提出的。See Nils Meyer-Ohlendorf and Markus Knigge, "A United Nations Environment Organization," in Lydia Swart and Estelle Perry, eds., *Global Environmental Governance: Perspectives on the Current Debate* (New York: Center for UN Reform Education, 2007), pp. 124–141.

〔2〕 Adil Najam, Mihaela Papa, and Nadaa Taiyab, *Global Environmental Governance: A Reform Agenda* (Winnipeg, Canada: International Institute for Sustainable Development, 2006), p. 14.

〔3〕 See, e. g., Frank Biermann and Steffen Bauer, eds., *A World Environment Organization: Solution or Threat for Effective Environmental Governance?* (Aldershot, United Kingdom: Ashgate, 2005).

〔4〕 See Najam, Papa and Taiyab, *Global Environmental Governance*, 22–23（描述了过去 10 年间 12 项联合国改革行动，迄今其中无一取得了成果）。

一个更加雄心勃勃的改革方案是建立一个拥有更强大的立法和执行权的新的环境组织，以阻止搭便车行为并克服困扰当前环境规制工作的集体行动问题。[1] 当然，一个可以强迫国家合作的霍布斯式的利维坦是乌托邦的（或反乌托邦，这取决于个人观点）。但是，安理会和世界贸易组织展现了国际机构拥有约束性决策权和争端解决权力的可能性。

这个观点有许多可取之处。国际环境法确实受到缺乏决策权的影响，这种缺乏妨碍了国际环境法的有效性。从长远来看，如果不给国际机构更多的制定标准和执行的权力，我们很难解决像气候变化这样的问题。然而，这样做会引发重大的实践和理论挑战。从实践的角度来看，各国极度在意他们的主权。让渡权力需要信任，而信任需要时间。这就是为什么机构的建立通常是一个缓慢的、渐进的过程。在布鲁斯·阿克曼（Bruce Ackerman）所说的"宪政时刻"，危机可以催生更快速的变化。然而，对于许多环境问题，由于气候等物理系统的惯性和一些环境危害的不可逆转性，在危机发生时予以应对可能已经为时已晚。加强全球治理的提议也会产生更多的理论问题：一个新的、更强大的机构的正当性基础是什么？在缺乏全球共同体的情况下，民主是一个令人信服的答案，但这是不可能实现的。而目前，我们缺乏其他明

---

[1] Daniel C. Esty, "The Case for a Global Environmental Organization," in Peter B. Kenen, ed., *Managing the World Economy*; *Fifty Years after Bretton Woods* (Washington, DC: Institute for International Economics, 1994), pp. 287-310.

确的可替代选择。[1]

有些人在对当前危机的诊断上更进一步，认为国家制度是不 269
可改造的，无法改革。他们坚持认为，我们所需要的只不过是人
们价值观和意识的转变，而这种改变可以导向单一的全球宪
法[2]——"一场公民和科学家的国际运动，在这场运动中，任
何人都能显著地增进可持续发展转型所需的政治和个人
行动。"[3]

或许是这样。但我认为，环境问题的解决取决于本书所描述
的艰辛的、渐进的、往往令人沮丧的工作，其重要性不亚于人类
意识的根本转变。

在其短暂的历史中，国际环境法未能解决许多紧迫的问题，
但它也取得了一些显著的成绩。在此过程中，它展现了令人印象
深刻的独创性，发展出一系列机制来确立标准并促进实施。无论
人们是否认为需要进行更激进的改变，现有的工具也可以完成很
多事情。

在标准制定方面，国际环境法通过以下方式促进了环境制度
的发展：

· 定期的科学评估以帮助形成"共识性"知识。

---

[1]　Daniel Bodansky, "The Legitimacy of International Governance: A Coming Challenge for International Law?" *American Journal of International Law* 93 (1999), pp. 596 – 624.

[2]　Philip Allott, *Eunomia: New Order for a New World* (Oxford: Oxford University Press, 2001).

[3]　Speth, *Red Sky*, 197.

· 软法工具，如行为守则和指南。

· 框架公约—议定书模式，允许逐步取得进展并推动进一步的行动。

· 默示的修改程序，允许制度以一种灵活的方式发展，以应对新的信息和新的关切。

· 差异化标准，以便考虑国家历史责任和能力之间的差异。

· 通过缔约方决定细化规则，这些决定不具有正式约束力，但在实践中被认为具有权威性。

同样，遵守方面的情形也与国际法的标准路径大不相同，国际法侧重于违反的概念、国家责任、受害国追究责任、争端解决以及赔偿和补偿等救济措施。与这种传统模式不同，国际环境制度已经发展出自己的独特的安排，其目的更多的不在于确定国家责任和进行救济，而是使制度在未来更加有效。

最后，就机构而言，缔约方大会作为重要的国际环境机构，270 代表了一种新的国际合作形式。从一般国际法的角度来看，它既不是政府间会议，也不是传统的国际组织，它是两者的结合。

总的来说，这些变化已经使国际环境法转变为一个截然不同的领域，并拥有自己独特的方法论和技巧。[1] 在这个过程中，它们不仅模糊了国际法与政治间的界线，也模糊了公与私、国际与国内间的界限。在国际环境法中，私人部门参与到典型的公共

---

〔1〕 Daniel Bodansky, "Does One Need to Be an International Lawyer to Be an International Environmental Lawyer?" *Proceedings of the American Society of International Law* 100（2006），pp. 303-307.

部门任务中，如通过国际标准化组织和森林管理委员会等参与制定通用的标准。在《防污公约》中，私人部门行为者通过油轮的检查和认证也在遵守过程中发挥着关键的作用。

有些人对这些发展表示担忧，害怕它们会侵蚀法律作为社会工具的基本特性。然而，这些关于标准制定和遵守的新方法的出现代表了对国际环境问题独特特征的一种可理解且恰当的回应：

> ·这些问题既包括法律和政治方面的问题，也包括物理方面的问题，并涉及大量的技术复杂性。
> ·它们主要是由私人而非政府行为造成的。
> ·它们具有高度不确定性和快速变化性。

为了解决国际环境问题，我们需要制定动态的监管制度，以灵活应对新的知识和问题，并采取务实和前瞻性的方式处理遵守和有效性问题。

正如我们所看到的，在设计环境制度时，国际环境法律人会考虑许多变量，包括谈判场所的选择、实质范围、法律或非法律形式、规制工具的选择、承诺的严格程度（包括普遍的和特定国家的承诺）、精确性、投票规则、资金制度、报告和检查程序、不遵守制度、最低限度的参与要求，以及通过保留或撤回退出协议的规定。

最近，研究国际关系的学者们为更加严密地分析这些设计元素做了很多工作。[1] 这些学者在研究过程中对一些传统观点提出质疑，例如，法律文件总是优于非法律文件，更严格的不遵守制度必然优于更弱的不遵守制度，限制各国退出协议的权利必然

271 要好于允许退出。[2] 环境制度的有效性最终不仅取决于其承诺的严格程度，而且取决于国家参与和遵守的程度。参与国家较少的强有力的协议可能不如各国广泛参与的较弱的协议。如果国家会对这些不同的设计元素进行权衡，我们就不能孤立地分析这些元素，我们需要将它们视为一个整体。[3]

但是，尽管政治学有助于识别潜在的权衡，但其仍然不能告诉我们该怎么做。比如说，我们是否应该在新的气候协议中规定强有力的执行措施？答案是不确定的。强有力的执行制度可能会吓跑那些担心自身可能不遵守的国家。同时，这种制度也会让国家重拾对其他国家遵守情况的信心。因此，国家对更弱或更强的方法的偏爱取决于国家更关注哪些可能性：是它们自己的不遵守还是其他国家的不遵守。类似的逻辑适用于影响承诺强度的许多其他设计要素。例如，允许成员国通过告知就可以退出条约的撤

---

[1] *See, e. g.*, Scott Barrett, *Environment and Statecraft: The Strategy of Environmental Treaty-Making* (Oxford: Oxford University Press, 2003); Barbara Koremenos, Charles Lipson, and Duncan Snidal, eds., *The Rational Design of International Institutions* (Cambridge: Cambridge University Press, 2004); Kal Raustiala, "Form and Substance in International Agreements," *American Journal of International Law* 99 (2005), 581-614.

[2] Lawrence R. Helfer, "Exiting Treaties," *Virginia Law Review* 91 (2005), pp. 1579-1648, at 1591.

[3] Raustiala, "Form and Substance," 614.

回条款减少了与该协议相关的风险，但也降低了协议的可信度。[1]

我们无法以一种确定的方式解决这些条约设计问题，所以国际环境法仍然是一门艺术而非科学。有趣的是，一些政治学家也赞同这一观点。正如一项研究总结的那样，"没有可靠的技术来告诉我们在既定的情形下什么样的设计策略是最适合的。任何单一的设计策略都可能在某些情况下加速合作的推进，但在其他情况下似乎肯定会减缓合作的推进。"[2] 对正确方法的决定取决于实践的判断，而不是任何简单的公式。

最后，国际环境法的目标不在于寻找最理想的结果，而是寻找巧妙的妥协，在相互竞争的立场间的隔阂上架起桥梁，并使我们的成果向前推进，哪怕这种推进只有一点点。对国际环境法的这种看法无疑是散文诗式的而非英雄史诗式的。它建议我们抵制过度简化的诱惑。它认为国际环境法像政治一样，是可能性的艺术，寻求找到尽可能的"最佳平衡点"。总而言之，它没有将国际环境法律的规则视作灵丹妙药，而是一门艺术与技巧。

---

〔1〕 正如赫尔弗所说，"过于容易满足的条约要求将助长自利的谴责并导致合作崩溃。过于繁重的要求会阻碍这种行为，但可能会阻止各方达成协议，或者如果达成协议，如果遵守成本的上升超出预计，可能会导致广泛的对条约的违反。" Helfer, "Exiting Treaties," 1600.

〔2〕 George W. Downs, Kyle W. Danish, and Peter N. Barsoom, "The Transformational Model of International Regime Design: Triumph of Hope or Experience?" *Columbia Journal of Transnational Law* 38 (2000), pp. 465-514, at 468.

# 条约及其他文件

| | |
|---|---|
| 《奥胡斯公约》<br>Aarhus Convention | 《在环境问题上获得信息、公众参与决策和诉诸法律的公约》<br>1998 年 6 月 25 日通过<br>Convention on Access to Information, Public Participation in Decision-Making and Access to Justice in Environmental Matters, adopted June 25, 1998, 38 I. L. M. 517 |
| 《非洲野生动物公约》<br>African Wildlife Convention | 《保护非洲野生动物、鸟类和鱼类的公约》<br>1900 年 5 月 19 日通过<br>Convention for the Preservation of Wild Animals, Birds, and Fish in Africa, adopted May 19, 1900, 94 B. F. S. P. 715 |
| 《南极环境责任附件》<br>Antarctic<br>Environment<br>Liability Annex | 《南极条约环境保护议定书》附件六<br>2005 年 6 月 17 日通过<br>Protocol on Environmental Protection to the Antarctic Treaty annex VI, adopted June 17, 2005, 45 I. L. M. 5 |

| 《南极环境议定书》 Antarctic Environment Protocol | 《南极条约环境保护议定书》<br>1991 年 10 月 4 日通过<br>Protocol on Environmental Protection to the Antarctic Treaty, adopted October 4, 1991, 30 I. L. M. 1455 |
|---|---|
| 《南极条约》 Antarctic Treaty | 《南极条约》<br>1959 年 12 月 1 日通过<br>Antarctic Treaty, adopted December 1, 1959, 12 U. S. T. 794, 402 U. N. T. S. 71 |
| 《巴塞尔公约》 Basel Convention | 《控制危险废物越境转移及其处置巴塞尔公约》<br>1989 年 3 月 22 日通过<br>Basel Convention on the Control of Transboundary Movements of Hazardous Wastes and Their Disposal, adopted March 22, 1989, 1673 U. N. T. S. 126 |
| 《巴塞尔责任议定书》 Basel Liability Protocol | 《危险废物越境转移及其处置所造成损害的责任和赔偿问题的巴塞尔议定书》<br>1999 年 12 月 10 日通过<br>Basel Protocol on Liability and Compensation for Damage Resulting from Transboundary Movements of Hazardous Wastes and Their Disposal, adopted December 10, 1999, www. basel. int（accessed 1/23/09） |

《生物多样性公约》
Biological
Diversity
Convention

《生物多样性公约》
Convention on Biological Diversity, adopted June 5, 1992, 1760 U. N. T. S. 79

《生物安全议定书》
Biosafety Protocol

《生物多样性公约的卡塔赫纳生物安全议定书》
2000 年 1 月 29 日通过
Cartagena Protocol on Biosafety to the Convention on Biological Diversity, adopted January 29, 2000, 39 I. L. M. 1027

《卡塔赫纳公约》
Cartagena
Convention

《大加勒比地区海洋环境开发与保护的卡塔赫纳公约》
1983 年 3 月 24 日通过
Cartagena Convention for the Protection and Development of the Marine Environment of the Wider Caribbean Region, adopted March 24, 1983, 22 I. L. M. 227

《濒危物种国际贸易公约》
CITES

《濒危物种国际贸易公约》
1973 年 3 月 2 日通过
Convention on International Trade in Endangered Species of Wild Fauna and Flora, adopted March 2, 1973, 27 U. S. T. 1087, 993 U. N. T. S. 243

| | |
|---|---|
| 《民事责任公约》<br>Civil Liability<br>Convention | 《国际油污损害民事责任公约》<br>1969 年 11 月 29 日通过，已被 1976 年议定书<br>与 1992 年议定书修正，两议定书分别于 1976<br>年 11 月 19 日与 1992 年 11 月 27 日通过<br>International Convention on Civil Liability for Oil<br>Pollution, adopted November 29, 1969, 973<br>U. N. T. S. 3, amended by Protocol of 1976, a-<br>dopted November 19, 1976, 1225 U. N. T. S.<br>355, amended by Protocol of 1992, adopted No-<br>vember 27, 1992, 1956 U. N. T. S. 255 |
| 《防治荒漠化公约》<br>Desertification<br>Convention | 《在发生严重干旱和/或荒漠化的国家特别是<br>在非洲防治荒漠化的联合国公约》<br>1994 年 6 月 17 日通过<br>UN Convention to Combat Desertification in Those<br>Counties Experiencing Drought and/or Desertifica-<br>tion, Particularly in Africa, adopted June 17,<br>1994, 1954 U. N. T. S. 3, 33 I. L. M. 1328 |
| 《大型流网捕鱼决议》<br>Driftnet Fishing Resolution | 《第 46 届联合国大会通过的第 215 号决议》<br>1991 年 12 月 20 日通过<br>UN General Assembly Res. 46/215, U. N. Doc.<br>A/RES/46/215 (December 20, 1991) |
| 《禁止改变环境技术公约》<br>ENMOD Convention | 《禁止为军事或任何其他敌对目的使用改变环<br>境的技术的公约》<br>1976 年 12 月 10 日通过<br>Convention on the Prohibition of Military or Any<br>Other Hostile Use of Environmental Modification<br>Techniques, adopted December 10, 1976, 31<br>U. S. T. 333, 1108 U. N. T. S. 151 |

| | |
|---|---|
| 《埃斯坡公约》<br>Espoo（EIA）Convention | 《跨界环境影响评价公约》<br>1989 年 2 月 25 日通过<br>Convention on Environmental Impact Assessment in a Transboundary Context, adopted February 25, 1991, 1989 U. N. T. S. 309 |
| 《鱼类种群协定》<br>Fish Stocks Agreement | 《执行 1982 年 12 月 10 日〈联合国海洋法公约〉有关养护和管理跨界鱼类种群和高度洄游鱼类种群的规定的协定》<br>1995 年 8 月 4 日通过<br>Agreement for the Implementation of the Provisions of the UN Convention on the Law of the Sea of 10 December 1982 Relating to the Conservation and Management of Straddling Fish Stocks and Highly Migratory Fish Stocks, adopted August 4, 1995, 2167 U. N. T. S. 3, 4 I. L. M. 1542 |
| 《赫尔辛基协议》<br>Helsinki Accords | 《欧洲安全与合作会议赫尔辛基最后文件》<br>1975 年 8 月 1 日通过<br>Helsinki Accords, Conference on Security and Co-operation in Europe: Final Act, adopted August 1, 1975, 14 I. L. M. 1292 |
| 《有毒有害物质公约》<br>HNS Convention | 《国际海上运输有毒有害物质的损害责任和赔偿公约》<br>1996 年 5 月 3 日通过<br>International Convention on Liability and Compensation for Damage in Connection with the Carriage of Hazardous and Noxious Substances by Sea, adopted May 3, 1996, 35 I. L. M. 1415 |

| | |
|---|---|
| 《京都议定书》<br>Kyoto Protocol | 《联合国气候变化框架公约的京都议定书》<br>1997 年 12 月 10 日通过<br>Kyoto Protocol to the United Nations Framework Convention on Climate Change, adopted December 10, 1997, 2303 U. N. T. S. 148, 37 I. L. M. 22 |
| 《伦敦倾废公约》<br>London Convention | 《防止倾倒废物及其他物质污染海洋公约》<br>1972 年 12 月 29 日通过<br>Convention on the Prevention of Marine Pollution by Dumping of Wastes and Other Matter, adopted December 29, 1972, 26 U. S. T. 2403, 1046 U. N. T. S. 138 |
| 《伦敦准则》<br>London Guidelines | 《关于化学品国际贸易资料交换的伦敦准则》<br>1987 年 6 月 17 日通过，1989 年 5 月 25 日修正<br>London Guidelines for the Exchange of Information on Chemicals in International Trade, UNEP Governing Council Decision 14/27 （June 17, 1987）, amended by UNEP Governing Council Decision 15/30 (May 25, 1989) |
| 《伦敦议定书》<br>London Protocol | 《防止倾倒废物及其他物质污染海洋公约的 1996 年议定书》<br>1996 年 11 月 7 日通过<br>1996 Protocol to the Convention on the Prevention of Marine Pollution by Dumping of Wastes and Other Matter, adopted November 7, 1996, 36 I. L. M. 7 |

《远程越界空气污染公约》
LRTAP

《远程越界空气污染公约》
1979 年 11 月 13 日通过
Long-Range Transboundary Air Pollution Convention, adopted November 13, 1979, 1302 U. N. T. S. 217, 18 I. L. M. 1442

《防污公约》
MARPOL

《国际防止船舶造成污染公约》
1973 年 11 月 2 日通过，已被《1978 年议定书》修正，《1978 年议定书》于 1978 年 2 月 17 日通过
International Convention for the Prevention of Pollution from Ships, adopted November 2, 1973, 34 U. S. T. 3407, 12 I. L. M. 1319, amended by Protocol of 1978 Relating to the International Convention for the Prevention of Pollution from Ships, adopted February 17, 1978, 1340 U. N. T. S. 61, 17 I. L. M. 3

《蒙特利尔议定书》
Montreal Protocol

《关于消耗臭氧层物质的蒙特利尔议定书》
1987 年 9 月 16 日通过
Montreal Protocol on Substances that Deplete the Ozone Layer, adopted September 16, 1987, 1522 U. N. T. S. 3

《北美环境合作协定》
NAAEC

《北美环境合作协定》
1993 年 9 月 14 日通过
North American Agreement on Environmental Cooperation, Canada-Mexico-U. S. , adopted September 14, 1993, 32 I. L. M. 1480

| | |
|---|---|
| 《北太平洋海豹公约》<br>North Pacifi c Fur<br>Seals Convention | 《关于北太平洋海豹的养护措施公约》<br>1911 年 7 月 7 日通过<br>Convention Respecting Measures for the Preserva-<br>tion and Protection of Fur Seals in the North Pa-<br>cific Ocean, July 7, 1911, 37 Stat. 1542,<br>T. S. 564 |
| 《氮氧化物议定书》<br>NOx Protocol | 《1979 年〈远程越界空气污染公约〉关于控<br>制氮氧化物排放或其跨界流动的议定书》<br>1988 年 10 月 31 日通过<br>Protocol to the 1979 Convention on Long-Range<br>Transboundary Air Pollution Concerning the Con-<br>trol of Emissions of Nitrogen Oxides or Their<br>Transboundary Fluxes, adopted October 31,<br>1988, 28 I. L. M. 212 |
| 《核损害责任公约》<br>Nuclear Damages<br>Liability<br>Convention | 《核损害民事责任维也纳公约》<br>1963 年 5 月 21 日通过<br>Vienna Convention on Civil Liability for Nuclear<br>Damage, adopted May 21, 1963, 1063 U. N.<br>T. S. 265 |
| 《防止海上油污染公约》<br>OILPOL | 《防止海上油污染国际公约》<br>1954 年 5 月 12 日通过<br>International Convention for the Prevention of Pol-<br>lution of the Sea by Oil, adopted May 12, 1954,<br>12 U. S. T. 2989, 327 U. N. T. S. 3 |

| | |
|---|---|
| 《奥斯陆巴黎公约》<br>OSPAR Convention | 《保护东北大西洋海洋环境公约》<br>1992 年 9 月 22 日通过<br>Convention for the Protection of the Marine Environment of the North – East Atlantic, September 22, 1992, 32 I. L. M. 1069 |
| 《持久性有机污染物公约》<br>POPs Convention | 《关于持久性有机污染物的斯德哥尔摩公约》<br>2001 年 5 月 22 日通过<br>Stockholm Convention on Persistent Organic Pollutants, adopted May 22, 2001, 40 I. L. M. 532 |
| 《拉姆萨公约》<br>Ramsar Convention | 《关于特别是作为水禽栖息地的国际重要湿地的拉姆萨公约》<br>1971 年 2 月 2 日通过<br>Convention on Wetlands of International Importance Especially as Waterfowl Habitat, Ramsar, Iran, adopted February 2, 1971, 996 U. N. T. S. 245, 11 I. L. M. 969 |
| 《莱茵河公约》<br>Rhine Convention | 《防止莱茵河化学污染的协定》<br>1976 年 12 月 3 日通过<br>Agreement for the Protection of the Rhine Against Chemical Pollution, adopted December 3, 1976, 1124 U. N. T. S. 405, 16 I. L. M. 242 |

| | |
|---|---|
| 《里约宣言》<br>Rio Declaration | 《里约环境与发展宣言》<br>1992 年 6 月 3—14 日<br>Rio Declaration on Environment and Development, UN Conference on Environment and Development, Rio de Janeiro, Brazil, June 3 – 14, 1992, U. N. Doc. A/CONF. 151/26（vol. 1） |
| 《鹿特丹公约》<br>Rotterdam Convention | 《关于在国际贸易中对某些危险化学品和农药采用事先知情同意程序的公约》<br>1998 年 9 月 10 日通过<br>Convention on the Prior Informed Consent Procedure for Certain Hazardous Chemicals and Pesticides in International Trade, adopted September 10, 1998, 2244 U. N. T. S. 337, 38 I. L. M. 1 |
| 《南太平洋公约》<br>SPREP | 《南太平洋地区自然资源和环境保护公约》<br>1986 年 11 月 25 日通过<br>Convention for the Protection of the Natural Resources and Environment of the South Pacific Region, adopted November 25, 1986, 26 I. L. M. 38 |
| 《斯德哥尔摩宣言》<br>Stockholm Declaration | 《联合国人类环境宣言》<br>1972 年 6 月 5—16 日<br>Stockholm Declaration on the Human Environment, UN Conference on the Human Environment, Stockholm, Sweden. , June 5-16, 1972, UN Doc. A/CONF. 48/14 and Corr. 1, reprinted in 11 I. L. M. 1416 |

| | |
|---|---|
| 1985 年《硫化物议定书》<br>Sulfur Protocol 1985 | 《〈远程越界空气污染公约〉至少减少 30% 的硫化物排放或其跨界流动的议定书》<br>1985 年 7 月 8 日通过<br>Protocol to the Convention on Long-Range Transboundary Air Pollution on the Reduction of Sulfur Emissions or Their Transboundary Fluxes by at Least 30 Percent, adopted July 8, 1985, 1480 U. N. T. S. 215, 27 I. L. M. 707 |
| 1994 年《硫化物议定书》<br>Sulfur Protocol 1994 | 《〈远程越界空气污染公约〉进一步减少硫化物排放的议定书》<br>1994 年 6 月 14 日通过<br>Protocol to the Convention on Long-Range Transboundary Air Pollution on Further Reduction of Sulfur Emissions, adopted June 14, 1994, 33 I. L. M. 1540 |
| 《海洋法公约》<br>UNCLOS | 《联合国海洋法公约》<br>1992 年 12 月 10 日通过<br>United Nations Convention on the Law of the Sea, December 10, 1992, 1833 U. N. T. S. 3 |
| 《气候变化框架公约》<br>UNFCCC | 《联合国气候变化框架公约》<br>1992 年 5 月 9 日通过<br>United Nations Framework Convention on Climate Change, adopted May 9, 1992, 1771 U. N. T. S. 107 |

| | |
|---|---|
| 《美加空气质量协定》<br>U. S. -Canada Air<br>Quality Agreement | 《美加空气质量协定》<br>1991 年 3 月 13 日通过<br>Agreement on Air Quality, Canada–U. S. , adopted March 13, 1991, 30 I. L. M. 676 |
| 《维也纳条约法公约》<br>Vienna Convention<br>on the Law of Treaties | 《维也纳条约法公约》<br>1969 年 5 月 23 日通过<br>Vienna Convention on the Law of Treaties, adopted May 23, 1969, 1155 U. N. T. S. 331 |
| 《维也纳臭氧层公约》<br>Vienna Ozone<br>Convention | 《保护臭氧层的维也纳公约》<br>1985 年 3 月 22 日通过<br>Vienna Convention for the Protection of the Ozone Layer, adopted March 22, 1985, 1513 U. N. T. S. 293, 26 I. L. M. 1516 |
| 《捕鲸公约》<br>Whaling Convention | 《国际捕鲸管制公约》<br>1946 年 12 月 2 日通过<br>International Convention for the Regulation of Whaling, adopted December 2, 1946, 62 Stat. 1716, 161 U. N. T. S. 72 |
| 《世界遗产公约》<br>World Heritage Convention | 《保护世界文化和自然遗产公约》<br>1972 年 11 月 16 日通过<br>Convention for the Protection of the World Cultural and Natural Heritage, adopted November 16, 1972, 27 U. S. T. 37, 1037 U. N. T. S. 151 |

# 国际案例

| | |
|---|---|
| 庇护权案<br>Asylum Case | 《国际法院判决书、咨询意见和命令汇编》（1950 年 11 月 20 日）哥伦比亚诉秘鲁"庇护权案"，第 266~389 页<br>Asylum Case（Colombia v. Peru），International Court of Justice Reports of Judgments，Advisory Opinions and Orders（I. C. J.）1950（November 20），266-389 |
| 白令海海豹仲裁案<br>Behring Fur Seals Arbitration | 《穆尔国际仲裁裁决汇编》第 1 卷（1893 年）白令海（海豹）仲裁案（美国诉英国），第 935 页（特别仲裁庭）<br>Behring Sea（Fur Seal）Arbitration（U. S. v. U. K.），Moore's International Arbitration Awards 1（1893），p. 935（Ad Hoc Arbitral Tribunal） |
| 科孚海峡案<br>Corfu Channel Case | 《国际法院判决书、咨询意见和命令汇编》（1949 年 4 月 9 日）英国诉阿尔巴尼亚"科孚海峡案（实质问题）"，第 4~169 页<br>Corfu Channel Case（Merits）（U. K. v. Albania），International Court of Justice Reports of Judgments，Advisory Opinions and Orders（I. C. J.）1949（April 9），4-169 |

| | |
|---|---|
| 盖巴斯科夫大坝案<br>Gabčíkovo Dam Case | 《国际法院判决书、咨询意见和命令汇编》（1997 年 9 月 25 日）匈牙利诉斯洛伐克"盖巴斯科夫-拉基玛洛大坝案"，第 7~84 页<br>Case Concerning the Gabčíkovo-Nagymaros Project（Hungaria v. Slovakia），International Court of Justice Reports of Judgments，Advisory Opinions and Orders（I. C. J.）1997（September 25），7-84 |
| 格拉诉意大利案<br>Guerra v. Italy | 《欧洲人权法院判决与决定汇编》第 I 卷（1998 年）格拉诉意大利案，第 210 页<br>Guerra v. Italy，1998-I European Court of Human Rights，Reports of Judgments and Decisions 210 |
| 拉努湖案<br>Lac Lanoux Arbitration | 《联合国国际仲裁裁决汇编》第 12 卷（1957 年）西班牙诉法国"拉努湖案"，第 281~317 页（特设仲裁庭）<br>Affaire du lac Lanoux（Spain vs. France），UN Reports of International Arbitral Awards 12（1957），281-317（Ad Hoc Arbitral Tribunal） |
| 洛佩斯·奥斯特拉<br>诉西班牙案<br>López Ostra v. Spain | 《欧洲人权法院出版物（系列 A）》第 303-C 卷（1995 年）洛佩斯·奥斯特拉诉西班牙案，第 40 页<br>López Ostra v. Spain，303-C Publications of the European Court of Human Rights（ser. A）40（1995） |

| | |
|---|---|
| 军事和准军事活动案<br>Military and Paramilitary<br>Activities Case | 《国际法院判决、咨询意见和命令汇编》（国际法院）1986 年 6 月 27 日尼加拉瓜诉美国"军事和准军事活动案（实质问题）"，第 14~150 页<br>Case Concerning Military and Paramilitary Activities in and Against Nicaragua（Merits）（Nicaragua v. U. S.），International Court of Justice Reports of Judgments，Advisory Opinions and Orders（I. C. J.）1986（June 27），14-150 |
| MOX 工厂案<br>MOX Plant Case | 《国际法律资料》第 42 卷（2003 年）爱尔兰诉英国"MOX 工厂案"最终裁决，第 1118~1186 页（常设仲裁法院，2003 年 7 月 2 日）<br>MOX Plant Case（Ireland v. UK），Final Award of July 2，2003，I. L. M. 42（2003），1118-1186（Permanent Court of Arbitration） |
| 国际法院就核武器威胁<br>或使用合法性咨询意见<br>Nuclear Weapons<br>Advisory Opinion | 《国际法院判决、咨询意见和命令汇编》（国际法院）1996 年 7 月 8 日"核武器威胁或使用合法性咨询意见"，第 226~267 页<br>Legality of the Threat or Use of Nuclear Weapons，Advisory Opinion，International Court of Justice Reports of Judgments，Advisory Opinions and Orders（I. C. J.）1996（July 8），226-267 |
| 厄内尔伊尔迪兹<br>诉土耳其案<br>Öneryildiz v. Turkey | 《欧洲人权法院判决与决定汇编》第 12 卷（2004 年）厄内尔伊尔迪兹诉土耳其案，第 79 页及以下<br>Öneryildiz v. Turkey，2004 - XII Eu ro pe an Court of Human Rights，Reports of Judgments and Decisions 79 |

特雷尔冶炼厂案
Trail Smelter Case

联合国国际仲裁裁决汇编》第 3 卷（1941年）美国诉加拿大"特雷尔冶炼厂案"，第 1905~1982 页（特设仲裁庭）
Trail Smelter Case（U. S. v. Canada），UN Reports of International Arbitral Awards 3（1941），1905−1982（Ad Hoc Arbitral Tribunal）

# 致　谢

本书写作过程持续时间很长，有的人可能会说太长了。在此过程中，我欠下了很多人情债。

我在美国国务院工作的经历，以及我在那里结识的非常有才华且风趣的同事和朋友，影响了我研究国际法的视角。虽然我不能一一列举他们的名字，但一些人值得特别提一提：近二十年来，Sue Biniaz 女士，一直是我的缪斯，她作为国际环境法律工作者的知识和技巧都非常卓越；Nigel Purvis 和 Trigg Talley 播下了本书中很多观点的种子，并帮助它们发芽；Dave Balton 坚持读完了原稿并基于其作为渔业谈判代表的长期经验提出了很多有用的建议；还有 Joan Donahue，她从很多年前就开始教我"如何像律师一样思考"。

作为一本主要是合成性的著作，本书非常依赖于其他人的洞见和研究。有特别影响的包括：与我合作编写《国际环境法牛津手册》（*The Oxford Handbook of International Evironmental Law*）的 Jutta Brunnée 和 Ellen Hey；André Nollkaemper，十年多之前我就和他在合作写一篇文章，但至今仍未完成，部分内容反映在本书第五章；David Victor 和 Kal Raustiala 带我进入了国际关系理论的世界中；Scott Barrett 和 Andy Keeler 教了我一些博弈论和经济学的知识；David Freestone 与我合作编写了国际环境法的维科系列；以及 Chris Stone，他清晰的思想和挑战传统观念的意念长久以来激励着我。

在关于国际环境谈判和机构的理解上，20 世纪 90 年代在联合国气候变化秘书处的临时性工作使我受益良多。我尤其感谢前执行秘书 Michael Zammit Cutaja，他慷慨地允许我以局内人观察谈判过程，我还要感谢他富有洞见的分析。

我还要感谢 Kelley Barks, Scott Barrett, David Bodansky, Joel Bodansky, Jutta Brunnee, Harlan Cohen, Anne Herbert, Joe Fried-man, Andy Keeler, Nigel Purvis, Chuks Okereke, Peter Sand, John Tasioulas, Kathryn Youel-Page 和哈佛大学出版社的两名匿名评审。他们对我的原稿的整体或部分提出了非常有帮助的评论意见。我也要感谢 Elliot Diringer，他的建议使我定下了本书的题目。

近八年来，乔治亚大学法学院为我提供了惬意且有助益的学术之家，我对此非常感激。感谢 Rebecca White 院长的慷慨支持；感谢我的研究助理 Dan Davis 的很多建议，以及他在检查和复查索引准确性中的辛勤贡献（当然，我仍对任何遗留错误承担独立责任）；还要感谢我的助理 Shawn Lanphere。在我的乔治亚大学的同僚中，我还要尤其感谢 Harlan Cohen，他是国际法领域中一颗冉冉升起的新星，关于国际环境法的渊源，他与我进行了很多有启发性的交流，那是第五章和第九章的主题，

其他很多机构也为我提供了很多帮助。感谢国际环境法与发展基金会（FIELD）在 1996 年春天接待了我，当时我第一次开始

写这本书的早期版本；感谢欧洲大学学院，1998 年春天我在那里担任 Jean Monnet 研究员；感谢 David Smith 先生以及他在史密斯企业和环境学院的同事们，他们慷慨地邀请我在 2009 年春天作为访问学者在牛津大学待了半年，在那段时间我完成了本书原稿的修订。

特别感谢哈佛大学出版社的编辑兼我的老朋友 Elizabeth Knoll，感谢她的有益的建议和温和的督促（有时候可能太温和了！）。

最后，同样重要的是，我要感谢我的家庭：我的妻子 Anne Herbert，她是我在国际法世界中的旅伴，感谢她对此项目的信任，感谢她的幽默和热情，也感谢她不仅忍受我东奔西走的生活，还成为为这种生活提供条件的主要推动者。感谢我的父母，David 和 Beverly，感谢他们对我的终身支持。感谢我十岁的女儿 Maria 和 Sarah，本书是献给她们的，她们使我深刻认识到理性行为者模型的弱点，感谢她们直白的批评（"爸爸，这个题目真是太……太无聊了！"），也感谢她们带来的富有感染力的生活乐趣。

# 索引

(页码为本书边码)

180; explanatory factors for negotiation and participation, 谈判与加入的解释因素, 159-166; flexible amendments, 灵活修订, 188-189, 214; framework convention/protocol approach, 框架公约/议定书路径, 185-187, 269; institutions, 机构, 94, 108, 119-123, 134; legislative dimensions, 立法维度, 157-158; membership, 成员, 151, 173-175; negotiating forum and mandate, 谈判场所与授权, 167-169; negotiations, 谈判, 167-171; and non-binding agreements, 与无约束力的协议, 155-157, 179, 185, 264; opt-out clauses, 退出条款, 179-180, 188-189; precision, 精确性, 179; promoting participation, 促进参与, 151, 180-183; provisional application, 暂时适用, 171-172; ratification, 批准, 171; regulatory annexes, 规制性附件, 188; scope, geographic, 地理范围, 173-174; scope, substantive, 实质范围, 151, 176-177; signature, 签署, 171; sovereignty costs, 主权成本, 160-161, 180; stages in treatymaking process, 条约制定过程中的阶段, 167-172; strength, 强度, 161, 178-180; stringency, 严格性, 160, 177-178, 181; types of, 类型, 155-159. See also Negotiations, 也见谈判

UN General Assembly, 联合国大会, 30, 33, 117-118, 119, 168; and Antarctica, 与南极, 174; creation of UNEP, 联合国环境规划署的创建, 29; resolu-tions, legal status of, 决议的法律地位, 14, 94-95, 99, 104

UNCED, 联合国环境与发展大会, 30, 31, 33, 34, 170, 177, 252, 279-280n31, 281n43, 299n29; Agenda, 议程, 21, 34, 243. See also Rio Declaration, 也见《里约宣言》

Uncertainty, 不确定性, 270; economic, 经济的, 66, 83, 176, 263; responses to, 回应, 32-33, 61-62, 71, 149-150, 185-186, 201; scientific, 科学的, 3, 32, 137-138, 140-141. See also Precautionary principle, 也见风险预防原则

UNCLOS, 《联合国海洋法公约》, 52, 114, 171, 177, 210, 246, 284n52

UNEP, 联合国环境规划署, 118-119; history, 历史, 21, 29-30; regional seas programme, 区域海洋规划, 29, 30; role of, 29, 94-95, 119, 168, 208, 243; treaty secretariats, 条约秘书处, 300n32

UNFCCC, 《联合国气候变化框架公约》, 13-14, 34; compliance, 遵守, 254; conference of the parties, 缔约方大会, 108, 122; differential standards, 差异化标准, 182; effectiveness, 有效性, 257, 260; entry-into-force requirements, 生效要求, 176; financial mechanism, 财政机制, 233, 244; hortatory language, 劝说性语言, 104; implementation, 实施, 212-213, 215; membership, 成员, 173; negotiations, 谈判, 113, 133, 167-168, 169, 177; and NGOs, 与非政府组织, 125, 301n48, 303n66; ob-

# 译后记

摆在读者面前的《国际环境法的艺术与技巧》是一部关于国际环境法总论的专著，其英文版于 2009 年由美国哈佛大学出版社（Harvard University Press）出版。这本书的作者是美国亚利桑那州立大学桑德拉·戴·奥康纳法学院教授丹尼尔·博丹斯基。博丹斯基教授是美国著名的国际环境法学者，长期耕耘在国际公法、国际环境法领域，对国际海洋环境保护法、气候变化法、法学理论有深厚造诣。《国际环境法的艺术与技巧》作为他的代表作，集中地反映了他在这几个方面的深厚功底。

我因为给环境与资源保护法学专业研究生开设国际环境法课程的缘故，一直努力寻找一本合适于本专业研究生阅读的国际环境法教材，在得到这本书的电子版之后，连续三年推荐给学生并用作课堂教学使用。使用的效果是良好的。首次使用之后，四位同学中有两位同学的硕士学位论文选题出自国际环境法总论；第二次使用之后，五位同学中有三位同学选择研究国际环境法总论问题。受此激励，我决定将本书翻译出版，让更多的学者和学生受益于本书。

与其他的国际环境法专著或者教材不同，这本书有几个明显的特点：

第一，短小精悍。自从给研究生讲授国际环境法这门课程以来，我尝试着给学生们指定过多位外国学者编著的不同的国际环境法教材，其中包括英国著名的国际环境法学者 Philippe Sands 所著的《国际环境法原理》(*Principles of International Environmental Law*, Cambridge University Press)，美国著名国际环境法学者 Edith Brown Weiss 所著的《国际环境法律与政策》(*International Environmental Law and Policy*, Aspen Publishers)，美国学者 David Hunter、James Salzman & Durwood Zaelke 所著的《国际环境法律与政策》(*International Environmental Law and Policy*, Foundation Press)。但这些著作的一个明显的特点是体量大、篇幅过长。如 Philippe Sands 所著的《国际环境法原理》共 21 章，全书有 1100 多页；Edith Brown Weiss 所著的《国际环境法律与政策》共 21 章，全书有 1200 多页；David Hunter, James Salzman & Durwood Zaelke 所著的《国际环境法律与政策》分为 22 章，全书有 1600 多页。而我们眼前的这本书共 12 章，正文部分只有 271 页。在有限的篇幅里，不仅分 12 章对国际环境法总论的 12 个专项问题进行了阐述，而且在其中涉及国际捕鲸、海洋石油污染、生物多样性保护、危险废物越境转移、越境空气污染、臭氧层保护、气候变化等众多国际环境议题，内容十分丰富，信息量庞大。

第二，具有很强的法理性。与绝大部分国际环境法著作不同，这本书不是对国际环境法规范的简单介绍和陈述，而是侧重于抽象和提炼众多国际环境规范的共性，进而在概念、逻辑、思想上形成富有理论性的创造性观点，并构建具有自身特点的国际环境法总论架构。例如，该书用"适当性逻辑"和"结果的逻辑"来解释国际环境规范与行为之间的关系，并通过这种规范主义和工具主义的分析方法对国际环境法的遵守和国际环境法的有效性加以论证，不仅增强了国际环境法的逻辑性，而且也形成一种内嵌的解释框架，让人耳目一新。

第三，贯穿于全书的合作思想令人印象深刻。虽然美国政府对它在全球环境治理中是否要坚持合作的立场摇摆不定，但是作者对全球环境治理中坚持合作治理的理念深信不疑。他把合作理念贯穿于探寻国际环境法的产生、发展、实施等全过程，在对国际环境合作的障碍包括事实争议、价值观差异、逐利、国内政治以及如何克服这些障碍的分析见解独到。事实上，作者通过第八、九、十、十一章共四章的篇幅探讨如何实现合作以及如何通过合作实现共赢。这些深入的分析对于正确理解国际环境法及其作用无疑有极强的思想启迪。

第四，使用跨学科的研究方法也是本书的一大特点。正如作者在前言中所述，这本书不仅仅是法律，它用哲学、经济学、政治学、社会学甚至人类学等方法来理解国际环境法，从而使得这本书具有十分宏大的视野、非常丰富的相关学科的知识与信息量。当然更重要的是作者将不同学科的方法自然而然地融入国际环境法研究当中。这种娴熟的跨学科研究方法对于学习和研究国际环境法有很好的借鉴价值。

这本书的翻译是我与我的学生吴倩合作完成的。吴倩做了更多的工作，特别是对除正文以外的诸如缩写、注释、条约、致谢、索引等的翻译都是由吴倩独自完成的。虽然我们十分认真与虔诚地翻译此书，在翻译过程中遇到难啃的骨头时也通过邮件请教过作者，但是限于英文、中文以及专业能力的限制，错误甚至谬误在所难免，还望读者多多谅解并不吝赐教。

这本书的英文版本是张忠利博士在 2015 年 3 月推荐给我的，感谢他的发现与分享。田时雨对翻译工作给予过大力帮助，丁存凡通读过译稿，十分感谢他们的帮助与付出。

最后，感谢侯佳儒教授提供出版机会，能够使得该书的中译本与读者见面。

李艳芳

2024 年 1 月

于明德法学楼 1007 工作室

The Art and Craft of International Environmental Law
by Daniel Bodansky

版权登记号：图字01-2024-4883号

**图书在版编目（CIP）数据**

国际环境法的艺术与技巧 ／（美）丹尼尔·博丹斯基
著；李艳芳，吴倩译. -- 北京：中国政法大学出版社，
2024. 9. -- ISBN 978-7-5764-1657-2

Ⅰ. D996.9

中国国家版本馆CIP数据核字第2024X76X66号

-------------------------------------------------------------------

| | |
|---|---|
| 出　版　者 | 中国政法大学出版社 |
| 地　　　址 | 北京市海淀区西土城路 25 号 |
| 邮寄地址 | 北京 100088 信箱 8034 分箱　邮编 100088 |
| 网　　　址 | http://www.cuplpress.com（网络实名：中国政法大学出版社） |
| 电　　　话 | 010-58908289(编辑部) 58908334(邮购部) |
| 承　　　印 | 北京中科印刷有限公司 |
| 开　　　本 | 880mm×1230mm　1/32 |
| 印　　　张 | 15.5 |
| 字　　　数 | 330 千字 |
| 版　　　次 | 2024 年 9 月第 1 版 |
| 印　　　次 | 2024 年 9 月第 1 次印刷 |
| 定　　　价 | 95.00 元 |
| 声　　　明 | 1. 版权所有，侵权必究。 |
| | 2. 如有缺页、倒装问题，由出版社负责退换。 |